U0584052

权威·前沿·原创

皮书系列为
"十二五""十三五"国家重点图书出版规划项目

中国社会科学院创新工程学术出版资助项目

社会蓝皮书

BLUE BOOK OF
CHINA'S SOCIETY

2019 年
中国社会形势分析与预测

SOCIETY OF CHINA ANALYSIS AND FORECAST
(2019)

主 编／李培林　陈光金　张　翼
副主编／李　炜　范　雷　田　丰

社会科学文献出版社
SOCIAL SCIENCES ACADEMIC PRESS (CHINA)

图书在版编目（CIP）数据

2019 年中国社会形势分析与预测／李培林，陈光金，张翼主编. −− 北京：社会科学文献出版社，2019. 1

（社会蓝皮书）

ISBN 978 − 7 − 5201 − 4069 − 0

Ⅰ. ①2… Ⅱ. ①李… ②陈… ③张… Ⅲ. ①社会分析 − 中国 − 2019 ②社会预测 − 中国 − 2019 Ⅳ. ①D668

中国版本图书馆 CIP 数据核字（2018）第 280407 号

社会蓝皮书

2019 年中国社会形势分析与预测

主　　编／李培林　陈光金　张　翼

副主编／李　炜　范　雷　田　丰

出 版 人／谢寿光

项目统筹／邓泳红

责任编辑／桂　芳　张　媛

出　　版／社会科学文献出版社·皮书出版分社（010）59367127
　　　　　　地址：北京市北三环中路甲 29 号院华龙大厦　邮编：100029
　　　　　　网址：www. ssap. com. cn

发　　行／市场营销中心（010）59367081　59367083

印　　装／天津千鹤文化传播有限公司

规　　格／开　本：787mm × 1092mm　1/16
　　　　　　印　张：25.5　字　数：385 千字

版　　次／2019 年 1 月第 1 版　2019 年 1 月第 1 次印刷

书　　号／ISBN 978 − 7 − 5201 − 4069 − 0

定　　价／98.00 元

社会蓝皮书编委会

主要编撰者简介

李培林　博士，研究员，中国社会科学院副院长，中国社会学会学术委员会主任。主要研究领域：发展社会学、组织社会学、工业社会学。主要代表作：《村落的终结》（专著）、《社会结构转型——中国经济体制改革的社会学分析》（专著）、《和谐社会十讲》（专著）、《另一只看不见的手——社会结构转型》（专著）、《转型中的中国企业：国有企业组织创新论》（合著）、《新社会结构的生长点》（合著）、《社会冲突与阶级意识——当代中国社会矛盾问题研究》（合著）、《国有企业社会成本分析》（合著）、《中国社会发展报告》（主编）、《中国新时期阶级阶层报告》（主编）等。

陈光金　博士，研究员，中国社会科学院社会学研究所所长，《社会学研究》主编。主要研究领域：农村社会学、社会分层与流动、私营企业主阶层。主要研究成果：《中国乡村现代化的回顾与前瞻》（专著）、《新经济学领域的拓疆者——贝克尔评传》（专著）、《当代中国社会阶层研究报告》（合著）、《当代英国瑞典社会保障》（合著）、《内发的村庄》（合著）、《中国小康社会》（合著）、《当代中国社会流动》（合著）、《多维视角下的农民问题》（合著）、《当代中国社会结构》（合著）等。

张　翼　博士，研究员，中国社会科学院社会发展战略研究院院长。主要研究领域：工业社会学、人口社会学、家庭社会学、社会流动、社会融合等。主要代表作：《就业与制度变迁：下岗职工与农民工——两个特殊群体的就业》（专著）、《国有企业的家族化》（专著）、《中国人社会地位的获得：阶级继承与代内流动》（论文）、《中国城市社会阶层冲突意识研究》

（论文）、《当前中国中产阶层的政治态度》（论文）、《农民工进城落户意愿与中国近期城镇化道路的选择》（论文）、《中国婚姻家庭的变化态势》（论文）。

李　炜　博士，研究员，中国社会科学院社会学研究所社会发展研究室主任。主要研究领域：发展社会学、社会分层、社会研究方法。主要研究成果：《社会福利建设研究的民意视角》（专著）、《提升社会质量的社会政策建设》（著作/合著）、《农民工在中国社会转型中的经济地位和社会态度》（论文/合著）、《当代中国社会阶层的主观性建构和客观实在》（论文/合著）、《中韩两国社会阶级意识比较研究》（论文）。

范　雷　博士，副研究员，中国社会科学院社会学研究所社会发展研究室研究人员。主要研究领域：发展社会学。主要研究成果：《当代中国民生》（著作/合著）、《当代中国城市化及其影响》（著作/合著）、《当代中国生活质量》（著作/合著）、《80后青年的政治态度》（论文）、《城市化进程中的劳动力市场分割》（论文）、《当前中国住房状况与住房不平等》（论文）。

田　丰　博士，研究员，中国社会科学院社会学研究所青少年与社会问题研究室副主任。主要研究领域：人口与家庭社会学、青少年与大学生、社会问题与社会治理、社会分层、调查研究方法。主要研究成果：《当代中国家庭生命周期》（专著）、《家庭负担系数研究》（专著）、《城市工人与农民工的收入差距研究》（论文）、《改革开放的孩子们——中国"70后"和"80后"青年的公平感和民主意识研究》（论文）、《消费、生活方式和社会分层》（论文）、《高等教育体系与精英阶层再生产——基于12所高校调查数据》（论文）。

摘　要

本报告是中国社会科学院"社会形势分析与预测"课题组编撰的2019年度分析报告（社会蓝皮书），由中国社会科学院社会学研究所组织研究机构专家、高校学者以及政府研究人员撰写。

本报告分析了2018年中国经济社会发展的形势。报告认为，2018年是中国改革开放40周年，是党的十九大后的开局之年，是脱贫攻坚三年计划的第一年。40年来，中国人民的生活发生了翻天覆地的变化，生活水平和质量不断提高，从温饱阶段迅速迈向全面小康。高等教育向普及化阶段过渡，公共卫生事业和社会事业繁荣发展，社会保障覆盖面不断扩大，经济社会发展协调性显著增强。2018年中国经济社会在40年发展成就的基础上取得新的进展，迈向更加充分、更加平衡的高质量发展新征程。国民经济总体平稳运行，就业总量规模达到历史最高水平，就业结构继续优化。城乡居民收入平稳增长，消费支出较快增长，居民消费增长对经济增长的贡献率大幅度提升；社会保障体系总体朝着全覆盖快步推进，医保基本实现全民覆盖并朝着全国统筹迈出了关键步伐，社会救助水平继续提高。教育改革不断深化，教育优先、统筹发展、促进公平等趋势更加明显。社会治安总体形势趋好，各类侵害人民群众人身和财产安全的刑事犯罪发案率显著下降。食品药品安全形势继续向好，各类食品药品抽检不合格率继续下降。报告同时指出，在经济社会发展总体局势平稳的同时也面临诸多难题和挑战。

本报告以翔实的统计数据和实地调查资料为依据，分四大板块，用1篇总报告和17篇分报告（未含附录部分），分别讨论了2018年中国经济社会运行发展的总体状况和未来形势。总报告分析了2018年经济社会运行发展的总体形势以及面临的宏观问题和挑战，提出了2019年应对挑战和难题的

若干对策建议。第二板块由 6 篇报告组成，比较全面地分析了 2018 年劳动就业、居民收入和消费、教育事业、社会保险、社会救助以及社会治安等领域的形势和问题。第三板块包括 6 篇调查报告，这些报告分别以翔实的调查数据，分析了中国城乡居民社会和政治参与状况、95 后大学生互联网使用行为、青少年网络使用与网络安全、汶川地震十年重建发展状况、中国志愿者队伍发展状况以及中国城乡困难家庭状况。第四板块由 5 篇专题报告组成，其中 3 篇专题报告系统描述和分析了 2018 年中国互联网舆情状况、食品药品安全形势和环境保护形势，既肯定了 2018 年取得的进步和成绩，也分析了存在的问题和面临的新挑战；其余 2 篇专题报告则重点分析了中美贸易摩擦背景下的中国职工状况与实施乡村振兴战略背景下的农户发展状况，以及他们面临的难题。在这些问题上，各篇分报告都提出了具有针对性的对策建议。

要高度关注我国社会形势的
新特点、新问题
（代序）

2018 年是改革开放 40 年。40 年来，我国社会发展取得了巨大成就，人民生活水平大幅度提高，就业、教育、收入分配、社会保障、医疗健康、减少贫困、社会治理等重点民生领域取得积极进展。与此同时，国际经济政治格局发生深刻变化，我国经济稳中有进也稳中有变，经济增长下行压力增大。这种压力也必然传导到社会领域，我们必须高度关注社会形势出现的一些新特点、新问题。

2018 年面临的情况，与 10 年前的 2008 年国际金融危机产生的影响完全不同，但似乎也有一种"风雨欲来"的架势，对人们明后两年的预期产生影响。中央提出"稳就业、稳金融、稳外贸、稳外资、稳投资、稳预期"的要求，是很有针对性和前瞻性的。

从社会形势来看，根据改革开放几十年的经验，在经济增长下行压力加大的时候，最容易对社会形势产生负面影响的因素，就是就业和物价。这在 1988 年价格闯关之际、1998 年亚洲金融危机之后、2008 年国际金融危机时期都有反映。

这次的情况完全不同，虽然江、浙、粤、鲁等重要经济体出现经济下行压力进一步加大的情况，特别是传统的劳动密集型中小企业经营更加困难，但在产业转型升级中新产业、新业态、新动能增长较快，经济表现出罕见的韧性。尤其是此种背景下就业和物价都呈现超乎寻常的稳定，为社会的和谐稳定奠定基础。

就社会形势的新特点、新问题来说，我觉得在关键时期要处理好以下几

个方面的平衡。

一是稳就业和稳增长的平衡。中央的"六稳"要求中，把稳就业放在首位，说明大家在就业稳则社会稳这个问题上是有共识的。本来就业和经济增长是正相关的，经济增长是拉动就业的主要力量。但我们现在要求的是高质量发展，是加快产业结构升级，要防范重大风险，所以去杠杆、去产能、去污染成为对经济增长的硬约束。而对"三去"的严格要求，不可能不对经济的近期增长产生影响，所以当前社会上也有一些关于放松"三去"管制的呼声。这就需要很好的再平衡，既要防止经济增速的过分滑落，也要防止粗放扩张的回潮造成前功尽弃。从就业本身看，目前城镇调查失业率和登记失业率都处于历史的低位，结构性失业和"招工难"同时并存。一方面，我国劳动力供求关系发生深刻变化，劳动年龄人口总量从 2012 年开始下降，每年减少几百万人，2017 年减少了 600 多万人，2018 年估计仍减少几百万人，劳动力供求关系的变化造成即便在经济增长下行时期人工成本也持续上升；另一方面，我国吸纳劳动力较多的劳动密集型民营中小企业，特别是外向型的中小企业，由于国际国内经济景气和约束条件的变化面临更多的困难，从而对就业的稳定产生一定影响。他们对诸如人工成本上升、社会保险费由税务部门统一征收、月加班不超过 36 小时的法律规定、缺乏对工人频繁跳槽的限制等，也有一些抱怨。实事求是地说，我国劳动权益保护的进步，对构建和谐劳动关系与减少企业劳动关系群体性事件，发挥了重要作用。在新的形势下，针对劳动保护和促进企业发展的再平衡，仍然需要抓住主要矛盾，平衡好多方面的价值要求。

二是稳物价和促消费的平衡。在我国，目前消费已经成为经济增长的主要驱动力，实际上世界大国的经济增长，都主要依靠本国消费增长的驱动。2018 年前三季度，我国最终消费支出对经济增长的贡献率达到 78.0%，出现贡献率的超常规增长，但这种增长主要还是由于投资和出口增长的放缓造成的相对贡献率的提高。2018 年前三季度社会消费品零售总额增长 9.3%，并未出现超常规增长，我国的最终消费率和居民消费率在国际比较中也仍然是较低的，消费增长仍有很大潜力和空间。这些年来的消费增长，很多情况下得益于农民收入的快速增长，2018年前三季度农村居民人均可支配收入增长8.9%，仍快于人均GDP和城镇人均可支配收入的增长。这对缩小收入差别、促进中等收入群体的成长和形成大众消费的潮流，都有积极的影响。从物价来看，前三季度CPI累计同比上涨2.1%，今后一个时期，我国价格总水平有望继续保持平稳运行，农业生产稳定，粮食、生猪、蔬菜、油料市场供给充裕，工业生产平稳，工业消费品市场总体供大于求，服务业供给数量和质量不断提升。当然，也要高度关注季节性食品价格的稳定和特定群体生活成本的上升，如北方农村煤改气后的燃料成本上升对生活的影响。我国农产品价格多数已经高于国际市场，上升空间有限，农民增收从长远来看主要还靠农业生产率的提高和非农收入的增加。要防止出现谷贱伤农，挫伤农民农业生产积极性，从而造成农产品波动性短缺和食品价格大幅度上涨，这是最容易产生社会不满情绪的方面。此外，住房消费本是促进消费的重要方面，但目前以房贷为主体的家庭债务快速增长，其总额已相当于全国城乡居民境内存款余额的近60%，对大众日常消费产生挤压。我们必须认真分析和研判这些新特征及其影响，做好不同要求之间的再平衡工作。

三是满足人民美好生活需要和人民生活预期大幅度提高的平衡。随着人民生活水平的提高和生活条件的改善，人民的美好生活需要日益增长，生活预期也大幅度提高。比如，我国城乡居民生活消费的恩格尔系数（食品支出占家庭消费总支出的比重）已经下降到30%以下，但现在人们不仅要"吃饱""吃好"，还要"吃得有机""吃得天然"，保证食品安全成为社会共识。再比如，对生态环境特别是空气质量的重视达到新的高度，全国大范围出现的重度和严重空气污染，引起全民的深刻反思，"绿水青山就是金山银山"成为新的社会共识。还比如，长期以来人们对生活质量的评价都主要基于物质生活条件和相关福利指标，而现在人们对获得感、幸福感、安全感、满意度前所未有的重视。但是，我国仍处于并且长期处于社会主义初级阶段和我国仍是世界最大发展中国家的基本国情没有变，要防止人为地抬高标准、吊高胃口、推高预期，特别是要防止民粹福利主义的倾向，保持平和

理性的社会心态。

总之，在全面建成小康社会和实现产业结构升级的关键时期，一定要做好经济政策和社会政策的平衡工作，在错综复杂的经济社会形势变化中保持定力、坚定信心，努力完成既定发展目标。

李培林

前　言

本书是中国社会科学院"社会形势分析与预测"课题组第 27 本分析和预测社会形势的年度报告。

2019 年社会蓝皮书从以下两个方面展开分析，提出对策建议。

1. 经济社会运行发展总体格局

2018 年全球部分主要经济体经济增长回暖，但全球经济发展前景仍存在较大的下行风险。一方面，全球金融市场仍存在无序波动的可能性，新兴市场和发展中经济体的脆弱性面临考验；另一方面，贸易保护主义和反全球化情绪上升，同时国际环境不确定性和地缘政治风险增加。尽管面临这些挑战，2018 年中国经济增长的新旧动能转换仍有序推进，经济发展整体形势稳中向缓，社会发展基本面总体良好。

2018 年前三季度，国内生产总值同比增长 6.7%，全年增长速度预计能够保持在 6.5% 以上。经济结构继续优化，前三季度，第三产业增加值增速比第二产业高 1.9 个百分点；占国内生产总值的比重为 53.1%，比上年同期提高 0.3 个百分点，高于第二产业 12.7 个百分点。对外贸易形势趋好，前三季度，货物进出口总额 222839 亿元，比上年同期名义增长 9.9%，增速比上半年提高 2.1 个百分点。全国财政收入稳定增长，一般公共预算收入同比名义增长 8.7%，其中，中央一般公共预算收入同比名义增长 9.8%，地方一般公共预算本级收入同比名义增长 7.8%。

由于经济发展总体平稳，创新创业活力增强，国内市场回旋余地较大，在中美贸易摩擦加剧的背景下，全国就业局势仍然保持总体稳定，就业结构继续优化。城乡居民收入继续保持平稳增长。前三季度，全国居民人均可支配收入为 21035 元，扣除价格因素，比上年同期实际增长 6.6%。其中，城

镇居民人均可支配收入为 29599 元，扣除价格因素，同比实际增长 5.7%；农村居民人均可支配收入为 10645 元，扣除价格因素，同比实际增长 6.8%。城乡居民消费能力不断提高，国内消费支出稳定增长。前三季度，全国居民人均消费支出 14281 元，扣除价格因素，比上年同期增长 6.3%，其中，城镇居民人均消费支出同比实际增长 4.3%；农村居民人均消费支出同比实际增长 9.8%。消费对经济增长的拉动作用继续增强，前三季度最终消费支出对经济增长的贡献率为 78%，比上年同期提高 14 个百分点。

社会保险覆盖面进一步扩大，全民参保计划稳步推进。截至 9 月底，中国养老保险覆盖人数已经超过 9.3 亿人，基本医疗保险覆盖人数已经超过 13.5 亿人，基本实现全民参保。失业、工伤、生育保险的参保人数均达到 2 亿人左右，覆盖了绝大多数从业人员。为贫困人口代缴城乡居民养老保险费政策得到全面落实，截至 9 月底，享受代缴保费的贫困人员 2053 万人，其中建档立卡未标注脱贫的贫困人口 1302 万人，代缴总金额超过 21.2 亿元。养老保险制度建设有所突破，企业职工基本养老保险基金中央调剂制度逐步落实，迈出了全国统筹的关键步伐。医药卫生体制改革持续深化，医保统筹推进格局初步形成。脱贫攻坚工作取得阶段性成果，到村到户到人举措成效显著。公共财政民生支出继续较快增长，农业农村成为优先保障领域。

2. 经济社会发展面临新的难题和挑战

2018 年中国经济社会发展总体平稳，在更加注重发展的充分、平衡和高质量的同时，还面临若干难题和挑战。在经济领域，制造业增速明显放缓。在社会领域，收入差距反弹的趋势可能还要持续，社会矛盾仍然处于多发频发期，社会安全领域的一些重点难点问题更加突出，生态环境改善任务仍然艰巨复杂，需要引起高度重视和认真对待。

经济增长下行的压力不容低估，特别是制造业。2018 年 10 月，中国制造业采购经理指数（PMI）为 50.2%，比上月回落 0.6 个百分点，制造业总体继续运行在扩张区间，但扩张速度放缓。在构成制造业 PMI 的分类指数中，从业人员指数为 48.1%，比上月微落 0.2 个百分点，位于临界点之下，表明制造业企业用工量回落。自 8 月以来，制造业就业需求出现明显萎缩趋势，可能对未来"稳就业"的政策目标造成冲击。

城乡居民收入差距逐年缩小，但缩小的幅度则呈现逐年降低的趋势，2010 年和 2011 年均比其上年缩小 10%，到 2017 年仅缩小了 1%。2018 年城乡居民收入差距收缩的幅度预计可能维持在 2017 年的水平。而不同收入分组之间的收入差距以及不同所有制和不同行业之间的职工工资水平差距反弹的幅度，总体上大于同期城乡居民收入差距缩小的幅度，要扭转近年来全国总体收入差距连续反弹趋势的难度不容低估。此外，还要看到，劳动争议案件数量出现回升，和谐劳动关系建设面临新的挑战；社会矛盾仍然多发，群体性事件呈现新态势，变得更加复杂多样；社会安全领域的一些重点难点问题仍然突出，黑恶势力犯罪，互联网非法集资、诈骗、色情、赌博及侵犯公民个人信息等违法犯罪，以及非法传销活动等，仍然比较严重，并且呈现新的特征，打击难度加大。生态环境状况仍不容乐观，环境质量改善任务艰巨复杂。

2018 年中国经济社会迈向更加充分、更加平衡的高质量发展新征程。为此，2019 年应继续推进新型工业化和城镇化，合理引导非公有制经济健康发展；以稳就业为重心，努力推进高质量的充分就业；继续深化收入分配制度改革，有效扭转收入差距反弹趋势；深度推进社会治理现代化进程，促进社会和谐稳定；不断健全完善网络社会治理，有效引导社会心态和社会预期。

本年度"社会蓝皮书"的作者均来自专业的研究和调查机构、大学以及政府有关研究部门，除总报告外，各位作者的观点，只属于作者本人，既不代表总课题组，也不代表作者所属的单位。

本年度"社会蓝皮书"涉及的大量统计和调查数据，由于来源不同、口径不同、调查时点不同，可能存在着不尽一致的情况，请在引用时认真核对。

本课题的研究受到中国社会科学院的重点资助，本课题研究活动的组织、协调以及总报告的撰写，均由中国社会科学院社会学研究所负责。

本年度"社会蓝皮书"由陈光金、李炜、田丰、朱迪、任莉颖、邹宇春、崔岩负责统稿，李培林审定了总报告，傅学军负责课题的事务协调和资料工作。社会科学文献出版社社长谢寿光、皮书分社社长邓泳红、编辑桂芳和张媛为本书的出版做了大量工作，在此表示诚挚谢意。

编　者

2018 年 11 月 25 日

目 录

Ⅲ 调查篇

Ⅳ 专题篇

Ⅴ 附 录

皮书数据库阅读**使用指南**

总 报 告

General Report

B.1
迈向更加充分更加平衡的
高质量发展新征程

——2018~2019 年中国社会形势分析与预测

中国社会科学院"社会形势分析与预测"课题组

陈光金　田　丰 执笔 *

摘　要：　2018 年中国经济社会迈向更加充分、更加平衡的高质量发展
　　　　　新征程。国民经济运行稳中有缓，社会发展各领域继续取得
　　　　　明显进展，发展质量提高；同时也面临若干难题，就业和消
　　　　　费增长形势面临潜在风险；城乡居民收入差距继续缩小的难
　　　　　度加大，社会矛盾仍然多发频发。2019 年，要继续推进高质
　　　　　量的充分就业，深化收入分配制度改革，扭转收入差距反弹

* 陈光金，中国社会科学院社会学研究所所长、研究员；田丰，中国社会科学院社会学研究所
研究员。

趋势；要不断健全完善网络社会治理，有效引导社会心态和社会预期，推进社会治理现代化进程。

关键词： 高质量发展　收入差距　社会心态　网络社会治理

2018 年是改革开放 40 周年，是党的十九大后的开局之年，是脱贫攻坚三年计划的第一年。40 年来，中国经济社会发展取得举世瞩目的成就。国民经济总量跃居世界第二，经济结构持续改善，经济增长驱动模式由主要依靠第二产业带动转向三次产业共同带动，货物进出口总额居世界第一位，全方位开放新格局逐步形成。40 年来，人民生活发生翻天覆地的变化，生活水平不断提高，从温饱迅速迈向全面小康。高等教育向普及化阶段过渡，公共卫生事业和社会事业繁荣发展，社会保障覆盖面不断扩大，经济社会发展协调性显著增强。2018 年中国经济社会在 40 年发展成就的基础上取得新的进展，迈向更加充分、更加平衡的高质量发展新征程。

一　2018年中国经济社会发展总体形势

2018 年全球部分主要经济体经济增长回暖，但全球经济发展前景仍存在较大的下行风险。一方面，全球金融市场仍存在无序波动的可能性，新兴市场和发展中经济体的脆弱性面临考验；另一方面，贸易保护主义和反全球化情绪上升，同时国际环境不确定性和地缘政治风险增加。尽管面临这些挑战，2018 年中国经济增长的新旧动能转换仍有序推进，经济发展整体形势稳中向缓，社会发展基本面总体良好。

（一）国民经济运行稳中有缓，新动能持续增长

中国经济发展从高速增长进入中高速增长的新常态，截至 2018 年第

二季度，连续 12 个季度增速保持在 6.7% ~ 6.9% 的区间内，整体波动不大，在全球经济形势存在诸多不确定性的情况下，展现出较强的增长韧性，总量、结构和效益都在合理运行区间内。2018 年前三季度，国内生产总值同比增长 6.7%，全年增长速度预计能够保持在 6.5% 以上。经济结构继续优化，前三季度，第三产业增加值增速比第二产业高 1.9 个百分点；占国内生产总值的比重为 53.1%，比上年同期提高 0.3 个百分点，高于第二产业 12.7 个百分点。对外贸易形势趋好，前三季度，货物进出口总额 222839 亿元，比上年同期名义增长 9.9%，增速比上半年提高 2.1 个百分点。全国财政收入稳定增长，一般公共预算收入同比名义增长 8.7%，其中，中央一般公共预算收入同比名义增长 9.8%，地方一般公共预算本级收入同比名义增长 7.8%。

经济增长新动能持续发展是保证 2018 年国民经济运行总体稳定的一个重要条件。前三季度，全国服务业同比增长 7.8%，其中，信息传输、软件和信息技术服务业，租赁和商务服务业分别同比增长 37.5% 和 10.8%，服务业对经济增长的贡献率升至 60.8%；制造业投资增速连续 6 个月加快，高技术制造业投资同比增长 14.9%，增速比全部投资高 9.5 个百分点。新旧动能持续转换，新动能不断壮大，前三季度，新登记注册企业数日均超过 1.8 万户；高技术产业、装备制造业、战略性新兴产业快速增长，高技术制造业和装备制造业分别同比增长 11.8% 和 8.6%，工业战略性新兴产业同比增长 8.8%，均快于规模以上工业。

市场主体继续较快增长，也是国民经济保持平稳运行的重要原因。国家市场监管总局的数据显示，1 ~ 9 月，全国新设市场主体 1561.6 万户，同比增长 10.4%，平均每天新设 5.72 万户。其中，新设企业 501.2 万户，增长 11.1%，平均每天新设 1.84 万户。新设企业行业结构出现分化，服务业保持较快增长。前三季度，服务业新设企业 402.2 万户，增长 13.2%。其中，新兴服务业贡献突出，教育，卫生和社会工作，文化、体育和娱乐业分别增长 56.4%、45.4%、21.8%。第二产业增速放缓，新设企业 86.4 万户，增长 7.6%。

（二）就业形势总体保持稳定，就业总量达到新的高峰

就业是民生之本。2018 年，按照中央稳就业的要求，各地区各部门共同努力扎实做好重点人群就业工作，统筹抓好高校毕业生、去产能企业职工、农村转移劳动力、城镇困难人员等各类群体就业工作，拓展就业渠道，筑牢民生底线。总的来说，中国经济发展总体平稳，创新创业活力增强，国内市场回旋余地较大，在这些积极因素的有力支撑下，全国就业形势保持总体稳定。

城镇就业规模持续扩大，前三季度累计实现城镇新增就业 1107 万人，提前完成了全年城镇新增就业 1100 万人的目标。就业困难人员实现就业 136 万人，同比增加 3 万人。在中国劳动年龄人口每年持续下降几百万的情况下，就业总量达到新高。截至 9 月末，全国城镇就业总量达到 4.33 亿人，比 2017 年末增加 900 万人以上。同期，农民工人数稳中有增。

城镇登记失业率和调查失业率继续下降。截至 2018 年第三季度末，全国城镇登记失业率为 3.82%，是多年来的最低点。7～9 月，全国城镇调查失业率分别为 5.1%、5.0% 和 4.9%。其中，25～59 岁的主要就业人群城镇调查失业率持续稳定在 4.3%～4.4% 的较低水平。根据人力资源和社会保障部对 100 个城市公共就业服务机构市场供求情况的调查分析，2018 年第三季度人力资源市场的求人倍率是 1.25，环比、同比均有所上升，表明招聘岗位数量大于求职人数，企业用工总体稳定。

就业结构继续优化。9 月末，全国三次产业就业人员比重为 27.4∶28.0∶44.6，其中第一、第二产业比重同比分别下降 0.7 个和 0.1 个百分点，第三产业比重上升 0.8 个百分点。在第三产业内部，信息传输、软件和信息技术服务业，水利、环境和公共设施管理业，教育，卫生和社会工作，文化、体育和娱乐业等新兴服务业就业人员数量同比增速居前。

（三）居民收入与经济增长同步，消费对增长的贡献率显著提升

2018 年前三季度，全国居民人均可支配收入达到 21035 元，比上年同

期名义增长 8.8%，扣除价格因素，实际增长 6.6%。其中，城镇居民人均可支配收入为 29599 元，增长 7.9%，扣除价格因素，实际增长 5.7%；农村居民人均可支配收入为 10645 元，增长 8.9%，扣除价格因素，实际增长 6.8%。可见，城乡居民人均可支配收入实际增长速度与经济增长速度基本相当，实现了同步增长的良好局面。

城乡居民人均收入与经济同步增长，带动着城乡居民消费能力不断提高，国内消费支出稳定增长。2018 年前三季度，全国居民人均消费支出 14281 元，扣除价格因素，比上年同期增长 6.3%。其中，城镇居民人均消费支出 19014 元，扣除价格因素，实际增长 4.3%；农村居民人均消费支出 8538 元，扣除价格因素，实际增长 9.8%；农村居民人均消费支出增速高于城镇居民 5.5 个百分点。

消费增长动力有所变化，消费结构不断优化。2017 年全国居民的恩格尔系数（食品烟酒消费占居民消费支出的比重）首次降到 30% 以下。2018 年前三季度恩格尔系数是 28.5%，比上年同期下降了 0.7 个百分点。前三季度，农村居民消费增速大大高于城镇居民，而且农村居民消费中的居住、生活用品及服务、教育文化娱乐、医疗保健支出增速明显加快。从实物消费来看，升级类的一些商品消费仍然保持较快增长，比如化妆品、智能家电保持了比较快的增长。可以看出，居民消费呈现加快升级趋势，消费结构持续优化。

国内消费对经济增长的拉动作用进一步增强，消费稳居经济增长第一驱动力。据测算，前三季度最终消费支出对经济增长的贡献率为 78%，比上年同期提高 14 个百分点。此外，不仅升级类商品销售加快，市场供给方式也在不断创新。2018 年 1~9 月，全国网上零售额 62785 亿元，同比增长 27.0%。其中，实物商品网上零售额 47938 亿元，增长 27.7%，占社会消费品零售总额的比重为 17.5%；在实物商品网上零售额中，吃、穿和用类商品分别增长 43.8%、23.3% 和 27.7%。

（四）社会保障覆盖面进一步扩大，养老金实现14年连增

2018 年社会保险覆盖面进一步扩大，全民参保计划稳步推进。截至 9

月底，中国养老保险覆盖人数已经超过9.3亿人，基本医疗保险覆盖人数已经超过13.5亿人，在覆盖范围方面基本实现全民参保。失业、工伤、生育保险的参保人数均达到2亿人左右，覆盖了绝大多数从业人员。社保基金运行总体平稳。2018年1~9月，基本养老、工伤、失业保险基金总收入3.93万亿元，同比增长18.2%，基金总支出3.45万亿元，同比增长16.5%。应保尽保战略继续推进，为贫困人口代缴城乡居民养老保险费政策得到全面落实。截至9月底，享受代缴保费的贫困人员2053万人，其中建档立卡未标注脱贫的贫困人口1302万人，代缴总金额超过21.2亿元。另外，2018年养老保险制度建设有所突破，企业职工基本养老保险基金中央调剂制度逐步实施和落实，迈开全国统筹的关键步伐。

社会保障在促进城乡反贫困方面发挥了更加积极的作用。主要措施是降低门槛，帮助贫困人员参加城乡居民养老保险，为建档立卡未标注脱贫的贫困人口、低保对象、特困人员等困难群体代缴部分和全部最低标准城乡居民养老保险费，同时适当提高城乡居民养老保险保障水平。到2018年9月底，全国60岁以上享受城乡居民养老保险待遇的贫困老人2422万人，其中建档立卡未标注脱贫的贫困人口1117万人。另外，从2018年1月1日起，全国城乡居民基本养老保险基础养老金的最低标准将从70元提高到88元，提高贫困人口应保尽保的保障水平。

劳动保障监察执法不断加强。全面推进"双随机、一公开"监管机制，完善地区间监察执法协作机制，实行劳动保障监察举报投诉案件省级联动处理机制。完善治欠保支机制，加大对涉嫌拒不支付劳动报酬犯罪行为的打击力度。2018年上半年，人社部门总共公布重大欠薪违法行为1059件，对用工过程中克扣、无故拖欠或拒不支付农民工工资报酬数额达到拒不支付劳动报酬罪数额标准的违法失信主体建立黑名单制度，向公安机关移送涉嫌拒不支付劳动报酬犯罪案件1800件，公安机关立案1289件。前三季度，各地人社部门为131.3万名劳动者（主要是农民工）追偿被拖欠工资等待遇129.8亿元，同比分别下降43%和32.5%。

（五）医药卫生体制改革持续深化，医保统筹推进格局初步形成

深化医药卫生体制改革是实施健康中国战略的关键。2018年医疗卫生领域最引人注目的改革，是十三届全国人大一次会议表决通过了组建中华人民共和国国家医疗保障局的决定，标志着中国统筹推进社会医疗保障转变的历史性变革。新成立的国家医疗保障局将统筹推进医疗、医保、医药"三医联动"改革，不断提高医疗保障水平，确保广大人民群众病有所医。

2018年医疗卫生资源布局重心继续向基层倾斜，强化基层卫生服务机构及全科医生的配置，建立有约束力的基层首诊制，有效促进患者的分级诊疗。截至2018年6月底，全国医疗卫生机构数达99.8万个，与2017年6月底相比，全国医疗卫生机构增加8291个，其中医院增加1991个，基层医疗卫生机构增加10906个，专业公共卫生机构减少4484个。医疗卫生服务资源配置明显加强，基层医疗卫生机构增加幅度明显提高，意味着医疗卫生资源重心向基层倾斜较有成效。截至2018年6月，基层医疗卫生机构94.3万个，其中，社区卫生服务中心（站）3.5万个，乡镇卫生院3.7万个，村卫生室63.3万个，诊所（医务室）21.9万个。基层医疗卫生机构的变化与中国整体城镇化进程有关，医疗卫生服务资源在城乡之间的配置有所调整。同时，医疗卫生服务资源调整在公立医院和民营医院之间也有所体现。截至2018年6月底，全国3.2万个医院中，公立医院12121个，民营医院19589个；与2017年6月底相比，公立医院减少445个，民营医院增加2436个。

2018年1~6月，全国医疗卫生机构总诊疗人次达40.7亿人次，同比提高3.8%。其中，医院17.3亿人次，同比提高5.9%；公立医院14.8亿人次，同比提高4.3%；民营医院2.5亿人次，同比提高16.9%。基层医疗卫生机构21.8亿人次，同比提高2.1%；社区卫生服务中心（站）3.7亿人次，同比提高8.9%；乡镇卫生院5.2亿人次，同比提高3.0%；村卫生室9.0亿人次。社区卫生服务中心（站）诊疗人次显著增加，表明分级诊疗和基层首诊制得到有效推进。

（六）脱贫攻坚工作取得阶段性成果，到村到户到人举措成效显著

2012年起，中国反贫困战略实践进入以"精准扶贫"重要理念为引领的脱贫攻坚新阶段。五年来，中国脱贫攻坚工作取得了决定性进展和历史性成就，2012～2017年，中国贫困人口减少近7000万，相当于每分钟至少有26人摆脱了贫困；贫困发生率由10.2%下降到3.1%；贫困县数量实现了首次减少，减少了153个。

2018年中国脱贫攻坚实践更加注重深度贫困地区脱贫攻坚转变。8月出台的《关于打赢脱贫攻坚战三年行动的指导意见》为今后三年的脱贫攻坚制定了时间表和路线图，25个部门共出台26个支持深度贫困地区脱贫攻坚的政策文件，中央财政补助地方专项扶贫资金达到1060.95亿元，并新增200亿元资金全部用于支持深度贫困地区脱贫攻坚。

到村到户到人的精准扶贫工作措施进一步强化。2018年出台了10项到村到户到人的举措：加大产业扶贫力度，全力推进就业扶贫，深入推动易地扶贫搬迁，加强生态扶贫，着力实施教育脱贫攻坚行动，深入实施健康扶贫工程，加快推进农村危房改造，强化综合保障性扶贫，开展贫困残疾人脱贫行动，开展扶贫扶志行动。随着十项扶贫举措到村到户到人，预计到2018年底将有1000多万贫困人口摆脱贫困，贫困村将退出60%以上，贫困县将摘帽50%左右。

（七）公共财政民生支出继续较快增长，农业农村成为优先保障领域

在经济增长下行压力不断加大、财政增收难度增加的情况下，中央及各级政府部门加大减税降费推进力度，在激发企业和市场活力，保证财政收入平稳较快增长的同时，把积极推进预算绩效管理作为保障和改善民生的重要举措，确保民生支出保持较快增长势头。

2018年前三季度，一般公共预算支出中重点民生领域支出的增长幅度均较高。其中，教育支出增长6.5%，社会保障和就业支出增长9.3%，医

疗卫生与计划生育支出增长 7.9%，城乡社区支出增长 7.5%。虽然与 2017 年相比，民生领域财政支出的增长速度有所下降，但整体上仍超过经济增长速度，展现出中央和各级政府保民生、促增长的决心。

值得关注的是，2018 年 9 月，财政部出台明确意见，要求把农业农村作为财政支出的优先保障领域，公共财政更大力度向"三农"倾斜，确保投入力度不断增加、总量持续增加。这是落实党的十九大提出的乡村振兴战略的有力举措，有力地支持了农业高质量发展、乡村绿色发展以及城乡基本公共服务均等化发展，为解决长期困扰农村经济社会发展的重大问题奠定了坚实的基础。

二 2018年中国经济社会发展面临的难题与挑战

2018 年中国经济社会发展总体平稳，在更加注重发展的充分、平衡和高质量的同时，还面临若干难题和挑战。在经济领域，制造业增速明显放缓。在社会领域，收入差距反弹的趋势可能还要持续，社会矛盾仍然处于多发频发期，社会安全领域的一些重点难点问题更加突出，生态环境改善任务仍然艰巨复杂，需要引起高度重视和认真对待。

（一）制造业增速放缓，就业和消费增长形势面临挑战

当前中国经济增长下行的压力不容低估，特别是制造业。2018 年 10 月，中国制造业采购经理指数（PMI）为 50.2%，比上月回落 0.6 个百分点，制造业总体继续运行在扩张区间，但扩张速度放缓。其中，大型企业 PMI 为 51.6%，比上月回落 0.5 个百分点；中小型企业 PMI 为 47.7% 和 49.8%，分别比上月回落 1.0 个和 0.6 个百分点。

在构成制造业 PMI 的分类指数中，从业人员指数为 48.1%，比上月微落 0.2 个百分点，位于临界点之下，表明制造业企业用工量回落。实际上，自 8 月以来，制造业就业需求出现明显萎缩趋势，可能对未来"稳就业"的政策目标造成冲击。

同时，央行数据显示，2018年8月，中国金融机构各项存款余额同比增长8.3%，创40年来最低。居民存款增速下滑更加突出。从2008年到2018年，短短10年间，居民部门存款增速从18%下滑到7%左右。居民部门存款增速下降，会对未来消费增长造成不利影响。

（二）城乡居民收入差距继续缩小，不同群体间收入差距持续反弹

2018年前三季度，城镇居民人均可支配收入与农村居民人均可支配收入之比为2.78∶1，比上年同期略有缩小。从年度数据来看，2010~2017年，城乡居民收入差距连续8年缩小，即城镇居民家庭人均可支配收入与农村居民家庭人均可支配收入之比从3.33∶1缩小到2.71∶1。但是，在城乡居民家庭人均可支配收入差距持续缩小的同时，不同社会群体之间收入差距的变化趋势却比较复杂，总体上呈现先缩小后反弹扩大的局面。

据《中国统计摘要2018》提供的统计数据，按收入五等分分组来计算高收入居民家庭人均可支配收入与低收入居民家庭人均可支配收入之比，可以看到，就全国居民而言，二者之比从2013年的10.78∶1降到了2015年的10.45∶1，2016年反弹至10.72∶1，2017年继续扩大到10.90∶1。就城镇居民而言，高收入组人均可支配收入与低收入组人均可支配收入比也经历了基本相同的变化，即相比于2013年，2014年和2015年连续两年下降，2016年和2017年连续两年扩大，不过2017年的比值（5.62∶1）没有达到2013年的水平（5.84∶1）。而农村居民中高收入组与低收入组之间的收入差距，则在2013年到2017年的五年间总体呈扩大趋势（其间仅2015年相对2014年有所收缩），即从7.41∶1扩大到9.48∶1。

不同所有制部门和不同行业从业人员的工资水平差距，可以说是城乡居民内部不同群体之间收入差距的一个重要成因。根据《中国统计年鉴2018》提供的数据计算，非私营单位职工平均工资与私营单位职工平均工资之比，在2010年为1.76∶1，此后连续四年下降，到2014年降至1.55∶1；但从2015年起，这一差距开始出现连年微幅反弹。具体来说，2015年为1.56∶1，2016年为1.58∶1，2017年为1.62∶1。尽管2017年的差距水平仍低于2010年，

但连续三年反弹的趋势，仍然值得高度重视。不同所有制部门和不同行业从业人员的工资水平差距，可以说是城乡居民内部不同群体之间收入差距的一个重要成因。根据《中国统计年鉴2018》提供的数据计算，非私营单位职工平均工资与私营单位职工平均工资之比，在2010年时为1.76∶1，此后连续四年下降，到2014年降至1.55∶1；但从2015年起，这一差距开始出现连年微幅反弹。具体来说，2015年为1.56∶1，2016年为1.58∶1，2017年为1.62∶1。尽管2017年的差距水平仍低于2010年的差距水平，但连续三年反弹的趋势，仍然值得高度重视。在城镇单位所属各个行业之间，职工平均工资水平差距的变化存在类似的趋劳。2010～2017年，在非私营部门的19个行业中，IT行业职工平均工资水平最高，金融行业职工工资水平与之是相互赶超的关系，有三个行业的职工工资水平与IT行业平均水平的差距先扩大后缩小，其余行业与IT行业的工资水平差距先缩小后扩大，转折点在2014年或2015年。在私营部门的18个行业中，IT行业工资水平同样最高，其余17个行业的职工平均工资水平与IT行业的差距，以2013年为转折点，此前连续三年缩小，此后连续四年扩大。

总的来看，近年来中国城乡居民收入差距逐年缩小，但缩小的幅度则呈现逐年降低的趋势，2010年和2011年均比其上年缩小10%，到2017年仅缩小了1%。而不同收入分组之间的收入差距以及不同所有制和不同行业之间的职工工资水平差距反弹的幅度，总体上大于城乡居民收入差距缩小的幅度，这就导致全国总体收入差距水平在近两年出现连续反弹的趋势，并且扭转这一趋势的难度不容低估。

（三）劳动争议案件数量出现回升，和谐劳动关系建设面临新的挑战

2018年中国劳动关系发展受多重不利因素影响，特别是中美贸易摩擦愈演愈烈，供给侧结构性改革继续深化，部分地方的城市治理力度加大，部分网络舆论对国家相关政策（例如社保费统一由税务部门征缴）的解读出现偏差造成劳雇双方心态失稳，和谐劳动关系建设受到一定程度的冲击，突

出表现是劳动争议案件数量出现反弹增长。

据人力资源和社会保障部的统计，2018 年前三季度，全国劳动人事争议调解仲裁机构共处理争议案件 129.7 万件，比上年同期上升 6.7%，涉及劳动者超过 150 万人。与之相比，2017 年全年全国各地劳动人事争议调解仲裁机构共处理争议案件 166.5 万件，同比下降 6.0%；涉及劳动者 199.1 万人，同比下降 12.4%。从一些地方发生的劳动争议案件来看，绝大多数案件发生在非公有部门，大多数案件的案由均存在诉求类型相对集中且多项诉求相互交织的情况，主要涉及劳动合同、社会保险和福利待遇纠纷等 13 类案由，案件诉求则主要集中在确认劳动关系、支付经济补偿金、社会保险赔付、工资差额和加班费给付等方面，多数案件为复合型诉求。另外，劳动关系复杂多元、案件处理压力增大，也是一些地方发生的劳动争议案件的重要特征。"互联网＋"、金融服务、科技研发等行业高管及特殊技术人才的竞业限制、股票期权收益等争议形式，使劳动争议案情更为复杂，处理难度进一步增大。

据人力资源和社会保障部统计，2018 年上半年，全国各级人力资源和社会保障部门公布重大欠薪违法行为 1059 件；人力资源和社会保障部公布两批在全国有重大影响的欠薪违法行为，向国家发展改革委等部门推送两批拖欠农民工工资"黑名单"。各地人力资源和社会保障部门共向公安机关移送涉嫌拒不支付劳动报酬犯罪案件 1800 件，公安机关立案 1289 件。前三季度，各地人力资源和社会保障部门为 131.3 万名劳动者（主要是农民工）追偿被拖欠工资等待遇金额达到 129.8 亿元，虽然与上年同期相比有显著下降，但在互联网日益发达的时代，这些拖欠工资甚至拒不支付工资行为的社会影响变得更加突出，对劳动关系社会舆情的冲击更大，更容易引发劳动关系群体性事件。

（四）社会矛盾仍然多发，群体性事件呈现新态势

随着社会结构的深刻变迁，不同社会阶层和群体的利益关切出现多样化，以往改革过程中积累和潜伏的一些社会矛盾也开始发酵，浮出水面。社

会矛盾一方面仍然处于多发频发期，另一方面也变得更加多样多元，酝酿着一些潜在的社会风险，对社会和谐稳定构成新的挑战。概括地说，2018 年社会矛盾的总体特征是，小规模事件继续减少，但社会影响较大的一些群体性事件不仅本身规模较大，其网络参与热度也较高。另外，引发这样的群体性事件的事由更多地向民生问题和社会性公共问题转移。

劳动关系领域仍然是群体性事件最为多发的。2018 年劳动者群体性事件主要发生在建筑业、制造业、交通运输业和服务业等领域，并且开始出现新的趋势，即同行业员工跨地区联合行动。2018 年 4 月下旬，各地塔吊行业劳动者（包括塔吊司机、指挥工、起重机械的电梯司机、信号工等）公开集会，拉出横幅，贴出倡议书，配以多种多样的网络宣传视频，强烈要求解决他们存在的工资待遇低下、普遍缺乏保障、忙时工作时间过长及拖欠工资等问题。6 月上旬，在多个省份爆发货运卡车司机联合罢工行动，大批卡车集结在高速公路、国道和停车场，要求维护该行业生存权，抗议有关垄断行为以及滥收罚款和过路费等。

2018 年因各种民生问题和社会性公共问题而发生的群体性事件，呈现多发性和多样性的特点。部分群体性事件仍然是直接利益矛盾或关切导致的结果。例如，一些地方发生的非法金融活动受害者在金融监管机构门前聚集，一些地方发生的业主拉横幅、戴口罩、堵住售楼处等房地产维权事件，一些地方仍然不断发生的环保邻避事件，一些地方从企业退休的原"体制内"人员聚集要求提高养老待遇的事件，等等，都是与直接利益相关的群体性事件。一些孤立发生的与民生问题或社会性公共问题相关的事件，往往会引发人们对自身未来利益的担忧，从而也会引发各种形式的群体性事件，尤其是网络群体性事件。2018 年，滴滴网约车司机残害乘客引发的网络热点事件，长春"问题疫苗"引发的网络热点事件，重庆万州公交车坠桥事件，等等，都激发了部分社会成员的不满情绪，成为网络舆情热点。甚至个别公众人物公开发表的对国家政策的不当解读或预期，例如关于私营经济离场的话题，也会成为公共舆论事件。总的来说，当前中国中等收入群体已成为网络舆论的主力军，他们最关注医疗、人身安全、教育公平、收入住房、

阶层流动等事关生活质量和发展前景的话题，且掌握部分网络话语权，导致这些话题容易成为舆情高敏领域。

互联网等新媒体在引发群体性事件方面产生的作用具有新的特点。以往网络主要在事发地点，起着召集和组织集体行动的作用。目前，互联网社交平台则开始提供一种跨职业、跨地区的组织串联功能，让以往分散的人群在线聚合，甚至在线下集体表达诉求。2018 年发生的 2100 万名卡车司机联合罢工行动，就是借助货车帮、货拉拉等 APP，在线联系互动，集中表达利益诉求，在这个过程中，各种负面情绪交叉感染，导致集体维权行为失范。

（五）社会安全总体形势趋好，一些重点难点问题仍然突出

近年来，随着中国立体化社会治安防控体系建设不断完善，各类刑事案件数量连续大幅下降，在保障居民的人身和财产安全方面取得了显著进步，但一些危害公共安全特别是人身和财产安全的重点难点问题仍然非常突出。

黑恶势力影响社会稳定问题突出。2018 年前三季度，全国公安机关共立案处理涉黑涉恶犯罪 17000 余件，提请检察机关批捕 57000 余人，全国检察机关提起公诉 6300 余件，涉及 32000 余人，表明黑恶势力问题依然严峻。黑恶势力影响范围也在不断扩大。在一些地方的城郊结合处、资源富集乡、短租房社区、"村改居"社区等重点区域，黑恶势力盘根错节。

网络空间安全隐患严重，网络诈骗、色情、赌博及侵犯公民个人信息等违法犯罪案件高发。2018 年 2~8 月，公安部部署全国公安机关开展"净网 2018"专项行动，共破获刑事案件 2.2 万余起，抓获嫌疑人 3.3 万余名。网络空间安全隐患突出表现为网络"套路贷"等诈骗犯罪、网络淫秽色情犯罪、网络赌博乱象等网络违法犯罪问题多发频发。"净网 2018"全国专项行动抓获网络犯罪涉案人员 7000 余名，打掉赌球团伙 250 余个，清理"黄赌毒""黑拐骗"等违法有害信息 156 万余条，关停违法违规网络账号 5 万余个。侵犯公民个人信息的犯罪数量持续居高不下。2018 年以来，全国公安机关在打击上游犯罪，打击提供信息支撑、技术支撑和工具支撑的侵犯公民个人信息犯罪，打击黑客攻击破坏犯罪和非法销售"黑

卡"犯罪的行动中，共抓获犯罪嫌疑人 8000 余名，缴获"黑卡" 270 余万张。

互联网金融的蓬勃发展为中国经济发展提供了新的机遇，但也带来了新的挑战。网上非法集资犯罪形势严峻，犯罪手段日趋多样。"互联网 + 非法集资"犯罪问题突出，各地案件数量一直呈上升态势。犯罪分子打着"资本运作""金融创新""经济新业态"等幌子，以理财、众筹、期货、虚拟货币等形式在各大网络平台进行非法集资活动，其迷惑性变得更强，加大了防范打击难度。2018 年，接连爆发"善林金融案""上海唐小僧案""联璧金融案"等典型"非法集资 + 金融传销"系列犯罪。

传销犯罪更加猖獗，方式日趋多元，组织更加精细严密，影响更加恶劣。据统计，2018 年上半年，全国共立案传销类案件 2500 余起，涉案金额达 238.9 亿元，同比分别上升 22.47%、102.09%。随着信息化、智能化的不断发展，越来越多的传销团伙开始采用网络传销以及"线上"和"线下"双管齐下的新传销模式，并且往往采取本地注册、异地经营、境外设置服务器的反侦察策略。一些传销组织打着"兵道""军融国际""亮剑扶贫""军民融合"等"涉军"旗号，以军、师、旅、团为建制，或者以"党支部"为名义，对参与人员进行精细严密的编队组织管理。此类传销团伙往往肆意歪曲、编造国家大政方针，严重影响政府形象，存在着向政治安全领域传导风险的隐患，社会影响极为恶劣。

（六）生态环境状况仍不容乐观，环境质量改善任务艰巨复杂

近年来，国家持续下大力气改善生态环境，党和国家领导人反复强调生态文明建设的高度重要性，提出"绿水青山就是金山银山"的发展理念，相关法律和制度建设日益完善，执行力度不断加大。总的来说，在生态文明建设方面，中国已经取得了举世瞩目的成就。但是，与广大人民群众对美好生态环境的需要相比，中国的生态环境状况仍然不容乐观。

在大气环境方面，长期以来粗放式发展积累的以重化工业为主的产业结构，以煤为主的能源结构，以公路运输为主的交通运输结构，以及大量裸露

地面存在的用地结构，对进一步改善空气质量构成了重大挑战。环境空气质量在重点地区和部分时段超标严重。北方地区大气污染防治攻坚行动效果虽然明显，但仍存在较大的反弹压力。在水环境方面，部分区域流域污染仍然较重，到 2017 年，全国共完成黑臭水体整治 919 个，但是同时发现了新增黑臭水体 274 个。污水收集能力仍然存在明显短板，农业面源污染尚未得到有效控制。在固体废物处理方面，生活垃圾和建筑垃圾给生态环境质量改善带来严峻挑战。城市生活垃圾和建筑垃圾存量大、总量增速快，每年产生约 2 亿吨生活垃圾、20 亿吨建筑垃圾，堆存量近 40 亿吨；农村每年产生生活垃圾 1.2 亿吨。2017 年，全国生活垃圾清运量 2.2 亿吨，垃圾处置能力和水平还需提高。在生态方面，生态空间遭受持续挤压，部分地区生态质量和服务功能持续退化的局面仍未扭转。2017 年，生态环境质量"优"和"良"的县域面积占国土面积的 42.0%，"一般"的县域占 24.5%，"较差"和"差"的县域占 33.5%。

进入 21 世纪以来，环境问题已经成为引发社会矛盾和群体性事件的"三驾马车"之一。目前，年度环境群体性事件总量趋于减少，但环境敏感项目和设施建设邻避问题引发的环境群体性事件数量仍处于高位。2018 年前三季度，公开报道的垃圾焚烧发电项目引发的群体性事件多达 40 余起。邻避问题的产生既是公众环境意识觉醒的必然，也与公众对垃圾焚烧技术和一些环境敏感项目的专业性了解不够、容易产生恐慌和抵触情绪相关，还与一些地方环境监管执法偏弱、企业环境信息公开不足、公众对政府部门和企业的环境风险管控缺乏信任以及政府与公众之间缺少信息交流和风险沟通问题相关，这些问题解决不好，容易造成政府公信力、企业绿色发展乃至整个社会长远利益均受损害的多输局面。

三 2019 年中国社会发展态势和政策建议

在经济增长下行压力加大的背景下，2019 年仍须继续深化改革，做好稳就业、稳金融、稳外贸、稳外资、稳投资、稳预期工作，有效应对社会风险、打好三大攻坚战、推动高质量发展和保持经济社会大局稳定，从而进一步增强广大人民群众获得感、幸福感、安全感，确保人民安居乐业、社会安定有序。

（一）继续推进新型工业化和城镇化，合理引导非公有制经济健康发展

2018 年中国经济社会发展的外部环境发生深刻变化，增加了很多不确定性，中美经贸摩擦下一步的走势仍然不够明朗，这些因素可能会给中国经济增长带来一些不利影响，形成一些挑战。另外，国内经济结构调整阵痛还将延续，经济运行稳中有变、稳中有缓，下行压力加大，但也存在不少有利条件。经济结构持续优化，产业发展持续升级。产能利用率保持稳定，绿色发展稳步推进。新产业增长较快，新业态继续蓬勃发展，新动能保持较快增长。

按照党的十九大报告精神，到 2020 年中国要基本实现工业化，2030 年前后要全面实现工业化。实现这一宏伟目标，关键是要扎实推进新型工业化战略，抓住新一轮科技革命和产业变革的机遇，全面推进工业化与信息化融合互动、技术创新与商业模式创新融合互动、制造业与服务业融合互动，努力实现中国制造向中国创造、中国速度向中国质量、中国产品向中国品牌的转变，完成中国制造由大变强的战略任务。2019 年中国经济发展要继续发挥 2018 年的优势，有效应对外部不确定性和内部结构调整的阵痛问题。在继续调整优化经济结构、保持第三产业持续较快发展的同时，推动传统产业升级，加快发展工业战略性新兴产业和高技术制造业。要继续推进新型城镇化战略的实施，配合新型工业化，带动新时代乡村振兴战略的实施和生态文明的进步，不断满足人民群众的美好生活需要。

2018 年以来，由于中美贸易摩擦等外部因素以及国内经济结构调整和环境保护力度加大，中国非公有制经济发展面临较大挑战。9 月，在网络上成为舆论热点的"中国私营经济已完成协助公有经济发展的任务，应逐渐离场"话题，在非公有制经济部门中产生了一些不可忽视的负面影响。习

近平总书记2018年11月1日发表的《在民营企业座谈会上的讲话》重申了党关于中国基本经济制度的表述，重申了"两个毫不动摇"，高度肯定了非公有制经济的重要地位和作用，澄清了网络舆论中一些片面和不正确的观点，对于稳定非公有制经济的发展将具有正本清源的作用。2019年，要认真贯彻落实习近平总书记讲话精神，进一步优化中国的营商环境，引导非公有制经济健康发展。尤其是要为中小型、小微型私营企业的健康发展营造良好的制度环境和社会环境。在经济下行期，私营中小型和小微型企业在保就业和缓解经济下行压力等方面更能发挥积极作用。目前，中小型和小微型私营企业面临的困境仍然很多，获取贷款难、准入门槛高等长期困扰它们的难题仍然没有得到根本性的缓解。

（二）以稳就业为重心，努力推进高质量的充分就业

2018年前三季度，中国就业形势总体平稳，但受到中美贸易摩擦带来的不确定预期影响，制造业就业景气指数有所下降。"互联网＋"服务业的发展提高了经济增长的就业弹性，增加了就业机会，能够在一定程度上弥补制造业就业景气指数下降的负面影响，但仍须关注新增就业群体和重点就业人群的就业问题。其中，高校应届毕业生、新生代农民工（特别是1995年及以后出生的农民工）、制造业去产能人员是未来一段时间需要重点关注的新增就业人群。

2018届全国普通高校毕业生820万人。猎聘网的大数据分析报告"2018年1～10月全行业新增职位指数"显示，9月中旬以来，互联网行业新增职位指数呈现下降趋势，10月之后，互联网行业出现企业招聘需求增长放缓的现象，甚至传出部分大型互联网企业和高新技术企业暂停社招或者校招的说法，部分大型企业内部提出缓招或不招优秀毕业生、稀缺人才以外的高校毕业生。这些信息表明，未来高校毕业生就业可能面临新的不利形势。2019年全国普通高校毕业生预计也在800万人以上，要预先筹谋，做好2019年高校毕业生就业工作，尤其是非名校毕业生的就业工作。

1995年及以后出生的农民工将成为农村转移劳动力的新生力量，可以

说是第三代农民工①，他们的就业选择也会与第一代和第二代农民工有很大的不同，其网络参与程度更高，离农倾向更强，对非农就业的工作环境、工作收入、工作强度、工作时间等的要求也会更高，这决定了这一代农民工很难再重复扮演低廉劳动力的角色。他们的就业问题应当成为农民工就业工作新的重心，要加强对他们的职业教育和终身教育培训，帮助他们提升自身素质，从而提高其就业质量、收入水平，更好地融入城市社会。在第一代尤其是第二代农民工中，从目前形势看，有志回归农村农业的也比较少，更多地会考虑在回归地、县级城市、县城以及一些规模较大、发展较好的建制镇继续从事非农就业。要在推进新型城镇化的过程中，科学规划并加大力度发展这些城镇，增加这些城镇的就业机会，改善这些城镇的就业和生活环境，为迎接他们回归就业做好准备。

城镇困难人员（包括部分年龄较大的去产能人员）的就业一直都是国家就业工作中的一个重点。从现实情况看，城镇困难人员很难实现正规就业，各种非正规的灵活就业往往是最适合他们的选择。2018年，一些城市尤其是大城市突然变得严厉的管理措施，不仅限制了外地（尤其是农村）进城劳动力的就业空间，一定程度上也减少了城镇就业困难人员的就业机会。2019年，除了继续为城镇就业困难人员提供适当的就业培训以及为他们购买就业岗位外，要进一步改革完善城镇相关管理制度和行为规范，为他们创造更加灵活的自主就业机会和空间，激发他们的自主就业积极性，并且通过自主就业提升他们的获得感、成就感和幸福感。在某种程度上，这也是未来解决城镇相对贫困问题的最重要途径。

（三）继续深化收入分配制度改革，有效扭转收入差距反弹趋势

从宏观来看，中国收入分配差距的反弹已经有两三个年头，并且反弹的力度有加大的趋势。在经济增长下行的条件下，调整收入分配结构，缩小收

---

① 大致说来，第一代农民工是出生在 20 世纪 70 年代及以前的农村转移劳动力，第二代是 20 世纪 80 年代到 90 年代前期出生的农村转移劳动力，后者曾经被称为新生代农民工。

入分配差距，无疑有一定的难度。2018年，从大量媒体报道和部分调查研究结果看，一部分用人单位尤其是企业认为，用工成本上升是经营困难的一个原因；对于国家决定由税务部门征缴社保费并要求努力提高缴费率的新政，部分舆论以及企业的反应是十分敏感和担忧。这些矛盾在2019年可能会继续存在，扭转收入分配差距反弹的趋势，需要付出艰巨的努力。

从2018年前三季度情况看，城乡居民家庭人均工资性收入都有增加，同比名义增幅分别为7.7%和9.4%。全国居民人均转移净收入名义增长9.5%，其中居民获得的人均社会救济和补助、政策性生活补贴、报销医疗费等收入分别增长31.5%、45.1%和16.0%。这两部分收入增长与绝大多数不从事非农经营的城乡住户以及全体城乡居民都相关。全国居民人均经营净收入的名义增长率为7.0%，比上年同期加快1个百分点，其中来自第二、第三产业的人均经营净收入名义增长9.3%，比上年同期加快0.7个百分点。国家统计局相关分析报告显示，这主要得益于各地深化"放管服"改革，持续优化营商环境，进一步加大减税降费力度。可见，这一部分收入增长与劳动者关系不大。同期，全国居民人均财产净收入名义增长10.6%，比上年同期加快0.2个百分点，主要得益于人均转让承包土地经营权租金净收入和出租房屋净收入增长较快，这一部分收入增长与没有转让土地经营权的农户以及没有出租房屋的城乡住户的关系也不大。因此，从扭转收入差距反弹趋势的要求来看，重点在于提高工资性收入和转移性收入的增长幅度。

在工资性收入方面，除了引导用人单位合理提高职工工资水平（且提高幅度不可能很大）外，进一步提高城镇劳动力就业参与率，增加农村劳动力非农转移就业，可能是更为重要的选择。另外，从以往情况看，城镇私营部门职工的平均工资水平远低于非私营部门职工平均工资水平，采矿、批零贸易、居民服务、建筑、住宿和餐饮等基础性行业职工的平均工资水平明显低于其他行业职工平均工资水平，而私营部门又较多地分布在这些基础性行业。因此，提高私营部门职工平均工资水平，也是扭转收入差距反弹趋势的必要措施。应当进一步改善私营部门尤其是中小型和小微型企业的经营环境，在减税、贷款、补贴等方面向中小型和小微型私营部门用人单位提供更加灵活有效的制度和政策安排，帮助它们增强对用工成本提高的承受能力，激励它们合理提高职工工资水平。在非私营部门尤其是国有部门，要进一步推进工资制度改革，尤其是要不断提高用人单位不同用工形式（农民工、派遣工、合同工、正式工等）职工的同工同酬水平，提高低收入职工的工资水平，缩小内部劳动力市场分割造成的过大工资水平差距。

在转移性收入方面，近年来国家已经做出了巨大的努力，继续大幅度提高指向城乡居民的转移支付力度的难度较大，目前的努力方向应该是进一步增强转移支付的公平性，具体措施包括进一步完善医疗保险全国统筹制度体系，加快推进养老保险的全国统筹进程。另外，在初步消灭绝对贫困现象之后，加紧制定和实施扶助相对贫困人口的战略、制度和措施，2019 年要加强这方面的研究，为 2020 年消灭绝对贫困现象后实现反贫困战略转移做好准备。从更宏观的角度来说，国家转移支付支出属于公共财政支出的重要组成部分，国家公共财政支出不仅要有相当一部分直接用于社会保障和救助，还要有很大一部分用于与提高国民市场竞争能力、促进社会发展机会配置更加公平公正相关的社会事业发展。从中国公共财政支出结构看，属于此类的支出项目包括教育支出、社会保障和就业支出、医疗卫生支出、城乡社区支出和住房保障支出，可以把这些支出项目统称为社会发展支出。2017 年，中国公共财政一般预算支出中，社会发展支出所占比重为 47.4%，相比于改革开放初期有了极大的提高。但从国际经验看，还有一定的提高空间，例如 OECD 国家社会发展支出占国家公共财政支出的比重一般在 55% ~ 60%。现阶段，我们一方面要继续逐步提高公共财政支出中社会发展支出的比重，促使中国社会发展更加充分；另一方面要进一步提高社会发展支出在社会发展各领域之间、城乡之间以及区域之间的配置更加公平合理，促使我国社会发展更加平衡。

（四）推进社会治理现代化进程，促进社会和谐稳定

当前，中国仍然处于社会矛盾多发频发期，社会和谐稳定风险呈现多样化和复杂化的格局。化解社会矛盾，促进社会和谐稳定，需要进一步改革完

善社会治理体系，推进社会治理现代化进程。

要进一步落实党委领导、政府引导、社会协同、公众参与和法治保障的社会治理体制机制，促进政府、企事业单位、社会组织以及公众等多元社会治理主体在社会事务治理和社会矛盾化解等方面的信息共享、交流协商，减少突发事件、社会热点、环境敏感项目等因信息不公开、不透明、不及时而引发的各类群体性事件，减少各类以维权为名义的群体性事件失范、失控的风险，降低社会冲突事件的强度和烈度。

要进一步改革完善劳动关系治理体系，建立健全现代劳动关系治理体制机制，化解劳动关系矛盾，降低劳动争议发生率以及减少由劳动争议引发的群体性事件。从内部来看，要进一步完善劳动关系三方协商机制，增强以工会为代表的工人组织的协商议事能力，更加平等地参与劳动关系治理；增强用人单位依法用工意识和能力，提高各类行业组织依法调节和规范本行业用工单位用工行为以及协调劳动关系的能力和水平，促进劳动关系问题的民主治理和自我治理。从外部来看，要全面建立企业薪酬调查和信息发布制度，做好最低工资标准调整和工资指导线发布工作。同时，做好劳动争议调解仲裁工作。进一步推进劳动人事争议多元处理机制建设，不断加强专业性调解机制建设，不断完善裁审衔接机制，创新调解仲裁制度。要做好治欠保支工作，加快出台完善农民工工资保证金的制度安排。加强日常监察执法，畅通劳动者举报投诉渠道，加快推行拖欠农民工工资"黑名单"管理，加大重大欠薪违法行为社会公布和违法失信联合惩戒力度，对涉嫌拒不支付劳动报酬犯罪的，依法及时移送司法机关追究刑事责任。

要继续做好各类特殊社会群体的利益诉求应对工作，加快解决各种可能成为社会热点问题甚至引发群体性事件的历史遗留问题。例如，对于退役军人等群体的利益诉求，要区别不同情况，予以合理的应对解决。对烈士、伤残军人及其家属，要给予持续的甚至永久性的抚恤救助，并适当提高抚恤救助标准；对于一般退役军人，宜淡化他们的军旅属性，帮助他们尽快回归社会，如确实存在生活困难，应当依据就事论事的原则在相关社会救助制度框架内予以解决。2018年，国家成立退役军人事务部，是依法管理退役军人事务的一个良好开端。对于养老保险和医疗保险双轨制下从企业退休的原"体制内"退休人员的养老和医疗保险待遇诉求，应当尽快加以研究，提出合理的应对解决方案，让他们回头享受与从国家机关和国有事业单位退休的人员的养老和医疗保险待遇既不现实也不符合国家机关和国有事业单位社会保障制度改革的大方向，但考虑到他们的养老和医疗保险转轨快、起点低等问题导致其保险待遇确实偏低的客观情况，应当研究制定恰当合理的补偿或救济机制。

要继续加强社会安全问题治理，加大对影响公共秩序和安全的重点难点问题的治理力度，依法打击各种违法犯罪活动，尤其是黑恶势力犯罪活动、网络诈骗、色情、赌博及侵犯公民个人信息等违法犯罪活动，网络金融违法犯罪行为以及传销犯罪活动，维护社会秩序和公序良俗，保证人民群众的人身和财产安全，营造风清气正的社会生活环境。

（五）不断健全完善网络社会治理，有效引导社会心态和社会预期

近年来，中国在网络社会治理方面做出了一系列制度化、机制化的努力，在打击网络谣言的制造和传播、治理不利于党和国家总体利益的网络言论等方面取得了成效，但网络治理还有很大的空间。各种因社会预期得不到满足或者受到挫折而产生的负面社会情绪、社会焦虑、社会心态往往通过网络酝酿、发酵而成为影响人们社会行为的社会热点问题甚至事件，催发社会戾气；一些不健康的甚至倡导不合理的个性反叛的网络产品和文化符号，也通过网络尤其是以手机为主体的移动终端而影响人们的情绪、心态甚至人格成长，一些网红语不惊人死不休的作态，一些青少年随意发表辱国侮民言论的行为，无不与网络上流传的这些不健康的产品和文化符号相关。这些问题，都需要通过不断完善网络社会治理来逐步加以解决。

新时代的网络社会治理，不仅承担着打击网络谣言的制造和传播、治理不利于党和国家总体利益的网络言论等政治任务，还担负着澄清网络风气、营造有利于青少年心智和人格健康成长的网络社会环境，以及引导社会心态和社会预期、阻断社会戾气积聚和发酵链条的责任。要研究制定网络传播产品分级分类管理制度和法律，规范互联网企业与相关传媒生产和引进网络文

化产品的经营活动。要促进互联网企业和相关传媒形成行业规范，建立健全行业自律准则，承担应尽的社会责任。要针对互联网时代的特征，不断完善国民教育体系。例如，可以考虑在学校教育尤其是中小学教育体系中设立网络相关课程，开展适合中小学生的网络知识教学，针对那些以青少年为对象的网络文化产品，以各种典型的正面和负面案例为抓手，用青少年能够理解、接受的语言和喜闻乐见的形式，对青少年的网络行为进行合理引导。

有效引导社会心态和社会预期，化解社会焦虑、社会戾气等负面社会情绪，一方面要提高政府对社会心态和社会预期的管理能力，引导社会公众正确了解新时代中国经济社会发展的成就和总体形势，清醒认识中国经济社会发展所面临的问题、困难和挑战，避免出现狂妄自大的心态或者盲目恐慌的心理，从而最大限度地凝聚社会改革发展共识，形成共度时艰的社会合力。另一方面要把建立逐步完善的现代社会心理服务体系提上议事日程，增强社会自身对社会心态、社会预期等社会心理的自我管理能力。支持发展社会心理服务机构，从个体心理角度纾解各种消极社会情绪，帮助建立积极的社会心态。鼓励和支持社会声誉和信任度高的社会组织参与社会心态和社会预期引导管理工作，进入社区、学校、企业，了解居民、学生、员工的社会性需求，帮助解决难题；参与突发事件包括群体性事件的处理，纾解情绪，化解矛盾。总的来说，引导社会心态和社会预期，是一项系统工程，需要政府和社会共同参与，长期努力。

参考文献

财政部：《2018 年前三季度财政收支情况》，http：//www. gov. cn：8080/xinwen/ 2018 - 10/19/content_ 5332332. htm，2018 年 10 月 19 日。

国家统计局：《前三季度经济运行总体平稳　转型升级深化发展》，http：// www. gov. cn/xinwen/2018 - 10/19/content_ 5332408. htm，2018 年 10 月 19 日。

国家统计局：《前三季度国民经济稳中向好态势持续发展》，http：//www. stats. gov. cn/tjsj/zxfb/201710/t20171019_ 1543751. html，2017 年 10 月 19 日。

国家统计局：《2018 年前三季度居民收入和消费支出情况》，http：//www. stats. gov. cn/tjsj/zxfb/201810/t20181019_ 1628650. html，2018 年 10 月 19 日。

国家统计局：《中国统计年鉴 2018》，中国统计出版社，2018。

国家统计局：《中国统计摘要 2018》，中国统计出版社，2018。

王有捐：《前三季度全国居民收入增长平稳　消费结构不断优化》，中国经济网，2018 年 10 月 23 日。

王永：《人社部举行 2018 年第三季度新闻发布会》，《劳动保障报》2018 年 11 月 2 日。

《习近平：在民营企业座谈会上的讲话》，《人民日报》2018 年 11 月 2 日，第 2 版。

赵同录：《前三季度我国经济保持平稳运行》，中国经济网，2018 年 10 月 22 日。

《市场监管总局：前 9 月全国新设市场主体 1561.6 万户》，中国新闻网，http：// finance. chinanews. com/cj/2018/10 – 26/8660445. shtml，2018 年 10 月 26 日。

OECD，OECD in Figures 2009. *OECD Observer*，2009，Supplement 1.

发 展 篇

Reports on Social Development

B.2
2018年中国城乡居民收入和消费状况

吕庆喆*

摘　要：　2018年，我国居民收入平稳增长，收入差距逐步缩小，居民生活质量持续改善。预测2019年，中国经济仍将保持稳中向好态势，经济增速将达6.4%左右。为促进我国城乡居民收入和消费的持续增长，建议政府和有关部门：积极促进就业，夯实城乡居民收入稳定增长的基础；促进产业结构调整升级，拓宽城乡居民的增收渠道；全面实施乡村振兴战略，促进农民增收；培育消费热点，优化消费结构；优化消费环境，促进消费结构升级。

关键词：　居民收入　居民消费　生活质量

---

* 吕庆喆，博士，国家统计局统计科学研究所高级统计师。

一 居民收入平稳增长，收入差距逐步缩小

（一）居民收入平稳增长，与经济增速基本同步

2010年至2017年，全国居民人均可支配收入持续增长，由12519.5元增加到25973.8元，增长107.5%，按可比价格计算，年均实际增长8.3%，高于同期经济增速0.8个百分点（见表1）。2018年前三季度，全国居民人均可支配收入21035元，比上年同期名义增长8.8%，扣除价格因素，实际增长6.6%，虽比同期GDP增速低0.1个百分点，但高于同期人均GDP增速0.4个百分点，基本与经济增速同步。

表1　2010～2017年居民人均可支配收入及增长情况

年份	全国居民		城镇居民		农村居民	
	绝对数（元）	指数（2010＝100）	绝对数（元）	指数（2010＝100）	绝对数（元）	指数（2010＝100）
2010	12519.5	100.0	18779.1	100.0	6272.4	100.0
2011	14550.7	110.3	21426.9	108.4	7393.9	111.4
2012	16509.5	121.9	24126.7	118.8	8389.3	123.3
2013	18310.8	131.8	26467.0	127.1	9429.6	134.8
2014	20167.1	142.3	28843.9	135.7	10488.9	147.3
2015	21966.2	152.9	31194.8	144.6	11421.7	158.3
2016	23821.0	162.6	33616.2	152.7	12363.4	168.2
2017	25973.8	174.5	36396.2	162.5	13432.4	180.4

资料来源：《中国统计年鉴2018》。

（二）农村居民收入增长继续快于城镇居民

近年来，各级政府始终把提高城乡居民收入水平，尤其是农村居民收入水平作为关注民生、改善民生的出发点和落脚点，精准施策，优化收入分配，农村居民收入较快增长，城乡居民收入差距日趋缩小。2010年至2017年，全国城镇居民人均可支配收入由18779.1元增加到36396.2元，增长93.8%，按可比价格计算，年均实际增长7.2%；农村居民家庭人均可支配

收入由 6272.4 元增加到 13432.4 元，增长 114.1%，按可比价格计算，年均实际增长 8.8%，农村居民收入增速快于城镇居民。2018 年前三季度，全国城镇居民人均可支配收入 29599 元，同比名义增长 7.9%，扣除价格因素，实际增长 5.7%；农村居民人均可支配收入 10645 元，同比名义增长 8.9%，扣除价格因素，实际增长 6.8%，农村居民收入增速仍快于城镇居民。

（三）工资性收入仍是居民收入增长的主要来源

随着经济稳中有进、稳中向好，企业用工需求增长，就业机会增多，居民就业形势继续保持相对稳定，就业人数有所增加；同时，工资调整政策落实、车改补贴补发，加之拖欠农民工工资问题得到有效遏制，确保农民工工资按时足额发放等一系列增资政策的落实，直接拉动了居民工资性收入的增长。2017 年全国居民人均工资性收入为 14620.3 元，比 2013 年增长 40.4%，年均名义增长 8.9%，对可支配收入增长的贡献率为 54.9%，工资性收入占可支配收入的比重为 56.3%，仍是居民收入增长的主要来源（见表 2）。其中，城镇居民人均工资性收入年均增长 7.5%，工资性收入占可支配收入的比重每年都在 61% 左右，工资性收入对收入增长的贡献率为 56.2%；农村居民人均工资性收入年均增长 10.8%，工资性收入占可支配收入的比重每年都在 40% 左右，工资性收入对可支配收入增长的贡献率为 46.1%。

表 2 2013～2017 年居民人均可支配收入结构及增长情况

单位：元，%

指标 ＼ 年份	2013	2014	2015	2016	2017	2013～2017 年年均名义增速
可支配收入	18310.8	20167.1	21966.2	23821.0	25973.8	9.1
①工资性收入	10410.8	11420.6	12459.0	13455.2	14620.3	8.9
②经营净收入	3434.7	3732.0	3955.6	4217.7	4501.8	7.0
③财产净收入	1423.3	1587.8	1739.6	1889.0	2107.4	10.3
④转移净收入	3042.1	3426.8	3811.9	4259.1	4744.3	11.8

资料来源：《中国统计年鉴 2018》。

（四）财产净收入增长较快，收入多元化的增长格局逐步形成

2017年，全国居民人均财产净收入为2107.4元，比2013年增长48.1%。2018年前三季度，全国居民人均财产净收入为1735元，比上年同期增长10.6%。财产净收入成为居民家庭收入新的增长点，居民的收入渠道拓宽，收入多元化的增长格局逐步形成。财产净收入增长的主要原因包括以下几点：一是城乡居民家庭家底的殷实、投资理财观念的增强，居民的储蓄保险收益、红利、机械出租收入有所增加，带动城乡居民财产净收入增长；二是城镇化进程加快，城中村拆迁改造力度加大，房租价格上涨，出租房屋的收入相应增加；三是土地承包经营权流转加快，农村居民转让土地经营权的收入快速增长。这些都成为居民财产净收入稳定增长的重要因素。

（五）各种社会保障体系逐步完善的叠加效应，成为居民收入增长的重要保障

2017年，全国居民人均转移净收入为4744.3元，比2013年增长56.0%。2018年前三季度，全国居民人均转移净收入为3879元，比上年同期增长9.5%。转移净收入增长的主要原因包括以下几方面：一是城乡社会保障体系逐步完善，特别是在脱贫攻坚民生工程的推动下，普惠性进一步提高，覆盖面持续扩大，受益人群逐渐增加，居民得到的政策性转移收入稳定增长；二是随着各级政府加强对农民工的实名制管理、银行代发工资模式的推行以及农民工与城镇职工同工同酬政策的实施，外出人员数量及外出时间相应增多，外出人员工资标准有所提高，外出人员寄回带回的收入增多；三是离退休人员工资普涨、城乡低保和养老金标准的提高以及覆盖面的扩大等各种社会保障体系逐步完善的叠加效应，拉动了居民转移净收入的增长，成为居民收入增长的重要保障。

（六）居民收入差距持续缩小

1.城乡居民收入差距明显缩小

随着农村居民收入的快速增长，城乡收入差距逐渐缩小，城乡居民收入

之比（以农民收入为1）从2009年的3.333∶1缩小至2017年的2.710∶1（见图1）。

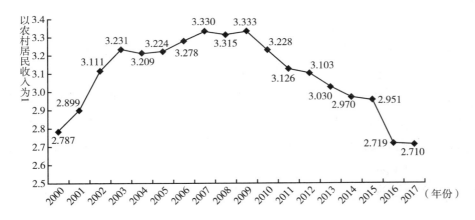

图1　2000~2017年城乡居民收入比

资料来源：《中国统计年鉴2017》。

2. 地区收入差距不断缩小

2017年，东部、中部、西部、东北地区居民人均可支配收入分别为33414元、21834元、20130元和23900元。2017年，以西部地区居民收入为1，东部地区与西部地区居民人均收入之比为1.66∶1，中部地区与西部地区居民人均收入之比为1.08∶1，东北地区与西部地区居民人均收入之比为1.19∶1。东部、中部、东北与西部地区收入相对差距分别比2012年缩小0.06、0.02、0.11。

全国31个省（区、市）居民人均可支配收入的差距也在缩小，其变异系数由2013年的0.413下降到2017年的0.401（见图2）。

3. 基尼系数总体下降

2008年我国居民收入基尼系数达到高点，为0.491，比2003年上升0.012。自2009年开始下降，至2015年已下降到0.462。2016年和2017年全国居民收入基尼系数虽有所波动，但总体仍处于下降区间，2017年比2008年下降0.024（见图3）。

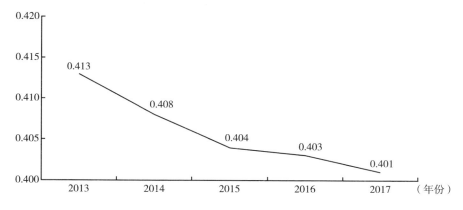

图 2　2013～2017 年全国 31 个省（区、市）居民人均可支配收入变异系数

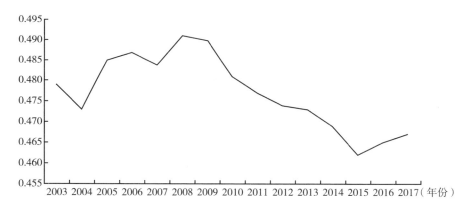

图 3　2003～2017 年中国居民收入基尼系数

资料来源：国家统计局住户调查资料。

二　居民消费水平持续提高，生活质量明显改善

（一）消费水平持续提高，服务消费快速增长

1. 消费水平持续提高

收入的持续稳定增长为消费需求提供了最坚实的保障，城乡居民消费能

力显著提升。2017 年全国居民人均消费支出 18322.1 元，比 2013 年增长 38.6%，年均名义增长 8.5%。其中，城镇居民人均消费支出 24445.0 元，比 2013 年增长 32.2%，年均名义增长 7.2%；农村居民人均消费支出 10954.5 元，比 2013 年增长 46.4%，年均名义增长 10.0%。农村居民人均消费支出增速快于城镇居民。

随着社会保障制度的逐步落实，居民对养老、教育、医疗等预期支出的压力减小，后顾之忧有所弱化，消费观念发生改变，有钱能花、会花、敢花的心理日渐显现。2018 年前三季度，全国居民人均消费支出 14281 元，比上年同期名义增长 8.5%。其中，城镇居民人均消费支出 19014 元，同比名义增长 6.5%；农村居民人均消费支出 8538 元，同比名义增长 12.0%。农村居民人均消费支出增速高于城镇居民 5.5 个百分点。

2. 恩格尔系数持续下降

食品支出比重是国际通用的衡量一个国家或地区人民生活水平高低的重要指标。改革开放以来，我国城乡居民恩格尔系数显著下降，人民生活水平明显提高。2017 年，全国居民恩格尔系数为 29.3%，比 1978 年的 63.9% 下降了 34.6 个百分点。其中，城镇居民恩格尔系数为 28.6%，比 1978 年的 57.5% 下降了 28.9 个百分点；农村居民恩格尔系数为 31.2%，比 1978 年的 67.7% 下降了 36.5 个百分点。

2018 年前三季度，全国居民恩格尔系数为 28.5%，比上年同期下降 0.7 个百分点。主要因为居民用于发展和享受型消费支出增速明显快于基本生活消费支出，其中全国居民人均居住、生活用品及服务、医疗保健支出分别增长 12.2%、9.4%、17.4%，增速分别高于食品烟酒消费支出 6.6 个、3.8 个和 11.8 个百分点。同时，食品烟酒消费价格指数低于总体消费价格指数对恩格尔系数的下降也产生了一定的影响。

3. 发展型消费保持快速增长

2017 年，全国居民人均交通通信支出 2498.9 元，比 2013 年增长 53.6%，年均增长 11.3%，高于居民人均消费支出年均增速 2.8 个百分点，占人均消费支出的比重为 13.6%，比 2013 年上升了 1.3 个百分点；居民人均教育文化娱乐支出 2086.2 元，比 2013 年增长 49.3%，年均增长 10.5%，高于居民人均消费支出年均增速 2.0 个百分点，占人均消费支出的比重为 11.4%，比 2013 年上升了 0.8 个百分点；居民人均医疗保健支出 1451.2 元，比 2013 年增长 59.1%，年均增长 12.3%，高于居民人均消费支出年均增速 3.8 个百分点，占人均消费支出的比重为 7.9%，比 2013 年上升了 1.0 个百分点（见表3）。

表3　2013 年、2017 年全国居民人均消费支出及构成

单位：元，%

指标名称	2013 年		2017 年		增长	年均增速
	绝对值	比重	绝对值	比重		
居民消费支出	13220.4	100.0	18322.1	100.0	38.6	8.5
①食品烟酒	4126.7	31.2	5373.6	29.3	30.2	6.8
②衣着	1027.1	7.8	1237.6	6.8	20.5	4.8
③居住	2998.5	22.7	4106.9	22.4	37.0	8.2
④生活用品及服务	806.5	6.1	1120.7	6.1	39.0	8.6
⑤交通通信	1627.1	12.3	2498.9	13.6	53.6	11.3
⑥教育文化娱乐	1397.7	10.6	2086.2	11.4	49.3	10.5
⑦医疗保健	912.1	6.9	1451.2	7.9	59.1	12.3
⑧其他用品及服务	324.7	2.5	447.0	2.4	37.7	8.3

2018 年前三季度，居民享受更多社会化服务，全国居民人均家政服务支出增长 38.7%，交通费用支出增长 24.1%，旅馆住宿支出增长 38.6%。居民文化娱乐活动更加丰富多彩，全国居民人均书报杂志、景点门票、体育健身活动支出分别增长 8.4%、9.0%、36.5%。同时，居民在部分领域的消费得到更多实惠。电信行业连续出台提速降费举措，有效降低了居民通信成本，增加了居民消费选择。

（二）家用汽车拥有量增加，家庭信息化程度提升

城乡居民家用汽车拥有量快速增长。2017 年，城镇居民平均每百户家用汽车拥有量为 37.5 辆，比 2013 年增加 15.2 辆，增长 68.2%；农村居民平均

每百户家用汽车拥有量为19.3辆，比2013年增加9.4辆，增长94.9%。

城乡居民家庭信息化程度不断提升。2017年，城镇居民百户计算机拥有量为80.8台，比2013年增加9.2台，增长12.8%；移动电话拥有量为243.4部，比2013年增加29.3部，增长13.5%。农村居民百户计算机拥有量为29.2台，比2013年增加9.2台，增长46.0%；移动电话拥有量为246.1部，比2013年增加46.5部，增长23.3%。

（三）住房面积不断增加，居住环境明显改善

改革开放以来，党和政府高度重视改善居民的居住条件，加大了民用住宅建设的投资力度，近年来更是通过建设廉租房和经济适用房千方百计解决居民住房难的问题。随着棚户区改造和贫困地区危旧房改造项目的推进，许多居民家庭告别低矮、破旧、设施简陋的住房，迁入宽敞明亮、设施齐全的楼房，居住条件明显改善。2017年，城镇居民、农村居民人均住房建筑面积分别比1978年增加30.2平方米和38.6平方米。2017年，城乡居民居住在钢筋混凝土或砖混材料结构住房的户比重为93.5%和65.0%，分别比2013年提高1.7个和9.3个百分点。

住房条件明显改善的同时，城乡居民的居住环境明显优化且质量明显提升。2017年，城乡居民住宅外道路为水泥或柏油路面的户比重为93.4%和66.3%，分别比2013年提高3.3个和14.9个百分点。城乡居民有管道供水入户的户比重为97.7%和74.6%，分别比2013年提高1.3个和13.7个百分点。尤其是习近平总书记就"厕所革命"做出重要指示后，城乡居民的厕所卫生条件明显改善。2017年，城乡居民使用卫生厕所的户比重为91.7%和45.0%，分别比2013年提高2.4个和9.4个百分点。城乡居民使用本住户独用厕所的户比重为93.5%和95.4%，分别比2013年提高3.8个和2.8个百分点。

（四）市场供给方式不断创新，消费增长动力有所变化

1. 新兴业态快速增长

随着互联网特别是移动互联网普及率的提高，网购用户规模不断扩大，

网上零售等新兴市场供给方式在上年高速增长的基础上继续快速增长。2018年前三季度，全国网上零售额增长27.0%。其中，实物商品网上零售额增长27.7%，增速比社会消费品零售总额高18.4个百分点，占社会消费品零售总额的比重为17.5%，比上年同期提高3.5个百分点。据测算，实物商品网上零售额对社会消费品零售总额增长的贡献率超过40%。

2. 传统业态持续回暖

在新兴业态保持快速增长的同时，传统企业积极转型，部分实体零售业态继续呈现回暖态势。2018年前三季度，包括超市、百货店、专业店等在内的限额以上单位实体零售业态零售额同比增长6.6%。其中，限额以上超市、便利店、折扣店的零售额同比分别增长7.3%、12.3%和6.1%，增速分别加快1.2个、0.1个和2.7个百分点；专业店增长8.6%，增速比实体零售业平均增速高2.0个百分点；百货店、专卖店等业态在上年恢复性增长的基础上继续保持增长态势。

3. 新旧业态融合发展

在大数据、人工智能和移动互联网等新技术的推动以及日益完善的物流配送体系的支撑下，超市、专业店等传统零售业态与电商平台深度融合，新兴业态和传统业态融合成为消费市场供给的重要途径。据测算，2018年前三季度，限额以上单位通过互联网实现的商品零售额占限额以上单位消费品零售额的比重为9.6%，比上年同期提升2.2个百分点；通过互联网实现的零售额对限额以上单位商品零售额增长的贡献率接近1/4。

4. 基本生活等多数商品成为拉动消费增长的重要动力

从销售商品的类别看，基本生活类商品保持平稳增长，消费增长的拉动力由汽车等少数商品向与民生紧密相关的多数商品转变。2018年前三季度，限额以上单位服装、日用品类商品零售额同比分别增长9.7%和13.4%，增速分别比上年同期加快2.6个和5.0个百分点；粮油食品类商品也保持两位数的较快增长。粮油食品、服装和日用品类商品对社会消费品零售总额增长的拉动作用比汽车类商品高约1个百分点。

三 2019年促进城乡居民收入和消费增长的建议

2018年，面对异常复杂严峻的国际形势和国内艰巨繁重的改革发展任务，在以习近平同志为核心的党中央坚强领导下，各地区、各部门认真贯彻落实党中央、国务院决策部署，坚定践行新发展理念，以深化供给侧结构性改革为主线，统筹推进稳增长、促改革、调结构、惠民生、防风险各项工作，国民经济运行总体平稳，工业企业利润回升，就业形势稳定，价格基本平稳，预估全年经济增长速度为6.6%。2019年中国经济将继续保持稳中向好态势，经济增速将达6.4%左右。为促进我国城乡居民收入和消费的持续增长，提出如下建议。

（一）积极促进就业，夯实城乡居民收入稳定增长的基础

工资性收入不仅是城乡居民收入的主要来源，也是居民收入增长的主要动力。一是加快统筹城乡就业，把就业指导、信息服务与就业扶持等政策扩大到城乡所有需要就业的对象，努力构建城乡统一的劳动力就业市场，为城乡居民提供平等的就业机会。二是加大对中小企业以及战略性新兴产业的扶持力度。中小企业是吸纳就业的主力军，也是市场最活跃的主体，应通过对中小企业以及战略性新兴产业的扶持，推动就业结构调整与产业结构调整的有机结合，创造更多就业机会。三是建立企事业单位职工福利待遇与社会平均工资联动调整制度，实现职工工资、福利待遇增长的常态化，促进职工工资福利水平的整体提高。四是健全面向全体劳动者的职业技能培训制度，加强职业教育、技能培训，增加劳动者的人力资本含量，提高劳动者的素质和就业能力。

（二）促进产业结构调整升级，拓宽城乡居民的增收渠道

采取积极有力的政策措施，促进城乡有意愿、有能力的劳动者积极创业，增强经济活力，使更多居民家庭拥有非农经营收入。一是大力发展民营

经济、电商经营，为小微企业发展、高校毕业生及返乡农民工创业解决困难、创造条件，给予融资、生产经营、销售、纳税与吸纳就业等方面的优惠政策，促进其经营收入的增长；二是大力发展现代服务业，发展形成以开发、金融、保险、信息技术、商贸、旅游、物流、房地产等为支柱的现代服务业，加快推进中小城市和中心城镇建设，放宽县城和中心城镇农民的落户条件，加快推进城镇化进程，促进产业的集聚发展和人口聚集，扩大城乡居民就业空间，拓展城乡居民增收渠道。

（三）全面实施乡村振兴战略，促进农民增收

当前，农民收入的增长不是靠农业、靠农村，而较大程度上是靠城市的产业支撑，靠农民的外出务工或外出经营，这种增收模式有可能带来农业的衰落与农村的凋敝。必须建立一个更多依靠农业、更多依靠农村、可持续的农民增收长效机制，因此要大力实施乡村振兴战略。乡村振兴要坚持质量兴农、绿色兴农、效益优先，加快转变农业生产方式，推进改革创新、科技创新、工作创新，大力构建现代农业产业体系、生产体系、经营体系，大力发展新主体、新产业、新业态，大力推进质量变革、效率变革、动力变革，破解人才短缺、资金短缺、农民增收难的问题。

（四）培育消费热点，优化消费结构

在满足居民衣食住行等基本消费的基础上，不断优化居民消费结构，拓展消费领域，应大力培育绿色、健康、休闲、养老、医疗、教育等服务性消费，在消费产品个性化、多样化上下功夫，多层次、多渠道地激发新的消费热点。

（五）优化消费环境，促进消费结构升级

一要加快城镇化建设步伐，完善基础设施，特别是农村地区的公路交通网、有线电视网及互联网等硬件设施，扩大消费领域；二要健全市场法制，打击假冒伪劣产品，消除不正当竞争，规范市场秩序，培育新的消费热点；

三要引导银行和商家密切配合，完善个人消费信贷机制，积极开发高端、新兴消费品市场，促进居民消费观念转型升级，鼓励适度提前消费；四要合理调整住房、汽车等高档消费品的价格，使之与当前市场消费能力相适应，拓展私家轿车、住房、旅游等消费市场，促进消费结构升级转换，全面提升居民消费水平和质量。

参考文献

国家统计局：《中国统计年鉴2018》，中国统计出版社，2018。

国家统计局住户调查办公室：《中国住户调查年鉴2018》，中国统计出版社，2018。

国家统计局中国经济景气监测中心：《中国经济景气月报》2018年第10期。

李培林、陈光金、张翼主编《2018年中国社会形势分析与预测》，社会科学文献出版社，2018。

国家统计局：《中国发展报告2018》，中国统计出版社，2018。

B.3
2018年就业形势与未来展望

莫荣 陈云*

摘　要：　2018年，在外部环境发生变化、不确定性增加的情况下，我国国民经济运行总体平稳，稳中有进，经济增速保持在合理区间，经济结构进一步调整优化，在经济增长带动和各项稳就业、促就业政策支撑下，我国就业形势继续保持总体稳定，就业结构不断优化；但就业结构性矛盾依然突出，"就业难"和"招工难"并存的基本态势没有改变，在经济下行压力影响下，就业形势也出现局部承压，部分指标走势趋弱，下一步不确定性增加的局面，需要予以高度重视。

关键词：　就业形势　就业结构　劳动力市场供需

一　2018年就业形势

2018年3月全国两会上通过的《政府工作报告》确定，就业工作的主要目标为"城镇新增就业1100万人以上，城镇调查失业率5.5%以内，城镇登记失业率4.5%以内"。综合观察就业增长、失业水平、企业用工和劳动力市场供求变化等各方面情况，2018年我国就业工作目标完成，就业形势保持了多年来的总体稳定态势，但同时也显现出一些隐忧。

---

* 莫荣，中国劳动和社会保障科学研究院副院长，研究员，研究方向为就业、职业培训、人力资源管理、国际劳动保障等；陈云，中国劳动和社会保障科学研究院就业创业研究室副主任，副研究员，研究方向为就业、劳动力市场问题。

（一）就业形势保持总体稳定

1. 城镇新增就业提前完成全年目标任务，就业困难人员实现就业增长

城镇新增就业可反映我国经济发展创造就业岗位的能力，统计显示，2018 年前三季度全国城镇新增就业达到 1107 万人，同比增加 10 万人（见图 1）。提前实现年增 1100 万人的任务，也是近年来同比实现新增就业人数较多的年份，在第三季度就突破 1100 万人的目标任务。前三季度，就业困难人员实现就业 136 万人，同比增加 3 万人。[①]

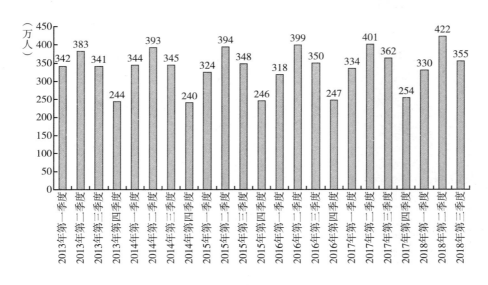

图1　近年各季度城镇新增就业情况

2. 调查失业率保持较低水平，登记失业率为2002年以来的历史低位

从失业状况看，数据显示，2018 年失业率总体保持在较低水平，没有出现显著波动和规模性裁员。城镇登记失业率持续低于 4%，且逐步下降，三季度末为 3.82%，是 2002 年以来的历史低位（见图 2）。全国城镇调查失

---

① 本报告城镇新增就业、城镇登记失业率、人力资源市场供求、监测企业岗位等相关数据来源于人力资源和社会保障部统计调查数据。

业率保持在5%左右，7～9月，全国城镇调查失业率分别为5.1%、5.0%和4.9%，除7月与上年持平外，8月、9月均比上年同期低0.1个百分点。9月，31个大城市城镇调查失业率为4.7%，比上月下降0.2个百分点，比上年同月下降0.1个百分点。①

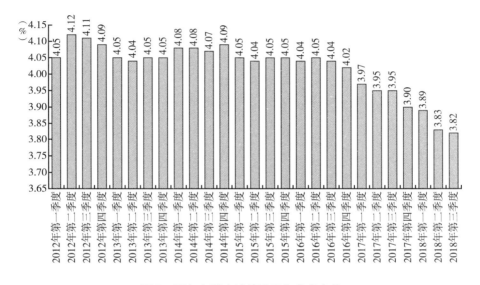

图2　近年各季度城镇登记失业率变化

3. 重点群体就业保持稳定，农民工收入同比增长7.3%

2018年，应届高校毕业生规模首次突破800万人，达到820万人的高位。高校毕业生就业状况保持了总体稳定，企稳回升。从全年情况看，7月受高校毕业生集中毕业影响，失业率有所提升，但随后逐月走低，9月20～24岁大专以上青年失业率同比下降2.4个百分点。三季度末，外出务工农村劳动力总量18135万人，比上年同期增加166万人，增长0.9%；外出务工农村劳动力月均收入3710元，同比增长7.3%。

---

① 本报告城镇调查失业率数据、农民工就业数据、GDP增长率及产业结构数据、采购经理指数来源于国家统计局调查数据，见国家统计局网站。

4. 市场供求基本平衡，岗位空缺与求职人数的比值上升

2018 年以来，100 个城市公共就业和人才服务机构监测数据显示，岗位空缺与求职人数的比值维持持续攀升趋势，高出往年同期水平。第三季度，监测城市用人单位通过公共就业和人才服务机构招聘各类人员约 489 万人，进入市场的求职者约 390 万人，岗位空缺与求职人数的比值约为 1.25，比上季度上升 0.02，比上年同期上升了 0.09。表明公共人力资源市场岗位供给仍然大于求职人数，部分企业用工短缺仍然存在。

在国内外形势复杂多变的情况下，2018 年就业大局保持稳定实属不易。

一方面，得益于经济保持稳中向好的发展势头。我国经济规模不断扩大，服务业快速发展，供给侧改革深入推进，新动能持续显著成长，创业创新活力和发展内生动力进一步增强。2018 年前三季度，我国国内生产总值达 650899 亿元，经济规模进一步扩大，按可比价格计算，同比增长 6.7%。经济增速仍保持在合理区间，在世界主要经济体中仍然是速度比较快的。从三次产业构成看，产业结构继续优化，吸纳就业能力较强的第三产业比重不断提高。前三季度，三次产业增加值占 GDP 的比重分别为 6.5%、40.4% 和 53.1%，与上年同期相比，第三产业比重提高 0.3 个百分点，对经济增长的贡献率为 60.8%，同比提高 1.8 个百分点。从行业构成看，新产业、新业态、新商业模式发展迅速，带动相关行业的增加值增长较快。前三季度，信息传输、软件和信息技术服务业，租赁和商务服务业，交通运输、仓储和邮政业增加值分别比上年同期增长 31.2%、9.4% 和 8.0%，领先于其他行业。服务业对经济增长和就业的拉动作用不断增强。据国家统计局调查，2018 年 9 月末，三次产业就业人员结构为 27.4∶28.0∶44.6，其中第一、第二产业比重同比分别下降 0.7 个和 0.1 个百分点，第三产业比重上升 0.8 个百分点。服务业就业比例延续逐步上升趋势，其中的信息传输、软件和信息技术服务业，水利、环境和公共设施管理业，教育，卫生和社会工作，文化、体育和娱乐业等新兴服务业就业人员数量同比增速高于其他行业。

另一方面，得益于党中央、国务院对稳就业的高度重视，各项促进就业创业政策发挥效应和作用。中央对就业工作做出了一系列决策部署。2018

年7月，第15次国务院常务会议对进一步做好稳定和扩大就业工作进行专题研究部署；同月，中央政治局会议在研究下半年经济工作时，将稳就业摆在"六个稳"的首位。一系列政策措施相继出台实施，中央的高度重视、高位推动，为促进就业提供了坚实支撑。同时，各地区、各部门狠抓就业创业政策落实，组织开展各类专项就业服务活动，特别是在促进高校毕业生就业、实施就业扶贫、实现困难人员就业、安置化解过剩产能职工、促进高失业率地区就业等方面加大工作力度，保持了重点群体就业的稳定。

（二）需要重点关注的问题

2018年就业形势保持总体稳定的同时，也要看到，在国内外宏观经济环境不确定、不稳定因素增多的影响下，就业领域一些苗头性问题开始显现，部分就业指标走弱，市场出现某些波动，企业信心和社会预期不振，需要密切关注。

从就业指标走势看，部分指标波动走弱，显示就业形势存在隐忧。城镇新增就业人数虽保持总体增长，提前完成全年确定任务，但从走势看，三季度同比减少1.9%，这是近5年来首次出现第三季度新增就业减少的情况。从失业方面看，前6个月全国城镇调查失业率始终低于上年同期，进入三季度有所抬头，7月和9月同比持平。国家统计局发布的中国采购经理指数显示，10月制造业从业人员指数为48.1%，同比回落0.9个百分点，非制造业从业人员指数为48.9%，同比降低0.5个百分点，两者均低于50%的临界点，表示企业用工有所收缩。从市场供求看，在市场供求总体动态平衡的基础上，部分行业市场需求减弱。智联招聘等市场机构网络招聘数据显示，三季度网络招聘需求人数由增转降。从行业看，交通运输、仓储和邮政业，计算机、通信和其他电子设备制造业等的招聘岗位数量有所下降。从企业规模看，99人以下小企业需求下滑较为明显。

从就业预期方面看，受外部经济环境深刻变化、世界经济预期下调、国内宏观经济增长下行压力加大、部分企业经营困难持续等的影响，部分企业用工更趋谨慎。中国人民银行城镇居民储户调查显示，一季度就业感受指数

为45.8%，比上季度提高1个百分点；就业预期指数为54.1%，比上季度提高0.7个百分点。二、三季度，就业感受指数与就业预期指数均环比下降。三季度就业感受指数为45%，环比下降0.9个百分点；就业预期指数为52.3%，环比下降1.8个百分点。①

二 就业形势面临的挑战和问题

2018年我国就业形势保持稳定，同时也呈现阶段性的变化特征。下一步，我国就业形势总体上仍将保持稳定态势，就业总量压力持续、就业结构性矛盾突出的基本特征不会改变，同时也将面临一些新的挑战和问题，主要是人口结构深刻调整、世界经济格局和外部经济环境不确定性、新业态和新技术变革等对就业产生的广泛而深刻的影响。

（一）总量压力仍存、结构性矛盾突出的基本特征仍将持续

进入新时代，随着我国经济社会发展与劳动力供给趋势变化，我国就业的基本形势和主要矛盾也在发生深刻变化。习近平总书记指出："当前形势下，就业形势会发生一些变化。一方面，劳动年龄人口减少，就业总量矛盾相对有所缓解；另一方面，结构性就业矛盾进一步凸显。"这从就业总量和结构方面，明确了当前和今后一个时期我国就业形势特征的基本面。

从总量上看，劳动力供给增速趋缓，总量逐步减少，总量压力相对缓解，但仍然高位持压。2012年开始，我国劳动年龄人口数量持续下降，与以往高速增长的发展趋势明显不同，就业总量的压力从增量向存量转变。但未来相当长一段时间，我国的就业总量仍将处于一种持续中高压状态。据测算，到2030年之前我国16~59岁的劳动年龄人口仍将一直保持在8亿以上。

从结构上看，就业结构性矛盾不断上升。与改革开放初期和国有企业改

---

① 数据来源于中国人民银行2018年一、二、三季度城镇储户调查数据，见中国人民银行网站。

革攻坚阶段出现的就业结构性矛盾不同，当前就业结构性矛盾是在经济社会发展持续转型到一定阶段时形成的，劳动力的需求和供给结构都存在显著的转型特征。习近平总书记专门列举了当前就业结构性矛盾比较突出的几个方面："一是化解产能过剩、推动国企改革，使隐性失业显性化，部分地区下岗压力可能增大。二是经济下行压力仍然存在，部分企业困难加重，要关注一些小微企业迫于生存压力减员可能带来的失业问题。三是 90 后是新增就业的主体，他们对岗位的选择性增大，其中有些人不愿从事苦脏累和自由度小的工作。四是新技术、新产品、新业态、新模式不断涌现，但技能型人才远远满足不了需要。明年高校毕业生数量将继续增加，供求矛盾会更为突出。"

就业结构性矛盾是经济社会发展不协调、不平衡的结构性问题在就业领域的集中反映。其既有产业结构调整和技术进步的因素，也有区域经济格局变化的影响，如城乡二元结构逐渐被打破，但体制分割没有完全消除；各地区发展迅速但仍然很不平衡；居民收入水平上升但仍然差距巨大；劳动者社会横向流动过于频繁，而纵向流动困难。但最根本的还是劳动力需求和供给的不匹配。从供给看，劳动力总量从无限供给向有限供给转变，劳动力结构有明显变化。一方面，大量劳动者职业技能和知识水平偏低、部分劳动者就业观念落后等情况仍然存在；另一方面，新进入市场的劳动力中高校毕业生将近一半，新一代求职者受教育和技能水平显著提升，就业观念和方式多元，就业预期提高，更加注重职业发展、薪酬待遇、工作条件和自我价值实现。从需求看，一方面，经济社会进入高质量发展阶段，随着经济发展转型升级和结构调整，数字经济、移动互联信息网络、AI 技术等新经济和新技术快速发展，社会消费结构、消费观念和要求升级，现代服务业发展迅猛，人力资源市场对劳动者知识技能素质和服务能力水平的要求显著提高；另一方面，低端产业链条中生产企业和传统服务业仍然存在，大量低端就业岗位需要低成本劳动力的情况也没有彻底改变。

（二）应对外部经济环境变化带来就业形势不确定性

经过 40 年改革开放，中国经济与世界经济深度融合，我国经济体系与

产业结构在全球化经济体系分工中扮演着重要角色，在全球产业链和供应链中形成了既有的经济部门，同时也形成了特有的就业结构。与此同时，世界经济格局正在发生深刻调整，国际经济力量对比深刻演变，全球产业布局不断调整，新的产业链、价值链、供应链日益形成。中美经贸摩擦成为我国经济发展外部环境中不确定性最大的因素，从实质看，中美经贸摩擦凸显了世界经济格局调整所带来的冲突，如逆全球化趋势和贸易保护主义抬头，以及全球治理机制难以有效化解国际金融市场频繁动荡和经济不确定性问题。世界经济环境变化，必然对我国经济产生冲击，进而影响到就业领域。这种影响主要体现在两个方面：一方面，贸易摩擦对外贸生产经营企业的直接影响，可能导致部分企业短期内出现经营困难而减少就业岗位；另一方面，经贸摩擦的持续发展，可能导致供应链在全球范围内的调整，部分相关企业可能重新布局生产线，并进一步影响消费市场，这将在更长时间内对我国就业增长和就业结构调整产生更广泛和深入的影响。

受此影响，我国部分对美外贸依赖度较高的企业可能出现用工减少，并对当前就业形势产生影响。从目前调查监测情况来看，这种影响十分有限，对用工总量的实际影响要小于对市场预期和心理的影响，总体来看仍将是可控的。我国经济和劳动力市场的回旋余地和承压能力仍然巨大，在考虑未来就业形势时，要更多关注国际经济形势变化对我国宏观经济的影响。同时，应加快我国劳动力市场改革，在国际经济再调整、再平衡过程中，促进就业结构调整与经济转型升级和结构调整的协同推进，避免结构性失业风险，实现更高质量和更充分就业。

（三）应对新技术革命的机遇与挑战

世界银行发布的2019年世界发展报告指出，近十年，以人工智能为代表的技术爆炸正在重塑新一轮社会经济格局。零人工干预的借贷平台、分拣货物机器人、零工经济等新工作方式和工作形态不胜枚举。这些创新极大地改变了就业市场形势，也引发了社会各界对于未来工作的思考和探讨。

新一轮技术革命的迅猛发展，是以工业智能化、互联网产业化、工业一体化为代表，以人工智能、清洁能源、量子信息、3D 打印、智能制造、虚拟现实、生物医药技术和新材料科学等为主的全新技术革命。新一轮技术革命涉及实体和虚拟经济，覆盖制造、信息、金融、安全、教育、医疗、能源以及生活服务等几乎所有行业和领域，以爆炸式、网络化方式快速渗入经济社会生活的方方面面，对经济社会形态影响的速度、广度和深度远超以往历史上的技术革命。其将重构生产、分配、交换、消费等经济活动各环节，既推动产业转型升级，带动经济高速增长，也实现生产力的新跃升以及生产要素的重新配置，必然对就业产生广泛和深刻的影响。回顾人类工业文明的历史进程，技术革新对就业的影响通常具有两面性，既有"替代效应"，也有"创造效应"。目前，两种效应正在我国人力资源市场上叠加显现。

从新技术进步对就业的创造效应看，新技术的发展，将会使就业市场发生积极变化。技术革新和进步将催生出一批新模式、新业态，带来新兴产业发展和经济增长加速，直接创造新的岗位需求，还将增强生产与消费对接的便利性，降低产品成本及价格，刺激消费、扩大需求，进而带动相关产业甚至整个经济增长，拓展新的更广阔的就业空间。随着技术进步，需要深度思考、增强用户体验、满足个性化需求的一些岗位将大量产生，科学研究、技术发明、创业设计、产品研发、工程师、程序员、文创人员、教育、管理咨询师等方面的人才需求增加。新技术的进步，也将与传统技术相结合，进一步提升传统行业就业岗位的质量，同时催生出一批新服务、新模式、新业态。受益于信息化、智能化水平的提高，就业时间和空间的约束将逐渐减少，劳动者不再拘泥于"朝九晚五"的固定工作时间，就业的灵活性、多元化和个性化特征也会越来越明显。同时，由于技术发展本身要经历漫长的成熟过程，其间市场环境也在不断调整，企业在变革中会积极适应新技术，多以增量方式应对改变，就业市场有了很大的缓冲调整空间。

再从新技术进步对就业的替代效应看，一是技术进步可能导致短期内技术性失业风险增加。技术革新和进步推动传统产业生产、管理和营销模式变革，以"机器换人"等形式直接替换劳动，势必导致一些岗位被淘汰。随着新技术发展应用对就业的影响扩大，技术性失业可能增多，短期失业风险

或有所抬头。以自动化、智能化为特点的新工业革命在技术发展的速度、广度和深度上正超越以往，从全球进程看，新工业革命主要集中在制造、信息、金融、安全、能源、生物等领域。现阶段，工业机器人、3D 打印、物联网、人工智能等技术发展，已经影响和改变了生产服务模式和人们的生活方式，对就业的影响也更加深远，技术进步的"双刃剑"效果更加明显。相对于技术的快速发展、流水线的迅速更替，人的观念转变和能力提升是一个慢变量，转岗转业需要一个过程，若不能及时进行知识、技术和观念更新，原有的部分中低技术人员也将面临失业风险。据浙江省统计，随着生产自动化加快，仅 2015 年全省就减少一线操作岗位 57.7 万个，占全省制造业岗位总量的 4.1%。另一个明确提出"机器换人"的东莞市，自 2014 年 9 月至 2015 年底，因"机器换人"全市减少用工 7.1 万人，约占当地制造业城镇职工人数的 3.7%、全部城镇职工数的 3%。从调研情况来看，一些制造业自动台机器应用中，一个岗位可替代的劳动力在 3~5 人，一条流水线的自动化更新的劳动力替代率达 50%~80%，甚至更高。例如，海尔、美的、京东等企业已经打造出成熟的"无人工厂"和"无人仓储"，实现生产全流程的自动化，全程不需任何人员参与；随着无人机、无人驾驶、无人超市等依托人工智能技术的生产和经营方式的逐步推广，这势必导致短期内岗位的减少，或用工需求明显减弱。从趋势看，主要是重体力和轻智力类就业岗位面临被替代的风险，流程性、重复性、易被数字信息编码所取代的简单劳动岗位将快速流失，一线操作工、电话客服、窗口柜员等职业需求将减少甚至消失，翻译、新闻报道、销售、简单咨询等非程序化岗位也有可能被有限替代。二是新技术革命也将加大人力资源投资成本，短期内技能结构矛盾更突出。新技术革命会使人力资源市场岗位需求结构有所调整和优化，在一定程度上缓解普工过度需求的问题，为高校毕业生创造更多更匹配的就业机会，但同时也对人力资本提出了更高要求。若高等教育、职业教育改革不能及时跟进，技术技能人才培养规模不能有所扩大，计算机等学科的"通识"教育和创新创业教育力度不够，部分院校、部分专业毕业生就业难的问题仍将难以化解，而复合型、技术技能型、创新创业型劳动力将严重短缺，技术性失业和高层次人才短缺的矛盾将同时存在，技能结构矛盾进一步加剧。三是技术鸿沟将可能导致劳动力市场的进一步分化，收入差距扩大。财富向资本和技术拥有者、知识技能人才聚集的趋势将会加剧，劳资之间、不同劳动者之间的收入将加剧分化。资金实力雄厚、市场份额大的少数企业很容易成为市场寡头，也将掌握更多话语权，中小企业对新技术发展创造的"蛋糕"可望而不可即，参与市场并获取报酬的难度加大。资本、技术等鸿沟扩大，也可能进一步加剧劳动力市场结构分化、断裂，出现一定规模的低端、低质量的劳动力市场，这种失业风险和部分劳动者的下沉，可能导致社会贫富差距扩大和阶层隔阂，成为经济社会发展中的潜在风险点。

技术进步将推进就业结构的调整，包括在不同发展程度的国家和地区之间、不同产业和行业之间进行岗位的转移和转换。技术变革带来的就业结构的调整，需要政府部分采取积极措施应对由此带来的就业风险和挑战。

（四）应对新经济、新形态发展的机遇与挑战

与新技术进步相伴而生的，是新产业、新业态、新模式的经济部门和经济活动的繁荣，在这些新经济、新形态发展过程中，新的就业形态也得以产生和发展，向未来就业形势发展提供机遇，也提出了挑战。2016年我国政府工作报告首度明确提出："当前我国发展正处于这样一个关键时期，必须培育壮大新动能，加快发展新经济。""十三五"规划建议要求"发展分享经济，促进互联网和经济社会融合发展"。随着"中国制造2025""大众创业、万众创新""互联网＋"等政策的推动，"新经济""分享经济"等以指数型发展方式在经济社会生活实践中爆发，全方位影响着人们的生产和生活，为经济发展带来新的增长动力，同时也改变着人们的劳动世界。新的动力和增长点逐步形成，战略性新兴服务业、高技术服务业、科技服务业、文化及相关产业服务业、生产性服务业、电子商务及相关的快递业等实现较快增长。云计算、大数据、物联网等技术层出不穷，在线旅游、医疗、教育、网络约车、第三方支付等"借网而生"，智能制造、个性化定制、普惠金融、智慧城市等也催生出一批新模式和新业态，"大

众创业、万众创新"持续推进，新企业、新经济蓬勃发展，创客群体不断扩大，营造了新的就业增长空间。新就业形态的蓬勃发展，将成为未来劳动力市场的"常态"。

新经济的快速成长改变了传统的就业方式，创造了大量的新就业机会，人们可以按照自己的兴趣、技能、时间和其他资源禀赋，参与新业态活动，实现就业，获得收入。目前，我国新业态从业人员的规模呈现扩大趋势。以分享经济为例，《中国分享经济发展报告2017》数据显示，2016年我国参与分享经济活动的人数超过6亿人，比上年增加1亿人左右。参与提供服务者人数约为6000万人，比上年增加1000万人，其中平台员工数约585万人，比上年增加85万人。从国际上看，分享经济参与者也呈现同样的发展趋势。在英国，Nesta调研显示，英国分享经济参与者为1600万人，占英国总人口的25%。在美国，MBO Partners 2013年发布的研究报告《美国独立劳动者现状》显示，2013年，美国大约有1800万名独立劳动者。据自由工作者媒合机构Upwork估算，2014年美国有5300万名自由工作者，占美国劳动人口的34%；而从其他预测数据来看，这一规模还将进一步扩大。欧洲最大的自由职业者和小企业交易平台PeoplePerHour甚至预测，到2020年，美国和英国每两个劳动者中就会有一人是自由职业者。

新就业形态具有一些不同于传统就业形式的基本含义和突出特征：一是具有以开放共享、随机协同为特征的新的就业资源与机会配置机制。在农耕和工业化生产条件下，就业资源和机会的分配基本上是以一种集中、封闭控制，块状、层级或线性的方式进行的，就业资源和机会只能在有限的时空范围内配置到少数特定群体或个体手中。而新就业形态的资源和机会配置机制，是基于移动互联等现代新技术条件所形成的开放、共享、流动和协同机制。这样一种资源和机会的配置机制，从根本上改变了社会生产的方式和关系，为新的就业形式的出现提供了内在动力和基础。二是体现去雇佣关系的新的生产关系。新就业形态中的劳动关系（更准确说是与劳动相关的关系）既与传统雇佣劳动关系不一样，也与传统灵活就业中的关系不一样。劳动者与资源机会配置平台以及用户（劳动消费者）之间在生产关系上具有明显的"去关系化"或者说"弱关系化"特征。三是表现为更加自主、自由，更具灵活性和弹性化的新的工作方式。由于从业者和工作岗位的关系不再像传统产业模式下那样紧密结合，劳动者的工作时间和工作地点、劳动报酬获取等呈现灵活性和更加碎片化的特征。

新就业形态日渐成为扩大就业的重要渠道，如增加就业机会，扩大就业规模；提供过渡性就业岗位，平滑劳动者职业转换期风险；帮助边缘劳动者获得就业机会；满足新生代劳动者对职业自由的追求，给了传统灵活就业岗位和部分灰色就业岗位实现正规化和合法化的机会；提高劳动参与率，增加人力资本投入，进而促进经济潜在增长率提高；帮助经济摆脱困难或转型期结构风险；非正规就业催生大量企业家和无限的创意；等等。与此同时，新就业形态的发展存在诸多矛盾和问题，面临许多挑战。如平台经济发展存在隐患，从业人员职业发展不稳定性突出；新旧机制转换和结构调整存在磨合阵痛；支持"双创"的新就业形态发育不足；人力资本支撑不足，技能结构矛盾日益突出；职业生涯碎片化，工作与生活界限模糊；权利义务的法律关系不清晰；从业者劳动保障面临诸多困扰，就业质量有待提高；现有利益格局和体制结构的障碍；等等。

因此，要抓住新经济发展机遇，大力发展新产业、新业态，开发大量适应新生代劳动力就业取向的高质量就业岗位，促进就业和经济的高质量发展，同时要避免新产业、新业态发展过程中的不稳定性带来失业风险，防止部分低知识技能水平劳动者被甩出正规劳动力市场，新就业形态从业人员劳动权益和健康受到损害，这也是我国就业政策需要关注的重要内容。

三　政策建议

我国有 13.9 亿人口、9 亿多劳动力，就业总量压力和结构性矛盾将长期存在，解决好就业问题是我们长期面临的一项重大战略任务。习近平总书记指出，就业是最大的民生，要坚持就业优先战略和积极就业政策，实现更高质量和更充分就业。因应当前和今后一个时期国内外经济环境条件变化，

需要继续坚持实施就业优先战略，综合施策，保持就业局势稳定，防范失业风险，实现就业目标。

（一）坚持"最大民生"定位，着力推动实现更高质量和更充分就业

坚持"就业是最大民生"的定位，继续实施就业优先战略和积极就业政策，着力创造更多高质量就业机会。将就业作为保障和改善民生的首要任务，坚定实施就业优先战略，促进经济发展与扩大就业的良性互动，不断拓展就业新空间，在高质量发展中创造更多就业机会。尤其要加快建立与人力资源禀赋适配的产业体系。按照着力加快建设实体经济、科技创新、现代金融、人力资源协同发展的现代产业体系要求，一方面，抓住新一代技术变革和数字经济发展机遇，加快发展先进制造业、"互联网＋"、人工智能等新产业和新业态，创造更多符合新生代青年劳动力需求的高质量就业岗位；另一方面，继续发展就业容量大的劳动密集型产业和服务业，加强实体经济的发展，为大量低文化水平、低技能素质的大龄劳动者提供就业机会。进一步完善积极就业政策，制定培育新动能促进就业的政策，深化就业领域改革，研究促进劳动者社会性流动的体制机制，提高劳动力配置效率。

（二）深化劳动力供给侧结构性改革，大规模开展职业技能培训

为更好地应对新技术变革和结构调整的挑战，要从产业布局开始加强教育与培训体系建设，改善人力资源供给结构，确保适应本轮工业革命中生产力和生产关系的变化，把应对技术发展挑战的过程变成推动产业升级、完善人力资本结构和促进高质量就业的过程。对接现代化经济体系建设，加快培养知识型、技能型、创新型劳动者大军，化解结构性就业矛盾。扩大培训规模，面向城乡全体劳动者提供普惠性、均等化、贯穿学习和职业生涯全过程的终身职业技能培训。提升培训质量，全面推行职业培训包制度，推广"互联网＋职业培训"新模式，鼓励更多优质民办培训机构参与培训服务。加快推行企业新型学徒制，运用好政府培训补贴政策，充分发挥企业主体作

用，引导职业培训更加适应产业升级和企业岗位需要。加强职业精神培养，大力弘扬劳模精神和工匠精神。

（三）推动"双创"迈向更高水平，持续发挥创业带动就业的倍增效应

把握创新型国家建设新机遇，推动创业工作升级迈向更高水平，充分发挥创业带动就业的倍增效应。深化"放管服"改革，进一步减少资质资格审批项目，落实阶段性降低社保费率等降成本措施。推动设立重点群体创业就业基金，简化创业担保贷款手续流程，落实一次性创业补贴等扶持政策。优化政策环境，加大创业担保贷款政策落实力度。打造创业培训品牌，实施重点领域创业带头人培养计划，开展更具针对性的创业培训。强化创业服务，高标准建设创业孵化基地和园区，提供低成本场地支持和综合配套服务。

（四）进一步扶持促进新就业形态发展，努力拓展就业新领域

创造更加开放和包容的体制机制及经济社会环境，如进一步深化市场化改革，最大限度地开发就业资源和机会，重点是加快垄断行业的市场化进程，开放更多经济领域；加强对新经济形态的规范引导，多措并举推动其可持续发展；持续推动创新创业和加快产业升级；完善相关法律制度，明确各方法律关系，提供法治保障；完善社会保障、税收、新职业发布和就业调查统计等相关社会政策制度，维护劳动者基本权益；加大教育培训体制的改革力度，改进教育教学内容和方式，加快建立终身职业培训体系，增强劳动者依靠职业能力而不是岗位（铁饭碗）获得的就业稳定性和职业可发展性。

（五）着力化解贸易摩擦对就业的冲击，防范失业风险，稳定就业局势

加强就业形势监测分析，建立对受影响企业的用工监测机制，完善就业失业监测预警体系。为受影响企业提供必要的政策支持，制定出台针对性、

操作性强的政策预案，切实减轻企业缴费负担，加大企业稳岗就业补贴力度。对转岗下岗失业人员开展针对性就业服务，对受影响职工普遍开展职业培训，及时开展困难职工救助帮扶，尽量降低失业对劳动者和社会的影响。要多措并举促进重点群体就业。把高校毕业生等青年群体就业摆在工作首位，大力实施就业促进、创业引领、基层成长计划，保持青年就业稳定。加强对农民工就业情况的跟踪监测，及时了解农民工流动趋势，加强对城市常住农民工的公共就业服务和政策支持，帮助农民工实现稳定就业。加大对贫困劳动力、去产能安置职工、失业人员特别是就业困难人员和零就业家庭的政策支持及就业服务，帮助其尽量实现就业。

参考文献

世界银行：《工作性质的变革——2019世界发展报告》，http：//www. worldbank. org/。

《李克强：政府工作报告（2016）》，http：//www. gov. cn/guowuyuan/2016 – 03/05/content_ 5049372. htm。

国家信息中心：《中国分享经济发展报告2017》，http：//www. sic. gov. cn/archiver/SIC/UpFile/Files/Default/20180801174033821385. pdf。

《习近平：决胜全面建成小康社会 夺取新时代中国特色社会主义伟大胜利——在中国共产党第十九次全国代表大会上的报告》，人民网，http：//cpc. people. com. cn/n1/2017/1028/c64094 – 29613660. html。

B.4
2018年社会保险事业在改革中前进

吕学静　王永梅*

摘　要： 2018年我国社会保险事业运行平稳，并呈现一些新特点。国家开启改革开放以来第八次机构改革，成立了国家医疗保障局，对社会保险管理机构进行了整合，我国社会保险治理现代化取得重要进展。企业职工基本养老保险基金中央调剂金制度和《企业年金办法》颁布实施。工伤保险制度取得较大突破。社会保险积极助力脱贫攻坚战，医保异地结算顺利推进，社保跨域治理取得新进展。同时，社会保险费改由税务部门统一征收，引起企业和民众的热议，民众对于新成立的医保局充满期待，但也存在着担忧。

关键词： 机构改革　基本养老保险全国统筹　企业年金制度
　　　　　 工伤保险

　　2018年是党的十九大召开后的第一年，恰逢改革开放40周年。今年在经济社会发展进入新时代和深化改革步入新时期的背景下，我国社会保险事业运行平稳，也呈现一些新特点：国家开启改革开放以来的第八次机构改革，社会保险管理机构的整合使得我国社保治理站在了新的起点，为民生改善与社会正义的实现奠定了重要基础；企业职工基本养老保险基金中央调剂

---

* 吕学静，首都经济贸易大学劳动经济学院教授；王永梅，首都经济贸易大学劳动经济学院讲师、博士后。

金制度颁布实施，标志着我国基本养老保险的全国统筹迈出了第一步。《企业年金办法》正式颁布实施，对于做强做大我国企业职工养老保险的第二支柱具有重大意义；工伤保险制度取得较大进展，重点行业参保进一步推进，工伤预防费的实施将关口前移，有力地保障了广大职工的生命安全。同时，社会保险费改由税务部门统一征收引发了企业和民众热议，将成为2019年我国深化社会保险体制改革的重大挑战。

一　2018年社会保险事业平稳发展

（一）覆盖面进一步扩大，全面参保计划稳步推进

根据人力资源和社会保障部（简称"人保部"）的统计数据，截至2018年9月底，全国基本养老保险、基本医疗保险、失业保险、工伤保险、生育保险的参保人数分别为9.30亿、12.06亿、1.94亿、2.35亿和2.01亿人，分别比2017年底增加了1560万、2933万、628万、734万和835万元。值得注意的是，享受为贫困人口代缴城乡居民养老保险费政策的人员达到2053万人，其中建档立卡未标注脱贫的贫困人口为1302万人[①]；而且，在新政策和新举措的推动下，工程建设领域参加工伤保险的积极性高涨，参保人数出现了较大幅度的提高；同时，长期护理保险制度试点深入推进，制度运行平稳，取得了阶段性成效，参保人数已经超过4800万人。另外，10月25日人保部出台了《香港澳门台湾居民在内地（大陆）参加社会保险暂行办法（征求意见稿）》，将进一步规范和推动港澳台居民在大陆的参保行为，为稳步地推进全民参保计划又添新举措。

（二）基金收支基本平衡，国有资本充实社保基金开始实施

2018年1~9月，五项社会保险基金合计总收入5.50万亿元，同比增

[①] 卢爱红：《2018年第三季度人力资源和社会保障部新闻发布会》，人力资源和社会保障部官网，2018年10月31日。

长 16.85%。其中，基本养老、基本医疗、失业、工伤、生育基金分别收入37816 亿、15177 亿、786 亿、666 亿和 552 亿元，同比增长 18.62%、13.47%、5.72%、9.75% 和 20.31%。1~9 月，五项社会保险基金总支出4.70 万亿元，同比增长 16.97%。其中，基本养老、基本医疗、失业、工伤、生育基金分别支出 33399 亿、11962 亿、605 亿、527 亿、552 亿元，分别同比增长 16.88%、19.52%、2.89%、11.15%、-3.11%[①]。其中生育保险基金支出出现一定幅度下降，收支基本平衡，一改近两年来生育保险基金当年支出大于收入的状况。这可能与 2017 年 6 月我国开始开展生育保险与职工基本医疗保险合并试点的政策有关，一部分生育保险可能从医疗保险中进行了支出。总的来看，全国社保基金当期收入仍大于当期支出，截至 8月底，五项社保基金累计结余 72660 亿元[②]。2017 年底，国务院印发《划转部分国有资本充实社保基金实施方案》，提出将中央和地方国有及国有控股大中型企业、金融机构纳入划转范围，划转比例统一为企业国有股权的10%，截至 2018 年 11 月底已有 5 家试点央企划转国有资本 200 多亿元[③]。

（三）待遇水平继续提高，社会保险向重点人群进行倾斜

养老保险机关事业单位和企业同步调整。2018 年 3 月，人保部和财政部联合下发《关于 2018 年调整退休人员基本养老金的通知》，继续采取"定额调整、挂钩调整、适当倾斜"相结合的办法进行调整，总体调整水平为 2017 年退休人员月人均基本养老金的 5% 左右。其中，"适当倾斜"调整政策向高龄退休人员、艰苦边远地区的退休人员、企业退休军转干部三类重点人员进行倾斜。此次调整，企业和机关事业单位退休人员调整办法基本统一，体现了机关事业单位和企业养老保险制度的"并轨"，预计将有 1.14

---

① 《2018 年人力资源和社会保障部前三季度统计数据》，人力资源和社会保障部官网，2018 年10 月 29 日。
② 人力资源和社会保障部：《改革社会保险费征收体制总体上不增加企业负担》，人力资源和社会保障部官网，2018 年 9 月 19 日。
③ 陈文辉：《5 家央企充实社保基金，第一笔已划转 200 亿》，搜狐财经，2018 年 11 月 20 日。

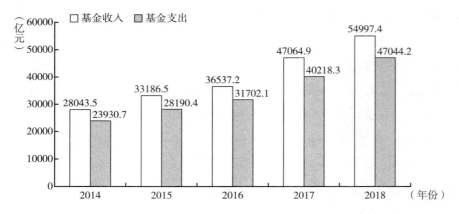

图1　2014~2018年前三季度基金收支情况

数据来源：人力资源和社会保障部2014~2018年前三季度新闻发布会。

亿离退休人员受益。调整之后，全国退休人员养老金平均水平将达到2480元，比2017年底的2362元上涨118元。截止到9月底，各地区企业退休人员已全部发放到位，机关事业单位退休人员基本发放到位。2018年，城乡居民养老保险也提高了保障水平，人均达到了124元[①]。

医疗保险在普遍提高的基础上向贫困人口倾斜。2018年7月，国家医保局、财政部、人保部和国家卫健委联合发布《关于做好2018年城镇居民基本医疗保险工作的通知》，其中提到城乡居民医保各级财政人均补助标准在2017年基础上新增40元，达到每人每年不低于490元，中央财政对西部、中部地区仍按照80%、60%的比例进行补助，省级财政也加大了对深度贫困地区的倾斜力度。2018年城乡居民医保人均新增财政补助中的一半（人均20元）用于大病保险，重点聚焦深度贫困地区和因病因残致贫返贫等特殊贫困人口，加强医疗救助托底保障能力，减轻贫困人口跑腿垫资负担，充分体现医疗保险对贫困人口的关注和关怀。同时，2018年城乡居民医保人均个人缴费标准同步新增40元，达到每人每年220元。

---

① 张义珍：《全国人均城乡居民基础养老金已达到每月124元》，国新办官网，2018年2月26日。

另外，其他三类社会保险待遇也稳步提高。数据显示，2018 年我国人均失业保险金水平已达到 1228 元/月，比 2017 年的 1110 元上涨了 118 元；生育待遇水平提高到人均 1.81 万元，比 2016 年的 1.54 万元提高了 2700元；工伤保险待遇也得到了稳步提高①。

二 社会保险治理现代化取得重要进展

治理现代化（Governance modernization）是我国2014 年提出的"第五个现代化"，实现各领域的治理现代化也是我国建设现代化强国的重要内容，作为保障民生和社会正义的重要方面，实现社会保险治理现代化也是其题中应有之义。如何推进社会保险治理现代化在党的十九大召开之后也得到了政府、学界和社会的广泛关注。从治理的视域下来审视，2018 年我国的社保治理现代化也取得了重要进展。

（一）机构改革促进社保机构整合，社保治理站在了新起点

2018 年 3 月，十三届全国人大一次会议表决通过了关于国务院机构改革的方案，我国开始了改革开放以来的第八次国家机构改革②。社会保障作为民生和社会正义的重要体现，在此次国家机构改革中也得到了特别关注，多项改革措施对于社会保障制度体系和运行机制的完善、社会保险治理现代化以及促进经济社会发展等都具有重要作用。

1. 社保管理机构整合，我国社保治理理念不断成熟

本次国家机构改革针对社会保障体系，主要围绕优化各部门社会保障职能配置、提高效率效能展开。一是组建国家卫生健康委员会、退役军人事务

---

① 人力资源和社会保障部党组：《让改革发展成果更多更公平惠及全体人民——改革开放 40年社会保障体系建设的显著成就及其宝贵经验》，人力资源和社会保障部官网，2018 年 10月 8 日。

② 前七次国家机构改革分别发生在 1982 年、1988 年、1993 年、1998 年、2003 年、2008 年、2013 年。

部、应急管理部、国家医疗保障局；二是调整全国社会保障基金理事会的隶属关系等，表1显示了我国机构改革前后社会保障管理机构分工的情况。与此同时，国家发展和改革委员会、财政部、民政部、人保部和税务部门的社会保障职能相应得到调整，充分体现了政府要下决心解决当前社会保障制度运行中的诸多突出矛盾，标志着国家社会保障治理理念的不断成熟。

表1　国家机构改革前后社会保障管理机构分工情况

社会保障相关内容	改革前	改革后
劳动就业、失业保险、工伤保险	人社部	人社部
基本养老保险、企业年金、职业年金	人社部	人社部
住房公积金	住建部	住建部
职工医疗保险、城镇居民医疗保险	人社部	医保局
生育保险	人社部	医保局
药品、医疗服务价格	卫计委	医保局
新农合	卫计委	医保局
大病保险	人社部	医保局
医疗救助	民政局	医保局
城乡低保	民政部	民政部
五保户、孤儿、儿童收养	民政部	民政部
残疾人权益保障	民政部	民政部
军人优抚	民政部	军人部
退伍义务兵、专业志愿兵、复员干部	民政部	军人部
军官专业安置	人社部	军人部
社区及社团管理	民政部	民政部
慈善捐赠、福利彩票	民政部	民政部
救灾减灾	民政部	应急管理部
全国老龄工作委员会	民政部	卫健委
中国老龄协会	民政部	卫健委
养老服务	民政部	卫健委

注：根据《关于国务院机构改革方案的说明》整理。

2017年党的十九大报告针对社会保障提出要按照"兜底线、织密网、建机制"的原则，全面建成覆盖全民、城乡统筹、权责清晰、保障适度、可持续的多层次社会保障体系，此次国家机构改革是对十九大报告精神的具体落实举措，主要体现在四个方面：一是有助于推进社会保障法治化进程。国家行政机构职能的重新划分为完善社会保障法律制度提供了重要契机，例如将推动社会救助法的正式出台，以及《社会保险法》《军人保险法》《全国社会保障基金条例》等的修订完善。二是为优化社会保障制度搭建了平台。如医疗保障局的成立将有助于新农合与城居医保制度的整合和全民统一基本医疗保险制度的探索推进，有助于基本养老金回归"保基本"的职责，也有利于逐步提高军人和妇老幼残等特殊群体的福利水平。三是有助于提高社会保障制度的运行效率。在征缴方面理顺了社会保险征缴机制、明晰各级财政责任和投入方式、扩大社会保险基金投资渠道和提高回报率等；在待遇给付方面，有助于加强制度间的政策协调、控制和缩小不同群体间的待遇差距，促进社会公平，还有助于推进全面参保计划和协同治理。四是有助于提高社会保障经办服务的水平，使得流程更加科学化、服务更加精细化、队伍更加专业化、手段更加智能化等①。

根据国家机构改革方案要求，各省要在 2018 年内完成省内机构调整，截至 10 月末，全国有三分之二省份的机构改革方案已获批。

2. 社会对新成立的医保局充满期待，也存在着担忧

此次国家机构改革中与社会保险相关的一大亮点是成立了医疗保障局（简称"医保局"），其目的是要推进医疗、医保、医药"三医联动"改革，更好地保障病有所医，切实满足广大人民群众的医疗保障需求和美好生活需求。截至 2018 年 10 月 29 日，已确定有 19 个省（区、市）的医保局改革方案批复并公开，已公开的省份中医保局为正厅级的有广东、江西、重庆、吉林、山东、海南、辽宁、四川、黑龙江、福建、湖北、江苏、浙江等省份；医保局为副厅级的有宁夏、广西、湖南、山西、河北、甘肃等省份。其中已挂牌的有广东、重庆、吉林、山东、黑龙江、福建、山西、浙江等省份。另据悉，云南、安徽、河南等省份的方案已批复但未公开。

---

① 何文炯：《社会保障治理现代化的新起点》，光明网，2018 年 3 月 21 日。

从社会民众的角度来看，对于医保局有三方面的期待①。第一，希望医保局能整合城乡居民基本医疗制度，推动全民健康保险。医保局整合了人保部的城镇职工和城镇居民基本医疗保险、生育保险、卫计委的新农合等分散的医疗保险，并加入了发改委的药品和医疗服务价格管理职责、民政部的医疗救助职责，这样一来就可以避免以往制度体系的碎片化，促进社会保障制度更加公平可持续，在此基础上走向全民健康保险新时代。第二，希望医保局能更多地关注"购买方"，提高医保资金使用效率。由于管理部门不一致，过去的医保支付方式常常在操作和规则制定上存在出入。而医保局将药品和服务价格职能、药品和耗材招标统一划归进来，希望能规避以往管理部门不一致导致的医保支付障碍，将参保人的疾病经济风险提升到卫生体系筹资、支付等层面，从而对"购买方"产生全方位的影响。第三，希望医疗保险在"保险"的基础上实现"救助"的功能，保障人民健康需要。医保局的意义不只三保合一，更强调"保障"，需要实现"社会保险"和"医疗救助"两方面的功能，激发筹资、支付、监管等内部管理机制的创新，以及与其他部委机构，特别是卫健委、财政部、保监会等的协作，实现效果最大化。事实上，医保局成立的初衷也正是为了回应民众的需求。

然而，学界和社会也对医保局的功能实现存在着担忧②。首先，新型农村合作医疗保险和城镇居民基本医疗保险已进入加速整合通道，而新整合的城乡居民基本医疗保险和城镇职工基本医疗保险在分割并行一段时期后，是否实现逐步统一以及如何统一，将成为医保局面临的挑战。其次，医保支付改革的困境如何突破？以群众反映最多的取消药品加成政策为例，如果医药加成取消，医院发展的长效机制将如何建立？医疗质量能否得到长期保障？医生薪酬问题如何彻底解决？医生积极性如何调动？对这些问题并没有明确的说法。再者，医保局能在多大程度上推动公立医院改革仍是一个未知数。

---

① 胡雯、陆杰华：《新一轮机构改革对改善民生顶层设计的要义解读》，《国家行政学院学报》2018年第3期。

② 朱铭来：《国家医保局面临五大挑战》，搜狐网，2018年6月27日；郑秉文：《国家医保局体制面临的新挑战》，《中国医疗保险》2018年第11期。

2018 年《政府工作报告》提到要全面推进公立医院综合改革，目前社会对于医院的属性并未达成共识甚至存在巨大争议，改革势必会是一个巨大的挑战。加之，在人口老龄化日趋严峻、中美贸易摩擦和医疗卫生领域亟待开放的经济社会发展新时期，医保局的履职能力和功能实现面临着巨大挑战。

3. 社保费改由税务部门征缴，引发企业和民众热议

此次与社会保险相关的另一大改革是，社会保险费将改由税务部门统一征收，即自 2019 年 1 月 1 日起，将城镇企业职工五项社会保险费（养老、医疗、失业、工伤和生育保险）交由税务部门统一征收，结束了在我国施行了多年的双重征缴体制①。社保费改由税务部门征缴的初衷是提高社会保险资金征管效率②。预测显示，社保费改由税务部门统一征缴之后，每年的社会保险基金增收额将相当于往年的 1/4 到 1/3③，无疑将会大大地充实我国的社保基金。

社保费征缴体制改革一经提出就引发了企业和民众的热议，担忧情绪不断弥漫，这主要与三方面有关。其一，企业认为社保费改由税务部门征缴就意味着社保费具有"税"的性质，缴费基数和缴费额度将不再是一个"秘密"，企业也不可能再通过各种谈判或博弈来少缴或逃费，这无疑将增加企业的负担。其二，考虑到税务部门的工作性质可能会对企业以往的"欠费"进行追缴，这必将加重企业的成本，使企业的境况"雪上加霜"。事实上黑龙江、安徽、河南、湖北、四川等地都出现了追缴社保费的情况。其三，就业人员担忧一方面追缴可能会使得企业不得已而进行裁员（事实上有些企业已经开始裁员），另一方面企业可能会选择降低社保缴费率，将企业的负担转嫁到员工身上。

---

① 以 2016 年为例，全国有 15 个省级单位由社会保险部门征收，19 个省级单位及单列市由税务部门征收。

② 以往由于征缴不力，我国每年的实际缴费率只相当于 15.3%，远远低于 28% 的法定费率，严重地威胁着社保基金的可持续性，税务部门对于企业财务情况比较了解，也许能使社保费征缴基数和额度"自动生成"，避免逃费的发生。

③ 郑秉文：《税务部门征费的冲击及其连锁改革的政策分析》，证券时报网，2018 年 9 月 19 日。

针对企业和民众的担忧，国家也采取了一系列应对举措。例如，在2018年9月18日国务院常务会议上，李克强总理就明确提出：一要把已定减税降费措施切实落实到位；二要落实"总体上不增加企业负担"的已定部署，在机构改革中确保社保费现有征收政策稳定；三要严禁自行对企业历史欠费进行集中清缴；四要抓紧研究提出降低社保费率方案并与征收体制改革同步实施①。

值得注意的是，企业对于此次社保费征缴体制改革的"异常恐慌"也推进了国家降低社保费率的举措。降低企业的名义社保费率一直是实施供给侧结构性改革的一个重要任务，此次社保征缴体制改革为国家降低社保费率提供了重要契机，如果能抓住这个契机，实现内力和外力相联合，必将大大地推动我国社保体制的改革。

（二）社会保险功能进一步拓展，社保跨域治理取得新进展

1. 医疗保障助力脱贫攻坚战，体现了保险和救助的双重功能

当前，我国正处于脱贫攻坚的关键时期，推进社会保险助力脱贫攻坚战也是社会保险近年来的努力方向。2018年6月，中共中央、国务院印发了《关于打赢脱贫攻坚战三年行动的指导意见》，明确提出要实现基本医保和大病保险农村贫困人口全覆盖的任务目标。对此国家医保局、财政部和国务院扶贫办联合制定了《医疗保障扶贫三年行动实施方案（2018～2020年)》，希望充分发挥医保局成立后的综合保障职责，重点聚焦深度贫困地区和因病致贫返贫等特殊贫困人口，立足现有保障体系、坚持现行制度标准、精准施策、综合保障，细化实化医保扶贫措施，确保到2020年将农村贫困人口全部纳入基本医保、大病保险和医疗救助保障范围，农村贫困人口医疗保障受益水平明显提高。

《医疗保障扶贫三年行动实施方案（2018～2020年)》提出医疗保障扶贫的六大目标，即一是实现农村贫困人口制度全覆盖，基本医保、大病保

---

① 人力资源和社会保障部官网，2018年9月19日。

险、医疗救助覆盖率均达到100%；二是全面落实基本医保待遇政策，整体提升保障水平，逐步缩小城乡差距；三是加大大病保险倾斜力度，对农村贫困人口降低起付线50%、提高支付比例5个百分点、逐步提高并取消封顶线；四是进一步增强医疗救助托底保障能力，确保年度救助限额内农村贫困人口政策范围内个人自付住院医疗费用救助比例不低于70%，对特殊困难的进一步加大倾斜救助力度；五是使用适宜技术，促进定点医疗机构严格控制医疗服务成本，减轻农村贫困人口目录外个人费用负担；六是不断优化医疗保障经办管理服务，全面推进贫困人口医疗费用直接结算。同时，从医保参保缴费、待遇支付、保障标准、管理服务、就医结算等全过程提出了具体措施。

《医疗保障扶贫三年行动实施方案（2018~2020年)》的出台是实现医疗保险"社会保险"和"医疗救助"双重功能的重要体现，也是我国社会保险实现跨域治理的重大进展，体现了社会保险对于国家扶贫战略的支持、对于广大贫困人口的关注与关怀，为民生改善和社会公平正义的实现再添新举措。

2. 医保异地结算取得新进展，基层医疗机构覆盖范围持续扩大

医保异地结算是为方便我国流动人口报销社会保险而推出的重要举措，也是体现我国社会保险协同治理的重要内容。2018年1月人保部办公厅和财政部办公厅联合发布了《关于规范跨省异地就医住院费用直接结算有关事项的通知》，进一步完善了跨省异地结算的制度体系。国家医疗保障局统计数据显示①，截至2018年9月底，累计实现跨省异地就医直接结算106.3万人次（其中新农合为11.2万人次），医疗费用总额达256.1亿元（其中新农合为19.5亿元），基金支付150.2亿元（其中新农合8.2亿元），基金支付比例达58.6%；跨省异地就医定点医疗机构数量为13995家，基层医疗机构覆盖范围持续扩大，二级及以下定点医疗机构11462家。仅2018年1~9月跨省异地就医直接结算85.5万人次（其中新农合5.2万人次），是

---

① 医疗保障局：《前9月跨省异地就医直接结算费用突破200亿》，新华网，2018年10月19日。

上年全年的 4.1 倍；医疗费用 207.5 亿元（其中新农合 9.3 亿元），是上年全年的 4.3 倍；基金支付 122.3 亿元（其中新农合 3.8 亿元），是上年全年的 4.4 倍。总的来看，医保异地结算的顺利推进，不仅为流动人口带了福祉，也为广大人民群众享受较好的医疗卫生服务奠定了重要基础。

（三）基金运营管理和监督得到重视，体制机制进一步完善

1. 全国社保基金理事会"三定"方案落定

社会保险基金的投资运营是确保基金保值增值、实现可持续发展的重要举措。自 2017 年开展城乡居民基本养老保险基金委托投资工作以来，我国基本养老保险基金的投资运营稳步推进，截止到 2018 年 9 月底，北京、山西等 15 个省（自治区、直辖市）政府与社保基金理事会签署委托投资合同，合同总金额 7150 亿元，其中 4166.5 亿元资金已经到账并开始投资①。地方政府社保基金投资积极性较高，例如四川省雅安市 2018 年截止到 7 月份，利息收入就已经达到 1.5 亿元，收益占基金总资产 45 亿元的 3.3%，取得较好的成效。另外，我国职业年金基金的投资运作工作也有了新的进展。2018 年 7 月中央国家机关事业单位职业年金基金管理机构评选委员会评选出中国人寿养老保险股份有限公司、平安养老保险股份有限公司、中国工商银行股份有限公司等 7 家机构为中央单位职业年金计划受托人，10 月初投资管理人评选也拉开了序幕，预示着备受期待的职业年金真正入市也近在咫尺。两项年金的投资运营为我国基金保值增值奠定了重要基础。

值得欣喜的是，作为基金投资机构的全国社会保障基金理事会的"三定"（即定职能、定人员、定编制）方案也已在 2018 年 9 月落定。明确了其承担基金安全和保值增值的主体责任，作为基金投资运营机构，不再明确行政级别，这必将使得我国社保基金投资运营更加顺畅。根据人保部的工作

---

① 卢爱红：《2018 年第三季度人力资源和社会保障部新闻发布会》，人力资源和社会保障部官网，2018 年 10 月 31 日。

部署，下一步将加快推进城乡居民养老保险基金的委托投资，对企业职工基本养老保险基金加强分类指导，并加强社保基金投资风险控制管理。我国社保基金的投资运营稳步推进。

2. 社会保险基金监督管理政策正式落地

社保基金监管是社会保险基金管理的重要内容①，随着我国社会保险基金体系的完善，基金监督管理的制度体系也提上了日程。2018 年 4 ~ 6 月，人保部牵头先后发布了《关于规范职业年金基金管理运营有关问题的通知》《关于开展工伤保险内部控制专项检查的通知》《关于公布企业年金基金管理机构资格调整情况的通告》《关于企业年金基金管理机构资格有关事项的通告》四个通知（告），针对职业年金、企业年金和工伤保险等开展监督管理，这也标志着我国社会保险基金的监督管理政策正式落地，我国社会保险的制度体系进一步完善。

我国长期护理保险试点工作进展顺利。2017 年受益人口超过 7.5 万人，基金支付比例达到 70% 以上，人均支付达 7600 多元；截止到 2018 年 2 月，我国长期护理保险覆盖城市人口超过 4800 万，形成了单位、个人、财政、社会和医保责任共担的筹资格局，为广大的失能老人增添了安全感和获得感。同时，制度试点以来，直接拉动就业 4 万多人，引入社会资本 70 多亿元，形成了良好的外部效应②③。另外，2018 年 9 月，中共中央、国务院发布了《关于完善促进消费体制机制进一步激发居民消费潜力的若干意见》，其中明确提出要大力推动健康养老家政消费，大力发展老年护理和长期照护服务，老年护理和长期照护服务的繁荣发展必将为我国长期护理保险制度的发展增添活力。

---

① 吕学静：《社会保障基金管理（第四版）》，首都经济贸易大学出版社，2017。
② 摘自人社部医保司樊卫东处长在第四届全国社会保障学术大会长期护理保险分论坛上的讲话。
③ 人力资源和社会保障部医疗保险司：《长期护理保险试点进展顺利》，人力资源和社会保障部官网，2018 年 5 月 20 日。

三 养老保险制度取得积极进展

（一）基本养老保险全国统筹迈出第一步

20 世纪 60 年代中期到 90 年代初期，我国城镇职工基本养老保险一直是企业统筹或县市级统筹，1991 年自国务院发布《关于企业职工养老保险制度改革的决定》开始，我国的职工基本养老保险开始向省级统筹转变，到 2009 年我国基本实现了较低层次的省级统筹。2010 年的《社会保险法》中提到"基本养老保险基金逐步实行全国统筹"，随后的政策文件都在积极探索，直到 2017 年的党的十九大报告才正式提出"尽快实现养老保险全国统筹"[1]，即全国范围内的基础养老金由中央政府统收统支，实现全国范围内养老金的调剂余缺。2018 年 6 月，国务院发布《关于建立企业职工基本养老保险基金中央调剂制度的通知》，自 2018 年 7 月 1 日起实施，我国养老保险全国统筹迈出了第一步。

养老金全国统筹是制度发展内在需求和外在要求共同作用的结果。一方面，由于制度统筹层次较低，我国区域间福利差距明显、养老保险基金财务风险加剧、劳动力资源配置效率低下。例如 2013～2016 年城镇职工基本养老保险基金当期收不抵支的省份由 1 个增加到 7 个[2]，预测显示到 2022 年"收不抵支"的省份将达到 13～14 个，东北、西北部分省份结余耗尽风险加大[3]；与此同时，2017 年全国养老保险基金年末累计结余的近三分之二都集中在北京、广东、江苏、浙江、山东、四川、山西等 7 个省份，长此以往必将加剧养老保险的财务风险。另一方面，人口老龄化使养老保险基金负担

---

[1] 邓大松、程欣、汪佳龙：《基础养老金全国统筹的制度性改革——基于国际经验的借鉴》，《当代经济管理》2018 年第 11 期。

[2] 邓大松、薛惠元：《城镇职工基础养老金全国统筹的阻碍因素与对策建议》，《河北大学学报》（哲学社会科学版）2018 年第 4 期。

[3] 郑秉文等：《中国养老金精算报告 2018～2022》，中国劳动社会保障出版社，2018。

不断加重（2014 年、2015 年和 2016 年的抚养比分别为 2.97∶1、2.87∶1、2.8∶1），更重要的是地区间养老保险抚养比的差距也在不断扩大，2017 年全国总抚养比是 2.73∶1，其中广东为全国最高，超过了 8∶1，黑龙江不到 1.3∶1，为全国最低①。在此背景之下，为了破解养老金困局、提高基础养老金的互助共济功能，国家开始针对城镇职工基本养老保险施行全国统筹。

2018 年 6 月 13 日，国务院决定在现行企业职工基本养老保险省级统筹基础上，建立中央调剂基金，对各省份养老保险基金进行适度调剂，确保基本养老金按时足额发放，自 2018 年 7 月 1 日起实施。简单来讲，该制度的核心就是针对"统筹账户"中的基础养老金进行再分配和统筹调剂，由中央政府成立专门机构，统一管理全国范围基本养老金从收到支的各个环节，目的是缩小社会贫富差距、降低制度管理成本和制度财务风险。该制度一经出台就引起了社会的广泛热议，尤其是受到了养老金收不抵支省份的老百姓的热捧，这意味着这些地区的离退休老年人的养老金按时足额发放有了保障。

从中央调剂基金筹集来看，以各省份职工平均工资的 90% 和在职应参保人数作为计算上解额的基数，上解比例从 3% 起步，逐步提高。从中央调剂基金拨付来看，实行以收定支，当年筹集的资金全部拨付地方，规定按照人均定额拨付，人数则来自人保部和财政部核定的数据。从中央调剂基金管理来看，纳入中央级社会保障基金财政专户，实行收支两条线管理，专款专用，不得用于平衡财政预算，采取先预缴预拨后清算的办法，资金按季度上解下拨，年终统一清算。从中央财政补助来看，现行中央财政补助政策和补助方式保持不变。据悉，9 月 14 日，人保部和财政部已印发《企业职工基本养老保险基金中央调剂制度实施办法》，目前正在组织各地贯彻落实，并部署具体资金的缴拨工作②。

同时，我们也应冷静地看待企业职工基本养老保险基金中央调剂制度。

---

① 张晓迪：《职工养老金中央调剂制度落地　专家：是过渡办法》，中国经营网，2018 年 6 月 15 日。

② 卢爱红：《2018 年第三季度人力资源和社会保障部新闻发布会》，人力资源和社会保障部官网，2018 年 10 月 31 日。

第一，中央调剂制度的实施需要良好的社会条件，如各地领导干部和相关部门人员要切实理解该制度并自觉执行。第二，要有客观确切的"离退休人员总数"做基础，各地的口径不统一，养老金给付标准存在差异，导致领取养老金的人数需要稽查审查。第三，可能会打击有结余地区的征缴积极性，因为越努力工作，被中央调剂走的基金越多，对此亟须做好疏导。第四，可能会导致中央财政压力较大，全国统筹之后，中央政府就承担起了城镇职工基础养老金的兜底责任，财政补贴压力将不断增大。第五，可能会出现穷帮富的现象，造成逆向转移支付。比如可能会出现山西、贵州等经济欠发达的地区去填补天津等经济发达地区的现象，不利于社会公平，甚至会影响社会的和谐稳定。如何规避可能存在的风险，为中央调剂制度的顺利实施营造良好的社会氛围和制度环境，已成为社会关注的焦点。

（二）《企业年金办法》颁布实施

企业年金是在国家政策指导下，由企业及其职工依据经济状况自主建立的一项养老保险制度，是多层次养老保险体系的一个重要组成部分①。从国际发展经验来看，企业年金是"三支柱"（three-pillar system）多层次社会保障体系的重要组成部分，某种程度上也是一个国家或地区社保体系成熟的标志。一直以来，我国养老金体系第一支柱（基本养老金）独大，第二支柱发展严重滞后，以2016年数据为例，美国当年第二支柱职业养老金占总养老金资产的59.0%，但中国该比例仅为20.6%。在此背景之下，人保部和财政部在2004年《企业年金试行办法》的基础上结合实践发展，于2017年12月联合印发了《企业年金办法》，2018年2月1日开始实施，为多层次养老保险体系的发展奠定了重要基础。

近10年来，我国企业年金在探索中不断发展。建立企业年金的企业从2009年的66120个发展到了2017年的80429个，参保人数从2009年的1179

---

① 刘云龙、姚枝仲、傅安平：《中国企业年金发展与税惠政策支持》，《管理世界》2002年第4期。

万人增长到了 2017 年 2300 多万人，基金累计也从 2009 年的 2533 亿元发展到近 1.3 万亿元①。图 2 显示了 2013～2017 年我国企业年金的总体情况，图 3 则显示了五年来企业年金所惠及的人数以及支出的金额情况。另外，职业年金正随着机关事业单位养老保险制度改革逐步建立，目前第三支柱个人储蓄性养老保险和商业养老保险正式进入制度建设启动阶段。

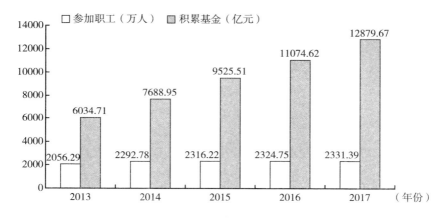

图 2　2013～2017 年我国企业年金总体情况

数据来源：2013～2017 年全国企业年金基金业务数据摘要。

与《企业年金试行办法》相比，此次颁布的《企业年金办法》有八个方面的发展完善。一是弱化了企业年金的自愿性质，鼓励引导符合条件的企业建立企业年金。二是下调了筹资规模上限，企业缴费不超过年度工资总额的 8%（《试行办法》为 8.33%），企业和职工缴费之和不超过年度工资总额的 12%（《试行办法》为 16.67%）。三是对企业缴费分配差距做出限制，企业当期缴费分配至职工个人账户的最高额，不得超过平均额的 5 倍。四是增加了企业年金方案变更、终止，以及中止和恢复缴费的内容。五是明确了职工企业年金个人账户中，企业缴费及其投资收益的归属规则。六是适当放宽了待遇领取条件，职工完全丧失劳动能力的，可以领取企业年金。七是完

①　卢爱红：《2017 年第四季度人力资源和社会保障部新闻发布会》，人力资源和社会保障部官网，2018 年 1 月 26 日。

图3 2013～2017年我国企业年金支出情况

数据来源：2013～2017年全国企业年金基金业务数据摘要。

善了待遇领取方式，职工达到领取条件后，可以按月、分次或者一次性领取企业年金，也可以购买商业养老保险产品。八是扩大了适用范围，《企业年金办法》不仅适用于城镇各类企业，参加企业职工基本养老保险的其他用人单位及其职工，都可以建立企业年金。

总的来看，《企业年金办法》是在经济社会发展新形势下，我国社会保险领域做出的积极探索，将对企业和职工产生重要影响。第一，有利于企业长远发展。随着科技进步和经济发展，企业招工特别是吸引人才的压力也逐步增大，企业年金所具备的延期支付功能、可以适当向关键岗位和人才倾斜的灵活的分配办法、权益归属规则所具备的约束功能，能够较好满足企业吸引和留住人才、稳定职工队伍的需求，有利于提升企业的竞争力，为企业的长远发展奠定基础。第二，有利于提高职工退休后收入水平。随着养老保险制度的改革完善，未来职工基本养老保险主要发挥"保基本"的作用，提升退休后的生活水平、满足老年人对美好生活的需求。第三，可以享受国家税收优惠政策。符合国家规定的缴费部分，企业缴费可以在税前扣除，个人缴费可以从当期的应纳税所得额中扣除。总之，养老金逐步提高加上企业年金扩围，意味着我国企业职工退休收入将再上新台阶。

《企业年金办法》颁布以来，各地都在加快落实，目前河北省、吉林省、云南省、湖南省、重庆市、天津市、无锡市、珠海市等地都出台了相应的实施办法，将惠及更多的企业和职工。

四　工伤保险制度取得较大突破

工伤保险是指劳动者在生产经营活动中或者在法定的特殊情况下因遭受意外伤害或者职业病而暂时或永久丧失劳动能力甚至死亡时，劳动者或其遗属从国家和社会得到必要的物质补偿的制度①。其中，物质补偿既包括现金给付，也包括医疗和康复服务，既包括具有赔偿性质的一次性伤残补助金，也包括具有保障性质的伤残津贴。总的来看，实施工伤保险的目的是保障因工作遭受事故伤害或者患职业病的职工获得医疗救治和经济补偿，促进工伤预防和职业康复，分散用人单位风险。我国1951年确立了工伤保险制度，2003年颁布了《工伤保险条例》，2015年发布了《关于调整工伤保险费率政策的通知》，明确了单位费率确定与浮动办法。据统计，工伤保险的实施减轻了企业约150亿元的负担。图4、图5显示了近五年来我国工伤保险参保人数和基金收支情况。

（一）《工伤预防费使用管理暂行办法》颁布，惠及广大职工群体

为了更好地保障职工的生命安全和健康，促进用人单位做好工伤预防工作，2017年8月，人保部会同财政部、国家卫计委、安监局等颁布《工伤预防费使用管理暂行办法》（简称《办法》），以期降低工伤事故伤害和职业病的发生率，并规范工伤预防费的使用和管理。《办法》规定工伤预防费主要用于工伤事故和职业病预防宣传、工伤事故和职业病预防培训，工伤预防费的使用原则上不得超过统筹地区上年度工伤保险基金征缴收入的3%，项目实施周期不超过两年。

《工伤预防费使用管理暂行办法》的颁布实施是我国工伤保险功能进一

---

① 潘锦棠：《社会保障学概论》，北京师范大学出版社，2012。

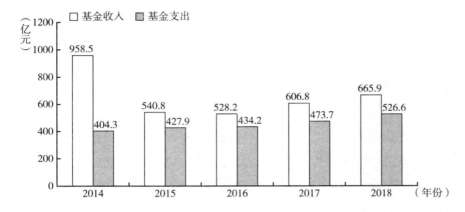

图4　2014～2018年前三季度我国工伤保险基金收支情况

数据来源：人力资源和社会保障部2014～2018年前三季度统计数据。

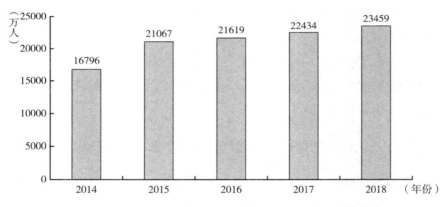

图5　2014～2018年前三季度我国工伤保险参保人数

数据来源：人力资源和社会保障部2014～2018年前三季度统计数据。

步拓展的重要体现，创新地通过关口前移来提高基金的使用效率，更重要的是可以大大地降低广大职工的事故发生率，有效地保障职工的生命安全。暂行办法自实施以来，得到了各地的广泛响应，目前，山东省、江西省、广西壮族自治区、吉林省、辽宁省、湖北省、天津市、无锡市、徐州市、莆田市、常州市等地都出台了具体的落实办法，受到了广大企业和职工的广泛好评。

（二）特定行业工伤保险取得新进展，工程建设领域工人有了新保障

作为一种与职业伤害相关的保障基金，工伤保险从一诞生就与特定行业紧密相连。在总结工伤保险使用规律的基础上，我国于2014年12月出台了《关于进一步做好建筑业工伤保险工作的意见》（简称《意见》），做出了工伤优先、项目参保、概算提取、一次参保、全员覆盖的制度安排，并明确交通运输、铁路、水利等相关行业参照执行。自《意见》实施以来，住建领域新开工工程建设项目参保率达到99.73%，累计4000多万人次建筑业农民工被纳入工伤保险保障，为了更好地巩固发展成果并惠及特定行业工人群体，2018年1月人保部联合交通运输部、水利部、能源局、铁路局和民航局正式发布了《关于铁路、公路、水运、水利、能源、机场工程建设项目参加工伤保险工作的通知》。该通知一经发布，就受到了各地广泛关注，2018年工伤保险基金出现较大涨幅与此办法的颁布有密切关系。

下一步的工作，将大力推进以工程建设项目为重点的工伤保险参保扩面工作，巩固工程建设项目参加工伤保险成果，以快递业为切入点，积极探索建立新经济新业态从业人员职业伤害保险制度，为我国广大职工群体提供保障。

五 2019年社会保险事业发展展望

2019年是我国全面建成小康社会的关键一年。当前，我国经济运行稳中有变，经济下行压力有所加大，加上中美贸易摩擦等外部因素的影响，2019年经济形势将面临严峻挑战；加之，改革已进入深水区，涉及各方利益的重大调整也使得社会矛盾不断凸显，将对于民生改善和社会公平的实现产生重要影响。总的来看，2019年我国社会保险事业可能会面临如下挑战。

第一，社会保险费改由税务部门统一征收将可能进一步凸显社会矛盾。事实上，征缴体制一经提出就引发了各方的热议，有的地方甚至出现了追缴社会保险或者裁减员工的做法。到2019年1月1日正式实施时，必将使得

相关职能部门与企业、职工等之间的矛盾进一步凸显。而且，国家还希望借此机会降低社会保险名义费率，如果再有相应的政策举措，加上中美贸易摩擦对于企业的影响，各方的矛盾必将集中爆发。对于企业而言，在面临内忧外患的情况下它们将如何抉择参保行为和参保水平、如何招募或聘用员工；对于税务部门而言，如若遇到征缴困难的情况，应如何完成筹资任务等等，这些都将成为2019年的热点议题。

第二，如何落实企业职工基本养老保险基金中央调剂制度将会成为热点。中央调剂制度虽然对于全国而言是有利的，可以促进社会保险基金的长期可持续发展，但对于各地方而言则是有利有弊的，这就不可避免地会在实践中遇到矛盾。自2018年7月1日实施以来，2018年年末各地的统计数据和情况就会汇总上来，各地政府和民众的反应也会进一步显现，相应的矛盾也会凸显出来，比如财政补贴压力的问题、逆向转移支付的问题、征缴难度的问题等等。如何在矛盾重重的情况之下，顺利地推进中央调剂制度并达到预期目标必将成为2019年的重点任务。

第三，社保基金监督管理的进一步落实将成为今后工作的重点。监督管理是社会保障治理现代化的重要内容，2018年有关部门针对医疗保险、企业年金、工伤保险等出台了严格的监督管理文件，接下来可能会以政策的落实为抓手，打击一批有不法行为的机构或部门，或者将其纳入黑名单，从而加大监督管理的力度。

第四，生育保险与医疗保险的正式合并可能会提上日程。2017年6月，我国开展了生育保险与职工基本医疗保险合并试点，接下来各方将会对两项保险合并进行全面评估，根据评估结果来决定生育保险何去何从，两者的正式合并或许会在2019年提上日程。

第五，明年我国精准扶贫、精准脱贫仍将深度推进，社会保险如何在脱贫攻坚战中发挥积极作用也将会是2019年关注的重要内容；此外，各地长期护理保险试点的评估工作也在紧锣密鼓地进行着，2019年各种保险运营模式的优劣也将分出伯仲，从而对我国长期护理保险制度的发展产生重要影响。

B.5
2018年城乡社会救助发展状况分析报告

李振刚 *

摘　要： 本文首先对2006年以来城乡社会救助制度的实施情况进行了分析。在精准扶贫的背景下，城乡低保标准不断提高，城乡低保对象呈现大幅减少的趋势。农村特困人员的数量有所下降，而城市特困人员的数量有小幅增加。临时救助和医疗救助的人次持续增长。从救助对象数量来看，制度性定期救助的人数在减少，而临时的急难型救助对象显著增加。接着，本文重点分析了当前城乡低保制度实施中的一些热点问题和发展趋势，包括提标与减量降覆悖论、低保覆盖率和贫困发生率的关系、低保标准的恰当性、低保对象的特征等。在此基础上本文认为，未来两年城乡低保对象仍然会延续递减的势头，并提出按照分类施保的原则，完善城乡社会保护体系，科学制定城乡低保标准，有序推进社会救助社会化等政策建议。

关键词： 社会救助　城乡低保　分类施保　社会化

社会救助作为政府为群众提供基本生活保障最后的安全网，其近些年发展的状况如何，功能作用发挥得如何，特别是精准扶贫战略实施以来，其出现哪些新的特点，未来发展趋势如何，这是本报告关注的核心点。特别是为了深入贯彻《中共中央国务院关于打赢脱贫攻坚战三年行动的指导意见》，

---

* 李振刚，中国社会科学院社会学研究所社会政策研究室助理研究员。

在脱贫攻坚三年行动中社会救助被赋予了兜底保障的任务，这是社会救助的历史使命，也使其面临巨大的挑战。

一 我国城乡社会救助实施的基本情况

（一）农村低保制度的实施情况

2007 年国务院印发《关于在全国建立农村最低生活保障制度的通知》（国发〔2007〕19 号），标志着农村低保进入全面实施阶段，到 2007 年底，全国 31 个省、自治区、直辖市全部建立农村低保制度。[①] 自农村低保制度在全国范围建立以来，经历十余年的发展，当前其呈现以下几个特点。

1. 农村低保人数和户数呈现逐年下降趋势

2007 年农村低保制度在全国范围建立，当年保障人数比上年翻了一倍多，达到 3566.3 万人。2008 年突破 4000 万人，达到 4305.5 万人。2010 年突破 5000 万人，达到 5214.0 万人。到 2013 年，农村低保保障人数达到峰值，为 5388.0 万人。此后，农村低保人数开始逐渐减少。特别是从 2014 年实施精准扶贫以来，每年农村低保人数都在减少，且减少的速度加快。2014 年农村低保人数比上年减少 3.4%，2017 年农村低保人数比上年减少了 11.8%。

低保户数的变化趋势方面，总体来看低保户数和低保人数的变化趋势一致。但是，相对而言户数的涨幅要超过人数的涨幅，这在一定程度上反映了低保在实际操作过程中"保人不保户"的现象。2014 年农村低保人数比上年减少，户数却在增加。2015 年户数有所减少，但是降幅低于人数的降幅。而 2016 年和 2017 年户数的降幅开始超过人数的降幅（见表 1），这可能受到精准扶贫政策要求整户脱贫的影响。

---

① 刘喜堂：《建国 60 年来我国社会救助发展历程与制度变迁》，《华中师范大学学报》2010 年第 4 期。

表1　农村低保制度的实施状况

类别 \ 年份	2006	2007	2008	2009	2010	2011	2012	2013	2014	2015	2016	2017
保障人数（万人）	1593.1	3566.3	4305.5	4760.0	5214.0	5305.7	5344.5	5388.0	5207.2	4903.6	4586.5	4045.2
年增长率（%）	—	123.9	20.7	10.6	9.5	1.8	0.7	0.8	−3.4	−5.8	−6.5	−11.8
保障户数（万户）	777.2	1608.5	1982.2	2291.8	2528.7	2672.8	2814.9	2931.1	2943.6	2846.2	2635.3	2249.3
年增长率（%）	—	107.0	23.2	15.6	10.3	5.7	5.3	4.1	0.4	−3.3	−7.4	−14.6
财政支出（亿元）	43.49	109.1	228.7	363.0	445.0	667.7	718.0	866.9	870.3	931.5	1014.5	1051.8
年增长率（%）	—	150.9	109.6	58.7	22.6	50.0	7.5	20.7	0.4	7.0	8.9	3.7
保障标准［元/(人·年)］	850.8	840.0	987.6	1210.1	1404.0	1718.4	2067.8	2433.9	2777.0	3177.6	3744.0	4300.7
年增长率（%）	—	−1.3	17.6	22.5	16.0	22.4	20.3	17.7	14.1	14.4	17.8	14.9
人均补差［元/(人·年)］	414.0	465.6	604.8	816.0	888.0	1273.2	1247.9	1393.5	1548.0	1766.5	2211.9	2600.1
年增长率（%）	—	12.5	29.9	34.9	8.8	43.4	−2.0	11.7	11.1	14.1	25.2	17.5

资料来源：历年《中国民政统计年鉴》。

2. 政府财政投入逐年增加，增速明显放缓

自 2007 年以来，各级政府加大对农村低保的财政投入。农村低保资金几乎每年上一个台阶，从 2007 年的 109.1 亿元增加到 2017 年的 1051.8 亿元，几乎翻了十倍。但也可以看出，2014 年以来，财政投入增速明显放缓，2017 年农村低保财政支出资金仅比上年增加 3.7%。

3. 保障标准提高，人均救助金额增加

农村低保标准每年都有调整，除 2007 年农村低保制度全面建立之年比上年略有下降外，此后每年低保标准都以 14% 以上的速度递增，2017 年达

到 4300.7 元/（人·年）。据民政部门消息，2017 年底，全国所有县（市、区）的农村低保标准都已经达到或者超过国家扶贫标准，全面实现了两个标准的有效衔接。

在低保人数减少、低保财政支出增加、低保保障标准提高的背景下，人均救助金额得到不断提升。我们可以看到，2016 年和 2017 年人均补差金额的增速超过了低保保障标准的增速。2017 年农村低保人均补差金额是 2600.1 元/（人·年），几乎是 2013 年的 2 倍。

（二）城市低保制度的实施情况

城市低保制度早于农村低保制度在全国范围内建立。"十一五"以来，城市低保的发展呈现以下特征。

1. 城市低保人数和户数呈现加速下降趋势

2006～2009 年，城市低保人数总体呈上升趋势，2009 年城市低保人数达到峰值，为 2345.6 万人。2010 年，城市低保人数略有减少，但是变化幅度不大，为 2310.5 万人。从 2012 年开始，城市低保人数显著减少，为 2143.5 万人，比上年减少 5.9%。这可能与越来越多的人领取养老保险金有关系。至 2014 年，城市低保人数下降至 1877.0 万人，且从 2014 年开始，下降的速度明显加快，每年以不低于 9% 的速度减少。

从低保户数来看，城市低保户数的增加速度显著高于人数的增加速度，而户数的减少速度显著低于人数的减少速度。可以判断，城市低保也存在"保人不保户"的现象和趋势。

2. 城市低保的政府财政投入出现逐年减少趋势

2014 年之前，城市低保的财政投入是逐年递增的，2007～2013 年，以年均接近 20% 的速度递增，2013 年达到 756.7 亿元。从 2014 年开始，城市低保支出金额呈现逐年递减的趋势，以年均 4% 的幅度减少，2017 年下降为 640.5 亿元（见表 2），这可能与城市低保人数大幅减少有紧密关系。

表2 城市低保制度的实施状况

类别 年份	2006	2007	2008	2009	2010	2011	2012	2013	2014	2015	2016	2017
保障人数（万人）	2240.1	2272.1	2334.8	2345.6	2310.5	2276.8	2143.5	2064.2	1877.0	1701.1	1480.2	1261.0
年增长率（%）	—	1.4	2.8	0.5	−1.5	−1.5	−5.9	−3.7	−9.1	−9.4	−13.0	−14.8
保障户数（万户）	1029.7	1064.3	1110.5	1141.1	1145.0	1145.7	1114.9	1097.2	1026.1	957.4	855.3	741.5
年增长率（%）	—	3.4	4.3	2.8	0.3	0.1	−2.7	−1.6	−6.5	−6.7	−10.7	−13.3
财政支出（亿元）	224.2	277.4	393.4	482.1	524.7	659.9	674.3	756.7	721.7	719.3	687.9	640.5
年增长率（%）	—	23.7	41.8	22.5	8.8	25.8	2.2	12.2	−4.6	−0.3	−4.4	−6.9
保障标准［元/（人·月）］	169.6	182.4	205.3	227.8	251.2	287.6	330.1	373.3	411.0	451.1	494.6	540.6
年增长率（%）	—	7.5	12.6	11.0	10.3	14.5	14.8	13.1	10.1	9.8	9.6	9.3
人均补差［元/（人·月）］	83.6	102.7	143.7	172.0	189.0	240.3	239.1	264.2	286.0	316.6		
年增长率（%）	—	22.8	39.9	19.7	9.9	27.1	−0.5	10.5	8.3	10.7		

资料来源：历年《中国民政统计年鉴》。

3. 保障标准逐年提高，人均补差逐年提高

2006年，全国城市低保平均标准为169.6元/（人·月），到2010年增长为251.2元/（人·月），是2006年的1.5倍，年均增长10.3%。2011年城市低保平均标准为287.6元/（人·月），2015年平均标准为451.1元/（人·月），是2011年的1.6倍，年均增长11.9%。2016年和2017年全国城市低保平均标准分别为494.6元/（人·月）和540.6元/（人·月），分别比上年提高9.6%和9.3%，增速明显放缓。

城市低保人均补差的额度逐年上升，除2012年人均补差额度比上年减少外，其余年份均比上年有所增加。2006年人均补差额度为83.6元/

（人·月），2015年为316.6元/（人·月），十年间人均补差标准提高了280%，年均增长速度为15.9%。

（三）城乡特困制度的实施情况

长期以来，农村的"三无"人员由农村"五保"制度进行保障，而城市"三无"人员则无专项的救助制度，通常被纳入城市低保的保障范畴。2014年《社会救助暂行办法》生效之后，统一将"三无"人员纳入特困人员供养制度。为了规范特困人员供养制度，民政部于2016年连续出台两个文件，制定了特困人员认定办法。①

由于长期以来形成的城乡福利差异以及制度的惯性，城乡特困供养制度尚未做到一体化。因此，我们将分别就城乡特困人员供养制度的实施状况进行描述分析。

1. 农村特困人员供养制度的实施状况及特点

从中国民政统计年鉴来看，2015年之前称为农村"五保"供养，从2015年开始称为农村特困人员救助供养。

（1）农村特困人员的数量总体维持在500万人左右，近年来呈现逐年下降的趋势

从农村特困供养对象的总量来看，2006~2010年，供养人数不断增加，从2006年的503.3万人增加到2010年的556.3万人。此后，农村特困人员供养人数出现持续下降趋势。2011年下降到551.0万人，2015年下降到516.7万人，2016年下降到496.9万人，2017年更是下降到466.9万人，为下降幅度最大的一年。可能的原因是民政部出台了《特困人员认定办法》，各地按照新的规定，重新进行严格的对象认定，原有部分"五保"对象不符合新的规定，未能纳入特困人员供养范围。

农村特困人员集中供养的比例维持在1/3左右。2006~2016年，集中

---

① 参阅《民政部关于贯彻落实〈国务院关于进一步健全特困人员救助供养制度的意见〉的通知》，民发〔2016〕115号；《民政部关于印发〈特困人员认定办法〉的通知》，民发〔2016〕178号。

供养的人数先升后降。从2007年开始，集中供养人数逐年升高，到2012年达到峰值185.3万人。此后，集中供养人数逐年下降，2014年下降为174.3万人，到了2016年下降为139.7万人。分散供养人数总体呈现下降趋势，但是变化幅度不大。2007年为分散供养人数最多的一年，达到393.3万人。此后一直下降，2015年为354.4万人，2016年略微上升，人数为357.2万人。

（2）农村特困人员供养财政支出逐年增加

2006年特困人员供养的财政支出为42.1亿元，2010年为98.1亿元，比2006年增长了133%。2011年为121.7亿元，2015年为209.9亿元，比2011年增长了72.5%。2017年达到269.4亿元。

（3）供养标准逐年上升

伴随财政支出的增长，供养标准也在不断提高。分散供养标准从2006年的1224.5元/人·年上升到2015年的4490.1元/人·年，平均每年以15.6%的速度递增。而集中供养标准也由2006年的1608.2元/人·年上升到2015年的6025.7元/人·年，平均每年以15.9%的速度递增，增速略高于分散供养标准。2015年集中供养标准是分散供养标准的1.34倍（见表3）。

表3　农村特困人员供养制度的实施情况

类别 \ 年份	2006	2007	2008	2009	2010	2011	2012	2013	2014	2015	2016	2017
供养人数（万人）	503.3	531.0	548.6	553.4	556.3	551.0	545.6	537.3	529.1	516.7	496.9	466.9
集中供养人数（万人）	161.1	138.0	155.6	171.8	177.4	184.5	185.3	183.5	174.3	162.3	139.7	—
分散供养人数（万人）	342.2	393.3	393.0	381.6	378.9	366.5	360.3	353.8	354.8	354.4	357.2	—
集中供养的比例(%)	32.01	25.99	28.36	31.04	31.89	33.48	33.96	34.15	32.94	31.41	28.11	—
支出金额（亿元）	42.1	59.8	73.7	88.0	98.1	121.7	145.0	172.3	189.8	209.9	228.9	269.4

年份 类别	2006	2007	2008	2009	2010	2011	2012	2013	2014	2015	2016	2017
分散供养标准 [元/(人·年)]	1224.5	1432.0	1624.4	1842.7	2102.1	2470.5	3008.0	3498.5	4005.9	4490.1	—	—
集中供养标准 [元/(人·年)]	1608.2	1953.0	2176.1	2587.5	2951.4	3399.7	4060.9	4685.0	5371.3	6025.7	—	—

资料来源：历年《中国民政统计年鉴》。

（4）农村特困人员的构成及其特征

传统上，我们认为"五保"对象就是老年人；实际上，农村特困人员包括了老年人、残疾人和未成年人，但是老年人无论是在数量还是比重上均占绝对多数。

2006年，特困农村老年人为303.7万人，占特困总人数的60.34%；2010年，达到最高值474.1万人，占比为85.22%。从2011年开始，特困老年人的数量开始下降，但是占比并未明显下降。2015年老年人的数量为442.1万人，占比为85.56%；2016年老年人的数量为423.0万人，占比为85.13%。

残疾人的数量呈现从增长到趋稳的态势，所占比例呈现逐渐走高的趋势。2006年残疾人的数量为58.9万人，占比为11.7%，到2010年增长为96.5万人，占比为17.35%。2011年开始残疾人的数量略微下降，人数为94.7万人，占比为17.19%。2015年残疾人的数量为93.4万人，占比为18.08%。2016年残疾人数量上升至94.6万人，比例为19.04%。

未成年人的数量呈现先增后降的趋势，所占比例也随着数量的变化呈现先增后降的特点。2006年，未成年人数量仅为21.0万人，占比为4.17%。2009年人数达到最高点，数量为33.0万人，占比为5.96%。之后，人数和占比开始下降，2011年人数为31.0万人，占比为5.63%，2015年人数为17.8万人，占比为3.44%。2016年人数为14.1万人，占比为2.84%（见表4）。农村特困人员中未成年人大幅减少，可能是因为部分未成年人享受了孤儿专项救助待遇，而退出农村特困救助。《特困人员认定办法》规定：

"未满16周岁的未成年人同时符合特困人员救助供养条件和孤儿认定条件的，应当纳入孤儿基本生活保障范围，不再认定为特困人员。"

表4　农村特困人员供养对象的构成

类别＼年份	2006	2007	2008	2009	2010	2011	2012	2013	2014	2015	2016
老年人（万人）	303.7	371.8	396.0	471.2	474.1	472.6	470.5	464.5	453.5	442.1	423.0
占比（％）	60.34	70.02	72.18	85.15	85.22	85.77	86.24	86.45	85.71	85.56	85.13
残疾人（万人）	58.9	76.5	79.0	94.9	96.5	94.7	93.5	92.9	92.7	93.4	94.6
占比（％）	11.70	14.41	14.40	17.15	17.35	17.19	17.14	17.29	17.52	18.08	19.04
未成年人（万人）	21.0	27.8	29.0	33.0	32.4	31.0	27.1	23.5	21.0	17.8	14.1
占比（％）	4.17	5.24	5.29	5.96	5.82	5.63	4.97	4.37	3.97	3.44	2.84

资料来源：历年《中国民政统计年鉴》。

2. 城镇特困人员救助情况

2014年以前，城镇没有像农村"五保"那样的专门针对"三无"人员的救助制度，往往把城市"三无"人员纳入城市低保的救助范围。《社会救助暂行办法》生效后，民政部门将部分符合条件的城市"三无"对象纳入了特困救助的范围。

2016年之前，城市低保对象的统计中，包括了城市"三无"人员的数量。从表5我们可以看出，2007年是低保对象中"三无"人员最多的一年，达到125.8万人。此后，"三无"人员的数量逐年减少，到2010年为89.3万人，到2015年又减少一半多，达到43.8万人。从2016年开始，中国民政统计年鉴中没有再对城市"三无"对象进行专门统计。

2011年起，民政部门开始对城市"三无"救济人数进行统计，2011年为19.3万人，此后大幅度减少，2012年比上年减少将近10万人，到2014

年仅为 7.6 万人。从 2015 年开始有了对城市特困救助人员的专门统计，当年享受特困救助的人数为 6.8 万人，2016 年上升为 9.1 万人，2017 年人数大幅上升至 25.4 万人，比上年增长 179%。可能是《社会救助暂行办法》生效后，有更多的"三无"对象被认定为特困人员，从城市低保救助转移到特困救助中来。另外，随着城镇化进程加快，部分农村特困人员因居住地属性变化而搬迁到城镇区域，转为城市特困人员，从而使城市特困人员大幅增加。[1]

表 5　城市特困人员的数量

单位：万人

类别 ＼ 年份	2006	2007	2008	2009	2010	2011	2012	2013	2014	2015	2016	2017
城市低保"三无"人员	93.1	125.8	106.9	94.1	89.3	80.3	64.9	58.0	50.0	43.8	—	—
"三无"救济人数/特困救助人数	—	—	—	—	—	19.3	9.9	8.6	7.6	6.8	9.1	25.4

资料来源：历年《中国民政统计年鉴》。

中国民政统计年鉴没有对城市特困人员的救助标准进行统计，但是在把特困救助作为一项独立的救助项目实施之前，城市的"三无"对象往往被城市低保制度所覆盖，并且获得全额低保救助。[2] 在实施了特困救助制度之后，救助标准也不会低于城市低保标准。

（四）临时救助制度的实施情况

临时救助是社会救助体系的重要组成部分，是保障困难群众基本生活权益的托底性制度安排。其目标是化解城乡居民突发性、紧迫性、临时性基本生活困难，发挥兜底线、救急解难的作用。为进一步加强和改进临时

---

① 参阅贵州省民政厅《贵州省 2017 年民政事业发展统计分析》，2018。
② 唐钧：《"十一五"以来社会救助发展的回顾及展望》，《社会科学》2012 年第 6 期。

救助工作，2018 年民政部、财政部发布了《关于进一步加强和改进临时救助工作的意见》（民发〔2018〕23 号）。近几年，临时救助工作呈现以下特点。

整体来看，临时救助人次呈现逐渐增加的趋势。2012 年获得临时救助的人次为 639.8 万人次，2013 年接近 700 万人次，2014 年和 2015 年都在 650 万人次以上，到 2016 年临时救助人次达到 850.7 万人次，2017 年高达 970.3 万人次。

从归属地来看，在获得临时救助的对象中，本地常住人口占 95% 以上。每年仍有小部分非本地常住人口获得临时救助，2016 年达到最高点 24.4 万人次，而 2017 年则最少，只有 11.9 万人次。

临时救助的财政经费，从 2014 年的 57.6 亿元一下跃升到 2015 年的 106.2 亿元，2016 年达到 131.1 亿元，2017 年有所减少，但仍有 107.7 亿元（见表6）。

表6 临时救助制度的实施情况

单位：万人次，亿元

类 别 \ 年 份	2012	2013	2014	2015	2016	2017
临时救助	639.8	698.1	650.7	655.4	850.7	970.3
本地常住	617.7	681.0	631.5	633.5	826.3	958.4
非本地常住	22.1	17.2	19.2	21.9	24.4	11.9
支出金额	—	—	57.6	106.2	131.1	107.7

注：2017 年数据来源于《2017 年社会服务发展统计公报》，其余数据来自历年《中国民政统计年鉴》。

临时救助是化解人民群众各类重大急难问题，最大限度防止冲击社会道德和心理底线事件发生的重要举措。尤其是临时救助突破了社会救助对象的户籍限制，把非本地户籍人口纳入了救助范围，为解决外来人口的急难问题打开了通道。例如，晋江市把外来务工人员纳入临时救助和慈善救助的范畴，累计发放救助金 300 余万元。每年春节期间开展慰问外来留晋特困务工人员的活动。

（五）医疗救助的实施情况

医疗救助也是社会救助体系中的重要组成部分，在缓解因病致贫问题、减轻困难群众的医疗负担方面发挥着重要作用。为了进一步发挥医疗救助保障困难群众基本医疗权益的基础性作用，2018 年民政部发布了《关于进一步加强医疗救助与城乡居民大病保险有效衔接的通知》，要求各地全面落实资助困难群众参保政策，确保其纳入基本医疗保险和大病保险范围，明确了对于特困人员给予全额资助，对于低保对象、建档立卡贫困人口给予定额资助的原则。2012 年以来，医疗救助的发展呈现以下特点。

医疗救助的总金额整体上呈逐年递增的趋势。2012 年医疗救助支出总金额为 230.6 亿元，2015 年支出达到 333.1 亿元，2016 年略有减少，为 332.3 亿元，2017 年上升到 376.2 亿元。

其中，资助参加基本医疗保险的经费一直呈上升趋势，包括资助城镇居民参加基本医疗保险、资助农村居民参加新型农村合作医疗，2012 年支出金额为 37.5 亿元，2014 年接近 50 亿元，2016 年达到 63.4 亿元，2017 年达到 74.0 亿元。同时，资助参加基本医疗保险的人数呈现先升后降的趋势。2012 年为 5877.5 万人次，2014 年达到最高点，资助参保参合人数为 6723.7 万人次。2015 年和 2016 年均比上年有所下降，2017 年略有上升，这与低保总人数减少有密切的关系。资助参加基本医疗保险的人数减少，但是支出金额却没有相应减少，这可能与医疗保险缴费标准提高有关系。

直接医疗救助的人数总体呈上升趋势，2012 年为 2173.7 万人次，2015 年达到 2889.1 万人次，2016 年救助人数略有下降，到 2017 年迅速提高，达到 3517.1 万人次。直接医疗救助的金额 2012 年为 166.3 亿元，2017 年达到 266.1 亿元，平均每年以约 10% 的速度递增。直接医疗救助的经费远远大于资助参加基本医疗保险的经费，表明医疗救助的经费更多用于减少救助对象直接的医疗费用，更加注重解决由医疗费用导致的急难问题。

资助优抚对象的人数呈现先增后降的趋势。2012 年达到 404.5 万人次，

2014 年达到 474.6 万人次，此后资助人数开始下降，2016 年为 409.2 万人次，2017 年下降为 367.1 万人次。但支出金额并未随着人数的下降而下降，而是总体呈上升趋势（2017 年略少于 2016 年，具体见表 7），人均医疗救助的水平得到提升，表明政府对优抚对象的关爱。

表 7　医疗救助制度的实施情况

单位：亿元，万人次

类　别 \ 年　份		2012	2013	2014	2015	2016	2017
医疗救助总支出	金额	230.6	257.0	285.0	333.1	332.3	376.2
资助参加基本医疗保险	人次	5877.5	6358.8	6723.7	6634.7	5560.4	5621.0
	金额	37.5	44.4	48.4	61.7	63.4	74.0
直接医疗救助	人次	2173.7	2126.4	2395.3	2889.1	2696.1	3517.1
	金额	166.3	180.5	204.2	236.8	232.7	266.1
资助优抚对象	人次	404.5	454.1	474.6	436.5	409.2	367.1
	金额	26.8	32.5	31.4	34.6	36.2	36.1

资料来源：历年《中国民政统计年鉴》。

二　城乡低保制度实施过程中的热点和趋势分析

城乡低保制度是社会救助体系中最基础和最重要的项目，下文就学术界和实务界关注的热点问题与新动向进行分析。

（一）提标与减量降覆的悖论

一般而言，随着低保标准的提升，低保对象人数和低保覆盖率应该相应提升。从城乡低保历年统计数据可以看出，近几年我国城乡低保领域出现了低保标准不断提高，而低保对象和低保覆盖率却不断下降这一悖论。这一现象的一个例外是，在贫困弱势人群的收入增长快于低保线增长的情况下，提标与减量降覆才可能同时出现，而中国的实际情况并非如此。从民政部网站发布的数据来看，2018 年第三季度，城乡低保标准较上年继续提升，但是

低保人数和户数继续减少。第三季度，农村低保标准提升至 4753.6 元/（人·年），较上年提升了 11%；但是农村低保对象减少至 3551.0 万人，较上年减少 494.2 万人，户数减少至 1942.8 万户，减少 306.5 万户。同期，城市低保标准提升至 574.7 元/（人·月），较上年提升了 6.3%；城市低保对象减少至 1068.8 万人，较上年减少 192.2 万人，户数减少至 639.4 万户，较上年减少 102.1 万户。为什么标准提高了，但低保对象却减少了？其直接原因是低保的退出人数远多于低保的新增人数。有学者认为这一悖论的合理解释有二：一是低保的全面核查筛掉了原有的"错保"对象；二是在新的形势下发现低保对象没有实现同步发展，存在比较严重的"漏保"现象。①城市低保人数从 2011 年开始下降，有人认为这是由于当年很多四五十年代出生的下岗失业人员被纳入低保救助范围，当这些人陆续进入退休年龄，领取养老金后，自然退出了低保救助范围。另外，也可能与一些地方政府夸耀减贫政绩有关。②而农村低保人数从 2014 年开始减少，2015 年之后开始加速减少。也就是说随着精准扶贫的逐步推进，农村低保人数大幅减少。精准扶贫的战略目标是要消灭贫困，如果贫困人口逐步减少，而低保人口却没有同步减少，二者就会显得不协调。因此，一些省份（例如贵州③）明确提出"减量提标"的低保工作方案。有学者指出其背后的机制在于救助标准提高、救助人数减少，可以作为地方治理的政绩，但是可能导致本处于边缘的贫困群体更加边缘化。④这也显示出社会救助制度的固有缺陷，政府官员具有很大的自由裁量权，对受益对象的资格和规模可以进行任意调控。那么，我们国家的低保覆盖率和贫困发生率究竟有怎样的关系，接下来我们将要分析。⑤

---

① 世界银行社会保护高级经济学家王德文研究员在 2018 年 10 月华北电力大学举办的"农村贫困问题与精准扶贫高端论坛"上提出这一观点。
② 唐钧：《"十一五"以来社会救助发展的回顾及展望》，《社会科学》2012 年第 6 期。
③ 《贵州省城乡低保减量提标方案》，黔府办函〔2015〕54 号。
④ Wen Z., Kinglun N., Governing the Poor in Guangzhou: Marginalization and the Neo-liberal Paternalist Construction of Deservedness. *China Information*, 2018（2）：920203X - 1878687X.
⑤ 国家统计部门没有对城市贫困发生率进行统计，只能分析农村低保覆盖率和贫困发生率之间的关系。

（二）低保覆盖率与贫困发生率的关系

贫困人口的统计和贫困发生率的计算是统计居民家庭所有收入后与贫困线进行比较的结果。从理论上来讲，领取了作为转移支付的低保金对于缓解和减少贫困具有重要影响。也就是说，低保覆盖率和贫困发生率存在一定的负相关关系。从表8可以看出，2007~2010年，随着农村低保制度的全面推开，农村低保人数不断增加，低保覆盖率不断提高。

表8　农村低保覆盖率与贫困发生率的情况

年份	贫困线 （元/人·年）	农村低 保标准 （元/人·年）	农村 总人口 （万人）	贫困 人口 （万人）	低保 人口 （万人）	贫困发 生率 （%）	低保覆 盖率 （%）
2006	958	—	73742	3550	1593	—	—
2007	1067	840	72750	2841	3566	3.91	4.90
2008	1196	988	70399	4007	4306	5.69	6.12
2009	1196	1210	68938	3597	4760	5.22	6.90
2010	1274	1404	67113	2688	5214	4.01	7.77
2011	2536	1718	65656	12238	5306	18.64	8.08
2012	2625	2068	64222	9899	5345	15.41	8.32
2013	2736	2434	62961	8249	5388	13.10	8.56
2014	2800	2777	61866	7017	5207	11.34	8.42
2015	2855	3178	60346	5575	4904	9.24	8.13
2016	2952	3744	58973	4335	4587	7.35	7.78
2017	2952	4301	57661	3046	4045	5.28	7.02

注：本文贫困发生率＝贫困人口数/农村总人口。

资料来源：贫困线与农村总人口和贫困人口数据来自历年《国民经济和社会发展统计公报》，其余数据来自历年《中国民政统计年鉴》。

从2009年开始，农村贫困人口和贫困发生率开始下降，2010年贫困人口下降为2688万人，贫困发生率下降至4.01%。这从一个侧面反映了这一时期，农村低保在减少农村贫困人口和降低贫困发生率方面具有积极影响。

2011年国家开始采用新的贫困线［2300元/（人·年），按照2010年不变价格计算］，贫困线有了大幅度的提升。当年的贫困标准超过了低保标

准，统计上农村贫困人口有了大幅度的提升，达到 1.22 亿人，是农村低保人口的 2 倍多。与此同时，2011～2013 年是农村低保"提标扩面"的大发展阶段。2012 年农村低保平均标准突破 2000 元，达到 2068 元/（人·年），2013 年达到 2434 元/（人·年）。农村低保人口在 2013 年也达到峰值，为 5388 万人。可以看出，随着低保人数的增加和低保覆盖率的提高，农村贫困人口在减少且贫困发生率在下降。这一阶段，贫困人口仍然多于低保人口。可能的解释是，贫困线要高于低保线，低保边缘人口未被救助，还有可能是由低保的"错保"和"漏保"引起的。

2014 年国家开始实施"精准扶贫"战略，低保人口和低保覆盖率开始下降，与此同时，贫困人口和贫困发生率也开始下降。但是，贫困人口的数量仍然大于低保人口，同年国定贫困线仍然高于全国农村低保平均标准，但是二者已经非常接近，仅相差 23 元。到 2015 年全国低保平均标准首次超越国定贫困线，低保对象人数和覆盖率下降，农村贫困人口的数量和贫困发生率同时下降。可以看出，贫困人口的数量仍然大于低保人口的数量。这可能因为尽管从全国平均水平来看，农村低保标准超越了国定贫困线，但是仍有很多地区的低保标准低于国定贫困线，尤其是贫困县低保标准。据统计，到 2015 年 9 月底，全国 592 个国家贫困县低保平均标准为 2307 元，约 90% 的农村低保标准低于扶贫标准。[①] 到 2016 年和 2017 年，全国农村低保平均标准大幅超过国定贫困线[②]，低保人数也超过了贫困人口数。从理论上看，既然低保线全面超越扶贫线，低保实现了"应保尽保"，那么就不应该再有贫困人口了，但是统计上 2017 年仍然有 3000 多万贫困人口。一方面，我们可以看到，从 2014 年开始农村低保对象的数量和覆盖率开始下降，但是贫困人口和贫困发生率的下降速度更快。这表明，贫困人口大幅减少离不开扶贫开发政策的作用，同时农村低保也发挥了巨大的作用。另一方面，我们也可

---

① 参阅林闽钢《我国农村精准治贫的机理及其政策选择》，《中国民政》2016 年第 5 期。
② 民政部宣布，到 2017 年底，全国所有县（市、区）农村低保标准均已达到或超过国家扶贫标准，参阅中国社会保障学会《民政部开展社会救助兜底保障相关情况通报》，2018 年 11 月 1 日。

以看出，完全将低保覆盖率和贫困发生率进行对应是不科学的。为了对低保救助与扶贫开发进行有效对接，一些学者提出消除低保标准与扶贫标准之间的差异，主张把低保线提高到扶贫线的同等水平，进而实现两库合一。[①] 实现两库合一是合理的，但是实现两线合一是不科学的。国家贫困标准是测算全国及分省贫困人口规模、贫困发生率等指标的统一标准尺度。各地标准是各地实施扶贫工作、界定具体扶贫对象和帮扶强度等要求的工作标准。[②] 在精准扶贫要求建档立卡之后，国定贫困线才由一个监测全国贫困状况的标尺变为工作标准。而低保标准，从一开始就是一个工作标准，它允许地方根据本地的经济和生活水平来制定，它更具有灵活性。因此，我们认为，要将建档立卡贫困户和低保户两库合一，其基础应该是低保标准，而不是国定贫困线。但是，其前提是低保标准能够反映地区老百姓的基本生活需求，标准的制定要具有科学性和恰当性。

（三）低保标准的恰当性（adequent）分析

低保标准在社会救助体系中发挥着基础性作用，它既是确定低保对象资格的标准，也是低保待遇的给付标准。低保标准的科学性和恰当性，影响到受益对象的规模范围以及享受待遇水平。国际通行标准，往往将居民家庭人均收入中位数的50%或者60%作为贫困线标准。我们据此对城乡低保标准的恰当性进行考察。

首先，农村低保线占农民人均纯收入的比例不断上升，表明政府对农村贫困问题的重视程度加深。2007～2010年，农村低保标准占农民人均纯收入的比重在20%～24%。这一阶段，农村低保标准基本围绕国定贫困线上下浮动，有些地方甚至直接把国定贫困线作为农村低保线。从2011年开始，全国农村低保平均标准大幅提升，其占农民家庭人均纯收入中位数的比重也

---

① 关信平：《我国低保标准的意义及当前低保标准存在的问题分析》，《江苏社会科学》2016年第3期；林闽钢：《我国农村精准治贫的机理及其政策选择》，《中国民政》2016年第5期。

② 鲜祖德、王萍萍、吴伟：《中国农村贫困标准与贫困监测》，《统计研究》2016年第9期。

逐渐上升，由 2011 年的 27.7% 上升至 2017 年的 35.9%。但是，其与国际通行标准相比较仍然是非常低的。同时，从绝对值来看，其与城市低保标准相比也有较大的差距。

其次，城市低保标准的绝对值稳步提升，其相对值变化不大。2007～2010 年，城市低保平均标准从 2007 年的 2189 元/（人·年）上升至 2010 年的 3014 元/（人·年）。但是，其占城市居民人均可支配收入的比重却始终维持在稍高于 15% 这样一个低水平。2011 年之后，城市低保标准在绝对数上也有了大幅提升，从相对值来看，尽管比此前有所提升，但是仍然很低，大部分年份只占城市居民家庭人均可支配收入中位数的约 18%，2017 年上升至 19.2%（见表 9）。可见，总体而言，城乡低保标准偏低。

表9 城乡平均低保标准的恰当性分析

年份	农民人均纯收入（元）	城市居民人均可支配收入（元）	农村低保标准[元/(人·年)]	城市低保标准[元/(人·年)]	农村低保标准/农民人均纯收入（%）	城市低保标准/城市居民人均可支配收入（%）
2007	4140	13786	840	2189	20.3	15.9
2008	4761	15781	988	2464	20.7	15.6
2009	5153	17175	1210	2734	23.5	15.9
2010	5919	19109	1404	3014	23.7	15.8
2011	6194	19118	1718	3451	27.7	18.1
2012	7019	21986	2068	3961	29.5	18.0
2013	7907	24200	2434	4480	30.8	18.5
2014	9497	26635	2777	4921	29.2	18.5
2015	10291	29129	3178	5413	30.9	18.6
2016	11149	31554	3744	5935	33.6	18.8
2017	11969	33834	4301	6487	35.9	19.2

注：农民人均纯收入 2011～2013 年采用农民家庭人均纯收入的中位数，2014～2017 年采用农民家庭人均可支配收入的中位数，2011 年之前采用的是农民人均纯收入数据；城市居民人均可支配收入 2011～2017 年采用城市居民家庭人均可支配收入的中位数，2011 年之前采用城市居民人均可支配收入数据。

资料来源：农民人均纯收入、城市居民人均可支配收入来自历年《国民经济和社会发展统计公报》，其余数据来自历年《中国民政统计年鉴》。

（四）城乡低保对象的特征

由于低保标准偏低，再加上收入核查困难，因此在低保对象认定的实际操作中，往往并没有按照低保标准来严格确定受益资格和待遇水平。基层实践中往往强调低保作为"排除标准"的意义，对家庭人均收入高于当地低保标准的申请者不予纳入低保对象，但对低保标准的"资格标准"作用重视不够。[①] 实际上，基层工作人员往往更多的是依靠类别标准来识别低保对象，即按照某种人群特征或者困难特征来识别贫困人口，例如残疾人、老年人、孤儿、重病人等。先确定类别特征，然后再对有这类人的家庭进行家庭收入核查，针对符合标准的家庭往往采取"保人不保户"的方式。那么，目前已经纳入城乡低保的对象，具有哪些特征呢？

1. 老年人成为农村低保制度的首要瞄准对象

从表 10 我们可以看出，2009～2016 年，农村低保对象中老年人的数量庞大，2013 年达到峰值 2078.1 万人，同年城市低保对象中老年人为 330.3 万人，农村低保老人是城市低保老人的 6.3 倍。2016 年，农村低保老人是城市低保老人的 7.2 倍。从老年人占全部低保对象的比例来看，农村老年人占比一直在 1/3 以上，且总体呈上升趋势，到 2015 年占比超过了 40%。相对于农村低保老人，城市低保老人的数量和占比要小得多。其数量最高为 2011 年的 346.9 万人，到 2016 年已经减少至 258.0 万人。尽管占比呈逐年上升趋势，但未超过 18%。这表明城市老年人受到比较好的社会保护，其陷入贫困的风险要远远小于农村老年人。因此，完善农村老年人的社会保护制度，减少农村老年贫困应该是社会保护制度改革的重要方向。城乡低保对象中老年人占比的持续上升，表明老年人仍然是低保制度瞄准的重要目标。

---

① 关信平：《我国低保标准的意义及当前低保标准存在的问题分析》，《江苏社会科学》2016年第 3 期。

表10 城乡低保对象的类别特征情况

单位：万人，%

类别		年份	2009	2010	2011	2012	2013	2014	2015	2016
老年人	农村	人数	1661.1	1857.1	1934.0	2016.5	2078.1	2064.8	2006.1	1858.9
		占比	34.9	35.6	36.5	37.7	38.6	39.7	40.9	40.5
	城市	人数	333.5	338.6	346.9	339.3	330.3	315.8	293.5	258.0
		占比	14.2	14.7	15.2	15.8	16.0	16.8	17.3	17.4
未成年人	农村	人数	459.8	485.1	485.1	461.9	472.9	578.3	524.8	521.4
		占比	9.7	9.3	9.1	8.6	8.8	11.1	10.7	11.4
	城市	人数	579.8	558.5	539.5	472.8	444.5	346.7	341.0	271.4
		占比	24.7	24.2	23.7	22.1	21.5	18.5	20.0	18.3
残疾人	农村	人数	609.1	687.5	681.9	641.0	614.6	451.4	457.5	490.2
		占比	12.8	13.2	12.9	12.0	11.4	8.7	9.3	10.7
	城市	人数	181.0	180.7	184.1	174.5	169.2	161.1	165.7	156.5
		占比	7.7	7.8	8.1	8.1	8.2	8.6	9.7	10.6

资料来源：历年《中国民政统计年鉴》。

2. 未成年人成为城市低保的重要瞄准对象，农村低保中未成年人比例总体呈现上升趋势

从数量来看，2012年及以前，城市低保对象中未成年人的数量大于农村低保对象中未成年人的数量，其占低保总人口的比例更是大于农村低保中未成年人的占比。表明城市低保资源更多地投向了有未成年人的贫困家庭。从2013年开始，农村低保对象中未成年人的数量超过了城市低保对象中未成年人的数量，且呈现上升趋势，其后有所减少但是减少幅度不大，其所占比例呈上升趋势，表明农村贫困儿童越来越受到重视。而城市低保对象中未成年人的数量明显减少，其占比并未显著下降，仍然高于老年人和残疾人的占比。这在一定程度上表明，城市低保对象中部分未成年人摆脱了贫困，但是未成年人仍是城市低保的重要瞄准对象。

3. 城乡低保中残疾人的占比比较接近，城乡残疾人面临相同的贫困风险

残疾人往往由于部分或者全部丧失劳动力，陷入贫困的风险高于正常人。2010年农村低保对象中残疾人的数量达到687.5万人，占比达到

13.2%。此后，数量和占比有所下降；从 2015 年开始，其数量和占比又有所回升，2016 年人数达到 490.2 万人，占比为 10.7%。城市低保对象中残疾人数量的峰值出现在 2011 年，达到 184.1 万人，占比为 8.1%。此后，数量开始下滑，到 2015 年略有上升，但是其占比一直没有下滑，反而持续上升，到 2016 年占比达到 10.6%，与农村低保对象中残疾人占比基本相当。

（五）福利依赖问题

像最低生活保障这样的以家计调查为特征的社会救助项目容易产生福利依赖的问题。福利依赖产生的主要原因在于，完全基于家计调查来界定受益资格的方法，常常使受益者的福利随着收入的上升而减少，从而削弱受益者的工作积极性，造成对福利的长期依赖。本文无意对中国城乡低保对象是否存在福利依赖，以及福利依赖的严重程度进行评估，主要就调研过程中发现的"福利项目依赖"现象进行分析，希望引起有关部门的重视。福利依赖更多的是指有劳动能力的救助对象，不愿意通过自己的劳动增加收入而摆脱救助，更愿意享受救济。而福利项目依赖，主要是指没有劳动能力或者劳动能力很差的弱势群体本来可以选择其他福利项目，但是基于项目间福利水平的比较，更倾向于获得最低生活保障救助而放弃其他福利项目。笔者在苏南某市调研发现，有近百位参加了失地农民养老保险（按照城镇职工养老保险的最低标准缴费，缴纳 15 年）的低保户，到了去领养老保险金的年龄，却宁愿放弃领取养老保险金，而继续领取低保金。这主要基于两个方面的原因：首先，养老保险金的待遇标准低于低保标准，当地职工基本养老保险金的最低待遇为 700 元/（人·月），而当地的低保标准已经达到 825 元/（人·月）；其次，低保资格还与其他待遇资格紧密挂钩，包括医疗费用的减免、水电燃气费用的减免，以及其他帮困慰问活动等。甚至，政府为一些低保边缘户和重残人员代缴居民养老保险和医疗保险时，有的明确提出不要养老保险，只要医疗保险，目的在于保持享受低保的资格。这一现象的出现，提醒我们要做好城乡低保与养老保险的衔接工作。至少应该保证养老保险金不能低于低保标准。理论上讲，养老保险应当是第一道防线，只在没有

养老保险或者领取养老保险之后，由其他原因造成生活困难时，再由最后一道防线——最低生活保障来兜底。在城市和发达地区，养老保险水平低于低保标准的问题尚不突出，但是要引起重视。然而，在农村这个问题更加突出，新型农村养老保险基础养老金只有 88 元/（人·月），根本无法保证老年农民的基本生活，造成农村低保对象中老年人占了很大的比例。

（六）社会救助社会化

社会救助社会化最近成为该领域的新亮点和发展的新趋势。2014 年 5 月 1 日正式实施的《社会救助暂行办法》第一次明确提出"国家鼓励、支持社会力量参与社会救助"，提出政府"可以将社会救助中的具体服务事项通过委托、承包、采购等方式，向社会力量购买服务"。为切实增加社会救助服务的有效供给，提高服务质量和效率，进一步激发社会力量的活力，推动政府转变职能和政务服务效能提升，2017 年民政部出台《关于积极推行政府购买服务加强基层社会救助经办服务能力的意见》（民发〔2017〕153 号）。在此背景下，各地积极开展政府购买社会救助服务，推进社会救助的社会化。例如，成都市武侯区成立"武侯区社会援助关爱中心"，援助中心采取政府购买专业社会工作服务的方式，委托"成都市同行社会工作服务中心"负责管理运营，开展本辖区内困难群众的帮扶工作。又如，2017 年初，江苏太仓市全力推进社会救助社会化，实施精准帮扶，推动社会救助由传统的"大水漫灌"向"靶向治理"的精准救助变革。2017 年试点引入瑞恩、德颐善两家社会组织分别在城厢镇和沙溪镇 5 个村（居）开展社会救助社会化服务。首先完成入户兜底调查，建成"一户一档"，然后开始实施"一户一策"，研究编制出因人施策、逐人逐户的帮扶对策和方案。在试点基础上，2018 年全市各镇（区）全部引入社会组织参与社会救助工作。目前，已有 9 家社会组织参与社会救助社会化服务，共走访 1904 多户，服务 3175 户次，形成帮扶档案 2009 份。从两地的实践来看，政府购买的服务以服务性工作（照料护理、康复训练、送医陪护、社会融入、能力提升、心理疏导、资源链接等）为主，而事务性工作（对象排查、家计调查、业务培训、政策宣传、绩效评价等）仍然主要由村（居）或街道来做。社会组织开展的服务，目前主要是入户走访和部分资源链接的工作。社会组织的介入，在一定程度上弥补了社会救助工作人员的不足，提高了救助服务的能力，挖掘了社会慈善资源。但是，其帮扶效果和对政府职能转变的影响，及其成本效益有待进一步跟踪研究。

三 城乡社会救助的未来发展趋势及其政策建议

第一，就城乡低保对象而言，可以预见，未来两年随着脱贫期限的临近，城乡低保对象的规模还将继续缩小，尤其是农村低保对象的数量还将大幅减少。

第二，科学制定城乡低保标准，使其与民众对基本生活的期待相吻合。城乡低保标准还相对较低，特别是2020年农村绝对贫困消除之后，中国的贫困问题将从绝对贫困转向相对贫困。城乡低保标准要根据人们能过上适度体面生活的需求来制定，而不仅仅是解决衣食问题。

第三，按照分类施保的原则，完善城乡社会保护体系。如前所述，老年人、残疾人和困境儿童往往是贫困的指示器，他们陷入贫困的风险较大。未来的社会政策设计可以考虑从这方面着手，进一步完善城乡社会保护体系。建立针对老年人、残疾人和困境儿童的普惠型社会福利，包括提高农村养老保险的基础养老金，使其不低于国定贫困线（或者农村低保线）；根据残疾类别和残疾程度以及他们的需求，建立面向所有残疾人的基本生活补贴制度，而不仅仅是困难残疾人（低保残疾人）生活补贴；针对未成年人，建立困境儿童专项生活救助制度。

第四，除了对那些尚不具备或者丧失劳动能力的弱势群体通过专项救助制度进行保护之外，对于那些具备劳动能力的人，应采取更加积极的救助政策，提升他们的就业能力，帮助他们寻找就业机会，适应就业岗位。在农村地区，通过产业项目的扶持，提升困难群众的收入水平。

第五，继续推进社会救助社会化，在社会救助工作中引入社工服务，并

使其融入社会救助体系的各个环节，成为整个社会救助体系的一个有机组成部分。

第六，社会救助要与扶贫开发有效衔接，二者不仅仅要有标准和对象的衔接，更重要的是功能的互补。

第七，关于致贫的原因，除了因病、因残、因学、因灾害等致贫因素以外，最近的研究发现，债务问题也会导致贫困陷阱的产生，值得关注。

2018年中国教育改革和发展报告

李 涛 张文婷*

摘 要： 我国已进入中国特色社会主义新时代和全面建成小康社会的决胜阶段，党和国家对教育工作高度重视，教育事业持续保持优先发展，教育现代化之路愈发明晰。我国教育事业稳步发展，教育改革不断深化，教育优先、统筹发展、兼顾公平等趋势越来越明显。随着我国进入中国特色社会主义新时代，教育事业在国际舞台上将有很大的提升空间。

关键词： 教育优先 统筹发展 教育现代化

十八大以来，我国教育事业改革发展取得显著成就，全国教育系统持续深入学习习近平新时代中国特色社会主义思想和党的十九大精神，坚定不移贯彻新发展理念，转变教育发展方式，教育总体发展水平跃居世界中上行列。如今，我国已进入中国特色社会主义新时代和全面建成小康社会的决胜阶段，党和国家对教育工作高度重视，教育事业持续保持优先发展，教育现代化之路愈发明晰。2018年教师节之际全国教育大会召开，对当前和今后一个时期的教育工作做出重大部署，同时继续贯彻落实《国家中长期教育改革和发展规划纲要（2010~2020年）》和《国家教育事业发展第十三个五年规划》等。

---

* 李涛，教育部人文社会科学重点研究基地东北师范大学中国农村教育发展研究院特聘教授，博士生导师；张文婷，教育部人文社会科学重点研究基地东北师范大学中国农村教育发展研究院硕士研究生。

一 总体教育事业稳步发展

截至 2017 年，全国共有各级各类学校 51.38 万所，比上年增加 2105 所，增长 0.41%；各级各类学历教育在校生 2.70 亿人，比上年增加 545.54 万人，增长 2.06%；专任教师 1626.89 万人，比上年增加 48.72 万人，增长 3.09%，总体教育规模继续扩大。

（一）各级各类教育保持良好发展态势

学前教育入园状况发展良好。全国共有幼儿园 25.50 万所，比上年增加 1.51 万所，增长 6.29%；学前教育入园儿童 1937.95 万人，比上年增加 15.87 万人，增长 0.83%；幼儿园教职工 419.29 万人，比上年增加 37.50 万人，增长 9.82%；学前教育毛入园率达到 79.6%，比上年提高 2.2 个百分点，比 2012 年提高 15.1 个百分点。学前幼儿的入园工作不仅超额实现《国家中长期教育改革和发展规划纲要（2010～2020）》的基本普及目标，也向 2020 年学前三年毛入园率达到 85% 的目标有条不紊地推进。

九年义务教育进一步巩固提升。全国共有义务教育阶段学校 21.89 万所，招生 3313.78 万人，在校生 1.45 亿人，专任教师 949.36 万人，九年义务教育巩固率 93.8%。其中小学共有 16.70 万所，比上年减少 1.06 万所，下降 5.97%；另有小学教学点 10.30 万个，比上年增加 4561 个，增长 4.63%；小学学龄儿童净入学率达到 99.91%；小学生师比 16.98∶1。初中阶段共有学校 5.19 万所，比上年减少 224 所，下降 0.43%；初中毛入学率 103.5%；初中生师比 12.52∶1。全国义务教育阶段在校生中进城务工人员随迁子女共 1406.63 万人。其中，在小学就读 1042.18 万人，在初中就读 364.45 万人。义务教育得到全面普及，当前和今后的工作主要在于使义务教育优质均衡发展、注重提升教育质量。

特殊教育招生增幅明显。全国共有特殊教育学校 2107 所，比上年增加 27 所，增长 1.30%；共招收特殊教育学生 11.08 万人，比上年增加 1.93 万人，增长 21.11%；在校生 57.88 万人，比上年增加 8.71 万人，增长 17.71%；普通小学、初中随班就读和附设特教班招收的学生有 5.66 万人，在校生 30.40 万人，分别占特殊教育招生总数和在校生总数的 51.10% 和 52.52%。越来越多的残疾儿童、少年能够接受相应阶段的教育，并且有机会进入普通高等院校和高等特殊教育学院学习，但与群体总体数量相比，特殊教育事业的提升空间仍然很大。

高中阶段教育基本普及。全国高中阶段教育共有学校 2.46 万所，比上年减少 93 所，下降 0.38%；高中阶段毛入学率 88.3%，比上年提高 0.8 个百分点。学校类型主要包括普通高中、中等职业学校和成人高中，其中普通高中 1.36 万所，比上年增加 172 所，增长 1.29%；普通高中生师比 13.39∶1。中等职业教育共有 1.07 万所，比上年减少 222 所，下降 2.04%；中等职业学校在校生占高中阶段在校生总数的 40.1%，普职学生规模结构良好。

高等教育规模进一步增大。全国共有普通高等学校 2631 所（含独立学院 265 所），比上年增加 35 所，增长 1.35%，其中，本科院校 1243 所，高职（专科）院校 1388 所。各类高等教育在学总规模达到 3779 万人，高等教育毛入学率达到 45.7%，高于中高收入国家平均水平，部分省份的毛入学率已然率先进入高等教育普及化水平。

民办教育快速发展。全国共有各级各类民办学校 17.76 万所，比上年增加 6668 所；各类民办教育在校生达 5120.47 万人，比上年增加 295.10 万人。通过政府补贴生均经费、税收优惠和公共服务价格优惠、用地优惠等各种扶持政策的实施和相关制度的完善，民办教育已逐步成为我国教育事业的重要组成部分。①

（二）国家财政性教育经费占比连续六年超过4%

2017 年，全国教育经费总投入为 42557 亿元，比上年增长 9.43%。其

---

① 《2017 年全国教育事业发展统计公报》，中华人民共和国教育部门户网站，2018 年 7 月 19 日。

中，国家财政性教育经费为 34204 亿元，比上年增长 8.94%，占国内生产总值的比例为 4.14%，连续六年保持在 4% 以上，一半以上用于义务教育，一半以上用于中西部地区。教育经费在各级教育间的分配情况以及各级教育生均教育经费支出情况详见图 1 和图 2。

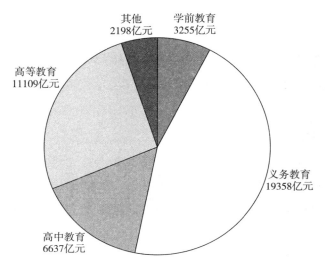

图 1　教育经费在各级教育间的分配情况

资料来源：教育部 2017 年全国教育经费统计快报。

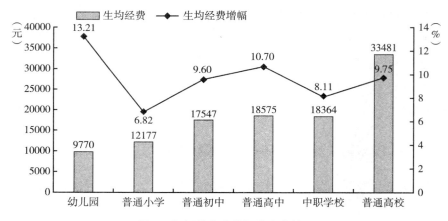

图 2　各级教育生均经费支出情况

资料来源：教育部 2017 年全国教育经费统计快报。

二 致力攻坚，教育改革不断深入

2018 年是改革开放 40 周年。一直以来，我国直面社会各方面困难，锐意改革，教育事业也从未中断改革和发展的步伐，涉及领域愈发广泛、改革愈发深入。根据新时期教育发展的要求和特点，在构建教育治理新体系、实现教育治理能力现代化，改革招生考试制度，促进城乡义务教育一体化等方面着重发力。

（一）推进教育治理体系和治理能力现代化

加大省级政府教育统筹权。自党的十八大以来，省级政府赋权力度加大，有了更多的统筹教育自主权，同时逐渐完善的教育督导制度也促进政府教育相关职能的转变。2017 年 6 月，国务院办公厅印发《对省级人民政府履行教育职责的评价办法》，由国务院教育督导委员会就省级人民政府履行教育相关职责、提高教育质量、促进教育公平等工作实施情况进行督导。这既是对省级统筹教育工作的放权，也是对其工作的督促，促使地方政府切实履行教育职责。

推进教育"放管服"改革。通过"放管服"改革，高校有了更大的办学自主权，减轻诸多行政负担，主要涉及学科专业设置、高校编制及岗位管理、进人用人、教师职称评审、薪酬分配、经费使用管理等方面，进一步激发高校发展活力，并在优化服务的同时注重对高校办学行为的监管，极大提升政府治理体系的现代化水平和行政便利化水平，促进了高等教育领域的简政放权。

提高依法治教水平。推动教育治理体系和治理能力现代化，是坚持全面依法治国基本方略下的重要组成部分，依法治教具体表现在法治机关、法治学校、法治教育的一体化建设上，并能逐步形成教育系统依法治理、学校依法治校、教师依法执教的局面。① 目前，教育法、高等教育法、民办教育促

---

① 《坚持以习近平新时代中国特色社会主义思想为指导 不断推动教育治理现代化》，中华人民共和国教育部门户网站，2018 年 4 月 4 日。

进法等已修订的相关法律正在教育各个领域发挥作用，使教育工作有法可依，深化依法治国在教育系统的实践。

（二）以科学教育评价为导向改革考试招生制度

习近平总书记在全国教育大会的讲话中强调："扭转不科学的教育评价导向，坚决克服唯分数、唯升学、唯文凭、唯论文、唯帽子的顽瘴痼疾，从根本上解决教育评价指挥棒问题。"在深化考试招生改革方面，主要有推进义务教育免试就近入学工作，深化中考、高考考试内容改革等。

2018年是上海、浙江实行新高考的第二年，是北京、天津、山东、海南等第二批新高考试点改革工作推进的关键一年。上海、浙江作为新高考改革的先行者为其他省份提供了宝贵的经验，其他试点在结合本省高考工作特点的前提下借鉴其经验做法，加紧制定新高考试行办法。2018年，浙江省通过"三位一体"招生一万余人，"三位一体"高考招生即将会考成绩、高校测试成绩和高考成绩三者按比例折合成综合分择优录取，此举有助于高校选拔有相应潜质的学生。天津高考最主要的变化在于本科录取一二批次合并，旨在进一步促进教育公平。北京高考最大的变化就是英语听力提前考完，大大减轻了考生和学校的高考负担。山东高考改革重点则主要包括完善普通高中学业水平考试制度、建立并规范高中阶段学生综合素质评价制度、深化夏季高考改革、深化春季高考改革4个方面。[①] 根据2017年浙江试点的招生工作反馈，新高考使不同学校特色专业更受关注，可使高校更加注重专业建设，向内涵式发展转变。除了考试内容与形式的变化外，高考入学机会也更加公平。教育部持续实施国家、地方、高校3个专项计划，努力提升中西部地区和人口大省的录取率。各地进城务工人员随迁子女在当地参加高考的政策也进一步完善。与此同时，"新高考"对于义务阶段教育和高中阶段教育也均有带动改革作用，"新中考"的具体实施方案也在各地逐渐生成。

---

① 《新高考带来了什么》，中华人民共和国教育部门户网站，2018年6月7日。

（三）优化升级教育经费投入体制

2018 年 8 月，国务院办公厅发布《关于进一步调整优化结构提高教育经费使用效益的意见》，旨在优化经费投入结构，提高使用效益和加强教育经费投入使用管理。总体上要求优先落实教育投入，保证国家财政性教育经费支出占国内生产总值比例一般不低于 4%，确保一般公共预算教育支出逐年只增不减，确保按在校学生人数平均的一般公共预算教育支出逐年只增不减。① 地方教育投入方面，要合理划分教育领域政府间财政事权和支出责任，进一步完善教育转移支付制度，同时鼓励扩大社会投入，支持社会力量兴办教育。经费投入的重点主要在于促进义务教育均衡发展、提高教师队伍建设水平、推进一流大学和一流学科建设和补齐教育短板等方面，加大教育改革投入并向深度贫困地区倾斜。

三　统筹发展，扎根中国大地办教育

2018 年 9 月 10 日，全国教育大会在北京召开，国家主席习近平出席会议并发表重要讲话，大会标志着中国教育进入现代化建设新阶段。大会提到，教育是国之大计、党之大计，在党的坚强领导下，坚持中国特色社会主义教育发展道路，坚持社会主义办学方向，培养德智体美劳全面发展的社会主义建设者和接班人，加快推进教育现代化、建设教育强国、办好人民满意的教育。大会就教育改革发展提出的一系列新理念新思想新观点主要包括坚持党对教育事业的全面领导，坚持把立德树人作为根本任务，坚持优先发展教育事业，坚持扎根中国大地办教育等。

（一）立德树人融入教育各环节、贯穿教育各体系

党的十八大报告首次将立德树人确立为教育的根本任务，党的十九大报

---

① 《国务院办公厅关于进一步调整优化结构提高教育经费使用效益的意见》，中华人民共和国教育部门户网站，2018 年 8 月 27 日。

告进一步指出，要落实立德树人根本任务，培养德智体美全面发展的社会主义建设者和接班人，2018 年被称作党建质量年。2018 年的全国教育大会明确提出要坚持把立德树人作为根本任务，只有把立德树人贯彻到教育事业发展的各领域、各方面、各环节，才能真正建成教育强国。教育工作要发扬立德树人的优良传统，加强学校思想政治工作，推进教育改革；把立德树人的成效作为检验学校一切工作的根本标准；把握立德树人的关键环节，扭转不科学的教育评价导向。①

2018 年大中小学继续推进思政教育体系建设。在中小学德育体系建设方面，2017 年 9 月，教育部发布《中小学德育工作指南》，为中小学开展德育工作提供了基本遵循，为细化中小学德育工作提供不同途径。同时推进全国教材改革，2014 年，教育部出台了《关于全面深化课程改革落实立德树人根本任务的意见》（2010～2020 年），引导中小学教育在重视知识和技能培养的同时，注重发挥学科教育的育人功能。2017 年 9 月 1 日，全国 31 个省份部分地区义务教育阶段中小学，开始在起始年级使用统编的语文、历史、道德与法治三科教材，到 2019 年，义务教育所有年级将全部使用统编三科教材。自全国高校思想政治工作会议召开以来，各高校"四个意识"显著增强，"四个自信"更加坚定，高校成为坚持党的领导的坚强阵地。2017 年 12 月，教育部发布《高校思想政治工作质量提升工程实施纲要》，在强化课程思政和专业思政的建设、推动思想政治教育和专业教育的紧密结合、推动人才培养模式的创新、深化创新教育改革等方面做了统筹推进工作。

（二）加快"双一流"建设，推动高等教育内涵式发展

自 2017 年 9 月"双一流"建设高校和建设学科名单揭晓后，第一批建设对象积极做各项准备向建设一流高校和学科进发，纷纷制定关于加快建设一流学校和一流学科的规划与办法。2018 年 8 月 28 日，教育部、财政部、

---

① 《以立德树人建设教育强国》，央视网，2018 年 9 月 21 日。

国家发展改革委印发《关于高等学校加快"双一流"建设的指导意见》，对当前高校落实"双一流"建设总体方案和实施办法给出了具体指导，进一步明确要以坚持特色一流、坚持内涵发展、坚持改革驱动、坚持高校主体为根本原则。[1]

在本科教育培养拔尖创新人才方面，强化本科教育的基础地位，加快实施"六卓越一拔尖"人才培养计划2.0，建成一批一流本科专业。为培养一流人才、建设一流本科教育，2018年6月，来自全国各地的150所高校在成都发出"一流本科教育宣言"（又称"成都宣言"），在推动高等教育改革发展、立德树人、建设高素质教师队伍、提升高等教育内涵等方面达成共识。在深化研究生教育综合改革方面，主要推进和扩大专业学位教育改革，大力培养高精尖急缺人才，全面提升科研水平，实施高等学校基础研究珠峰计划，建设一批前沿科学中心。加强协同创新，发挥高校、科研院所、企业等主体在人才、资本、市场、管理等方面的优势。坚持人才培养、学术团队、科研创新"三位一体"。[2] 作为继"211工程"、"985工程"之后的又一国家级高等教育发展计划，"双一流"采取动态调整机制，重在引导高校向高水平办学和内涵式发展行进，鼓励体制机制创新，扩大高校办学自主权，以长远的眼光和办法提升高等教育质量。2018年8月，西湖大学迎来首届120名博士生，它是国内首个民办研究型大学，如此高起点的民办高校为我国高等教育多样化和内涵式发展开辟了新路径。

（三）高中阶段教育迈向高质量普及

2017年，我国高中阶段毛入学率达到88.3%，高中教育实现了从"基本普及"到"普及"的又一步迈进。根据2017年《高中阶段教育普及攻坚计划（2017～2020年）》确立的新目标，预计到2020年，我国将全面普及高中阶段教育，各省（区、市）毛入学率达到90%。从数量上看，高中阶

---

[1] 《高等教育发展吹响奋进号角——党的十八大以来全国教育系统推进"双一流"建设工作纪实》，《光明日报》2018年9月5日。

[2] 《高校"双一流"建设有了行动指南》，《中国教育报》2018年8月28日。

段教育毛入学率目标的实现指日可待；从质量上看，高中阶段教育有质量的普及是当前和今后工作中的重大挑战。

高中阶段教育类型主要包括普通高中教育和中等职业教育，最新统计数据显示二者在校生规模占比分别为59.8%、40.1%，另有成人高中教育占比0.1%。普通高中教育的工作重点在于提升教育教学质量，同时更加关注学生的差异性和全面素质提升。2018年高考改革进一步推进，新增第二批试点地区，以兴趣和专业选择为导向促使高中课程设置更科学、合理。义务教育后的学生兴趣方向分流要求中等职业教育同样重视教学质量提升，且对于农村偏远地区而言，中等职业教育与普及高中阶段教育、教育扶贫等事业有重要关联。《现代职业教育体系建设规划（2014～2020年）》提出，加快贫困地区职业教育发展，有计划地支持集中连片特殊困难地区初中毕业生到省（区、市）内外较发达地区接受职业教育，完善东中西部对口支援机制。[①] 扶持中等职业教育发展不仅有益于提升高中教育普及率，对于建设学校特色专业、促进当地产业发展、提高人力资本乃至控辍保学——义务教育后的升学率得到提升——都有重要意义，是接下来的工作重点。

（四）县域义务教育均衡发展进入攻坚期

为解决区域内城乡间、校际发展不均衡问题，我国自2013年起启动义务教育发展基本均衡县（市、区）督导评估认定工作，每年对各地改善义务教育办学条件、推进义务教育均衡发展进行监督。到2017年底，81%的县通过了国家督导评估，共有11个省（市）整体通过认定。在均衡发展督导评估过程中，不仅对563个县进行评估认定，还对2013～2016年通过认定的1800多个县进行复查以防止均衡水平倒退。结果显示，义务教育均衡发展水平总体上略有提高，个别县则需要着力巩固发展成果。[②] 接下来的工

---

① 《一个都不能少——教育系统巩固提高义务教育入学率述评》，《中国教育报》2018年3月8日。
② 《2017年全国义务教育均衡发展督导评估工作报告》，中华人民共和国教育部门户网站，2018年2月28日。

作预期 2018 年全国有 85% 的县达到基本均衡目标，但目前尚未通过评估认定的县多处于边远贫困山区、高寒地区等，有其特殊原因，要实现均衡目标面临不小的挑战。在推进义务教育均衡发展的过程中，主要做法有抓政府责任、统筹资金投入、保障学校用地、优化教师队伍等方面。根据 2017 年的调研反馈，义务教育均衡发展仍然存在不少困难，优质教育资源不够充分且一些难点问题尚不能根本解决，譬如地方投入资金的不足、城区大班大校、农村师资建设等问题。

2017 年 4 月教育部发布《县域义务教育优质均衡发展督导评估办法》，启动县域义务教育优质均衡发展督导评估。与基本均衡发展督导评估体系相比，县域义务教育优质均衡发展督导评估体系提出了更高的评估标准和均衡要求，提升对义务教育阶段办学的质量要求，以满足更多人享受优质教育资源的需求。由此可以看出，一方面，我国义务教育均衡发展逐年取得更好成果，且达到基本均衡标准的地区进一步向优质均衡迈进；另一方面，现存的义务教育热点、难点问题均很棘手，义务教育均衡发展处于攻坚期。

（五）学前教育重点扶持普惠性幼儿园发展

2017 年 4 月，教育部等四部委下发《关于实施第三期学前教育行动计划的意见》，提出发展学前教育，鼓励普惠性幼儿园发展，决定 2017 ~ 2020 年实施第三期学前教育行动计划。到 2020 年基本建成广覆盖、保基本、有质量的学前教育公共服务体系。全国学前三年毛入园率达 85%，普惠性幼儿园覆盖率达 80% 左右。[①] 不同省市为响应普惠性幼儿园建设采取多种方式，总体目标均为增加普惠性幼儿园数量、扩充普惠性幼儿园学位、合理布局建园位置等方面。接下来学前教育发展的重要工作在于提升教育质量，使更多的幼儿园成为优质教育资源。当前幼儿课程主要依据教育部《3 ~ 6 岁儿童学习与发展指南》，从健康、语言、社会、科学、艺术五个领域出发，

---

① 《让普惠性幼儿园遍地开花——党的十八大以来全国推进学前教育改革发展纪实》，《光明日报》2018 年 9 月 15 日。

以游戏为主要教育方式，注重生活和观念教育与引导，防止幼儿课程"小学化"。同时在严格把关幼儿教师入职要求下增加幼师数量，在招考、培训、编制等方面配足、配好教师。在各级经费投入持续增加，学前教育普及程度不断提高的情况下，这已在一定程度上解决了"入园难"、"入园贵"的问题。依据十九大提出的目标，"幼有所育"正一步步实现。

四　促公平，以人民为中心发展教育

我国以新时代中国特色社会主义思想为指导优先发展教育事业，当前和今后时期，补短板、促公平的工作重点主要包括城乡义务教育一体化改革，强化农村贫困地区控辍保学和教育脱贫，加强师资队伍建设，提升教育信息化建设水平，促进随迁子女入学机会公平，鼓励民办教育发展等方面。

（一）城乡义务教育一体化改革取得新进展

我国教育发展不平衡不充分问题根本上是城乡教育发展不平衡和农村教育发展不充分的问题。根据教育部的数据，截至2017年底，全国有农村小规模学校10.7万所，其中小学2.7万所，教学点8万个，占农村小学和教学点总数的44.4%；在校生384.7万人，占农村小学生总数的5.8%。近年来为保证农村地区义务教育阶段学龄儿童能就近入学，并且在学校的学习和生活质量、环境有保障，国家和地方实施多个投入项目以提升农村学校办学质量，工作取得显著成效。

全面改善贫困地区义务教育薄弱学校基本办学条件（简称"全面改薄"）进入冲刺期。"全面改薄"是自2014年起，为统筹城乡义务教育资源均衡配置、促进基本公共教育服务均等化、全面改善贫困地区义务教育薄弱学校基本办学条件而启动的重大教育工程项目，计划用5年时间聚焦贫困地区，使其义务教育学校都能基本达标。教育部《2017年全面改善贫困地区义务教育薄弱学校基本办学条件工作专项督导报告》显示，贫困县已基本完成全面改薄任务，义务教育学校"底线要求"基本达标。① 2018 年是"全面改薄"项目的关键冲刺期，每年的督导评估显示各地"全面改薄"推进工作投入力度巨大，多地超额实现预期目标，贫困地区义务教育学校教学和生活质量得到明显提升，部分省份于 2018 年在这一改革项目上圆满收官。接下来的改革着力点主要在于进一步缓解"大班额"问题、优化教师结构、配足学校生活设施等方面。

全面加强乡村小规模学校和乡镇寄宿制学校（两类学校）的建设和管理。2018 年 5 月，《关于全面加强乡村小规模学校和乡镇寄宿制学校建设的指导意见》（简称《意见》）发布，提出到 2020 年，两类学校短板基本补齐，进一步振兴乡村教育，县域内城乡义务教育一体化发展基本实现，为乡村学生提供公平、有质量的教育。② 《意见》提出解决措施主要包括统筹学校布局规划、妥善撤并，改善办学条件、达到本省两类学校办学标准，强化师资建设等几个方面。两类学校建设成效已被纳入地方各级政府考核体系。2018 年 5 月，借"奋进之笔"的抓手，教育部相关人员在河南省政府召开新闻发布会，就关于两类学校建设的政策解读与工作开展情况进行了汇报。

（二）教育扶贫助推脱贫攻坚

控辍保学有待建立长效机制，减缓代际贫困传递。2017 年国务院办公厅印发《关于进一步加强控辍保学提高义务教育巩固水平的通知》，其目标是到 2020 年全国九年义务教育巩固率达 95%。当前我国有少数地区仍存在义务教育阶段辍学现象，主要高发于老少边穷地区和初中二、三年级。物质资源匮乏使人迫切希望改变现状，难以顾及长远发展的各种可能，而义务教育之后的普通高中教育并不适合所有初中毕业生，此二者均是初中生辍学的主要原因。为此教育部启动了学籍系统与国家人口库的比对机制建设工作，

---

① 《2017 年全面改善贫困地区义务教育薄弱学校基本办学条件工作专项督导报告》，中华人民共和国教育部门户网站，2018 年 5 月 10 日。
② 《国务院办公厅印发〈关于全面加强乡村小规模学校和乡镇寄宿制学校建设的指导意见〉》，新华网，2018 年 5 月 2 日。

同时会同民政部共同开展了留守儿童关爱保护专项行动,共摸排辍学留守儿童1.88万名,劝返复学1.77万名。① 同时也通过教育扶贫的有关项目帮助贫困地区更多学生有机会继续学习,促使欲辍学的学生因能够接受职业技术教育等而在继续学业的同时更可能实现教育脱贫。

农村义务教育学生营养改善计划已实施7年,覆盖全国29个省份(京、津、鲁单独开展供餐项目)1631个县,受益学生人数达3700万。中央财政累计安排营养改善计划膳食补助资金1248亿元,并安排300亿元专项资金,重点支持试点地区学校食堂建设。试点地区学校食堂供餐比例到目前已达到76%。截至2017年底,实现国家贫困县营养改善计划全覆盖目标,约300万名贫困地区学生享受到这项工程的成果。②

2018年1月,教育部和国务院扶贫办印发《深度贫困地区教育脱贫攻坚实施方案(2018～2020年)》,提出坚持精准扶贫、精准脱贫基本方略,以"三区三州"(西藏和四省藏区、南疆四地州、四川凉山、云南怒江、甘肃临夏等地区)为重点,以补齐教育短板为突破口等,打好深度贫困地区教育脱贫攻坚战。目标为到2020年,"三区三州"等深度贫困地区的教育总体发展水平提升显著,实现建档立卡贫困人口教育基本公共服务全覆盖,保障各教育阶段建档立卡学生从入学到毕业的全程全部资助。2018年10月18日,教育部在北京召开2018年教育扶贫论坛,就党中央、国务院和地方各级政府脱贫攻坚各项决策进行部署。

(三)全面深化新时代教师队伍建设改革

2018年1月,中共中央、国务院正式颁布《关于全面深化新时代教师队伍建设改革的意见》,这是新中国成立以来,党中央、国务院出台的第一个专门面向教师队伍建设的政策文件。2018年3月,教育部等五部门印发《教师教育振兴行动计划(2018～2022年)》,预计用五年时间建设一批高

---

① 《"控辍保学"攻坚战学习困难成义务教育阶段辍学主因》,《中国青年报》2018年2月23日。
② 《教育部:农村学生营养餐覆盖全国29省惠及3700万人》,新华网,2018年6月28日。

水平师范类院校和专业。该计划提出，教育部直属师范大学"免费师范生"转为"公费师范生"；推行五年制专科幼儿教师培养计划；充分利用云计算、大数据、虚拟现实、人工智能等新技术，推进教师教育信息化教学服务平台建设和应用；继续加大教师教育财政经费投入力度，提升教师教育保障水平。[①]

自实施《乡村教师支持计划（2015～2020）》以来，县级以下中小学教师队伍整体状况有了很大改善，在教师数量的补充、教师素质的提升、教师待遇的提高等八大方面得到了政策倾斜。但由于城镇化进程和人口流动等因素，义务教育阶段的乡村中小学整体发展较为被动，包括乡村教师队伍在内的一些"软件"教育资源方面还存在不少有待克服的困难，乡村教师队伍学科结构缺口仍然较大，一些偏远贫困地区教师素质和年龄问题较为棘手。最新的《教师教育振兴行动计划（2018～2022年）》提出，在教师素质提升方面，各地要以集中连片特困地区县和国家级贫困县为重点，通过公费定向培养、到岗退费等多种方式，为乡村小学培养补充全科教师，为乡村初中培养补充"一专多能"教师，优先满足老少边穷等边远贫困地区教师补充需要。[②] 现今乡村教育发展虽被动，但在乡土文化教育、乡村教育改革试验和小班化教学等方面具有独特的优势和潜力，因此师范生被鼓励到乡村学校进行实践，各高校相关研究基地通过培训等途径与乡村教师共同交流学习，乡村教师也获得主动发展的机会和空间。

高校人才引进是高等教育在教师队伍建设方面的重要途径，不仅事关高校师资、教育水平，且与我国综合国力的提升关系密切。"高素质教育人才培养工程"等一系列重大人才项目，吸引、培养、造就了一批高层次教师人才。十八大以来，高校以全国9.4%的研发人员、7%的研发经费，发表了全国80%以上的SCI论文。高校科研经费总额达到6531亿元，牵头承担80%以上的国家自然科学基金项目和一大批"973"、"863"等国家重大科

---

① 《五部门印发〈教师教育振兴行动计划（2018～2022年）〉》，新华网，2018年3月28日。

② 《教育部等五部门印发〈教师教育振兴行动计划（2018～2022年）〉》，《中国教师报》2018年4月4日。

研任务，高校服务企业社会需求获得的科研经费总额超过 1791 亿元，占高校科研经费总量的 27.4%。① 这些令人欣慰的成果源自高校吸引来的高级人才，直接推动科研成果的产出，高校教师队伍在教书育人和推动国家科技进步、文化创新方面均责任重大。

（四）关注随迁子女与留守儿童教育

2017 年我国流动人口有 2.45 亿人，常住人口城镇化率每年增长约 1 个百分点，流动人口对教育资源的需求非常强烈。流动人口子女（主要指进城务工人员随迁子女和农村留守儿童）的受教育问题是国家和各地方持续关注的教育热点。义务教育阶段进城务工人员随迁子女在校生人数有 1406.6 万人，比上年增长 0.9%，占在校生总人数的 9.7%，在公办学校就读的比例为 79.7%，与上年基本持平。② 虽然总体上随迁子女占在校生的比例不高，但各地差异很大，主要是随迁子女的流入地不均衡，广东、江苏、浙江、北京、上海等十个省份汇集了全国超过七成的随迁子女，多地达到饱和。③ 随迁子女入学的政策依据仍然主要是"两为主"、"两纳入"和"以居住证为主要依据"等，但对于大城市而言还需要配合城市人口规模管理等实际情况。目前义务教育阶段随迁子女总体约八成入读公办学校，多地采取政府向民办学校购买学位的方式保障随迁子女入学，民办学校是重要的分流渠道。因此，一方面，流入地不断新扩建学校、增加学位；另一方面，对民办学校加强管理，使随迁子女在义务教育阶段入学时多一个选择，尽量避免转为留守儿童。

流动人口携子女流动增多，但仍然有大量留守儿童因各种因素无法流动，2016 年民政部摸底排查出农村留守儿童 902 万人。在留守儿童较多的

---

① 《党的十八大以来我国教育改革发展述评·高等教育篇》，《中国教育报》2018 年 9 月 6 日。
② 《2017 年全国教育事业发展情况》，中华人民共和国教育部门户网站，2018 年 10 月 18 日。
③ 《中国义务教育阶段随迁子女地域分布》，载杨东平主编《中国流动儿童教育发展报告 (2016)》，社会科学文献出版社，2016。

地区，当地各级政府多在建立留守儿童档案、改善生活学习条件和制定关爱体系等方面着手。近十年有关留守儿童的相关研究非常多，主要涉及的内容包括留守儿童现状、教育问题、心理问题和关爱留守儿童的对策建议。在农村地区的调研中可以发现，真实生活状态里的留守儿童群体和新闻媒体报道带来的刻板印象有所不同，留守儿童自有其生活和学习的逻辑以及心理上的自我保护机制，但核心家庭关爱和责任的缺位确实是不争的事实。通过对留守儿童关爱体系成效的窥探，不得不承认核心家庭的作用不可替代，最根本的做法是转化留守儿童或减轻留守程度，或是鼓励流动人口携子女流动，或是缩短双方距离和见面间隔时长。当然，作为一个复杂的议题，这其中牵涉太多社会条件和家庭决策因素以及一段漫长的过渡期，但社会鼓励和个人选择应当是这样的导向。

五　教育公共舆论热点

教育关乎每个人的成长，承载无数家庭的希冀，更与国家和社会的发展与进步密切相关。教育事业越来越受到全社会的关注，人们通过即时讯息了解教育，通过舆论发声表达大众诉求，信息的交流互动促进教育的现代化发展。通过对过去一段时间教育舆论的整理，下文就几个热点问题简要说明。

（一）重视本科教育

2018年6月，在新时代全国高等学校本科教育工作会议上，教育部部长陈宝生指出，人才培养是大学的本质职能，本科教育是大学的根和本，在高等教育中是具有战略地位的教育，是纲举目张的教育。本科教育在人才培养体系中占据基础地位，振兴本科教育势在必行。教育部要求全面整顿本科教育教学秩序，严格过程管理，把师德师风、课堂教学、毕业论文等几个方面作为重点工作内容，以"双一流"建设为抓手，切实提升本科教育质量。2018年10月，华中科技大学18名学生因学分不达标由本科转为专科的消

息受到广泛关注，教育部对此举表示肯定。大学生活不应当在浑浑噩噩中虚度，适当给本科生"增负"、提高学业要求，事关工作岗位人才和研究生生源的供给质量。

（二）预防青少年近视

2018 年 8 月，教育部等八个部门印发了《综合防控儿童青少年近视实施方案》，就预防青少年近视给出工作指导意见。中小学生出于课内外负担的加重、各种电子产品的使用、用眼不卫生以及缺乏体育锻炼等原因，近视率不断攀升，且低龄化、重度化趋势严重，这是应当严肃对待和重视的问题。该方案的目标为 2023 年力争实现全国儿童青少年总体近视率在 2018 年的基础上每年降低 0.5 个百分点以上；到 2030 年，6 岁儿童近视率控制在 3% 左右，小学生近视率下降到 38% 以下，初中生近视率下降到 60% 以下，高中阶段学生近视率下降到 70% 以下，国家学生体质健康标准达标优秀率达 25% 以上。在降低青少年近视率的工作中，学生、家庭、学校、医疗机构和政府部门都应当肩负责任，在健康意识和生活环境方面注意保证睡眠和营养，增加户外活动锻炼时间，减轻课业负担，控制电子产品的使用，定期进行视力检测以及近视早期干预等。

（三）规范培训机构，减轻中小学生课外负担

2018 年 8 月，国务院办公厅发布的《关于规范校外培训机构发展的意见》提出，校外辅导机构对于满足中小学生的选择性的学习需求、培育发展兴趣特长、拓展他们的综合素质具有积极作用，但一些校外培训机构严重违背教育规律和青少年成长发展规律，开展"应试"性培训，不仅造成中小学生课外负担过重、增加了家庭经济负担，更破坏了良好的教育生态，社会反映强烈。校外培训机构治理工作现在已进入整改攻坚期，严格规范教师资格条件。为切实减轻中小学生过重课外负担，将在机构审批、培训类别、学校教育质量等几个方面设置标准和加强管理，为中小学生减轻课外负担。

六 教育展望

《2018 年世界竞争力报告》显示，我国内地的竞争力升至全球第 13 位，综合国力和国际地位显著提升，但教育还没有达到与我国综合国力和国际地位相匹配的位置，因此提升我国教育的国际影响力任重道远。接下来应加快发展中国特色、世界水平的现代教育，扩大教育开放，与世界一流资源开展高水平合作办学，用开放倒逼改革。① 2017 年，我国出国留学人数达 60.84 万人，同比增长 11.74%，同时，有来自 204 个国家和地区的 48.92 万名留学生在我国高等院校学习。国际教育交流的规模增幅连续两年保持在 10% 以上，成为我国走向世界舞台中心的重要渠道之一。

到 2035 年，中国教育的综合实力、竞争力和影响力将全面提升，意味着将承担更多的国际教育责任，参与国际教育治理。中国教育发展经验、发展道路、发展模式和发展理论将为解决世界教育发展问题提供中国智慧和中国方案，为发展中国家提供典范。总的来说，教育强国是我国现代化进程中的重要内容，党的十九大报告中提出的建设教育强国这一中华民族伟大复兴的基础工程正在稳步推进。

参考文献

《2017 年全国教育事业发展统计公报》，中华人民共和国教育部门户网站，2018 年 7 月 19 日。

《教育部：八措施加快建设高水平本科教育》，新华网，2018 年 6 月 22 日。

《教育部等八部门关于印发〈综合防控儿童青少年近视实施方案〉的通知》，中华人

---

① 《深化教育体制改革重在抓落实、见实效》，中华人民共和国教育部门户网站，2018 年 10 月 22 日。

民共和国教育部门户网站，2018 年 8 月 30 日。

《国务院办公厅关于规范校外培训机构发展的意见》，中华人民共和国教育部门户网站，2018 年 8 月 22 日。

《中国义务教育阶段随迁子女地域分布》，载杨东平主编《中国流动儿童教育发展报告（2016）》。

2018年中国社会治安形势分析报告[*]

周延东　宫志刚[**]

摘　要： 2018年，中国恐怖主义活动得到有效遏制，但国际暴恐态势依然紧张，毒气炸弹、无人机等成为暴恐袭击的新工具和新手段；刑案数量明显下降，侵财类案件仍占主流，其中走私犯罪案件数量和伪造、变造货币以及出售、购买、运输、持有、使用假币的刑事案件数量呈现逐年上升趋势；治安案件数量整体下降，但违反旅馆业管理、违反危险物品管理规定、卖淫嫖娼和寻衅滋事等四类治安案件呈现回升趋势。另外，黑恶势力威胁基层秩序、网络空间风险、银行卡盗刷、车险骗保、非法集资、传销犯罪以及民众出行安全感和满意度问题成为新时期社会治安防控的"新困境"。对此，建议从深入开展扫黑除恶斗争，提升网络空间综合治理能力和水平，构建银行、保险业犯罪多元化治理体系，协同探索非法集资防控网络，建设反传销联动合作机制以及打造多元综合监管体系等方面促进社会治安秩序良性有序运行。

关键词： 社会治安　防控体系　社会秩序

随着平安中国建设的深入推进，中国社会治理的理念思路、体制机制、

---

　*　基金项目：国家社会科学基金"后单位社区安全危机及其治理创新研究"（16CSH011）。

**　周延东，中国人民公安大学治安学院讲师、硕导，首都社会安全研究基地研究员；宫志刚，中国人民公安大学治安学院院长，教授、博导。

方法手段得到不断创新和完善，人民群众安全感和满意度不断增强。然而，中国仍处于社会主义初级阶段，仍是世界上最大的发展中国家，进入社会转型与改革的深化期，社会上依然存在颇多由"发展不平衡不充分"引发的矛盾和问题，给中国社会治安形势带来了新的瓶颈和挑战。

一 2018年社会治安总体状况与趋势

（一）国内平稳，国际紧张，暴恐新手段层出不穷

2018年以来，中国境内反恐形势总体趋于稳定。通过梳理和解读中国当前用户最多的四大门户网站（新浪、腾讯、网易和搜狐）公布的数据和相关新闻报道得出，2012～2015年中国境内发生的典型恐怖袭击事件的数量呈现较为明显的"倒V"形（见图1）特征。图1显示，2015～2017年，虽然暴恐案件从整体上得到了有效的控制，但依然每年发生1起暴恐案件。2018年，截止到11月份，尚未发生暴恐案件，有效保障了人民群众的日常生产生活秩序。这表明，不断成熟的立体化社会治安防控体系在反恐方面发挥了重要保障作用，也在一定程度上反映近年来中国以缩减恐怖主义能量、法治反恐、全民反恐和国际合作等四大要素为主要支撑的反恐工作战略体系不断完善与创新。

在缩减恐怖主义能量方面，针对当前新疆地区依然严峻的恐怖主义形势，逐渐从深挖并铲除恐怖主义存量方面转向减少恐怖主义增量方面来缩减新疆地区恐怖主义能量。一方面，新疆维吾尔自治区政府联合各部门自2014年开展"严打暴恐专项行动"一年以来，共打掉"暴力恐怖团伙"181个，其中96.2%的暴恐犯罪团伙被摧毁在预谋阶段，[①] 极大地降低了新疆地区的恐怖主义存量。另一方面，由于南疆四地州（和田地区，阿克苏地区，克孜勒苏柯尔克孜自治州，喀什地区）曾频发暴恐事件并受到宗教

---

① 《新疆一年打掉181个暴恐团伙 血腥袭击明显减少》，《环球时报》2015年5月27日。

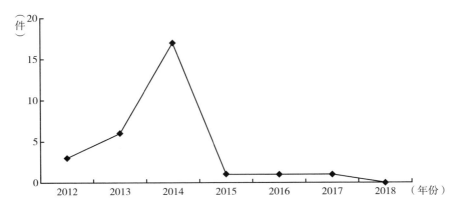

图1　2012～2018年我国典型恐怖袭击案件数量

数据来源：根据中国四大门户网站（新浪、网易、搜狐和腾讯）新闻报道搜集整理而成。

极端主义的严重干扰，部分群众汉语水平较低，法治意识淡薄，缺乏专业的职业技能，"就业难"问题突出，极易受到境内外恐怖主义和宗教极端主义的胁迫与教唆。因此，2018年以来，新疆维吾尔自治区政府在南疆四地州力抓职业教育培训工作，形成了以职业技能教育培训机构为载体，以学习国家通用语言文字、学习法律知识、学习职业技能和开展去极端化工作为主要内容，以实现就业为导向的教育培训模式，[①] 力求从源头上消除滋生恐怖主义、宗教极端主义的环境和土壤，以此遏制新疆地区的恐怖主义增量。

在法治反恐方面，特别是党的十八大以来，中国加速推进依法反恐进程，已经逐步构建起了包括刑法、刑事诉讼法、国家安全法、反间谍法、反恐怖主义法、境外非政府组织境内活动管理法、网络安全法、国家情报法等法律以及地方与反恐有关的条例和办法在内的、系统完善的反恐怖主义法律体系，[②] 形成中国反恐工作的有力制度支撑。随着反恐怖主义法律体系的不断创新与完善，中国的暴恐风险将持续保持低水平，人民的幸福感、获得感和安全感会愈益增强，社会将更加和谐稳定。

---

① 《新疆自治区主席就新疆反恐维稳情况工作答记者问》，新华社，2018年10月16日。
② 《不断完善的中国反恐怖主义法律体系》，《人民日报》2018年10月15日。

在全民反恐方面，中国充分依靠和发挥人民群众在发现、治理、打击和防控恐怖恐怖主义方面的天然优势和积极主动精神，不断将反恐专业队伍同人民群众有机融合，完善相关奖励机制，不断探索诸如"红袖标"、治安志愿者等形式的反恐工作专群结合的连接点，逐渐组织发动了越来越多的群众成为源源不断的反恐力量。例如，北京市打造"北京反恐"微信平台，并施行相应的《群众举报涉恐涉暴奖励办法》，助力全民反恐。

在国际反恐合作方面，公安部部长赵克志于2018年9月29日在国家反恐怖工作领导小组会议暨全国反恐怖工作电视电话会议上强调："清醒认识当前反恐怖斗争形势的严峻性、复杂性，不断深化反恐怖国际合作。"[1] 北京大学国际关系学院雷少华教授用"高道德收益、低政治风险"来表达国家反恐合作具有的优势。[2] 近年来，中国的国际反恐合作成就有目共睹。

2018年，在中国反恐局势趋于稳定的良好情况下，国际社会在反恐领域仍然面临一系列严峻挑战和亟须解决的新问题。在案件数量及其死亡人数方面，仅2018年上半年，在全球42个国家就接连发生了639起恐怖袭击案件，较2017年同期增长幅度为0.6%，引发的死亡人数为3305名，较2017年同期下降19.6%。[3] 虽然2018年因恐怖主义活动导致的死亡人数较2017年有所下降，但仍有个别造成大量人员伤亡的典型恐怖袭击事件。例如："1·27喀布尔自杀式汽车炸弹恐怖袭击事件"造成103人死亡、235人受伤；"4·22阿富汗选民登记中心爆炸恐怖袭击事件"造成57人死亡、119人受伤；"叙利亚毒气恐怖袭击事件"造成至少70人死亡、400人受伤。从涉恐地域和暴恐手段方面看，在亚非国家恐怖组织主要依靠"自杀式"炸弹袭击和路边炸弹袭击等方式实施恐怖主义活动。而在欧美国家，恐怖组织

① 《赵克志：奋力开创新时代反恐怖工作新局面》，中国警察网，2018年9月29日。
② 《雷少华：2017年国际反恐形势及未来反恐合作展望》，搜狐网，2018年4月2日。
③ 《2018年上半年国际恐怖主义态势报告》，搜狐网，2018年10月16日。

和恐怖分子主要发动"独狼式"袭击，① 这种袭击方式因其隐蔽性较强，导致欧美民众在日常生活中经常处于恐慌状态，给社会稳定带来了严重威胁。值得注意的是，以毒气炸弹等化学武器为暴恐手段的恐怖袭击是近年来国际上出现的新变化，这种恐怖活动防控难度极大，影响范围较广，极易造成大量人员伤亡和民众恐慌。同时，在国际上广泛使用的无人机，也成了恐怖分子实施暴恐行为的新手段和新武器。例如，在 2018 年的短短 6 个月之内，俄罗斯驻扎在叙利亚的塔尔图斯海军基地和赫麦米姆空军基地就遭到 4 起通过无人机发起的恐怖袭击②。以上内容折射出目前恐怖袭击"暴恐大案多发""暴恐新手段层出不穷"等新动向和新趋势，对中国反恐工作部署具有重要警示意义。

表1　2018 年国际典型恐怖袭击事件一览

年份	恐怖袭击案件	案发场所
2018 年	1·2 尼日利亚中部村庄屠杀式恐怖袭击事件	村庄
	1·6 俄驻叙利亚赫梅米姆空军基地恐怖袭击事件	军队后勤站
	1·15 巴格达市中心自杀式爆炸恐怖袭击事件	广场
	1·27 喀布尔自杀式汽车炸弹恐怖袭击事件	街区
	3·23 法国恐怖袭击事件	街道
	4·7 叙利亚毒气恐怖袭击事件	杜马镇
	4·20 美国佛罗里达州校园枪击恐怖袭击事件	学校（高中）
	4·22 阿富汗选民登记中心爆炸恐怖袭击事件	选民登记中心
	5·1 尼日利亚两起自杀式爆炸恐怖袭击事件	市场、清真寺
	5·13 印度尼西亚泗水连环爆炸恐怖袭击事件	教堂
	6·9 阿富汗西部检查站恐怖袭击事件	检查站
	7·31 阿富汗政府大楼恐怖袭击事件	政府大楼
	8·14 英国议会大厦恐怖袭击事件	议会大厦
	8·17 布基纳法索恐怖袭击事件	近郊
	9·22 伊朗恐怖袭击事件	街道
	10·31 俄罗斯安全部门爆炸恐怖袭击事件	办公楼
	10·31 尼日利亚东北部恐怖袭击事件	村庄

---

① 《2018 年上半年国际恐怖主义态势报告》，搜狐网，2018 年 10 月 16 日。
② 《无人机成恐怖袭击武器，俄罗斯损失惨重》，搜狐网，2018 年 7 月 12 日。

通过对2014～2018年5年中国内地发生的13起典型恐怖袭击事件中的作案手段进行分析发现,恐怖分子的暴恐手段形式多样,具体包括:手持砍刀、携带爆炸装置、手持砍刀并携带爆炸装置、驾驶车辆并携带爆炸装置以及驾驶车辆并手持砍刀和爆炸装置等五种恐怖袭击方式(见图2)。其中选取频数最多的暴恐方式为"手持砍刀",共5起事件;"驾驶车辆并携带爆炸装置"的频数次之,为4起事件;选择其余三种类型的均为1起。

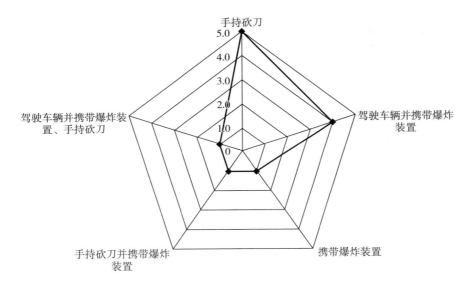

图2　2014～2018年中国内地典型恐怖袭击事件中的作案手段

数据来源:根据中国四大门户网站(新浪、网易、搜狐和腾讯)新闻报道搜集整理而成。

此外,通过深入梳理和剖析近些年频繁发生恐怖袭击的"重点城市"和"重点区域",可以认为:在"重点城市"方面,目前涉及新疆、广州、北京、云南等地,并呈现由小城市向大城市、由边境城市向内地城市蔓延、渗透的趋势。而在"重点区域"的防控上面,我们在2016年预测的"恐怖分子将会把袭击地点从防控力量较强的公共区域转向防控力量较为薄弱的半公共区域或私人区域"在2017年的新疆墨玉恐怖袭击案件中得到了印证。

（二）刑事案件数量急剧下降　侵财案件占据主流

国家统计局公布的数据显示，2012～2017年，公安机关立案的刑事案件数量呈先上升后稳步下降趋势（见图3），并在2015年达到峰值，但整体呈现下降趋势。具体来看，2012年与2017年数据相比（见图4），杀人刑事案件由11286起下降到7990起，下降率达到29.2%；伤害刑事案件由163620起下降到111124起，下降率达到32.08%；抢劫刑事案件由180159起下降到39230起，下降率高达78.22%；强奸刑事案件由33835起下降到27664起，下降率达到18.23%。可见，随着立体化社会治安防控体系建设的不断完善，上述刑事案件正急剧下降，在保障社会居民的人身安全方面取得了显著成效。

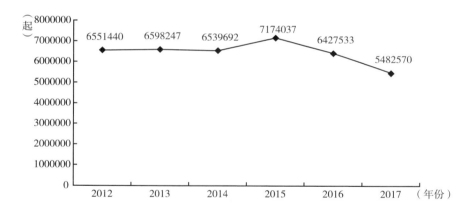

图3　2012～2017年公安机关立案的刑事案件数量

数据来源：国家统计局年度数据，http：//data. stats. gov. cn/easyquery. htm？cn = C01。

近年来，尽管侵犯财产型犯罪案件数量每年都有所减少，但依然占据刑事案件发案主流。据统计，2012～2017年公安机关立案的各类刑事案件总数为38773519起，其中盗窃案件为25866692起，诈骗案件为4975280起，占比分别为66.71%和12.83%，总占比高达79.54%（见图5）。在盗窃、诈骗两类侵犯财产型刑事案件中，犯罪分子手段的专业化、作案地点的分散

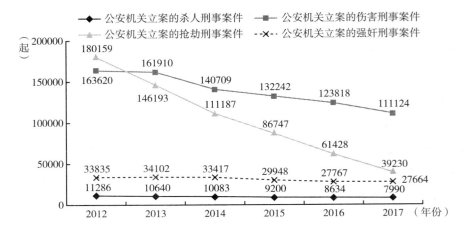

图4 2012～2017年公安机关立案的四类刑事案件数量

数据来源：国家统计局年度数据，http：//data. stats. gov. cn/easyquery. htm？ cn = C01。

化与模糊化、作案人员的集团化以及销赃手段的模式化都给公安机关的侦破
工作增加了难度和挑战。

值得注意的是，在各类刑事案件中，2012～2017年公安机关立案的走
私犯罪案件数量呈持续攀升趋势。国家统计局数据显示，中国走私犯罪案件
总数从2013年1853起增加到2017年3277起（见图6），增加76.85%。对
2018年第一季度全国海关缉私部门立案侦办走私犯罪案件进行分析发现：
中国走私犯罪逐步呈现走私团伙规模扩大化，团伙犯罪组织化、专业化，作
案手段隐蔽化的新特点。其中，走私手段隐蔽化的特点日趋明显，大多数走
私团伙选取往来港澳、国内外船舶夹藏、伪报货品名、转关调包、招募乘客
以各种名义夹带等手段进行高隐蔽性的走私犯罪，严重危害进出口贸易秩
序。例如，2018年5月11日凌晨，广东黄埔海关缉私局在深圳、广州、拱
北、南昌、西安、南京、昆明海关缉私局的协助配合下，针对违法犯罪分子
以伪报品名、低报价格、少报多进、夹藏、偷卸换货等手段实施的快件渠道
走私违法犯罪活动开展了代号为"HP2018 - 04"的集中收网行动。截至5
月11日8时，此次行动共打掉快件走私团伙4个，抓获犯罪嫌疑人47人，

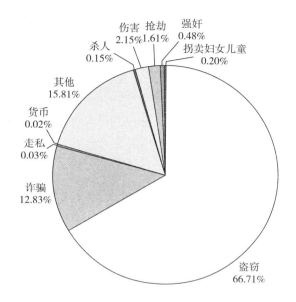

图5　2012～2017年公安机关立案各类刑事案件总数占比

数据来源：国家统计局年度数据，http：//data. stats. gov. cn/ easyquery. htm？cn = C01。

初估案值约2.06亿元。① 因此，全国海关部门应加强与地区部门间的互动与合作，继续不断深入开展以"国门利剑2018"为主的系列联合专项行动，对洋垃圾、濒危物种及其制品、农产品、重点涉税商品、毒品枪支等目前重点走私物品实施专项打击和集中整治。

另外，伪造、变造货币以及出售、购买、运输、持有、使用假币的刑事案件数量也呈现逐年上升趋势。国家统计局数据显示（见图6），2017年与2013年相比，此类刑事案件增加了91.02%，为699件。经过梳理分析近些年侦破的伪造、变造货币及出售、购买、运输、持有、使用假币刑事案件，可知此类案件具有如下特征：第一，夹缝化。制造假币的地点更多设立在写字楼、居民住宅等高密度建筑中，极其隐蔽，难以被发现。第二，分散化。制造假币的机器体型更小、操作更加简单，更容易搬运和隐藏，使得犯罪分

---

① 《快件走私伎俩披露：偷卸换货手段走私案值2亿》，新浪网，2018年5月26日。

子不必集中作案，因此在作案地点上更加分散隐蔽。第三，小面值化。由于微信、支付宝等移动支付平台在人们生活中愈发普及，相比100元、50元面值的纸币，人们对于5元、10元、20元等小面额的纸质货币的使用频率有所下降，进而导致对其甄别意识日趋薄弱。因此，近年来假币制造团伙逐渐从制造100元、50元面值的假币转为制造5元、10元、20元面值的假币。

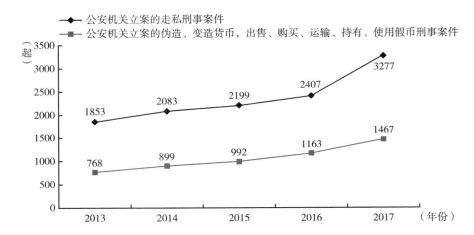

图6　2013～2017年公安机关立案的走私、与货币有关的刑事案件数量

数据来源：国家统计局年度数据，http：//data. stats. gov. cn/easyquery. htm？cn = C01。

（三）治安案件数量整体下降　四类案件呈现回升态势

国家统计局数据显示（见图7），2012～2017年公安机关受理的治安案件由13889480起下降到10436059起，下降24.83%，社会治安秩序持续向好。并且，随着中国全面深化改革的不断推进，社会体制机制的不断完善，突出的社会矛盾将不断得到合理、有效的解决，社会变迁、转型过程带来的各类治安隐患也会逐渐减少。

需要特别注意的是，违反旅馆业管理、违反危险物质管理规定、卖淫、嫖娼、寻衅滋事等治安案件数量呈现缓慢增长趋势。国家统计局数据显示

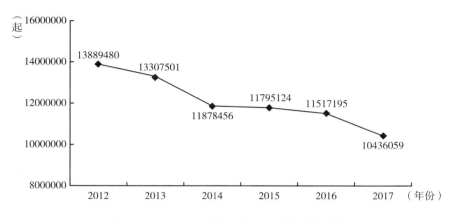

图7　2012～2017公安机关受理治安案件数量

数据来源：国家统计局年度数据，http：//data. stats. gov. cn/easyquery. htm？cn = C01。

（见图8），2012～2017年公安机关受理的违反旅馆业管理、违反危险物质管理规定、卖淫嫖娼案件、寻衅滋事等治安案件数量均呈现"U"形变化趋势，且自2015年起均呈现回升趋势。主要原因有以下几点：第一，大规模流动人口产生的附带性社会治安问题。当前中国流动人口基数庞大，结构复杂，一方面极大地刺激了旅馆业的蓬勃发展，而另一方面也引发了大量违反旅馆业管理的治安案件。第二，互联网高速发展带来的便捷性。随着互联网的发展以及多种交互工具的诞生，国外向国内走私毒品、危险物质等违禁品案件屡见不鲜且愈加难以管控预防。利用互联网进行的毒品、爆炸物品、危险物质等违禁品交易通过快递形式躲避相关部门的检测追查，同时，利用互联网聊天软件从事色情行为和线上沟通、线下交易的方式相较于传统卖淫、嫖娼交易更难被发现。第三，体制转型期的社会动荡。在中国计划经济体制向社会主义市场经济体制转型过程中，社会主义市场经济会冲击原有的价值准则和社会秩序，拜金主义、享乐主义等风潮盛行，在思想意识方面冲击着社会大众，以致卖淫、嫖娼类治安案件频发。第四，价值观的多元化导致个体认同出现差异。随着市场经济体制的逐步建立所形成的重功利、重才能以及在西方文化影响下形成的极端利己主义、绝对功利主义等多元化价值观日益渗透，加之受到社会亚文化的影响，有些个人缺乏社会责任

感，强烈追求自我，进而对于周围事物产生对立情绪，由此导致寻衅滋事案件频发。

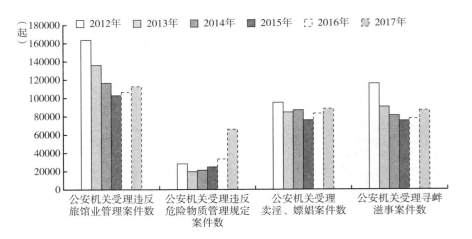

图8　2012～2017年公安机关受理的四类治安案件数量

数据来源：国家统计局年度数据，http：//data. stats. gov. cn/easyquery. htm？cn＝C01。

二　新时期治安的六大"新困境"

（一）受黑恶势力影响，社会稳定问题突出

近年来，在政法机关的高压态势下，针对黑恶势力的专项斗争在广度、深度、力度上进一步拓展，并逐渐由"打黑除恶"上升为"扫黑除恶"，并取得了显著的阶段性成效，2018年1月至9月，全国公安机关共立案涉黑涉恶犯罪17000余件，提请检察机关批捕57000余人，全国检察机关提起公诉6300余件，涉及32000余人，① 有效地遏制了黑恶势力的蔓延势头，但黑恶势力问题依然严峻，不容忽视。首先，黑恶势力组织愈益庞大、复杂。例如，黑恶势力逐渐嵌入市场社会、人情社会、权力网络之中，并构建以熟人

---

① 《全国扫黑除恶成绩单出来了！》，搜狐网，2018年11月7日。

社会网络为基础的庞大组织网络。2018 年 8 月，河南省平顶山警方成功破获摧毁一个披着"传销外衣"的特大黑恶势力组织，抓获犯罪嫌疑人 25 人，捣毁传销窝点 7 个，解救遣返受害人 190 余人，破案 20 余起，查扣现金 110 余万元，查封冻结赃款 360 余万元，查扣车辆 5 辆、查封车辆 1 辆、房产 3 处，涉案金额高达 1200 万元。[1] 其次，黑恶势力在地方"保护伞"的庇护下，以暴力为主要威胁手段非法垄断诸如宾馆、娱乐场所、建筑行业等低端产业。中国自 2018 年 1 月份开展扫黑除恶专项行动以来，共逮捕黑恶势力保护伞 200 余人，起诉黑恶势力保护伞 150 余人。[2] 再次，黑恶势力影响范围不断扩大。例如，在城郊结合处、资源富集乡、短租房社区、"村改居"社区等重点区域，黑恶势力盘根错节。为此，国家更侧重于综合治理、源头治理，齐抓共管，并将"打黑""扫黑"的部门由过去的 10 多个增加到 28 个。最后，涉黑恶腐败问题日益严重。2018 年，湖南、云南、四川、陕西、河南、江西及黑龙江等省份涉黑恶腐败案件频发。为此，中央派驻督导组进驻部分省份巡视，坚持贯彻把扫黑除恶与国家层面的反腐败斗争相结合、与城乡基层"拍蝇"相结合，加强以督促扫。

（二）网络空间安全隐患突出

互联网的发展与普及使得人民群众的生产生活方式日益多元，网络空间成为社会治安治理的重点场域。目前，网络诈骗、色情、赌博及侵犯公民个人信息等违法犯罪案件高发，为此，2018 年 2～8 月间，公安部部署全国公安机关开展"净网 2018"专项行动，共破获刑事案件 2.2 万余起，抓获嫌疑人 3.3 万余名。但是，网络空间治理难题依然严峻，网上违法犯罪问题日益突出。首先，网络"套路贷"等诈骗犯罪、网络淫秽色情犯罪、网络赌博乱象等网络违法犯罪问题突出。在"净网 2018"专项行动中，针对上述网络犯罪公安机关抓获涉案人员 7000 余名，打掉赌球团伙 250 余个。其次，

---

[1] 《黑恶势力披上"传销外衣"河南平顶山警方破获一起涉黑涉恶大案》，人民法治网，2018 年 8 月 27 日。

[2] 《打"保护伞"、查"村霸"，多地公布扫黑除恶成绩单》，新浪网，2018 年 11 月 1 日。

"黄赌毒""黑拐骗"等各类有害信息在网上泛滥。公安机关针对这一情况开展专项行动，共清理违法有害信息 156 万余条，关停违法违规网络账号 5 万余个。最后，侵犯公民个人信息犯罪持续居高不下。对此，全国公安机关着力打击上游犯罪，严厉打击提供信息支撑、技术支撑和工具支撑的侵犯公民个人信息犯罪、黑客攻击破坏犯罪和非法销售"黑卡"犯罪，共抓获犯罪嫌疑人 8000 余名，缴获"黑卡"270 余万张。①

（三）民众出行面临严重安全困境

近年来，在"互联网＋共享经济"的时代背景下，先后诞生了网约车、共享单车、共享汽车、定制客运等多种交通运输新业态新模式。但是这在给民众带来便利的同时也带来了巨大的出行安全隐患，具体表现如下：首先，网约车问题最为突出。立法滞后、侵权责任主体不明确、网约车平台监管与政府监管脱节、保险制度的缺失等原因导致网约车存在严重的安全隐患并引发了诸如"郑州滴滴顺风车奸杀案（2018 年 5 月 6 日）""乐清滴滴顺风车奸杀案（2018 年 8 月 24 日）"等网约车司机奸杀女乘客系列恶性事件。其次，少数公民公共道德、规则意识日益淡薄，以致"高铁霸座男""高铁霸座姐"等事件频发，冲击着社会治安秩序，严重影响民众出行的安全感和满意度。2018 年 8 月 21 日"高铁霸座男"事件中，一山东博士孙某拒绝与乘务人员的沟通，称"无法起身，不能归还座位"，全程霸占了某一女乘客的座位。仅隔一天，从深圳开往青岛的 T398 列车上，返校的女大学生小晴（化名）也遭遇到"霸座"。国家公共信用信息中心有关数据显示，2018 年 10 月新增了大量失信联合惩戒对象，其中限制乘坐火车严重失信人 219 人，限制乘坐民用航空器严重失信人 5 人。② 愈演愈烈的霸座现象不仅涉及道德层面的问题，而且属于严重扰乱公共秩序的行为，严重影响了民众出行安全感和满意度。

---

① 《密织安全网络屏障 大力净化网络环境》，中国警察网，2018 年 9 月 12 日。
② 《高铁"霸座女"被列失信人黑名单 将限乘所有火车席别》，中国新闻网，2018 年 11 月 2 日。

（四）非法集资手段愈发多样化

互联网金融的蓬勃发展为中国的经济发展提供了新的机遇，但也带来了新的挑战。其中，非法集资犯罪形势依然严峻，犯罪手段日趋多样。通过对非法集资典型案例的犯罪手段进行整理分析发现如下特点：第一，"互联网＋非法集资"犯罪问题突出。当前，"互联网＋非法集资"犯罪模式几乎遍布所有行业，各地案件一直呈上升趋势，事态愈发复杂、严峻化。犯罪分子假借迎合国家政策，打着"资本运作""金融创新""经济新业态"等幌子，以理财、众筹、期货、虚拟货币等形式在各大网络平台进行非法集资活动，其迷惑性变得更强，防范打击的难度不断加大。此外，当前犯罪分子开始借助微信群等社交平台开展非法集资的行为，其隐蔽性极强。第二，非法集资与金融传销犯罪相互交织，犯罪复合化形态突出。2017 年中国先后查处了"善心汇""钱宝""善林金融""云联惠"等一批全国性特大非法集资网络传销案件。2018 年，又接连爆发如"善林金融案""上海唐小僧案""联璧金融案"等典型的"非法集资＋金融传销"系列犯罪。在上述案件中，犯罪分子首先以公开宣传的形式，蛊惑受害者通过网络支付等渠道将资金汇聚至传销组织，形成所谓的资金池。在集资初期，犯罪分子往往积极"兑现"回报承诺，骗取信任，以扩大集资规模。第三，"杀熟"现象在非法集资领域问题突出。在一些领域和地区，犯罪分子利用自己多年积累的熟人社会网络关系，采取"口耳相传""熟人拉熟人"的手段进行非法集资的现象十分突出，这给防范和打击工作带来极大阻碍。2018 江苏滨海警方破获一起针对熟人进行非法集资的犯罪案件，涉案的刘某夫妇为了应对现有菜场生意收益低、赚钱慢的现状，利用多年积累的人脉资源，发起以爱心互助为幌子的系列"标会"活动，非法吸收数十名亲朋好友的钱财，总额高达300 多万元。

（五）传销方式日趋多元　组织更加精细严密

根据国家统计局数据，2018 年上半年全国共立案传销类案件 2500 余

起，涉案金额达 238.9 亿元，同比分别上升 22.47%、102.09%。通过对 2018 年若干典型传销类案件进行梳理分析发现以下新趋势：首先，传销方式日趋多元。随着信息化、智能化的不断深入发展，传销团伙逐渐从传统的传销模式转向网络传销以及"线上"和"线下"双管齐下的新传销模式。此外，传销团伙常常采取本地注册、异地经营、在境外设置服务器的反侦查策略，查处难度极大。其次，传销团伙组织更加精细严密。例如，一些传销组织打着"兵道""军融国际""亮剑扶贫""军民融合"等"涉军"旗号，并以"军、师、旅、团"为建制，或以"党支部"的名义对参与人员进行编队管理，开展传销活动，组织化特点更加突出。此类传销团伙肆意歪曲、编造国家大政方针，严重影响政府形象，存在向政治安全领域传导的风险隐患。

三　未来与展望

（一）深入扫黑除恶斗争　坚决打赢攻坚战

针对当前黑恶势力存在的治理难题，提出如下对策建议：首先，统筹推进建设法治国家。一方面，大力加强基层法治建设，净化黑恶势力滋生土壤。另一方面，要完善专项斗争相关法律制度，推动扫黑除恶机制的制度化、法治化、正规化。其次，应始终坚持以人民为中心，保障人民根本利益。加强与群众的紧密联系，倾听群众的心声，充分挖掘根植于群众中的治理资源。再次，进一步加强部门信息的共享，推动工作联动、部门实效衔接，实现合力共治，构建多元主体共治体系。最后，要加强内外监督。具体要做到上级督导巡视与舆论监督相结合，自身监督与群众监督相结合，深挖黑恶势力，利用网站、微博、微信、新闻等曝光"大案要案"，让扫黑除恶专项斗争经得起历史和实践的检验。

（二）提升网络空间综合治理能力和水平

提升网络空间的综合治理能力和水平关键在于建立"法律夯基、科技引领，群众支撑"的综合治理体系。首先，坚持依法治网。一是严厉打击侵犯公民个人信息等网络违法犯罪行为。二是严格落实网络安全法，督促互联网参与主体遵守法律法规。三是要实现网络空间相关领域立法、执法的精细化，拓展治网的深度与广度，不给犯罪分子可乘之机。其次，发挥科技引领作用。政府有关部门需要与互联网企业积极开展违法网站及信息联动处置工作，及时了解买卖个人信息等新型网络犯罪手段和形式，充分提升前沿科技提升防控能力、打击水平、监督力度。再次，要坚持"网络安全靠人民，网络安全为人民"的治理思路。在给群众普及网络安全防范教育的同时，积极探索群防群治，发动网民智慧，大力开展让广大群众参与"净网"项目的实践活动，推进线上线下方式相结合的网络空间社会综合治理。

（三）打造多元综合监管体系　构建全民征信机制

针对目前日益严重的"网约车安全隐患"和"高铁霸座"问题，提出如下建议：首先，针对"网约车安全隐患"问题，建立多元综合监管体系。构建政府监管、行业监管、群众监管等多元监管主体联动的监管模式，编织防控大网。在政府监管方面，政府部门要加强对网约车等新型行业准入资质的审查，突出过程性监管。在行业监管方面，行业协会要成为政府监督与群众监督之间的沟通互动平台。在群众监管方面，要充分调动群众的积极性，促进群众自治，实现全民防控，提升全民责任感。同时，网约车企业亟待提高自身专业技术，并加强对团队成员的管理。其次，逐步建立完善全民征信机制，来应对"高铁霸座"难题。具体来讲，要构建涉及生活缴费、社保金融以及民众在公共交通场域不守公德、挑战公共交通秩序的行为的全方位综合征信机制。

（四）协同构建防控网络　持续打击非法集资

针对目前非法集资犯罪的严峻形势，建议构建协同防控网络，持续打击非法集资。首先，打牢基础，构造严密的非法集资犯罪协同防控网络。一是完善工作机制，促进部门间的协同作战，搭建信息共享平台；二是对打击非

法集资专业队伍开展培训工作。既要开展相关法律法规、融资市场现状等方面的培训讲座，更要加强计算机技术的学习与应用。其次，对非法集资犯罪进行不间断的持续打击。有关部门要主动出击，通过特情建设、社区摸排、信息研判等方式建立行政执法机关与检察机关协作配合的非法集资犯罪防控系统，将非法集资犯罪消灭在萌芽阶段。再次，加强相关立法工作。目前，亟待出台系统、可操作化的处置非法集资的法律法规，以此清晰界定非法集资的概念，调整处罚力度，明确各成员单位及地方政府的责任及失察追究机制。

（五）构建反传销立法体系　打造联动合作机制

首先，不断推进反传销立法体系的建设工作。国务院于 2005 年 8 月颁发的《禁止传销条例》与《直销管理条例》在治理传销违法犯罪行为中发挥了重要作用，但依然存在诸多不足，如现行的《直销管理条例》调整的直销模式与互联网、电话、电视和邮购等直销模式的界限较为模糊，带来了执法困境和难题。因此，建议建立健全以"反传销法"为龙头，以行政法规为核心，以部门规章、行业规则为主体的配套法律规范体系。其次，面对传销犯罪活动组织更加精细化的特点，执法机构与司法机关之间要建立全时空、跨地域、跨部门、跨产业、信息共享、快捷高效、无缝对接、有机衔接的打击传销的执法司法合作体制和机制，以提高打击精确度，消除执法漏洞与执法盲区。[1]

参考文献

梁成意：《中国公民基本权利》，中国政法大学出版社，2016。

周延东：《日常生活转型与治安治理变迁》，《山东警察学院学报》2017 年第 4 期。

---

[1]　刘俊海：《升级良法善治　根绝网络传销》，《人民论坛》2018 年第 15 期。

周延东：《嵌入联结领域：后单位社区安全治理的新框架》，《公安学研究》2018年第2期。

《新疆自治区主席就新疆反恐维稳情况工作答记者问》，新华社，2018年10月16日。

《快件走私仨俩披露：偷卸换货手段走私案值2亿》，新浪网，2018年5月26日。

《打"保护伞"、查"村霸"，多地公布扫黑除恶成绩单》，新浪网，2018年11月1日。

《雷少华：2017年国际反恐形势及未来反恐合作展望》，搜狐网，2018年4月2日。

《2018年上半年国际恐怖主义态势报告》，搜狐网，2018年10月16日。

《赵克志在2018年打击非法集资犯罪专项行动部署推进会上强调：深入开展打击非法集资犯罪专项行动，坚决维护国家政治安全经济安全和社会稳定》，新华社，2018年6月21日。

《全国扫黑除恶成绩单出来了！》，搜狐网，2018年11月7日。

《无人机成恐怖袭击武器，俄罗斯损失惨重》，搜狐网，2018年7月12日。

《十九大关于加强和创新社会治理的新理念和新举措》，理论网，2017年12月5日。

《新疆一年打掉181个暴恐团伙 血腥袭击明显减少》，《环球时报》2015年5月27日。

《不断完善的中国反恐怖主义法律体系》，《人民日报》2018年10月15日。

《亟待出台处置非法集资条例》，《法制日报》2018年07月11日。

《公安部工商总局开展联合整治重点打击四类网络传销》，《人民日报》2018年1月20日。

《公安机关"净网2018"专项行动破刑案2.2余万起》，中国警察网，2018年9月13日。

《密织安全网络屏障 大力净化网络环境》，中国警察网，2018年9月12日。

《2018年政府工作报告全文》，中国政府网，2018年3月5日。

《赵克志：奋力开创新时代反恐怖工作新局面》，中国警察网，2018年9月29日。

《黑恶势力披上"传销外衣"河南平顶山警方破获一起涉黑涉恶大案》，人民法治网，2018年8月27日。

《高铁"霸座女"被列失信人黑名单 将限乘所有火车席别》，中国新闻网，2018年11月2日。

调 查 篇

Reports on Social Survey

B.8
中国城乡居民的社会和政治参与*

李 炜 邹宇春**

摘 要： 本文根据"中国社会状况综合调查"2017年数据，对我国城
乡居民的社会和政治参与状况进行了描述和分析。研究发现，
当前我国社会组织参与群体以年轻世代、高等受教育者、白
领职业的城镇居民为主体。以业缘、趣缘为核心的职业团体、
民间社团和联谊组织正逐步替代基于地缘和亲缘的社会组织。
公众的社区公共事务参与以传统的邻里互助为主，在志愿服
务方面整体参与率不高。公众的政治参与水平有待提升，但

* 本文受到以下项目及机构资金支持：①国家社科基金重大项目"中国社会质量基础数据库建
设"（16ZDA079）；②中国社会科学院—上海市人民政府上海研究院"2017年中国社会状况
综合调查及全国社会质量状况研究"；③中国社会科学院社会发展指标综合集成实验室。作
者文责自负。
** 李炜，中国社会科学院社会学研究所研究员，社会发展研究室主任，中国社会科学院社会发
展指标综合集成实验室首席研究员；邹宇春，中国社会科学院社会学研究所副研究员，社会
发展研究室副主任。

意见表达意愿却十分强烈。年轻世代和教育精英是政治意见表达的主体。公众政治参与的外在效能感不高，存在一定程度的政治冷漠现象。未来，应重视提升社会成员的参与能动性，提升社会赋权水平。

关键词： 社会参与　政治参与　政治效能感　社会调查　世代

　　我国已进入经济与社会发展的新时代，随着经济社会的不断进步，民众参与社会治理的要求越来越强烈。党的十九大报告把"人民平等参与、平等发展权利得到充分保障"作为实现国家治理体系和治理能力现代化的主要内容之一，并倡导"加强社会治理制度建设，完善党委领导、政府负责、社会协同、公众参与、法治保障的社会治理体制，提高社会治理社会化、法治化、智能化、专业化水平"。由此可见，民众广泛的社会参与是推动我国现代化建设与社会进步的重要力量，更是推动我国社会治理创新的主要手段。

　　改革开放已到第 40 个年期，正如党的十九大报告所指出的，我国已进入中国特色社会主义新时代，社会主要矛盾已经转化为人民日益增长的美好生活需要和不平衡不充分的发展之间的矛盾。我国公众社会和政治参与的现状如何？在社会和政治参与领域，是否也同样体现着社会主要矛盾的特征？如何强化公众社会和政治参与的主体性，提升参与效能？本文基于中国社会科学院 2017 年"中国社会状况综合调查"① 数据和往年调查资料，对上述问题进行分析。

---

① "中国社会状况综合调查"（CSS）是中国社会科学院社会学研究所自 2005 年发起的一项持续性全国抽样调查项目，该调查覆盖了全国 31 个省、自治区、直辖市的 151 个县（市、区）、604 个村（居委会）。目前已完成 6 期调查，2017 年的调查共获取全国城乡 10091 位居民的样本数据。该调查的详细信息请参阅 http：//css. cssn. cn。

一 当前中国城乡居民的社会参与状况

社会参与是指社会成员以某种方式参与和介入政治生活、经济生活、社会生活、文化生活和社区的公共事务从而影响社会发展的行动。比如，参与志愿活动、公共建设、公益服务以及公共文体活动等。社会参与是社会公共生活的重要组成部分，是赋予社会成员社会责任感和整体意识，提升社会凝聚力的重要载体，对推进社会治理现代化具有重要作用。本报告主要从社会组织参与和社区公共事务参与两个方面考察当前公众的社会参与情况。

（一）社会组织参与状况

近年来，中国社会组织如雨后春笋般涌现出来。通过加入各类社会组织，建立个体与群体之间的纽带连接关系，就共同关注议题展开讨论，达成社会共识，是人们社会参与的重要方式。在调查中，我们询问受访者参与宗教团体、宗亲会、同乡会、校友会、联谊组织（如文体娱乐团体、互联网团体等）、民间社团（如志愿者、业主委员会、环保组织）、职业团体（如商会、农村合作组织、专业学会、行业协会等）等七类社会团体的情况。

1.近四成的公众参与各类社会组织，校友会高居榜首

数据结果显示，目前我国城乡居民的社会组织参与率为37.6%，也就是说在18~69周岁居民中，近四成至少参加了一类社会组织。这一参与率虽不算很高，但和2011年的27.8%相比，有了可喜的进步，提升了近10个百分点。

在各类社会团体中，参与率由高到低的排序为：校友会（26.0%）、同乡会（6.4%）、联谊组织（6.0%）、民间社团（5.9%）、职业团体（5.7%）、宗教团体（3.7%）和宗亲会（3.2%）。其中，校友会的参与率远高于其他社会组织的参与率，比位居第二的同乡会参与率高出近20个百分点，而其他社会团体的参与率更低，均不足10%（见图1）。由此可见，校友会是目前国内社会基础最为广泛的联谊性社会组织，1/4的公众参与过此类

组织的活动，近年来活跃的社交电子平台，更为校友们创造了广泛的纽带联系。相比于同窗之谊，传统的乡土、族姓联谊组织的参与率逐步降低。

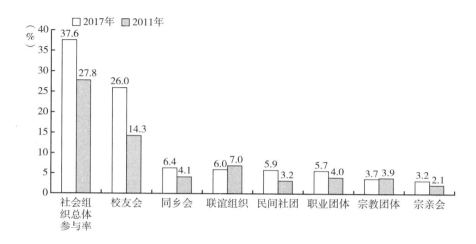

图1　社会成员社会组织参与率

2. 青年世代是社会组织参与的主力群体

数据结果显示，代际越近，社会组织的参与水平越高。根据调查对象的出生年代特征，将调查对象划分为50后及以前、60后、70后、80后和90后五个代际。从各个代际的社会团体参与率来看，90后的社会团体参与率最高（58.5%）。随着年龄的增长、代际的久远，各代际群体参加社会组织的水平依次降低，50后及以前的世代，参与社会组织的比例不足20%（见表1）。

表1　不同出生世代的社会组织参与率

单位：%，个

类别	总体	50后及以前	60后	70后	80后	90后
社会组织总体参与率	37.6	19.8	26.1	36.0	45.0	58.5
校友会	26.0	8.5	15.1	23.6	33.8	46.9
同乡会	6.4	2.1	3.8	5.4	8.4	11.8
联谊组织	6.0	4.4	3.8	4.3	4.3	13.5
民间社团	5.9	2.5	3.6	5.3	6.0	12.0

续表

类别	总体	50 后及以前	60 后	70 后	80 后	90 后
职业团体	5.7	1.5	3.2	6.0	8.3	9.0
宗教团体	3.7	4.3	4.1	3.3	3.9	3.0
宗亲会	3.2	2.1	3.5	3.7	3.8	2.4
样本容量	10043	1631	2101	2241	2141	1929

通过数据还可发现，从不同类型的社会组织参与率来看，90 后世代除校友会外，同乡会、联谊组织和民间社团的参与率都超过 10%，并显著高于其他世代。由此而言，可以说青年世代是社会组织的参与主力。

3. 受教育程度越高，社会组织参与积极性越强

受教育程度和社会组织参与水平直接相关。根据受访者受教育水平，将其划分为初中及以下（包括未上学、小学和初中）、高中中专、大专和大本及以上四个学历群。调查数据显示，初中及以下学历群体的社会组织参与率为 26.5%，而高中中专学历者的参与率跃升了约 20 个百分点，达到 46.6%；大专学历者的参与率又跃升约 10 个百分点，达到 56.4%；大本及以上学历群体参与率最高，为 62.7%（见表 2）。由此可知，受教育程度越高，社会组织的参与积极性越高。

表 2　不同受教育程度群体的社会组织参与率

单位：%，个

类别	总体	初中及以下	高中中专	大专	大本及以上
社会组织总体参与率	37.6	26.5	46.6	56.4	62.7
校友会	26.0	14.3	37.0	44.8	55.6
同乡会	6.4	5.1	7.6	7.8	10.5
联谊组织	6.0	3.1	7.0	11.0	15.8
民间社团	5.9	2.9	6.7	12.0	16.2
职业团体	5.7	3.6	6.3	9.7	12.7
宗教团体	3.7	4.8	2.4	1.7	2.0
宗亲会	3.2	3.3	3.7	3.3	1.5
样本容量	10037	6087	1940	885	1125

校友会是在当前各学历群，尤其是大本及以上学历群体中最受欢迎的社会组织。就具体的社会团体参与情况来看，在所有学历群中，校友会的社会参与水平都是最高的，尤其是大本及以上学历群的参与率超过一半，可能教育层次越高的学校和群体，校友文化和意识越强；而宗亲会和宗教团体的参与水平最低，在这两类社会团体中，参与率最高的学历群均低于5%。另外值得关注的是，受教育程度为初中及以下的群体，其宗教团体的参与率要高于其他受教育程度群体。

4. 职业地位越高，社会组织参与程度越高

从职业角度看，白领职业群体（包括机构负责人、专业技术人员和办事人员）的社会组织参与水平较高。其中最高的是机构负责人群体，其社会组织参与率接近60%，其次是专业技术人员和办事人员，参与率分别为53.8%和55.5%。在蓝领职业群体中，商业人员的社会组织参与率（50.2%）高于服务业人员和生产工人约10个百分点。农业劳动者参与社会组织的比例最低，仅为24.2%（见表3）。由此可见，社会中间阶层是社会组织的主要参与群体。

表3　不同职业群体的社会组织参与率

单位：%，个

类别	总体	机构负责人	专业技术人员	办事人员	商业人员	服务业人员	生产工人	农业劳动者
社会组织总体参与率	39.2	59.0	53.8	55.5	50.2	40.1	40.0	24.2
校友会	26.7	42.9	43.6	41.6	38.9	26.4	29.0	10.9
职业团体	7.7	16.2	11.7	10.8	11.7	7.9	5.4	4.1
民间社团	6.3	17.2	9.2	14.7	6.8	5.6	4.2	3.3
同乡会	6.2	7.0	6.0	7.8	8.6	5.4	7.6	4.7
联谊组织	5.3	11.4	8.2	8.8	6.8	5.9	3.5	3.0
宗教团体	3.8	0.4	3.3	1.8	2.6	4.7	2.3	5.4
宗亲会	3.6	6.5	2.1	3.7	3.8	4.0	3.6	3.7
样本容量	6080	252	749	408	885	739	806	2241

值得关注的是，机构负责人群体不仅在社会组织总体参与率方面高于其他群体，还呈现社会组织参与多元化的趋势。他们在校友会、职业团体、民间社团、联谊组织，乃至宗亲会等多类社会组织中参与活动，似乎体现了由

组织资源带来的社会地位,并向各种社会关系扩散。

5. 农村居民的社会组织参与率低于城镇居民

社会组织参与状况也存在着城乡差异。总体而言,城镇居民的社会组织参与率要高于农村居民,分别为 39.7% 和 34.6%。其中城乡之间校友会的参与率差距最大:城镇居民中有 28.8% 的人参与了校友会,在农村中只有22.1%,相差了 6.7 个百分点。但在同乡会、宗教团体和宗亲会等社会组织中,农村居民的参与率略高于城镇居民(见图2)。

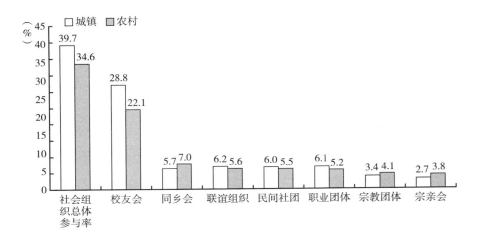

图2 城乡居民社会组织参与率比较

(二)社区公共事务参与状况

社区是实践社会参与最为日常化的场所。在调查中,对于公众的社区公共事务参与,我们从互助公益行为和志愿服务行为两个方面予以考量。

1. 社区互助公益行为以邻里相助为主,农村居民的互助行为比例高于城镇居民

我国自古以来就提倡邻里互助的传统助人服务。随着经济发展以及住房的商品化改革,人们的居住方式由过去"守望相助"的熟人社区,转变为单位制社区,直至现代社区,传统的社区助人服务也发生了一些变化。但受

我国传统文化的影响，以及传统助人服务本身具有的便捷性、增进邻里情感等优势，传统助人服务仍是当前居民社区公益行为的主要方式。在调查中，我们测量了受访者是否有过帮助邻居照看孩子、帮陪邻里老人、帮陪邻里残疾人、帮邻居买菜/修理物品、帮邻居收存取快递、为邻里提供生活信息、调节邻里关系、维护社区卫生环境等八类传统的助人行为，由图3的数据可以看出，将近八成居民在过去的一年中至少有过一项上述传统的助人行为。其中，以邻里相助为主，帮助邻居照看孩子的比例最高（41.4%），之后依次是为邻里提供生活信息（38.8%）、维护社区卫生环境（36.7%），帮邻居买菜/修理物品、收存取快递、陪伴老人等公益助人行为的发生率也在30%以上。

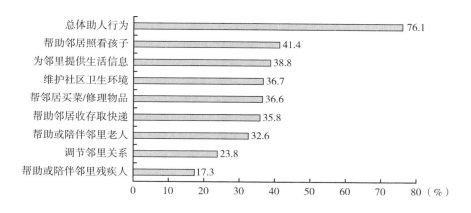

图3　社会成员的社区互助公益行为

通过表4可以看出，农村居民的传统互助公益行为比例要高于城镇居民。八类助人行为的总体比例中，农村居民为78.8%，城镇居民为74.2%，二者相差4.6个百分点。这说明农村生活环境更容易产生传统助人行为。其中在帮助邻居照看孩子、帮邻居买菜/修理物品、帮陪邻里老人、调节邻里关系等方面，农村居民邻里互助行为的发生率都明显高于城镇居民。而在帮助邻居收存取快递的助人行为方面，城镇居民的比例又高于农村居民，这也体现了城乡社区生活环境的差异。

表4　社区互助公益行为的城乡比较

单位：%，个

类别	总体	城镇	农村
总体助人行为	76.1	74.2	78.8
帮助邻居照看孩子	41.4	37.3	47.0
为邻里提供生活信息	38.8	37.9	40.0
维护社区卫生环境	36.7	37.0	36.4
帮邻居买菜/修理物品	36.6	32.5	42.3
帮助邻居收存取快递	35.8	37.4	33.7
帮助或陪伴邻里老人	32.6	29.9	36.3
调节邻里关系	23.8	21.5	27.1
帮助或陪伴邻里残疾人	17.3	15.0	20.6
样本容量	10040	5870	4170

2. 社区志愿服务参与率仅三成左右，老年关怀和环境保护为服务重点

参与志愿服务也是社区公共事务参与的一个重要行动。在调查中，我们测量了受访者是否参与了老年关怀、环境保护、儿童关爱、扶贫济困服务、扶助残障、青少年辅导、抢险救灾、治安防范、科普宣传、教育助学、大型社会活动、心理咨询、医疗护理、拥军优属、妇女维权保护、法律援助、国际援助、其他等18类不同服务内容的志愿服务。数据结果显示，仅有27.9%的受访者参加其中至少一类志愿服务，也就是说超过七成的居民没有参与任何志愿服务。可见，我国居民的志愿服务参与率还有很大的提升空间。

数据显示，受访者过去一年参与不同服务内容的志愿服务的比例由高到低的排序为：老年关怀、环境保护、儿童关爱、扶贫济困服务、扶助残障、青少年辅导、抢险救灾、治安防范、科普宣传、教育助学、大型社会活动、心理咨询、医疗护理、拥军优属、妇女维权保护、法律援助、国际援助等。其中，老年关怀的参与率最高，达到10.9%，与位居第二的环境保护参与率相差0.4个百分点，相差不大，国际援助的参与率最低，仅为0.1%（见表5）。可见，我国当前各种志愿服务的内部发展存在一定的不平衡现象。

表5 社会成员志愿服务参与率

单位：人，%

志愿服务内容	参与人数	占比	志愿服务内容	参与人数	占比
老年关怀	1094	10.9	教育助学	268	2.7
环境保护	1057	10.5	大型社会活动	202	2.0
儿童关爱	872	8.7	心理咨询	180	1.8
扶贫济困服务	586	5.8	医疗护理	185	1.8
扶助残障	512	5.1	拥军优属	173	1.7
青少年辅导	428	4.3	妇女维权保护	164	1.6
抢险救灾	375	3.7	法律援助	111	1.1
治安防范	349	3.5	国际援助	7	0.1
科普宣传	307	3.1	其他	36	0.4

二 当前中国城乡居民的政治参与状况

政治参与主要指的是公民以合法的方式参加政治生活，并影响政治体系的构成、运行方式、运行规则和决策过程的行为。政治参与作为社会主义民主的重要内容，一直以来是我国政治体制改革的重中之重。随着经济社会的发展，我国的政治参与也发生了深刻的变化。改革开放以来，随着市场经济的不断发展和民主政治改革的不断深入，我国公民的政治参与日趋活跃，形式也由革命型、动员型转向自主型和建设型。

政治参与的主体主要是公民个人，在我国既包括公民依法行使自己的选举权与被选举权，也包括在日常生活中参与政治活动的行为。基于此，本报告主要从参与基层自治组织治理（民主选举与民主决策）和日常政治意见表达两个维度来测量我国居民当前的政治参与水平。

（一）参与基层自治组织治理情况

1. 基层自治组织治理的参与状况不佳，外来人口的民主选举权亟待关注

社会成员参与基层社区的社会治理，是政治参与的基点。其中民主选

举、民主决策、民主管理、民主监督是人民民主权利的主要内容。在调查中，我们就民主选举和民主决策的内容，询问受访者近两年是否参与了村（居）委会选举，以及是否参与了所在村居的重大决策讨论。调查数据表明，基层自治组织的政治参与状况不佳。只有29.1%的城乡居民参与了村（居）自治组织的选举，而参与所在城乡社区重大决策讨论的情况更少，其参与者占比还不到一成（见图4）。

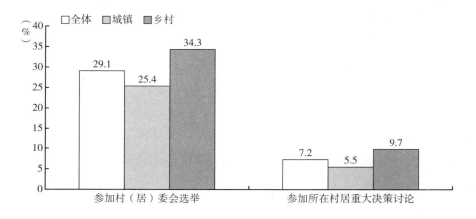

图4 社会成员参与基层自治组织治理情况

由于我国城乡二元行政体制的差别，选举具有明显的城乡差异。分城乡来看，农村居民在基层自治方面的参与程度要明显高于城镇居民：在过去两年中参与村委会选举的村民占比上升到34.3%，高出城镇居委会选举参与率（25.4%）大约9个百分点，但是这一比例远远不够。村民参与所在自治组织重大事务决策讨论的比例也高于城镇居民，但也仅为9.7%。

值得关注的是，流动人口中参与基层自治组织选举的比例要远远低于本地居民。从表6可以看出，外来农业户口的群体在过去两年中参与基层自治组织选举的比例仅为11%，要大大低于同为农业户口的本地居民。这在一定程度上反映出，流动人口在原流出地和现流入地都难以有效地进行选举参与，他们的民主选举权利不能得到实现。

表6　不同户口类型的城乡居民基层自治组织选举参与率比较

单位：%，个

类别	本地农业户口	本地非农户口	外来农业户口	外来非农户口
参加村（居）委会选举	35.8	23.0	11.0	9.7
参加所在村居重大决策讨论	8.7	6.8	3.1	2.4
样本容量	5844	1958	910	291

2. 年轻世代和高受教育程度者对基层自治组织治理的参与动力不足

出生世代与基层自治组织治理参与状况明显相关。从图5可以看到，随着世代的推近，参与水平出现下降趋势。如50后及以前参与村（居）委会选举的比例最高（40.8%），60后次之（39.0%），70后则跌至31.3%，到80后又降低约9个百分点，至90后选举参与率仅为13.9%。同样，在参与所在村居民主决策方面也呈现同样的态势，参与率随着世代的推近而下降。

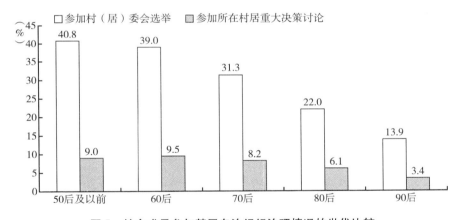

图5　社会成员参与基层自治组织治理情况的世代比较

从受教育程度看基层自治组织治理参与状况，数据显示受教育程度和参与率呈负向关系。即受教育程度越高，基层社区的选举和决策参与率越低。初中及以下学历组、高中中专学历组、大专学历组、大本及以上学历组四个群体参与村（居）委会选举的比例依次为33.2%、27.5%、19.8%和16.8%。同样，四个学历组参与村居重大决策讨论的比例也出现类似的状况，参与率依次为8.0%、6.3%、4.7%和6.7%（见图6）。

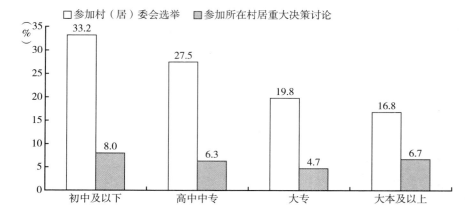

图6 不同受教育程度的社会成员参与基层自治组织治理情况的比较

年轻世代和教育精英在基层政治选举上参与率低，这一现象值得高度关注。在社会组织参与一节中，年轻世代和高学历者是社会组织参与的前卫，积极性最高，但在基层自治组织治理的参与方面却显得疏离。这种反差表明，现有的基层治理方式难以吸纳年轻人和知识型人才的社会参与欲望。

（二）日常政治意见表达状况

除了制度化的政治性选举，社会成员在日常生活中，对各类公共性议题发表个人观点，公开向媒体和政府反映意见及问题，甚至参与集体性的意见表达或抗议行动，都是政治参与的形式。在调查中，我们设计了一组强度递进的日常政治意见表达的参与行为，分别是：①与他人或网友讨论政治问题；②向政府部门反映意见；③向报刊/电台/网络论坛等媒体反映社会问题；④参加线上/线下集体性维权行动；⑤参与罢工/罢市/罢课/静坐/示威/游行等行动。询问受访者在最近两年内是否有过上述政治参与行为。

1. 政治意见表达行为减少，日常政治议题讨论多在个人或半公开场合

数据显示，受访者近两年参与的各类日常政治意见表达行为中，比例最高的是与他人或网友讨论政治问题（14.9%），而位居第二的向政府部门反映意见仅为7.2%，两者相差近8个百分点；向报刊/电台/网络论坛等媒体

反映社会问题的参与率更低，为 3.0%；参加线上/线下集体性维权行动的比例为 1.5%；罢工/罢市/罢课/静坐/示威/游行等冲突意味更强的政治参与行动的比例更小，不到 1%。由此可见，我国公众对于政治性话题的讨论更多的是在私人之间或半公开的网友群友之间，采用公开正式渠道向政府部门或向媒体表达意见的，较为少见。值得关注的是，若和"中国社会状况综合调查"历年数据相比，这种个人性政治话题讨论的比例有逐步下降趋势：2013 年调查中约四成公众经常和他人或网友讨论政治问题，到 2015 年下降到 25.0%，2017 年又降了约 10 个百分点（见图 7）。

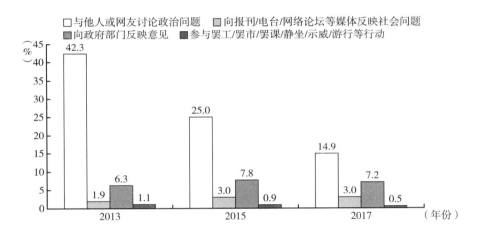

图 7　不同年度公众日常政治意见表达参与率的比较

2. 年轻世代和教育精英在政治意见表达上较积极，公开发声更倾向于诉诸媒体

从世代的角度看日常政治意见的表达，可以发现一些特点。首先，出生世代越晚，政治意见表达的参与率就越高。如参与率最高的与他人或网友讨论政治问题的比例，受访者中 50 后及以前、60 后、70 后、80 后和 90 后五个世代依次递增，分别为 8.2%、8.6%、12.2%、17.5% 和 27.8%，说明年轻世代依然体现出较强的政治参与热情。其次，将政治意见诉诸媒体还是诉诸政府，成为不同世代人群政治意见表达的不同选择。出生世代越近的群体，越多选择向媒体而非向政府反映问题：50 后和 60 后向媒体反映社会问题的比例均不足 2%，70 后则为 2.2%，而更为年轻的 80 后和 90 后则上升

为4.0%和5.1%；选择向政府反映意见的比例，则和此趋势恰恰相反，世代越早，选择越多（见表7）。

表7 不同出生世代群体的日常政治行为参与率

单位：%，个

类别	总体	50后及以前	60后	70后	80后	90后
与他人或网友讨论政治问题	14.9	8.2	8.6	12.2	17.5	27.8
向报刊/电台/网络论坛等媒体反映社会问题	3.0	1.8	1.9	2.2	4.0	5.1
向政府部门反映意见	7.2	8.3	8.4	8.3	6.9	3.9
参加线上/线下集体性维权行动	1.5	1.4	1.1	1.7	1.9	1.4
参与罢工/罢市/罢课/静坐/示威/游行等行动	0.5	2.0	0.2	0.7	0.4	1.1
样本容量	10043	1631	2101	2241	2141	1929

从受教育程度的角度看日常政治意见的表达，也可以发现：受教育程度越高，政治意见表达的参与率就越高。如参与率最高的与他人或网友讨论政治问题的比例，根据初中及以下、高中中专、大专、大本及以上受教育程度的增加而递增，依次为8.0%、17.9%、25.4%和38.1%，最高受教育程度组的参与率是最低受教育程度组的4.76倍！这说明，教育精英群体对政治议题的日常关注度和参与度较高。同样，和上述世代分析的情形相类似，受教育程度越高，选择将政治意见诉诸媒体而非政府的比例也越高。受教育程度为初中及以下者，向媒体反映社会问题的比例最低，为1.8%，高中中专学历者为3.6%，大专群体为5.3%，而大本及以上者的选择比例为6.8%，是初中及以下组的3.78倍（见表8）。

表8 不同受教育程度群体的日常政治行为参与率

单位：%，个

类别	总体	初中及以下	高中中专	大专	大本及以上
与他人或网友讨论政治问题	14.9	8.0	17.9	25.4	38.1
向报刊/电台/网络论坛等媒体反映社会问题	3.0	1.8	3.6	5.3	6.8
向政府部门反映意见	7.2	7.4	6.5	8.1	5.9

续表

类别	总体	初中及以下	高中中专	大专	大本及以上
参加线上/线下集体性维权行动	1.5	1.0	2.2	2.6	2.1
参与罢工/罢市/罢课/静坐/示威/游行等行动	0.5	0.5	0.8	0.6	0.4
样本容量	10037	6087	1940	885	1125

3. 日常政治意见表达的意愿较强，公众参与还有较大的提升空间

虽然公众政治意见表达的实际参与行为不多，但这并不说明公众缺乏表达意愿。调查中我们询问了没有参与过相应政治意见表达的受访者，今后是否有采用某种表达方式参与政治的意愿。数据结果表明，第一，公众最愿意采用的政治意见表达方式是向政府部门反映意见（45.4%），其次是参加集体性维权行动（36.8%）和向媒体反映社会问题（34.9%）。第二，公众的参与意愿都远远高于目前的实际参与率。例如，过去两年中与他人或网友讨论政治问题的公众只有14.9%，但在没有与他人讨论政治问题经历的人中，有34.2%的人表示今后愿意与他人或网友讨论政治问题，是前者的2.30倍；又例如，通过媒体反映社会问题的公众占比甚低，仅为3.0%，但愿意今后采用这一方式表达自己观点的公众高达34.9%，是前者的11倍多！同样，向政府部门反映意见的意愿比例也是实际参与率的6.3倍，愿意参加线上/线下集体维权行动的公众占比是实际参加线上/线下集体维权行动的公众占比的24.5倍（见图8）。这说明，目前虽然政治参与行动发生率不高，但未来的意见表达还有更为宽阔的发展空间。

三 当前中国公众的政治效能感

政治效能感是政治参与研究中经常用到的术语，主要是指社会成员认为自己对于政治具有影响的信念，是一种"政治和社会变迁是可能的以及公民个体能够促使这一变迁发生的感觉"[1]，通俗而言，就是指一个人认为自

---

[1] Campbell, A., Gurin, G. & Miller, W. E., *The Voter Decides.* Evanston, IL: Row, Peterson and Company, 1954.

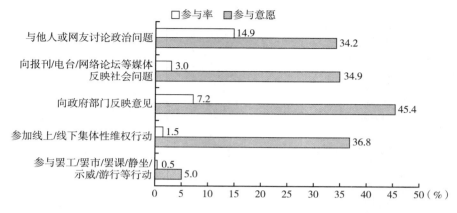

图8　公众日常政治行为参与率和参与意愿的比较

己的参与行为影响政治体系和政府决策的能力。学者们通常将政治效能感分为内在效能感和外在效能感，其中内在效能感也可以理解为个体效能感，主要表现为个人认为自己有能力和知识对政治进行评论以及参加政治活动；外在效能感主要指的是个体认为政府对其诉求做出反应的程度和可能，主要和政府在多大程度上关心个人需要、满足个人需求有关。外在效能感低的个体常常表现为政治冷漠，对政府的信任水平较低，进而对政治不感兴趣，表现出明显的政治疏离。政治效能感虽然不是政治参与本身，但会影响个体以何种眼光来看待政治现实，进而影响政治参与的效力。调查中我们设计了6个题目，来考察公众的政治效能感水平，分别为：①在村（居）委会选举中，选民的投票对最后的选举结果没有影响；②村（居）委会根本不在乎和我一样的普通村（居）民的想法；③我有能力和知识对政治进行评论和参加政治活动；④我对政治不感兴趣，不愿意花时间和精力在这上面；⑤参与政治活动没有用处，对政府部门不能产生什么根本的影响；⑥我的言论自由会受到来自政府部门的限制。其中，①②⑤⑥题侧重于外在效能感的测量，③④题侧重于内在效能感的测量。

1. 公众外在效能感较低，政治影响力缺乏，存在一定程度的政治冷漠现象

数据结果显示，我国公众政治效能感具有以下几个特征：总体而言，我国公众的外在政治效能感不足，特别体现为政治影响力缺乏。比如，56.1%

的公众赞同"在村（居）委会选举中，选民的投票对最后的选举结果没有影响"，持不赞同观点的公众占41.1%，前者比后者高15个百分点；51.4%的居民认为"村（居）委会根本不会在乎和我一样的普通村（居）民的想法"，持相反观点的居民占45.7%，前者比后者高近6个百分点；51.7%的人认为"参与政治活动没有用处，对政府部门不能产生什么根本的影响"，持相反意见的人占45.7%，前者比后者高6个百分点。但在言论自由方面，又显得较为宽松。对于"我的言论自由会受到来自政府部门的限制"的说法，持不赞同意见的比例为57.6%，而持赞同观点的占比为39.8%，前者比后者高近18个百分点（见图9）。

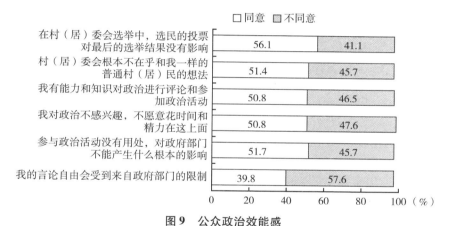

图9　公众政治效能感

公众的内在效能感趋中略强，但有一定的政治疏离感。对于"我有能力和知识对政治进行评论和参加政治活动"的看法，持赞同观点的占50.8%，持相反观点的占46.5%，前者比后者高4.3个百分点。说明总体而言公众还是认为自己具备评论和参与政治的知识和能力。但也要看到的是，多数公众对现实政治表示冷漠：50.8%的人认为"我对政治不感兴趣，不愿花时间和精力在这上面"，而持相反观点的比例为47.6%，前者比后者高了3.2个百分点。

2. 年轻世代的政治效能感强于前辈，但言论宽松感较弱

政治效能感有明显的世代差异。调查数据表明，无论是外在的政治效能

感，还是内在的政治效能感，年轻世代的政治效能感都要强于前辈。例如，在外在效能感中，对于"在村（居）委会选举中，选民的投票对最后的选举结果没有影响"持赞同观点的，50后及以前的世代占比为65.3%，而60后持赞同观点的比例降至61.6%，到70后、80后又降至56.3%和53.9%，到90后持赞同观点的比例下降到45.1%，也就是说90后和50及以前的选择比例差了20个百分点。同样，对"村（居）委会根本不会在乎和我一样的普通村（居）民的想法"持赞同观点的比例，也出现了随世代靠近而降低的趋势，90后的选择比例比50后及以前低了近7个百分点。外在效能感中唯一呈现相反趋势的是，对言论自由宽松度的看法，随着世代的靠近而趋于消极：对于"我的言论自由会受到来自政府部门的限制"这一观点，50后及以前的赞同率最低（33.9%），60后至90后持续上升，90后的赞同率上升为43.1%（见表9）。这说明，年轻世代对言论宽松环境的期盼更殷。

表9　不同出生世代群体的政治效能感比较

单位：%，个

类别	总体	50后及以前	60后	70后	80后	90后
在村（居）委会选举中，选民的投票对最后的选举结果没有影响	56.1	65.3	61.6	56.3	53.9	45.1
村（居）委会根本不在乎和我一样的普通村（居）民的想法	51.4	53.2	54.2	51.8	52.0	46.0
参与政治活动没有用处，对政府部门不能产生什么根本的影响	51.7	55.7	59.1	54.6	50.5	39.0
我的言论自由会受到来自政府部门的限制	39.8	33.9	38.3	39.9	42.5	43.1
我有能力和知识对政治进行评论和参加政治活动	50.8	44.7	48.2	48.4	53.1	58.6
我对政治不感兴趣，不愿意花时间和精力在这上面	50.8	52.0	56.7	55.5	50.5	38.5
样本容量	10043	1631	2101	2241	2141	1929

＊本表为持赞同观点的百分比。

从内在效能感来看，对于"我有能力和知识对政治进行评论和参加政治活动"，50后及以前持赞同态度的比例为44.7%，而后续世代赞同比例持续上升，90后达到最高（58.6%），比50后及以前高近14个百分点。对"我对政治不感兴趣，不愿花时间和精力在这上面"持赞同态度的比例，以60后、70后世代最高，分别为56.7%和55.5%，50后及以前也不低，为52.0%，80后为50.5%。而90后世代持赞同态度的比例最低，为38.5%，和前辈们相比，差了12~19个百分点。这说明，年轻世代的政治冷漠感是最低的。

3. 政治效能感随着受教育程度的提升而增强

政治效能感也有明显的受教育程度差异。调查数据表明，受教育程度越高，政治效能感越强。例如，对"在村（居）委会选举中，选民的投票对最后的选举结果没有影响"持赞同观点的比例，初中及以下受教育程度者为62.8%，而高中中专群体持赞同观点的比例锐降至51.9%，到大专和大本及以上群体又分别降至45.5%和36.5%，受教育程度最高群体和最低群体相比，降低了近26个百分点。同样，对"村（居）委会根本不会在乎和我一样的普通村（居）民的想法"持赞同态度的比例，其变化趋势类似，高受教育程度组比低受教育程度组低16.6个百分点。对于"我的言论自由会受到来自政府部门的限制"的观点，其群体间差异类似于世代分析的结果：最低受教育程度群体赞同率最低（38.3%），最高受教育程度群体赞同率最高（44.8%），相差6.5个百分点（见表10）。

表10 不同受教育程度群体的政治效能感比较

单位：%，个

类别	总体	初中及以下	高中中专	大专	大本及以上
在村（居）委会选举中，选民的投票对最后的选举结果没有影响	56.1	62.8	51.9	45.5	36.5
村（居）委会根本不在乎和我一样的普通村（居）民的想法	51.4	54.3	53.2	45.6	37.7
参与政治活动没有用处，对政府部门不能产生什么根本的影响	51.7	56.5	51.1	44.0	34.2
我的言论自由会受到来自政府部门的限制	39.8	38.3	40.0	43.7	44.8

续表

类别	总体	初中及以下	高中中专	大专	大本及以上
我有能力和知识对政治进行评论和参加政治活动	50.8	46.3	54.0	59.8	61.8
我对政治不感兴趣，不愿意花时间和精力在这上面	50.8	55.1	48.9	45.4	35.9
样本容量	10037	6087	1940	885	1125

＊本表为持赞同观点的百分比。

四 结论与建议

当前，我国社会组织参与群体以年轻世代、接受过高等教育者、白领职业的城镇居民为主体。其中校友会联谊型社会组织的参与率最高，在总人口中有约1/4的公众通过校友会连接社会关系。以业缘、趣缘为核心的职业团体、民间社团和联谊组织主要是高学历和高职业地位的社会群体的活动空间。而传统的基于地缘、亲缘关系的同乡会、宗亲会等社会组织参与率甚低。这在一定程度上反映了改革开放以来，中国由传统社会向现代社会转型过程中人际纽带的变迁趋势。随着世代更替，年轻人和高受教育程度者在人口构成中的比重趋大，社会组织参与水平的提升和参与幅度的扩大都会在不久的将来有所显现。

在社区公共事务参与方面，传统的互助行为较为突出，近八成居民在社区日常生活中提供过传统的邻里相助服务，农村居民邻里相助行为的发生率明显高于城镇居民。但在志愿服务方面整体参与率不高，排在第一位的老年关怀也仅仅突破10%，志愿服务的发展还任重道远，自发的公益意识还有待培养。

我国居民当前的政治参与水平整体不高，近两年调查对象参与基层自治组织村（居）委会选举的比例整体来看不到三成，流动人口中参与基层自治组织选举的比例仅为一成。选举权作为我国公民的一项基本政治权利，应该注重起来。公众参与所在基层自治组织重大决策讨论的比例更低，整体尚不足一成。年轻世代和教育精英在基层政治选举上参与度低，有一定的疏离感。这表明，一方面居民作为所在社区的主人应该积极参与到重大决策的讨论中，其意识还有待培养；另一方面现有的基层治理方式亟待改进，以满足公众的社会参与需求，有效发挥其能力。

在日常政治意见表达方面，公众大多能采取理性的政治参与方式。政治意见的交流通常在群体内部通过互联网空间进行。年轻世代和教育精英是政治意见表达的主体，表达模式逐渐由向政府诉求转为通过媒体发声。目前，政治参与行动虽然发生率不高，但公众的意见表达意愿却十分强烈。

在政治效能感方面，相比于内在效能感，公众的外在效能感不高，存在一定程度的政治冷漠现象。年轻世代的政治效能感明显强于前代，随着受教育程度的提升，公众的政治效能感也明显增强。

综上所述，当前我国公众的社会和政治参与存在着发展不充分、不平衡的现象。因此，我们要重视提升社会成员的参与能动性，提升社会赋权水平。

首先，政府应加快转变执政方式，积极培育社会组织的力量。政府应该加快"小政府、大社会"的执政转型，将政府部分权力下放到社会，政府发挥监管、协调的作用，将传统体制向社会开放，为公众参与社会治理提供良好的制度环境。政府应该加快推进促进社会组织发展的利好政策建设，通过社会组织带动公众的社会参与，为公众的社会参与提供一个良好的平台。

其次，政府应营造良好的政治参与环境，加强廉政建设，提升公众政治参与的知识水平和能力。公正、透明的政治参与环境会有效促进公众的政治参与，为此政府应该加强廉政建设，杜绝任何损害公众政治参与的行为。

最后，培养公众的政治参与热情，提升公众政治参与必需的知识水平与能力。政府应该通过知识技能培训，提升公众的政治参与意识，让每一个个体都切身体会到自己是社会的主人，激发公众的政治参与热情。

B.9
95后大学生互联网使用行为调查报告

——基于全国 17 所高校大学生追踪调查数据的分析

刘保中　郭亚平*

摘　要： 对大学生互联网使用行为的研究，不仅可以透视他们网络化的生存方式，更是认识 95 后大学生、走进他们世界的重要途径。本报告利用"中国大学生及毕业生就业、生活和价值观追踪调查"2017 年和 2018 年数据，分析了 95 后大学生的网络行为，主要包括大学生的上网时间、网络活动和网络依赖等状况。在此基础上，重点分析了 95 后大学生的典型网络亚文化，如网络直播、网红关注、网络游戏和网络预约服务等，尽可能全面解读 95 后大学生网络行为的特征。研究显示：①虽然科技的发展为不同经济社会地位的人提供了平等接触互联网的机会，但中国城乡的数字鸿沟在 95 后大学生群体中仍没有消失；②95 后大学生的网络生活丰富，但主要是为了满足交往和娱乐需求，网络游戏受到 95 后大学生的普遍欢迎；③大学生在享受网络提供便利的同时，主动实现了网络参与。95 后大学生在受到网络社会影响的同时也塑造了当下社会的网络文化。

关键词： 95 后大学生　网络行为　网络参与

---

* 刘保中，中国社会科学院社会学研究所助理研究员；郭亚平，中国社会科学院研究生院博士研究生。

以95后为主体的大学生，是伴随着中国互联网快速发展和普及而成长起来的一代，是网络时代不折不扣的"原住民"。与80后和90后大学生相比，95后大学生接触互联网的时间更早，对互联网的日常使用频率更高。互联网几乎深深嵌入每一位当代大学生的日常生活、学习与工作之中。95后大学生正处于价值观塑造的关键时期，其态度和行为都受到互联网的重要影响。网络化的成长体验，使得95后大学生的生活世界总是充满现实与虚拟的交织。对大学生网络行为的研究，不仅可以透视他们网络化的生存方式，更是认识95后大学生、走进他们世界的重要途径。

借助中国社会科学院社会学研究所开展的"中国大学生及毕业生就业、生活和价值观追踪调查"（以下简称"大学生调查"）2017年和2018年数据，本报告尝试对95后大学生互联网使用行为进行分析。"大学生调查"采用了多阶段、分层、随机相结合的复合抽样方法。按照学校层级、学科类型和分布地域的不同，将中国大陆地区教育部承认学历的高等学校划分为3个抽样层，每个抽样层内依照随机抽样的原则抽取大学，每所学校随机抽取8个专业，每个专业每个年级随机抽取1个班。该调查自2013年开始，每年开展一次跟踪调查，基线调查的学校数量为12所，2017年增加至17所。

"大学生调查"在不同年份会设计不同的问题，大学生互联网使用情况是历次调查都关注的主题。为了尽可能全面地呈现95后大学生的网络使用情况，我们选取了2017年和2018年两个年份的数据进行分析。对于样本的筛选，我们去除了大学生调查数据中的研究生样本以及1994年及之前出生的学生样本，保留了出生年份在1995年及以后的大学生样本。因此，我们分析的95后大学生群体既包括了通常意义上的95后（即在1995～1999年出生的大学生），也包括了一小部分00后（即在2000年及以后出生的大学生，主要集中分布在2018年"大学生调查"数据中的大学一年级）。经过筛选之后，本报告使用的2017年"大学生调查"数据有效样本量为12023个，其中男生占48.3%，女生占51.7%，本科院校学生占57.3%，高职院校学生占42.7%。2018年调查于截稿之日尚在进行中，因此我们只采用了截至2018年11月20日的调查数据，经过数据清理，有效样本量为10732

个，其中男生占48.5%，女生占51.5%，本科院校学生占55.9%，高职院校学生占44.1%。考虑到本报告并不打算进行严格意义上的统计推论，因此我们未对数据进行加权处理。

一 95后大学生互联网使用行为的基本情况

（一）大学生平均触网时间早，手机和笔记本电脑是主要的上网设备，数字鸿沟明显

与80后、90后大学生相比，95后大学生初次接触互联网的时间更早。2018年"大学生调查"数据显示，年龄越小，初次接触互联网的时间就越早。95后大学生首次触网的年龄平均约为11岁；而对2000年及以后出生的大学生来说，首次触网的平均年龄已经提早到9岁，互联网接触的低龄化趋势明显加强。大学生上网方式，也越来越趋于灵活化、便携化和多样化。对于95后大学生来说，手机和笔记本电脑是主要的上网工具，其中使用手机上网的比例达到96.1%，使用笔记本电脑上网的比例为47.8%，使用传统台式电脑上网的比例已经变得非常低，平板电脑、智能手表等上网设备也在被更多的人使用，但尚不普遍。

互联网能够让所有大学生公平地分享新技术带来的信息红利，但数字鸿沟在大学生内部仍然存在。一是拥有上网设备的差异。在使用手机上网的比例上，城市户籍的大学生与农村户籍的大学生相差无几，但是在使用笔记本电脑上网的比例上，城市户籍的大学生（57.7%）明显多于农村户籍的大学生（39.8%）。对家庭是主要经济来源的大学生来说，家庭经济条件的差异使得城市户籍大学生比农村户籍大学生更多拥有个人笔记本电脑。

二是"触网"时间的差异。受城乡数字鸿沟的影响，来自农村地区的大学生最早接触互联网的时间比来自城市地区的大学生平均晚3年（见图1），城市户籍的大学生在小学阶段就可以接触到互联网，而农村户籍的大学生几乎要到初中阶段才能接触到互联网。

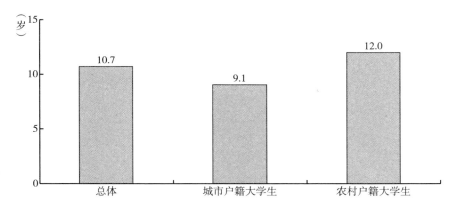

图1　95后大学生首次触网平均年龄

（二）网络活动以情感性为主，社会交往和休闲娱乐是最主要的上网目的

2018年"大学生调查"数据显示，社会交往、休闲娱乐、搜索资料与完成作业是频率最高的三项大学生网络活动。其中，社会交往是大学生上网最常做的事情。网络社交已经成为大学生的日常必需，他们偏爱线上社交，并在不同的社交网络中建立不同的社交圈。很多时候，他们甚至更愿意在社交平台上发言或与他人互动。

表1显示，约一半的大学生几乎总是使用微信、QQ等社交软件与同学、朋友和家人联系，41.9%的大学生几乎总是查看朋友圈、QQ空间等社交网络。从不进行这两项网络活动的大学生分别仅有1.8%和2.9%。另外，大多数大学生通过互联网获取资讯，满足学习的需要，从不使用互联网搜索资料和信息、写作业或查单词的学生分别仅有3.9%和3.8%。互联网购物也成为当代大学生重要的消费方式，只有5.9%的大学生表示从不使用互联网购物。大学生网购的频率也比较高，52.2%的大学生每月网购几次。

互联网提供了更加多样化的娱乐活动，如看网络视频、听音乐、打游戏、看短视频和直播等。其中，不看网络视频的大学生仅有7.1%，约30%的大学生每天都通过网络观看电视剧或电影。微博、网络小说、论坛曾在

80后、90后群体中备受青睐，但却不再受95后大学生青睐，大约三成的大学生不再从事这些网络活动。短视频和直播在2016年才开始广泛兴起，受到95后大学生的广泛喜爱。接近三成的大学生每天都看几次短视频，超过1/10的大学生基本上每天都看。

95后大学生思想活跃，其网络政治参与也广受关注。虽然当代大学生被质疑是"政治冷漠的一代"，但我们通过对大学生"看新闻时事"和"评论或与别人讨论时事或社会问题"等活动频率进行分析，可以发现，95后大学生对时事和社会问题的关注度非常高。超过三成的大学生每天都看新闻时事，而且每天都要"评论或与别人讨论时事或社会问题"的学生比例达到17.1%；仅有约1/10（9.7%）的大学生从不"看新闻时事"。大学生关心时事，但从不"评论或与别人讨论时事或社会问题"的比例也占到约1/4（24.4%）。总体来看，95后大学生思想比较活跃，敢于在公众领域表达自己的观点，同时互联网也为大学生提供了表达意见的平台，网络政治生态和95后大学生的意见表达形成一种双向塑造的关系。

表1 95后大学生网络活动的频率

单位：%

内容	从不	每月几次	每周几次	每天几次	几乎总是
与同学、朋友和家人联系（微信、QQ）	1.8	5.8	13.4	29.1	49.9
查看社交网络，如朋友圈、QQ空间	2.9	7.3	13.8	34.1	41.9
写作业、查单词	3.8	17.9	34.3	25.1	18.9
搜索资料和信息	3.9	19.0	33.5	22.6	21.0
网络购物、买东西	5.9	52.2	27.3	8.0	6.6
看电视剧或看电影，如腾讯视频、字幕组	7.1	23.6	39.6	18.3	11.4
听音乐，如虾米音乐	8.3	10.4	27.4	28.4	25.5
刷微博	27.2	17.8	19.7	17.5	17.8
看小说、故事	27.5	26.4	24.7	13.0	8.4
上各种论坛和BBS，如知乎	34.0	22.9	21.5	11.8	9.8
看短视频，如抖音、快手	35.0	16.4	19.8	17.1	11.7
看新闻时事	9.7	24.5	34.4	21.6	9.8
评论或与别人讨论时事或社会问题	24.4	29.7	28.8	11.0	6.1

（三）过度使用网络影响正常生活和学习，网络社交依赖比较普遍

2018 年"大学生调查"数据显示，40% 的大学生日均上网时长超过 4 小时，20% 的大学生日均上网时长超过 6 小时。网络为大学生提供了诸多便利，但过度使用网络对大学生的正常生活和学习造成了严重的负面影响。表 2 的结果显示，只有不到六成（56.9%）的大学生完全没有因为上网/玩手机而影响自己吃饭或睡觉。学习成绩完全不受上网/玩手机影响的学生比例仅有约四成，有 6.2% 的大学生明显因为上网/玩手机而导致成绩下滑。正常规律的饮食和作息对大学生身体健康的影响很大，大学期间积极投身学业对大学生自身人力资本的积累也具有重要作用，因此要警惕过度上网对大学生身体和学习可能造成的消极影响。

表 2　95 后大学生上网对生活的影响

单位：%

内容	非常像	有一点像	有一点不像	完全不像
①我曾经因为上网/玩手机忘记吃饭或睡觉	3.8	19.1	20.2	56.9
②我曾经因为上网/玩手机使得学习成绩下降	6.2	29.8	24.3	39.7
③我尝试过没事的时候不看微信/QQ 等社交软件但很难	11.9	35.5	24.6	28.0

前面提到，大学生使用网络最重要的目的是社会联系，但数据显示 95 后大学生普遍存在"网络社交依赖"。在闲暇时间，仅有不到三成的大学生能够做到不看微信、QQ 等社交软件，一成多的大学生表示很难做到不看这些社交软件，35.5% 的大学生认为"我尝试过没事的时候不看微信/QQ 等社交软件但很难"和自己的行为有一点像，大学生群体对社交软件的依赖比较明显。

二　网络直播和网红

随着互联网技术的快速迭代与新媒体的广泛应用，网络空间的人际互动

变得越来越普遍，随之而起的网络亚文化日渐勃兴。在自媒体营造的各种赛博空间里，参与者彼此分享信息、沟通交流、共享情感，虚拟的共同在场正越来越多地取代传统的身体在场。网络直播和网红，正是这种网络亚文化的典型代表。越来越多的大学生开始关注、接纳甚至加入直播和网红的队伍。"大学生网络主播""大学生网红"，也已经变得不再稀奇。

（一）六成大学生观看过网络直播，游戏直播受到普遍欢迎

2017年"大学生调查"数据显示，大学生观看网络直播的比例和频率都比较高。如图2所示，几乎六成的大学生观看过网络直播，其中14.5%的大学生表示基本每天都看，至少每周都看1次直播的人数也超过样本总量的1/5。从男女生差异来看，男生观看直播的频率显著高于女生。约一半的女生回答基本没有看过直播，而有七成男大学生表示看过直播。另外，基本每天都看直播和至少每周看1次直播的男生比例也明显高于女生。只有7.6%的女生表示基本每天都看直播，而男生基本每天都看直播的比例是女生的近3倍，达到21.9%，这意味着每五个男生中就有一人每天都看直播。此外，至少每周看1次直播的男生比例达到31.2%，而女生的这一比例仅有16.6%。

在观看网络直播的类型上，图3显示，游戏类直播最受95后大学生欢迎，超过一半的大学生表示自己一般看游戏类直播。其次是美食/烹饪类和体育类直播，经常看这两类直播的大学生比例均超过了1/5。此外，美妆、教育、旅游/户外三类直播也都有超过15%的大学生对它们有所关注。相比之下，财经类、购物类直播在大学生群体中较少受到关注，仅有4.7%的人观看财经类直播，9.5%的人观看购物类直播。对大学生群体来说，观看网络直播更多的是为了满足休闲娱乐的需要，还没有将直播作为获取资讯和专业学习的重要途径。

此外，男女生在观看直播的类型上也存在明显的差异。如图4所示，男生关注的直播类型排名前三位的依次是游戏、体育和科技，占比分别是69.3%、31.6%和19.8%。女生关注的直播类型排名前三位的依次是美妆、

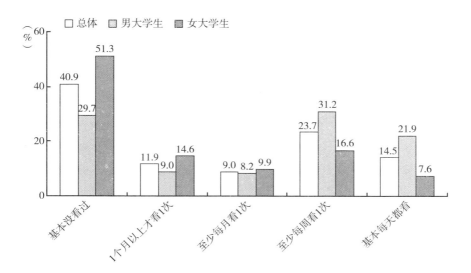

图 2　95 后大学生观看网络直播的情况

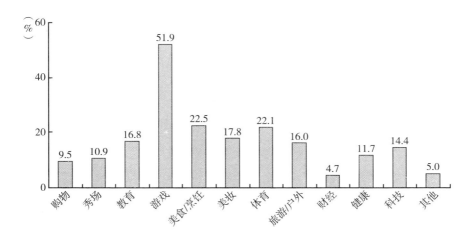

图 3　95 后大学生观看网络直播的类型

注：此题为多选题，因此各选项加总之后超过100%。

美食/烹饪和游戏，占比分别是40.0%、35.9%和28.5%。此外，女生比男生更关注购物、秀场和健康等直播类型。值得关注的是，在表示会观看网络

直播的大学生中，近七成的男生关注游戏类直播，女生关注游戏类直播的比例虽然远低于男生，但是也接近 30% 。玩游戏似乎历来是男生的专属，但在 95 后大学生中玩游戏的女生已不再是少数。

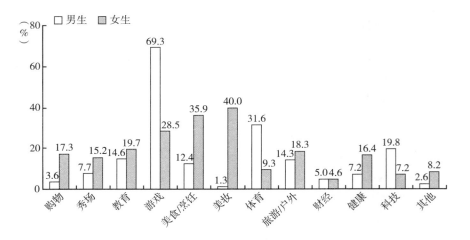

图 4　男女生观看直播类型的差异

（二）大学生做网络直播的比例不足一成，但想成为网络主播者的比例占1/4

大学生不仅仅是网络直播的观众，其中的一部分人也选择自己做"主播"。相关研究显示，网络主播群体已经颇具规模，"年轻草根群体"是目前网络主播的主要组成部分。① 大学生群体虽尚未成为直播群里的主流，但他们对新事物充满好奇，而且乐于接受新鲜事物，可通过直播的平台展示自我，还可以通过"打赏""流量"等方式变现，获得经济收入，甚至出名成为"网红"。大学生主播在行业竞争中也更具比较优势，他们凭借自身拥有的高学历，能够为用户提供更多的价值，而不仅仅是休闲娱乐、沟通互动或

———————————

① 腾讯研究院：《"2017 网络主播新风尚：4500 多位主播告诉你的直播真相"报告》，2017 年 5 月 16 日。

者交流情感。这些因素也在吸引越来越多的大学生加入直播行业中。

2018年"大学生调查"数据显示，有大约9%的大学生在网络直播平台上做过直播。虽然比例尚不足一成，但在成为主播的意愿方面，有大约1/4（24.3%）的大学生表示想成为网络主播，其中超过三成的人想成为游戏主播，接近两成的人想成为美食主播，还有15.0%和11.3%的大学生分别想成为才艺主播和搞笑主播（见图5）。

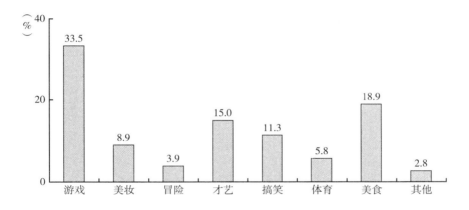

图5　95后大学生想成为的主播类型

（三）近四成的大学生关注网红，游戏类和美妆类网红最得青睐

"网红"起源于"网络红人"，后者泛指那些因被网民追捧而走红的人，这一群体在网络流行之初作为"网络偶像"就已经存在，他们在网络上通常具有较强的"榜样"作用和影响力。近几年，随着微博、微信、知乎等移动社交网络的兴起，网络红人在网络平台的言论观点、行为举止等借由这些日益普及的移动互联应用影响了更广泛的受众人群，"网络红人"的表述开始被"网红"所取代，特指那些依靠网络平台积聚起个人影响力，并在各自领域内受到粉丝追捧的一类群体。①

————————————

① 敖鹏：《网红为什么这样红？——基于网红现象的解读和思考》，《当代传播》2016年第4期。

"网红"在大学生中也产生了较大的影响力。如图6所示，2017年"大学生调查"发现，有近四成的大学生关注过网红。其中，8.0%的大学生基本每天都查看网红动态，16.0%的大学生至少每周查看1次，5.5%的大学生至少每月查看1次。对比高职院校和普通本科院校的情况可以发现，高职生和本科生在关注网红动态上存在明显差异，高职生关注网红动态的频率显著高于本科生。约有1/10的高职生基本每天都会查看网红动态，约1/5的高职生至少每周查看1次，频率明显高于本科生。本科生基本每天都看网红动态的学生比例为6.6%，至少每周查看1次网红动态的学生比例为13.3%。

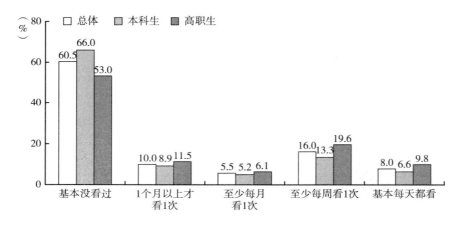

图6　95后大学生关注网红动态的情况

对于关注网红动态的大学生来说，他们所关注的网红类型与直播类型有比较相似的地方，游戏和美妆是大学生最喜欢的网红类型，有41.7%的大学生关注游戏类网红，31.6%的大学生关注美妆类网红。其次是美食/烹饪类网红、秀场类网红和旅游/户外类网红，比例分别为25.9%、16.6%和16.0%。财经类网红得到的关注度最小，仅有3.1%的大学生会关注。在性别差异上，男女生关注的网红类型存在明显不同。男生更多关注游戏类网红，关注比例达到62.8%，而女生则热衷于美妆类网红，关注比例达到55.5%。此外，体育类网红和科技类网红相对更受男生的欢迎，分别有19.0%和16.2%的男生关注这两类网红。在女大学生群体中，除了对美妆类网红的关注之外，美食/烹饪类网红、游戏类网红和购物类网红比较受欢迎，关注比例分别为38.0%、23.5%和23.2%。可以发现，男生对网红的关注更多是为了追求游戏和科技体验带来的快感，而女生更多是为了满足对美丽外表、美味食物的需求。

大学校园里的网络直播和网红文化体现着95后大学生的鲜明特征，观看网络直播和网红动态的学生比例较高且关注的类型多样，直播和网红已经成为大学生日常生活中休闲娱乐的重要方式。值得一提的是，男女生虽然在观看的直播和网红类型上存在差异，但游戏类直播和网红受到男女大学生的普遍欢迎。

三　网络游戏

2015年10月，一款叫作《王者荣耀》的游戏正式上线，其后迅速走红，现在几乎成为全民手游。以《王者荣耀》为代表的网络游戏近几年迅速发展。截至2017年，中国游戏市场用户规模已经超过5.5亿，占比同比增长超过3个百分点。① 青少年、青年群体成为网络游戏的主要参与者，相对于受学校和家长管制较多的中小学生而言，宽松的大学环境让大学生群体可以较为自由地支配业余时间，因此他们花费在网络游戏上的时间可能更多。通过"大学生调查"数据分析发现，大学生玩网络游戏的频率高，接近一半的女大学生玩网络游戏，双一流大学和高职院校的学生玩网络游戏的比例基本相当。

网络游戏在95后大学生群体中非常受欢迎。2017年"大学生调查"数据显示，大学生平均每天玩网络游戏的时间约为2小时。超过两成（23.1%）的大学生基本每天都玩网络游戏，28.6%的大学生至少每周玩1次，仅有37.0%的大学生基本不玩网络游戏。在性别差异上，男生玩网络游戏似乎更符合角色预期，32.9%的男生基本每天都玩网络游戏，37.3%的

---

① 数据来源：智研咨询《2018～2024年中国游戏行业深度调研及市场前景预测报告》。

男生至少每周玩1次，仅有1/5的男大学生基本不玩网络游戏。与前文针对网络直播和网红的分析相一致，网络游戏对女大学生同样具有很强的吸引力，有接近一半（47.7%）的女生表示玩网络游戏，14.1%的女生基本每天都玩，1/5的女生至少每周玩1次。

从学校层级类型来看，高职院校和双一流学校学生玩网络游戏的频率明显高于普通本科。如图7所示，双一流学校有超过六成（62.9%）的学生玩网络游戏，高职院校稍高一些，有大约七成的学生玩网络游戏，普通本科只有54.3%的学生玩网络游戏。在玩游戏的频率上，高职院校和双一流高校均有24.2%的学生每天都玩网络游戏，高于普通本科20.7%的比例。在我国教育体系中，双一流、普通本科和高职属于不同类型的大学，如从学生高考成绩以及国家投入资源、师资力量的角度分析，三类大学又代表不同层级的大学。学校层级与玩网络游戏的学生比例显然不是对称分布的，高层级的双一流精英大学和低层级的高职院校的学生都喜欢玩网络游戏，总体上的频率也基本相当，而中间层级的普通本科院校的学生玩网络游戏的比例最低。

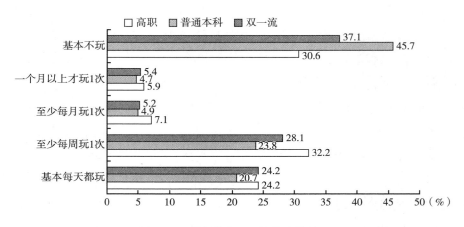

图7　95后大学生玩网络游戏的情况

网络游戏是一把双刃剑。一方面，网络游戏具有虚拟性、交互性和想象性的特点，为游戏者提供了一种打破时空限制的自由身份的美好体验，大学生适当地参与网络游戏可以缓解压力，娱乐身心。另一方面，网络游戏会耗费时间和金钱，过度沉迷就会影响学业，甚至造成严重的心理问题。

四 网络预约服务

网络预约服务的出现极大地便利了人们的生活，相应的互联网服务平台更是层出不穷，如小猪短租、滴滴、58到家等，大学生也成为网络预约服务的重要客户群。2017年"大学生调查"数据显示，72.1%的大学生使用过网络约车服务，24.5%的大学生在网络平台上预定过民宿，13.5%的大学生在网络平台上预约过美容美发、洗衣、搬运等生活服务，20.6%的大学生通过网络平台买卖或租赁二手物品，60.3%的大学生在网络平台上获得过免费知识服务，21.6%的大学生使用网络平台获得过付费知识服务（见图8）。可以发现，网络平台提供了多样化的服务，涉及知识类和生活类，95后大学生通过网络平台预约服务的比例也相对较高。

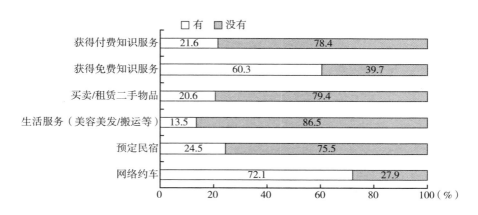

图8　95后大学生网络预约服务

网络平台提供的服务逐渐渗透到生活的方方面面，大学生越来越习惯通过网络平台满足自己的生活需求，成为网络服务消费的主力军。但是，网络平台预约服务也存在一些安全隐患，尤其是大学生分辨网络诈骗和自我保护的能

力相对不足。大学生越依赖网络平台提供的服务，其所面临风险的机会就会越大。因此，大学生在享受网络平台提供服务的同时应该主动辨别，增强网络风险意识，学校也应加强相应的网络安全教育，提高大学生的防范能力。

另外，在大学生使用或提供网络服务意愿方面，71.9%的大学生愿意使用网络约车，50.3%的大学生愿意通过网络平台预定民宿，而且有31.2%的大学生愿意在网络平台上有偿提供民宿，56.9%的大学生愿意通过网络平台提供知识服务。可以发现，大学生在享受科技带来的学习和生活便利的同时，也愿意借助科技创造更多价值，不论是经济价值还是自我实现的价值。

相对于传统服务方式，对大学生群体而言，网络平台提供的服务最突出的特点就是方便快捷。图9显示了95后大学生对网络服务的评价。54.2%的大学生认为网络平台所提供服务的突出特点是方便，14.6%的大学生认为网络平台提供的服务绿色环保可持续。另外，7.7%和7.8%的大学生认为网络平台提供的服务有趣/好玩以及能够认识更多的人。

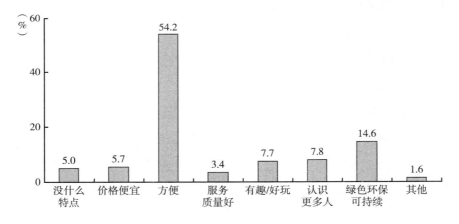

图9　95后大学生眼中网络平台提供服务的特点

五　结论与建议

1995年被称为中国互联网商业元年，也是互联网创业浪潮的发轫之年。

95 后大学生正是处于这样一个中国互联网高速发展的时代。科技的勃兴、经济的飞跃、社会的变革叠加在 95 后身上，使得大学生的网络行为有着自己独特的时代烙印。本报告通过使用"中国大学生及毕业生就业、生活和价值观追踪调查"数据，对 95 后大学生的互联网使用行为进行分析后得出以下几个结论。

第一，与 80 后、90 后大学生相比，95 后大学生初次接触互联网的时间更早。虽然科技的发展已经使互联网的使用更加便利化，但是中国城乡数字化不平等在 95 后大学生群体中依旧明显。相对于农村大学生，城市大学生接触网络的时间普遍更早，而且在上网设备方面，城市大学生更多地拥有和使用笔记本电脑，数字化不平等的"接入鸿沟"和"使用鸿沟"都存在继续扩大的可能。

第二，95 后大学生的网络活动非常丰富，主要为了满足社交和娱乐需求。大学生通过互联网实现与亲人和朋友的社会交往，建立和维系生活圈，并获得多样化的生活、娱乐服务，但主要还是为了满足娱乐需求，如打游戏、听音乐、学美妆等。

第三，95 后大学生使用、挖掘互联网功能的能力变得更强，通过网络关注社会时事的热情高，90% 以上的大学生关注新闻时事，部分人能在互联网上发表自己的看法。另外，95 后大学生在享受互联网经济带来便利的同时，主动参与到互联网经济中。互联网渗透到生活的方方面面，影响大学生的社会交往和生活方式。95 后大学生通过互联网满足自己多样化的需求，也利用网络平台做直播、提供有偿服务等，获得更多展现自己和锻炼自己的机会。

互联网已成为 95 后大学生学习、生活、娱乐所不可或缺的重要部分，但我们也不能忽视过度沉溺于网络对大学生学习和生活带来的诸多消极影响，如影响正常饮食和作息、造成学习成绩下降以及对社交软件的过分依赖，这些消极影响又容易诱发进一步的网络行为问题及生理、心理健康问题。对此，政府、高校应合力为大学生创造良好的社会环境，引导大学生科学合理使用互联网，大学生本人也应加强自律，培养良好的互联网使用习惯。

首先，政府应通过完善相关法律法规强化监督，对各种新兴的互联网服务严格审查，净化网络环境，减少大学生在互联网使用过程中的风险，并在大学生群体中加强宣传教育。

其次，高校应该根据学校、学生以及课程的特点，既要合理利用网络为大学生的学习和生活服务，如采用网络直播等方式为大学生提供更多丰富有趣的课程，又要创造更多展示自我的机会，丰富大学生的校园生活，提供更多健康、积极、正向的娱乐方式，转移大学生对网络的过多注意力。另外，应加强网络道德教育，规范并正确引导大学生的网络行为，提高大学生的自我保护能力和网络防范意识。

最后，作为互联网使用者的大学生要从自我做起，加强自我约束，培养自身的网络行为自主能力，要让网络丰富生活，不要让生活变成网络。此外，要养成良好的互联网使用习惯，在网络上坚守自己的道德原则，自觉维护网络秩序，既要实现自我价值，也要传递社会正能量。

参考文献

敖鹏：《网红为什么这样红？——基于网红现象的解读和思考》，《当代传播》2016年第4期。

腾讯研究院：《"2017网络主播新风尚：4500多位主播告诉你的直播真相"报告》，2017年5月16日。

赵联飞：《中国大学生中的三道互联网鸿沟——基于全国12所高校调查数据的分析》，《社会学研究》2015年第6期。

B.10
中国青少年网络使用与网络安全调查

朱迪　郭冉*

摘　要： 青少年接触互联网不良信息、过度使用网络、沉迷电子游戏，以及相应引发的一些越轨和偏差行为，引起社会广泛关注。本报告基于"2018年中国青少年互联网使用及网络安全情况调查"数据，描述青少年使用互联网的总体状况以及面临的网络风险。研究发现，青少年对于社交网络的使用更频繁、更日常，所面临的色情、诈骗、骚扰等不良信息和风险也更多集中于社交网络；当遭遇各种类型的网络风险时，青少年的主要应对措施是不理会或直接进行网络投诉或者举报，很少选择与父母或长辈交流；影响青少年遭遇网络风险的因素包括个体因素、家庭因素和社会因素等，同时也应认识到，青少年所面临的网络风险并不仅仅发生和作用于互联网场域，也是在其生活成长的环境中逐渐形成甚至强化的，受到复杂影响因素的共同作用，并且与青少年的社会化进程相伴随。

关键词： 青少年　未成年人　网络安全　网络风险　留守儿童

网络的使用给青少年的学习、生活和社会化带来了极大的便利，同时也带来了相应的风险。青少年接触互联网不良信息、过度使用网络、沉迷电子

---

* 朱迪，中国社会科学院社会学研究所副研究员；郭冉，北京大学社会学系博士研究生。

游戏，以及相应引发的一些越轨和偏差行为，引起社会广泛关注。

国内外既有的相关研究发现，青少年面临不同类型的网络风险。视频、电子游戏等新媒体与电视等传统媒介共同发挥作用，会影响青少年的网络暴力、欺凌等行为，对青少年心理健康产生影响并对社会产生危害。电子邮件、即时通信、聊天室、社交网站等都是网络欺凌的高发区域。新媒体亚文化也在某种程度上成为犯罪的温床。线上网络风险因素结合线下的社会网络，有可能出现蔓延和扩散，进一步强化网络色情信息和网络性骚扰之间的连带作用。青少年在遭遇网络风险的同时，也面临自我调整、完善心智和社会整合的机遇。

习近平总书记指出，要依法加强网络空间治理，加强网络内容建设，为广大网民特别是青少年营造一个风清气正的网络空间。本报告根据共青团中央维护青少年权益部与中国社会科学院社会学研究所合作开展的"2018年中国青少年互联网使用及网络安全情况调查"数据①，对青少年使用互联网的总体状况以及面临的网络风险加以描述，并进一步分析家庭、学校、社会等机制应对网络风险的有效性，试图对青少年的网络安全现状做一个整体的评估。

一 青少年使用互联网的总体状况

此次调查样本中，青少年的年龄在4~18岁。其中，6岁以下学龄前儿童占0.27%，6~12岁占1.29%，13~15岁占48.05%，16~18岁占50.37%。男性占46.40%，女性占53.60%。调查中城市青少年占大多数，为69.12%，农村青少年占30.88%。样本分布在华东、华南、华中以及西部多个地区，样本量较集中的广东省占13.7%，安徽省占10.14%，浙江省占9.29%，北、上、广、深一线城市青少年占22.89%。样本集中于初中和

---

① 该调查的目标群体为4岁至18岁的青少年，来自全国六大区，一、二、三、四线城市和农村。调查采用分层抽样的方式，样本中共包括6373位受访者。除了网络调查，课题组在广东和重庆分别对学校教师、家长和学生进行了焦点组访谈。

高中学生，其中，小学生占0.60%，初中生占54.50%，高中生占44.57%，大学生及以上占0.33%。

（一）青少年触网年龄集中在6～10岁，与父母同住者上网时长较短

如图1所示，5岁及以下就已经接触到互联网的青少年占10.88%，6～10岁开始接触互联网的青少年占61.43%，10岁以上开始接触互联网的青少年仅占27.69%。在一个被互联网覆盖的时代和家庭背景下，青少年往往在较早的成长时期就会与网络接触，而且触网的低龄化趋势越发明显。同时，一线和准一线城市青少年普遍更早接触网络，平均触网年龄分别在8.3岁和8.6岁，而二线、四线城市青少年的平均触网年龄为9.1岁，三线城市的平均触网年龄则为10岁。

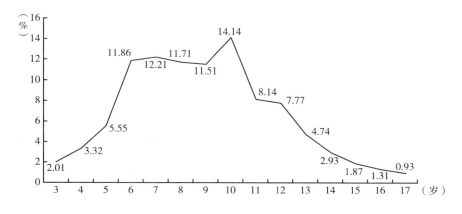

图1 青少年的触网年龄分布

青少年使用的上网设备主要是手机，占样本的87.33%，远高于其他各类上网设备。新兴的上网设备如平板电脑，作为青少年上网主要设备的比例也占到21.88%。调研发现，学生们较多使用电脑做PPT、写报告和其他作业，因此笔记本电脑和台式机作为青少年上网主要设备的比例也较可观，分别为22.68%和36.90%。

青少年最主要的活动场所是家庭和学校，学校通常对学生上网进行一些

限制，比如禁止带手机或限制使用手机，因而可以理解家庭是青少年上网的最主要场所。调查显示，青少年经常上网的地点是家庭的占95.07%，学校其次，仅占18.44%，公共场所占14.65%，随时随地占13.20%，其他场所占5.46%。

父母的陪伴对青少年的成长具有重要的影响。如表1所示，目前没有和父母同住的青少年每天上网时间在6小时以上的占14.61%，而与父母同住的青少年该比例仅为7.58%；没有和父母同住的青少年每天上网时长在两小时以内的比例为36.99%，与父母同住的青少年该比例为49.70%。可以看出，父母在场对于防止青少年过度上网、合理控制上网时间具有重要的调节和控制作用。

表1　是否与父母同住对青少年上网时长的影响

单位：%

上网时长	不同住	同住
6小时以上	14.61	7.58
4~6小时	17.35	12.92
2~4小时	26.94	24.03
两小时以内	36.99	49.70
从不	4.11	5.78
合计	100.0	100.0

（二）青少年的学习生活常态：搜信息、写作业和看新闻

青少年对网络上和学习、知识有关的内容表现出较高的关注度。在体育、文化和学习方面，青少年关注度最高的是"做作业/解题"，表示很关注的占25.58%，表示稍微关注的占42.57%；其次是对"科学知识"的关注，表示非常关注的占20.94%，稍微关注的占39.20%。在学习的具体方面，包括课业学习、查询信息以及新闻时事等，青少年都表现出较高的使用频率。如表2所示，除"看小说、故事"和"评论或与别人讨论时事或社会问题"外，其他各项活动每天必做的比例都接近五成或超过

半数。比如"搜索资料和信息", 18.11% 的青少年表示几乎总是, 18.11% 表示每天几次, 更有 21.98% 的青少年表示几乎每天一次; 就"写作业、查单词"来讲, 其也有类似的趋势, 16.33% 的青少年表示几乎总是, 18.25% 表示每天几次, 23.08% 表示几乎每天一次; 此外, 青少年看新闻时事也比较频繁。

表2 青少年使用互联网学习的活动及频率

单位: %

内容	几乎总是	每天几次	几乎每天一次	至少每周一次	从不	合计
搜索资料和信息	18.11	18.11	21.98	36.67	5.13	100.0
写作业、查单词	16.33	18.25	23.08	33.86	8.49	100.0
看小说、故事	12.33	10.31	14.11	38.08	25.17	100.0
看新闻时事	10.64	13.27	22.25	38.87	14.98	100.0
评论或与别人讨论时事或社会问题	8.67	11.07	16.58	36.38	27.30	100.0

相对于初中生, 高中生在网上"看新闻时事"及"评论或与别人讨论时事或社会问题"的占比要更高。初中生几乎总是、每天几次或几乎每天一次在网上"看新闻时事"的占比为 40.5%, 高中生的占比为 53.0%。初中生几乎总是、每天几次或几乎每天一次在网上"评论或与别人讨论时事或社会问题"的占比为 31.6%, 高中生的占比为 41.9%。

(三)青少年对影视音乐和动漫游戏的关注度高, 性别差异显著

作为互联网"原住民", 青少年所关注的网络内容既有自身年龄特点, 也有时代的烙印。如表3所示, 在娱乐和生活方面, 青少年最关注的是影视音乐类和动漫游戏类内容: 对"追剧/电影/流行音乐"等影视内容表示很关注的占 31.56%, 表示稍微关注的占 44.89%; 对"电玩/动漫/游戏"表示很关注的占 27.15%, 表示稍微关注的占 35.29%。此外, 青少年对"搞笑/恶搞""网络购物"表示关注的也达到半数左右, 而对于"粉丝群/追星族""情感/恋爱/社交""美食/美妆"等内容的关注度不是很高。

表3　在娱乐和生活方面青少年上网所关注的内容

单位：%

内容	很关注	稍微关注	不太关注	不关注	合计
追剧/电影/流行音乐	31.56	44.89	15.73	7.82	100.0
电玩/动漫/游戏	27.15	35.29	22.72	14.84	100.0
搞笑/恶搞	13.93	34.17	30.42	21.48	100.0
粉丝群/追星族	9.95	18.23	28.35	43.46	100.0
美食/美妆	12.77	25.85	25.39	35.99	100.0
情感/恋爱/社交	5.36	17.76	29.93	46.96	100.0
网络购物	17.55	34.29	21.94	26.22	100.0

　　青少年的网络兴趣点具有明显的性别差异。如表4所示，女性总体更关注追剧/电影/流行音乐、粉丝群/追星族、美食/美妆和网络购物，而男性总体更关注电玩/动漫/游戏、搞笑/恶搞。调研访谈中也发现，男生（以初中生、高中生为主）更集中的兴趣就是打游戏，孩子们（包括男生和女生）对此的理解跟父母和老师不太一样，认为"游戏玩得很好也很棒"，"会锻炼智力"，他们提到《最强大脑》[①] 有一期节目是关于微信小程序华容道游戏的，这种益智类游戏比单纯刺激的游戏好。

表4　在娱乐和生活方面青少年所关注内容的性别差异

单位：%

关注内容	女	男
追剧/电影/流行音乐	82.55	69.40
电玩/动漫/游戏	47.57	79.62
搞笑/恶搞	42.93	54.06
粉丝群/追星族	39.42	15.21
美食/美妆	49.69	25.83
情感/恋爱/社交	23.86	22.26
网络购物	62.36	39.70

---

① 一档电视综艺节目。

（四）青少年具有较强的网络使用能力，但呈现一定程度的网络依赖

青少年不仅触网年龄较早，而且表现出较强的网络综合使用能力。在基本信息获得方面，90.48%的青少年认为自己能够熟练使用互联网，88.06%的青少年认为自己能够对网上搜到的信息是否真实给以确认，90.07%的青少年表示自己能够区分网站是否可信。在软件与硬件的操作技能方面，96.15%的青少年知道如何在手机上安装程序，75.17%的青少年表示知道如何制作一个短视频，81.39%的青少年知道如何在应用市场购买程序。在自我保护方面，88.49%的青少年知道如何在微信上屏蔽他人（见表5）。

表5　青少年网络使用能力自评

单位：%

网络使用情况	完全符合	基本符合	完全不符合	合计
我知道怎样在微信上屏蔽他人	65.52	22.97	11.51	100.0
我知道怎样确认在网上搜到的信息是否真实	41.43	46.63	11.94	100.0
我知道什么样的网站是可信任的,什么样的网站可疑	55.38	34.69	9.93	100.0
我知道怎样制作一个短视频	41.68	33.49	24.83	100.0
我知道怎样在手机上安装程序	79.22	16.93	3.85	100.0
我知道怎样在应用市场购买程序	56.64	24.75	18.61	100.0
我感觉自己能够熟练使用互联网	47.23	43.25	9.52	100.0
无论学习还是生活,我已经离不开互联网/智能手机	26.76	45.99	27.26	100.0

但是，青少年对网络也表现出一定的依赖性。72.75%的青少年认为"无论学习还是生活，我已经离不开互联网/智能手机"符合自己的情况；此外，有17.03%的青少年表示曾经因为上网/玩手机而忘记吃饭或睡觉，有40.23%的人表示曾经因上网/玩手机导致自己学习成绩下降，有35.49%的青少年表示曾经尝试过没事的时候不看微信/QQ等社交软件但很难做到。

二 青少年面临的网络风险分析

欧盟组织实施的"欧盟孩子上网"（The EU Kids Online）研究认为，存在三个维度上的网络风险——内容、接触和行为，其中"内容"指青少年作为信息接收者，"接触"指青少年作为（成年人主导的）行为的参与者，"行为"指青少年作为主要行动者，网络风险主要来源于暴力、性、价值观和商业四个维度，这样一共划分出12种类型的网络风险，比如与性有关的包括色情信息、陌生人交往有关的性滥用以及网络性骚扰。我们的调查参考了该框架，针对青少年面临的网络风险主要考察四个方面：网络色情信息、网络诈骗、网络暴力（欺凌、辱骂和霸凌等）以及基于网络的各种形式的性骚扰。

（一）有三成青少年遭遇过网络色情信息骚扰

调查显示，有33.02%的青少年表示自己在使用网络过程中遇到过色情信息骚扰。从年龄差异来看，有24.6%的初中生曾在网络上遇到过色情信息骚扰，而高中生在网络上遇到色情信息骚扰的比例要远超初中生，高达43.6%。

青少年遭受网络色情信息骚扰的场景十分多元。尤其在社交软件和网络社区场景下受到色情信息骚扰的比例最高，分别为56.11%和53.04%，其次为短视频场景，遇到色情信息骚扰的占48.65%（见图2）。

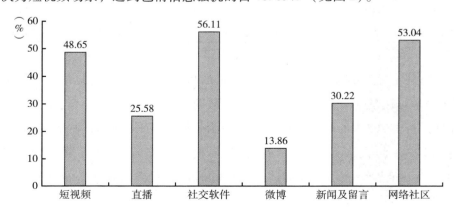

图2 青少年受到色情信息骚扰的网络场景分布

调研进一步发现，浏览器、广告或者游戏中不时跳出的色情信息和内容更加难以控制，让家长深受困扰。我们在广州和重庆的城市、乡镇调研时都发现了这种现象，甚至在某些针对青少年的教材、游戏和网页中也会出现色情信息。因此，既需要对网络信息进行规范和管理，也需要网络平台自律和自查，努力为青少年营造安全健康的上网环境。应当严厉打击互联网广告中的违法违规现象，并建立平台责任制，加强政府、企业的联手监管。

大部分青少年对待色情信息骚扰采取了不予理会的应对方式（76.43%），而采取积极主动的"网络投诉或者举报"处理方式的比例并不高，占44.08%。排在第三位的处理方式是"觉得可能是开玩笑，不在意"（19.44%）。有一成左右的青少年则会"很好奇，点开看看"。还有些应对方式是寻求帮助，其中他们更倾向于告诉同辈群体（11.91%），而向父母、老师和祖父辈群体反映以及报警的比例极低，均不足一成（见表6）。

表6　青少年对色情信息骚扰的处理方式

单位：%

处理方式	比例
当作没看见，不理会	76.43
很好奇，点开看看	10.34
觉得可能是开玩笑，不在意	19.44
告诉父母	5.89
告诉老师	2.38
跟同学或者朋友讲	11.91
跟兄弟姐妹讲	2.57
跟爷爷奶奶或者外公外婆讲	1.25
网络投诉或者举报	44.08
报警	3.82

（二）超1/3的青少年在网络上遇到过诈骗信息

网络购物和网络支付在青少年的日常生活中日益普遍。调查发现，对于"网络支付、理财、转账"，10.10%的青少年几乎每天一次，7.02%每天几

187

次，仅有 29.2% 的青少年表示从不网络购物，表示几乎每天都网络购物的青少年比例达到 22.5%。青少年在这些网络使用习惯中也面临被骗的风险。

调查发现，青少年在网络上遇到过诈骗信息的比例为 35.76%。没有和父母任何一方共同居住的青少年遇到诈骗信息的比例则超过四成，包括没有和父母及其他监护人居住（比例为 45.66%），以及和其他监护人居住（比例为 43.51%）这两种情况，可见留守的青少年遭遇网络诈骗的可能性更高。

如图 3 所示，青少年几乎在所有网络情景中都遇到过诈骗信息的骚扰，而社交软件则是青少年遭遇网络诈骗信息的重灾区，71.97% 的青少年表示在社交软件上遇到过诈骗信息，这或许与社交软件是青少年网络活动的主要平台有关；在网络社区中遇到过诈骗信息的比例排第二位，占 58.27%；其他场景如短视频、直播、微博、新闻及留言中，青少年遇到诈骗信息的比例相对较低。

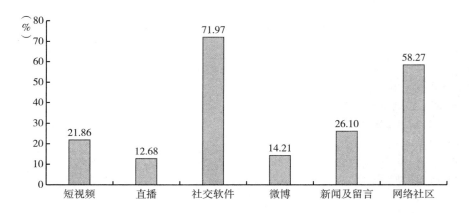

图 3　青少年遇到网络诈骗信息的场景分布

在遇到网络诈骗相关信息时，多半青少年会选择不理会或者通过网络投诉或者举报的方式来应对。如表 7 所示，对于诈骗信息，68.12% 的青少年的态度是"当作没看见，不理会"；48.53% 的青少年会对诈骗信息进行"网络投诉或者举报"，反映这部分青少年具有一定的网络安全防范意识；选择"很好奇，点开看看"的比例为 5.49%；"觉得可能是开玩笑，不在意"的比例为 15.29%；选择告诉父母、老师、兄弟姐妹以及爷爷奶奶或者外公外婆的比例分别为 15.29%、4.81%、4.59% 和 2.72%，除告诉父母的比例超过 10% 外，与其他人的交流均不足一成；选择"跟同学或者朋友讲"的比例为 16.14%；选择"报警"的比例仅为 6.34%。

表7　青少年对网络诈骗信息的处理方式

单位：%

对诈骗信息的处理	百分比
当作没看见,不理会	68.12
很好奇,点开看看	5.49
觉得可能是开玩笑,不在意	15.29
告诉父母	15.29
告诉老师	4.81
跟同学或者朋友讲	16.14
跟兄弟姐妹讲	4.59
跟爷爷奶奶或者外公外婆讲	2.72
网络投诉或者举报	48.53
报警	6.34

虽然青少年遇到诈骗信息时更倾向于自己解决而不是告诉周围人，但是与遇到色情信息骚扰有所区别的是，在遇到诈骗信息时愿意与父母交流的比例增加了，为 15.29%，该比例也高于遇到网络暴力和网络骚扰时告诉父母的比例。这一方面跟诈骗信息本身的脱敏性有关，同色情信息、网络骚扰、网络欺凌比起来，诈骗信息没有那么敏感或者尴尬；另一方面也反映了青少年具有一定的自我保护意识，能够甄别诈骗信息并采取措施自我保护。但是仍有很高比例的青少年选择不与父母或监护人交流，可能出于受到惩罚、让父母担心等顾虑，从而增加了潜在的网络风险。

（三）近三成青少年遭遇过网络暴力

调查表明，青少年在上网过程中遇到过暴力辱骂信息的比例为 28.89%。如表8所示，暴力辱骂以"网络嘲笑和讽刺"及"辱骂或者用带

有侮辱性的词汇"居多，分别为74.71%和77.01%；其次为"恶意图片或者动态图"（53.87%）和"语言或者文字上的恐吓"（45.49%）。

表8　青少年在网络上遇到的暴力辱骂形式

单位：%

暴力辱骂的形式	百分比
网络嘲笑和讽刺	74.71
辱骂或者用带有侮辱性的词汇	77.01
恶意图片或者动态图	53.87
语言或者文字上的恐吓	45.49

青少年遭遇暴力辱骂信息的最主要场景是社交软件，为68.48%；其次是网络社区，比例为55.30%；在短视频和新闻及留言上遇到暴力辱骂信息的比例也很高，分别为30.66%和30.16%。可见，青少年在网络上遇到暴力辱骂信息的比例与其关注的内容和使用的平台有关系，也与社交网络、网络社区和新闻及留言的互动性和话题性较强，容易引发不同观点的争论并形成冲突有关。而短视频的一些制作者为了吸引眼球，有时候也会故意引入有争议的话题并使用偏激语言。此外，青少年在微博上遇到暴力辱骂信息的比例为25.36%，在直播平台上遇到暴力辱骂信息的比例为19.91%（见表9）。

表9　青少年遭遇网络暴力辱骂的主要场景

单位：%

场景	百分比
短视频	30.66
直播	19.91
社交软件	68.48
微博	25.36
新闻及留言	30.16
网络社区	55.30

与父母共同居住的青少年遭遇网络暴力的比例为28.3%，比没有和父母及其他监护人共同居住的青少年低12个百分点。调研中发现，没有和父

母及其他监护人居住的青少年在现实生活中也更容易受到欺凌。也有老师反映，没有和父母及其他监护人居住的青少年本身自控能力比较弱，不仅容易受到网络暴力，也容易对别人实施网络暴力。

"当作没看见，不理会"是青少年最常用的应对暴力辱骂信息的方式，60.17%的青少年选此项；其次是"网络投诉或者举报"，占比为49.36%；而选择告诉父母、老师、兄弟姐妹以及爷爷奶奶或者外公外婆的比例分别为9.96%、3.87%、4.87%和2.22%，均不足一成。青少年对于暴力辱骂信息还会有一些其他反应，比如"觉得可能是开玩笑，不在意"，占比16.91%，"很好奇，点开看看"的比例为7.81%，而选择"报警"的比例仅为6.23%。

同遇到色情信息骚扰的反应类似，青少年遇到暴力辱骂信息更可能跟同辈朋友讲（而不是告诉老师、家长或兄弟姐妹），调查显示，"跟同学或者朋友讲"的比例为15.54%（见表10）。

表10　青少年对暴力辱骂信息的处理方式

单位：%

对暴力辱骂信息的处理	百分比
当作没看见,不理会	60.17
很好奇,点开看看	7.81
觉得可能是开玩笑,不在意	16.91
告诉父母	9.96
告诉老师	3.87
跟同学或者朋友讲	15.54
跟兄弟姐妹讲	4.87
跟爷爷奶奶或者外公外婆讲	2.22
网络投诉或者举报	49.36
报警	6.23

（四）一成多的青少年遭遇到针对自身的网络骚扰

调查中发现，表示自己遇到过针对自己的骚扰、暗示或者陌生人约见面情况的青少年占11.07%。其主要场景同遭遇诈骗和暴力辱骂信息一致，依

然是社交软件和网络社区，前者占比为 79.81%，后者占 45.61%；其他场景如短视频、直播、微博、新闻及留言的比例只在 15% 左右，其中短视频场景下的骚扰或陌生人约见面的比例相对较高，为 20.56%（见表 11）。

表 11　青少年遭遇针对自己的骚扰、暗示或者陌生人约见面的场景分布

单位：%

场景	百分比
短视频	20.56
直播	12.52
社交软件	79.81
微博	17.57
新闻及留言	14.95
网络社区	45.61

如表 12 所示，青少年应对骚扰信息的主要方式是不理会和网络投诉或者举报，前者占 63.74%，后者占 43.74%。而青少年选择将骚扰信息告诉父母、老师、兄弟姐妹以及爷爷奶奶或者外公外婆的比例分别为 12.34%、5.61%、4.49% 和 2.06%；对骚扰信息表示"觉得可能是开玩笑，不在意"的比例为 20.75%；而选择"跟同学或者朋友讲"的比例达到 15.33%；选择"报警"的比例依然较低，为 5.61%（见表 12）。

表 12　青少年对骚扰信息的处理方式

单位：%

对骚扰信息的处理	百分比
当作没看见,不理会	63.74
很好奇,点开看看	6.92
觉得可能是开玩笑,不在意	20.75
告诉父母	12.34
告诉老师	5.61
跟同学或者朋友讲	15.33
跟兄弟姐妹讲	4.49
跟爷爷奶奶或者外公外婆讲	2.06
网络投诉或者举报	43.74
报警	5.61

（五）超过八成的青少年有个人隐私保护行为

针对互联网时代较普遍和显著的个人隐私泄露问题，调查显示，大多数青少年有隐私保护的意识，84.52%的青少年表示上网时应当保护个人隐私。青少年认为对自己的个人基本信息和网络使用信息都应当加以保护。在具体的比例分布上，有97.26%的青少年认为自己的家庭住址信息应当被保护，86.58%的青少年认为个人姓名也应当得到保护；青少年对父母收入、金融账户和消费信息以及聊天记录等信息的保护也都给予了一定程度的重视。

也有超过半数的青少年认为个人头像、购物小票以及朋友圈照片等信息需要保护，相对来讲，购物记录或购物车物品信息在青少年看来需要保护的程度较低，仅不到半数的青少年认为需要保护（见表13）。

表13 青少年认为需要保护的信息

单位：%

需要保护的信息	百分比
个人姓名	86.58
个人头像	52.18
家庭住址	97.26
父母收入	85.50
购物小票	56.27
金融账户和消费信息	83.20
网络浏览记录	59.72
购物车里的物品	44.91
聊天记录	75.98
朋友圈照片	61.56

基于较强的隐私保护意识，多数青少年采取了对个人隐私的保护行动。调查显示，85.66%的青少年表示在上网时有个人隐私保护的行为。

青少年所采取的隐私保护行为主要集中于隐匿个人的真实信息。如表14所示，90.02%的青少年选择了"不用真实姓名做用户名或昵称"，85.62%的青少年"不用自己照片做头像"，87.70%的青少年"跟陌生人聊

天时不告诉真实个人信息（如姓名、住址、学校）"；在浏览与消费方面，74.46%的青少年表示"尽可能不绑定银行卡"，59.58%的青少年会"清除浏览痕迹"，53.93%的青少年会"清除聊天记录"，70.28%的青少年给"朋友圈或者QQ空间设置密码"，58.83%的青少年会将"快递单或购物小票破坏之后再扔掉"。

表14　青少年采取的隐私保护行为分布

单位：%

隐私保护行为	百分比
不用真实姓名做用户名或昵称	90.02
不用自己照片做头像	85.62
尽可能不绑定银行卡	74.46
清除浏览痕迹	59.58
清除聊天记录	53.93
跟陌生人聊天时不告诉真实个人信息(如姓名、住址、学校)	87.70
朋友圈或者QQ空间设置密码	70.28
快递单或购物小票破坏之后再扔掉	58.83

大多数青少年利用各种形式保护个人隐私，反映了较强的网络安全意识，但是这在客观上增加了青少年上网的成本，包括时间成本、精力成本乃至信任成本，政府、企业和社会应当努力完善网络安全环境，降低青少年个人隐私受到侵犯的风险。

三　父母上网活动和子女教育

父母的受教育程度、互联网使用习惯和亲子教育模式对防控青少年网络风险有重要作用。调查数据中，与父母（监护人）居住在一起的青少年占95.18%，只有4.82%的青少年未与父母（监护人）共同居住。相对而言，三线、四线城市青少年与父母同住的比例较低，分别为92.50%和93.23%，一个重要原因可能是父母外出务工，子女在家留守，成为留守儿童。青少年的父母（监护人）平均受教育年限为12年；受教育程度集中在初中、高中及以上。父母（监护人）没有接受过正规教育的占 0.69%，小学受教育程度占 6.40%，初中受教育程度占 31.87%，高中受教育程度占 32.43%，大学及以上受教育程度占 28.61%（见表15）。

表15　父母（监护人）的受教育程度

单位：%

监护人受教育程度	比例
没有接受过正规教育	0.69
小学	6.40
初中	31.87
高中	32.43
大学及以上	28.61
合计	100.0

（一）青少年父母最常用社交网络和网络购物

父母（监护人）上网的比例占到 92.31%。在父母（监护人）的上网活动中，比例最高的是用社交网络（如微信、陌陌），占 67.81%；其次是网络购物、买东西，占 62.80%；第三位是导航、查找交通路线，占 48.29%；第四位是听音乐，占 44.61%。也有 32.54% 的父母（监护人）看短视频，其他还有玩微博和打游戏的，占比均为 14.22%，还有 9.21% 看直播（见表16）。

表16　父母（监护人）的上网活动

单位：%

上网活动	比例
用社交网络（如微信、陌陌）	67.81
网络购物、买东西	62.80
导航、查找交通路线	48.29
听音乐	44.61
其他	34.62
看短视频	32.54
玩微博	14.22
打游戏	14.22
看直播	9.21

手机和互联网对于父母来讲也是重要的娱乐和生活工具，有的父母也存在上瘾的现象。调研发现，手机某种程度上成为"带孩子"的最佳工具，对于受教育程度不高或者工作非常忙碌的父母而言尤为如此。看起来手机在手孩子就会乖乖待在家里，但这种放任的教育方式增加了互联网风险。调研走访了一些留守儿童较多的学校，很多青少年由爷爷奶奶或外公外婆照顾，这样的家庭模式往往对青少年上网时间和活动的管理比较宽松，从而对于青少年面临的网络风险难以把控。

（二）父母监管难以全面周密，真诚沟通最为有效

从父母监管力度来看，只有14.76%的青少年表示父母知道自己上网做什么，另有44.40%的青少年表示父母大部分知道自己上网做什么，而还有33.87%的青少年表示父母"知道一点"，6.97%的青少年表示父母完全不知道自己上网做什么。可见即使再周密的监管，对于孩子的上网活动也难以完全掌握。

不同居住类型对父母知晓青少年网络活动的程度有显著影响。没有和父母及其他监护人居住的青少年中，家长完全知道孩子网络行为的比例只有9.59%，而完全不知道的比例高达22.93%；与之相对应的是，和父母居住在一起的青少年中，家长完全知道孩子网络行为的比例为15.39%，而完全不知道的比例只有5.14%，两者相差悬殊，说明父母陪伴对青少年网络行为的影响非常大。

从父母监管手段来看，86.55%的未成年人表示父母限制他们什么时候上网或者上网多长时间。从监管效果来看，62.77%的青少年表示会听从（或部分听从）父母关于上网的教育和限制，而37.23%表示不会听从。

在听从父母关于上网的教育和限制的未成年人样本中，74.68%的未成年人认为父母讲得有道理，57.29%的未成年人认为父母会尊重自己的选择，25.62%的未成年人认为父母说的都是对的；有的父母采取奖励和鼓励的措施，规范孩子的上网行为，从而得到孩子的认同，由于激励措施而服从父母上网管制的未成年人比例为19.76%；但也有部分未成年人迫

于压力不得不服从，27.81% 的未成年人服从父母网络监管的理由是因为父母的严厉管教（见表 17）。

表 17　未成年人听从父母监管网络的原因

单位：%

选项	比例
因为他们的严厉管教	27.81
因为他们讲得有道理	74.68
因为他们会尊重我的选择	57.29
因为他们会采取激励措施	19.76
因为他们说的都是对的	25.62

不听从父母关于上网教育和限制的青少年中，49.43% 的理由是自己控制不了自己，分别有 37.93% 和 36.78% 的理由是父母不尊重自己，管理方式粗暴，以及父母无法用道理说服自己。也有青少年提到不听从管制和教育的理由是父母自己也玩就不应该限制自己，占到 39.89%，这其实反映了父母的榜样效应，父母自己无法做到以身作则就很难在对孩子的教育中发挥说服作用（见表 18）。

表 18　青少年不听从父母监管网络的原因

单位：%

选项	比例
因为他们没有尊重我，管理方式粗暴	37.93
因为他们不能够用道理说服我	36.78
因为他们不管或者管教不严厉	16.09
我不理解他们的想法	31.03
他们说的都不对	17.24
他们自己也玩啊干吗限制我	39.89
我控制不了自己	49.43

调研中我们也发现家长对孩子互联网教育的一些经验，总结下来，既要做好保护性教育，也要做好引导性教育，最重要的是要与孩子耐心、真诚地沟通。

（三）超半数父母会举报网络不良信息

调查表明，75.56%的父母或其他监护人得知青少年在遇到网络欺凌时，会为此采取措施。其中，55.52%的父母向有关部门举报/报告，25.74%的父母向学校老师报告，51.63%的父母加强了对子女的日常照顾，也有35.85%的父母会出面亲自解决，另有36.47%的父母没有直接解决问题，但是加强了对子女的上网限制（见表19）。

表19　父母或其他监护人针对网络风险所采取的措施

单位：%

选项	网络欺凌	网络骚扰	色情信息	诈骗信息
向有关部门举报/报告了	55.52	52.80	59.81	57.14
跟学校老师报告了	25.74	22.56	20.87	17.78
亲自帮我解决了	35.85	38.43	36.79	40.94
对我的上网限制更多了	36.47	39.53	43.43	39.24
对我的日常照顾更多更细了	51.63	50.59	51.16	46.49

针对在网络上遇到的各种形式的骚扰，父母得知之后采取措施的比例也很高，达到78.43%。其中，52.80%的父母向有关部门举报/报告，22.56%的父母跟老师报告，也有38.43%的父母亲自出面解决，还有很大一部分家长加强对孩子的监管和照顾，39.53%的父母加强了对孩子的上网限制，50.59%的父母对子女的日常照顾更多更细了。

当得知子女在网络上遇到色情信息时，父母为此采取措施的比例高于网络欺凌和网络骚扰，达到87.31%。父母向有关部门举报/报告的比例较高，达到59.81%，亲自出面解决的比例占36.79%，此外也会对子女的日常照顾更加细致（51.16%）以及加强对子女的上网限制（43.43%）。

在网络上遇到诈骗信息时，与父母（或其他监护人）交流的青少年比例较高，为47.29%，针对子女遭遇到的网络诈骗信息，父母采取不同类型措施的比例达到79.74%。跟色情信息的处理方式类似，大部分父母会向有关部门举报或报告，占到57.14%，也有40.94%的父母会亲自出面解决，大部分父母会加强对子女的照顾和监管，46.49%的父母对子女的日常照顾更多更细了，39.24%的父母对子女的上网限制更多了。

当得知子女遇到网络欺凌、网络骚扰、色情信息或诈骗信息时，在不同经济发展程度的城市中，一线、准一线和二线城市的父母向有关部门举报的比例均高于三线和四线城市的父母，差距尤其体现在对色情信息的干预上，反映了发达地区的父母对青少年的保护意识更强、更愿意寻求制度化的解决渠道。

调研也发现，青少年遇到色情信息时可能不太会直接与父母沟通，但是有的家长会主动了解孩子的上网活动，如果发现群聊中的色情信息，会配合其他家长和老师去追溯源头，从而减少色情信息对青少年的不良影响，同时加强性知识方面的指引。

（四）女童父母针对网络骚扰和色情信息采取措施的比例更高

针对不同类型的网络风险，青少年父母所采取的措施具有性别差异，尤其体现在网络骚扰和色情信息方面。女童父母针对网络骚扰采取措施的比例更高，达到79.54%，男童父母采取措施的比例为76.80%。在针对网络骚扰采取的措施中，虽然大部分父母都会向有关部门举报/报告以及增加对子女的照顾，但女童父母更倾向于加强对子女的上网限制，占到43.6%，而男童父母采取此措施的比例为33.33%，女童父母也更倾向于增加对子女的日常照顾，占54.14%，而男童父母采取此措施的比例为45.16%（见表20）。

表20　女童和男童父母或其他监护人针对网络骚扰所采取的措施

单位：%

选项	女童	男童
向有关部门举报/报告了	51.88	54.19
跟学校老师报告了	22.28	22.99
亲自帮我解决了	38.00	39.08
对我的上网限制更多了	43.60	33.33
对我的日常照顾更多更细了	54.14	45.16

针对色情信息采取的措施也呈现类似特征，如表 21 所示，47.66% 的女童父母会加强对子女的上网限制，而采取此措施的男童父母比例较低，为 36.78%。

表 21　女童和男童父母或其他监护人针对网络色情信息所采取的措施

单位：%

选项	女童	男童
向有关部门举报/报告了	58.53	61.83
跟学校老师报告了	20.23	21.87
亲自帮我解决了	36.54	37.18
对我的上网限制更多了	47.66	36.78
对我的日常照顾更多更细了	53.60	47.32

网络骚扰和色情信息等风险的重要特征就是女性处于弱势地位、更容易受到伤害，因此女童的父母普遍也更重视、更可能采取措施。但是相对男童父母，女童父母所采取的措施更注重防范风险，尤其是加强了对孩子的上网限制，虽然加强上网限制能够降低风险，但是也限制了孩子信息能力的提升，这对于女童来讲某种程度上是不公平的。父母应当采取更加积极的网络监管、教育和引导措施，提高女童应对网络风险的能力。

四　研究总结

调查显示，青少年网上活动的主要平台为社交软件和网络社区。其中，社交网络的使用更频繁、更日常，青少年所面临的色情、诈骗、骚扰等不良信息和风险也更多集中于社交网络。针对这些网络风险，青少年具有一定的判断能力和应对能力。他们能够利用所掌握的互联网技能对网络上的信息做出甄别，也具有一定的隐私保护意识并采取诸多策略保护个人隐私，包括通过隐匿个人基本信息和网络使用记录来降低隐私信息泄露的风险。

当遭遇各种类型的网络风险时，青少年的主要应对措施是不理会或直接进行网络投诉或者举报；很少会选择与父母或长辈交流，需要交流的话则更多选择同学朋友作为交流对象。这一方面可能由于青少年比较自信，有独立应对风险的能力，另一方面可能由于跟同辈群体拥有共同语言，能够相互理解。

影响青少年遭遇网络风险的因素是多方面的，包括个体因素、家庭因素和社会因素等。同时也应当认识到，青少年所面临的网络风险并不仅仅发生和作用于互联网场域，也是在其生活成长的环境中逐渐形成甚至强化的，其受到复杂影响因素的共同作用，并且与青少年的社会化进程相伴随。因此，本报告提出以下几方面对策建议。

首先，督促社交网络、网络直播、游戏、广告等平台和新媒体建立常态化的自审自查机制，提高自主管理能力；同时建立健全网络信息分类制度，避免青少年接触不适宜的信息。

其次，完善学校教育和社会教育，培养青少年健康的网络使用习惯，建立起网络行为的边界和规范，提高青少年的网络使用素养。

再次，结合引导、陪伴和教育，加强互联网风险防控的家庭机制建设，引导孩子将线上生活和线下生活、个人生活和集体生活有机结合，与孩子进行平等的交流和真诚的沟通，积极参与和陪伴孩子的日常生活。

最后，加强留守儿童的网络素养培育，这部分青少年可能接触互联网的机会相对较少，更重要的是在互联网使用方面得到的有效监控和引导也较少，因此需要政府、学校采取措施帮助留守儿童应对网络技能和网络风险两方面的"数字鸿沟"。

参考文献

陈钢：《网络欺凌：青少年网民的新困境》，《青少年犯罪问题》2011 年第 4 期。

高中建、杨月：《青少年网络欺凌的历史回放及现实预防》，《青年发展论坛》2017 年第 27 期。

唐冰寒：《网络暴力对青少年越轨行为的影响：以风险社会理论为考察视角》，《中国青年研究》2015 年第 4 期。

王娟、李莉、林文娟等：《网络色情对青少年心理健康影响的心理社会分析》，《中国卫生事业管理》2010 年第 6 期。

王小荣：《亲子性话题沟通、青少年性心理健康与青少年网络色情偏差行为的关系》，山东师范大学硕士学位论文，2017。

徐彦泰：《新媒体亚文化与青少年犯罪关系研究》，安徽大学硕士学位论文，2013。

杨智平：《青少年网络色情犯罪缺陷人格生成分析》，《青年探索》2011 年第 2 期。

张乐：《青少年网络欺凌研究综述》，《中国青年研究》2010 年第 12 期。

张凯、吴守宝：《青少年网络欺凌：类型、影响因素及干预》，《淮北师范大学学报》（哲学社会科学版）2017 年第 2 期。

Guan S. A. , Subrahmanyam K. , Youth Internet Use： Risks And Opportunities. *Current Opinion in Psychiatry*, 2009, 22（4）：351 – 356.

Jones L. M. , Mitchell K. J. , Finkelhor D. , Trends in Youth Internet Victimization： Findings from Three Youth Internet Safety Surveys 2000 – 2010. *Journal of Adolescent Health*, 2012, 50（2）：179 – 186.

Livingstone S. , Mascheroni G. , Staksrud E. , *Developing a Framework for Researching Children's Online Risks and Opportunities in Europe.* EU Kids Online, November 2015, http：// eprints. lse. ac. uk/64470/1/_ _ lse. ac. uk_ storage_ LIBRARY_ Secondary_ libfile_ shared_ repository_ Content_ EU% 20Kids% 20Online_ EU% 20Kids% 20Online_ Developing% 20framework% 20for% 20researching_ 2015. pdf.

Mitchell K. J. , Wolak J. , Finkelhor D. , Trends in Youth Reports of Sexual Solicitations, Harassment and Unwanted Exposure to Pornography on the Internet. *Journal of Adolescent Health*, 2007, 40（2）：116 – 126.

Patton D. U. , Hong J. S. , Ranney M. , et al. , Social Media as a Vector for Youth Violence：A Review of the Literature. *Computers in Human Behavior*, 2014, 35：548 – 553.

Valkenburg P. M. , Peter J. , Online Communication among Adolescents：An Integrated Model of Its Attraction, Opportunities, and Risks. *Journal of Adolescent Health*, 2011, 48（2）：121 – 127.

Ybarra M. L. , Diener – West M. , Markow D. , et al. , Linkages between Internet and Other Media Violence With Seriously Violent Behavior By Youth. *Pediatrics*, 2008, 122（5）：929 – 937.

Ybarra M. L. , Mitchell K. J. , How Risky are Social Networking Sites? A Comparison of Places Online Where Youth Sexual Solicitation and Harassment Occurs. *Pediatrics*, 2008, 121（2）：E350 – E357.

B.11
汶川地震十年重建发展状况监测报告
（2008~2018）

卢阳旭　李睿婕　杨欣萌　尉建文　何光喜　赵延东*

摘　要：　本文基于对 2008 年、2009 年、2011 年和 2018 年四次汶川地震灾区调查数据的分析，全面描述了汶川地震发生十年来，灾区居民在住房重建和人居环境变化、生计恢复和发展，以及社会参与和社会心态等方面的变化历程。在此基础上，本文对重大灾害后灾区恢复重建、创新发展的"中国经验"进行了简要总结。

关键词：　汶川地震　居民调查　重建和发展

　　2018 年是汶川地震发生十周年。回首十年，国家的大力支持、全国人民的无私援助和灾区群众的艰苦奋斗，让灾区的重建和发展取得了巨大成就。据统计，2009~2017 年四川地震灾区累计完成固定资产投资达 3.5 万亿元；2017 年灾区国内生产总值是震前的 3 倍，城乡居民可支配收入分别是震前的 2.9 倍和 3.1 倍；城镇化率达到 47.8%，比 2008 年提升 11.8 个百分点。[①] 这都充分体现了中华民族"一方有难八方支援"的优良传统和社会

---

* 卢阳旭，中国科学技术发展战略研究院，副研究员；李睿婕，中国科学技术发展战略研究院，博士后；杨欣萌，中国科学技术发展战略研究院，博士后；尉建文，北京师范大学，教授；何光喜，中国科学技术发展战略研究院，研究员；赵延东，中国人民大学，教授。
① 四川省统计局：《汶川地震灾区十周年重灾区经济发展成就显著》，2018 年 5 月 7 日，http://www.sc.stats.gov.cn/tjxx/tjfx/qs/201805/t20180507_ 258444.html。

主义制度"集中力量办大事"的优势。

为更加全面展现灾区重建和发展成就，特别是十八大以来的创新发展成果，深入总结灾后重建发展的"中国经验"，发现重建过程中出现的问题，中国科学技术发展战略研究院于2018年1~2月组织开展了"汶川地震灾区重建发展情况调查"。此次调查采取随机抽样调查方法，对抽取的灾区居民进行入户问卷访谈。调查覆盖了成都市、德阳市、绵阳市、广元市和阿坝藏族自治州的30个受灾县（市、区），其中极重灾县（市、区）11个，重灾县（市、区）19个。最后一共调查了198个社区（村、居委会、城市社区）中的4951户居民，成功访问3782户，访问成功率为76.4%，调查结果可以推论30个受灾县（市、区）约2300万人口。①

此次调查是中国科学技术发展战略研究院在汶川地震灾区同样的地理范围内，使用同样的科学抽样方法和研究工具进行的第四次调查。2008年7月，课题组开展了"汶川地震受灾群众需求快速调查"，完成了对3652户居民的调查。2009年7月，课题组开展了"汶川地震灾区居民重建情况调查"，完成了对4037户居民的调查。2011年7月，课题组开展了"汶川地震灾区居民重建情况监测调查"，成功访问了3841户居民。通过四次调查，课题组获得了地震后一个月、一年、三年和十年这四个时间节点的数据，可以更科学、准确地描述和理解灾区重建发展的动态过程。

一　住房重建与人居环境改善

住房重建是灾后恢复重建的首要任务，人居环境改善是灾区可持续发展的重要议题。调查显示，地震发生三年后，灾区住房重建工作即已基本完成。在灾区恢复重建和发展的十年间，灾区人居环境持续改善，美丽乡村建设成效显著。

① 此次调查得到国家科技部、四川省科技厅、四川省科技促进发展研究中心、西南交通大学、北京师范大学等单位的大力支持。挪威 Fafo 研究所提供了技术支持，挪威驻华使馆资助了调查的主要经费。

（一）震后三年完成灾区住房重建

调查结果显示，灾区 79.8% 的农村家庭、62.8% 的城镇家庭进行了住房的恢复重建。2009 年 7 月，90.2% 的灾区家庭已经住进了永久性住房，而到 2011 年 7 月时，住进永久性住房的家庭占比已达到 99.4%。灾后三年即已达到保证灾区居民都能"安居"的目标。

灾后住房恢复重建方式多样，包括修复加固原住房、重建新住房、购买安居房或经济适用房、购买商品房、租廉租房等。具体采取何种方式重建，因受灾程度、灾后恢复重建规划等情况而异。在农村地区，41.2% 的家庭地震后新建（买）了住房，还有将近四成的家庭加固修复了地震前的住房；城镇地区将近一半的家庭加固修复了地震前的住房，15.6% 的家庭新建（买）了住房。[①]

政府在住房重建过程中发挥了重要作用，除了土地审批、建材供应和市场秩序维护等工作外，最重要的一项工作就是为需要恢复重建住房的灾区家庭提供资金支持。2011 年调查数据显示，在加固修复了住房的家庭中，80% 得到了政府补贴，户均 3000 元左右；而在新建（买）了住房的家庭中，81% 的家庭获得了政府补贴，户均约 22000 元。

受灾居民在住房恢复重建决策中发挥了主导性作用。2011 年调查数据显示，近九成的加固修复住房家庭是自己决定施工方案和施工方式的。而在新建（买）住房的家庭中，有近六成的家庭由自己决定选址、施工方案和施工方式，近三成是由政府和重建家庭共同决定，还有 14.6% 的新建（买）住房家庭，其住房由政府统一选址、设计和施工。

（二）灾区人居环境持续改善

基础设施先行是汶川地震灾后重建的突出特点。适度超前的布局和大量的投入让灾区的道路、学校、医院等基础设施建设获得了飞跃式发展。数据显示，截至 2016 年四川省汶川地震灾区共建成及在建高速公

---

① 其他被访家庭的住房在 5·12 地震中没有受损，故在地震后没有新购/新建、加固住房。

路、普通公路 8.5 万公里，较 2008 年增加了 3 万公里，恢复重建学校超过 3000 所。① 灾区群众普遍认为灾后重建让灾区基础设施建设提前了 20 ~ 30 年，为满足人们美好生活需要奠定了坚实的基础。

基础设施建设大大改善了灾区居民的生活质量，调查数据显示，2011 年分别有 54.1%、46.4%、45.9%、34.9% 和 27.6% 的灾区居民表示目前居住的地方在交通、购物、看病、工作和娱乐方面比地震前更方便了。2018 年的调查数据显示，灾区居民的人居环境得到了持续改善，分别有 85.4%、79.5%、75.5%、64.4% 和 60.0% 的灾区居民表示目前居住的地方在上述五个方面比地震前更方便了（见图 1）。

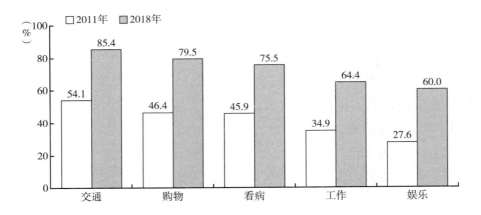

图 1　灾区居民认为居住环境比震前改善的比例

（三）灾区美丽乡村建设成效显著

超九成的灾区农村居民能用上安全的饮用水，以自来水作为主要饮用水源的农村家庭比例大大提高。2008 年 6 月，汶川地震发生之后，灾区农村地区居民中仅 78.6% 的家庭能获得安全的饮用水（包括自来水、有盖的井/压水

---

① 《"一增一降" 折射地震灾区发展新速度》，《四川日报》2017 年 5 月 13 日第 1 版，http：//epaper. scdaily. cn/shtml/scrb/20170513/163187. shtml。

井、桶/瓶装水），其中仅有 10.4% 的家庭主要饮用水来源为自来水，农村家庭最主要的饮用水来源是自家有盖的井/压水井（55.5%）。十年后的 2018 年，91.8% 的地震灾区农村家庭使用安全饮用水，最主要的饮用水来源已经变成"管道自来水"（51.8%），其次为"自家院里有盖的井/压水井"（33.1%）。

灾区农村垃圾集中处理设施改善明显，居民采用卫生的垃圾倾倒方式的比例大幅提高。汶川地震灾区农村垃圾回收处理设施逐步完善，居民的环保意识也明显增强，居民生活垃圾的处理方式发生了显著改变，灾区农村生活垃圾污染和村庄环境"脏乱差"的现象得到有效改变，农村人居环境明显优化。2009 年，仅有 12.2% 的灾区农村家庭采用卫生的垃圾倾倒方式处理垃圾（包括倾倒在封闭公共垃圾桶/箱/道、不封闭的公共垃圾桶/箱/道、有人清理的固定地方），到 2018 年，这一比例上升到 83.2%。将垃圾倒在露天垃圾堆、随意倾倒垃圾、将垃圾烧掉或掩埋的比例分别由 35.7%、31.6%、20.5% 下降到 6%、1.9% 和 8.5%。

灾区农村"厕所革命"取得显著成效，卫生厕所普及率大大提高。2018 年调查发现，有 32.0% 的灾区农村社区建成了污水处理系统，为农村"厕所革命"奠定了坚实基础。灾区农村有冲水厕所家庭的比例从 2008 年的 15.4% 上升到现在的 68.5%，96.8% 的农村家庭拥有自家独用的私人厕所，居民使用厕所的便利性和卫生性都得到了明显改善（见图 2）。

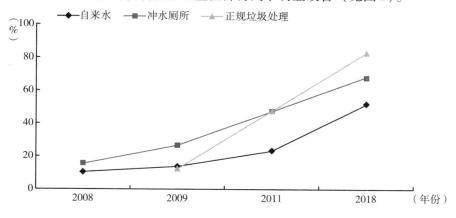

图 2　灾区农村居民主要生活设施改善情况

灾区农村家庭其他卫生设施均获得大幅改善。让居民在家洗上热水澡，也是改善农村人居环境、实现乡村振兴的一项重要民生工程。2018年灾区农村家庭自家拥有热水淋浴设施的比例已从2009年的20.0%提高到81.2%。2008年，灾区农村仅有51.2%的居民有洗热水澡的地方，到2018年，84.9%的农村家庭在家就可以洗上热水澡。此外，2018年调查数据显示，73.6%的农村家庭在屋里有固定的洗手池，66%的居民养成了用肥皂或其他清洁剂洗手的习惯。

二 生计恢复和经济发展

经济恢复与发展是灾后恢复重建中最为重要的内容之一。在汶川地震后的重建与发展工作中，就业作为最大的民生问题得到了高度重视。调查数据显示，十年来灾区失业率持续保持在较低水平，但农村地区的劳动参与率近年来有比较明显的下降。与此同时，当地政府还将灾后重建与脱贫攻坚工作有机结合起来，取得了显著成效。

（一）灾区失业率持续保持在较低水平

按照国际劳工组织（ILO）标准测算的灾区失业率十年来一直保持在较低水平。调查数据显示，2008年、2009年、2011年和2018年灾区的失业率分别为2.6%、2.0%、1.7%和1.8%，其中城镇地区的失业率分别为6.3%、4.1%、3.7%和0.9%，农村地区则分别为1.8%、1.6%、1.3%和2.0%。

（二）近年来灾区农村劳动参与率出现了明显的下降

调查数据显示，灾后重建的最初三年间（2008~2011年），灾区的劳动参与率（labor force participation rate）①总体保持稳定，但近年来则有较明显

---

① International Labor Office（editor），2004，*Key Indicators of the Labor Market：Book and Interactive Software*. Routledge.

的下降，农村地区下降得尤为明显。具体而言，2008 年、2009 年、2011 年和 2018 年灾区的劳动参与率分别为 73% 、69% 、73% 和 59% ，其中城镇地区的劳动参与率分别为 58% 、56% 、56% 和 56% ，而农村地区则分别为 77% 、72% 、79% 和 60% 。导致劳动参与率下降的原因比较复杂，与农村劳动力流动、社会保障制度的完善等都存在着可能的联系，有待进一步研究。

（三）灾区非农家庭经营较为活跃

家庭经营活动①作为大众创新创业的一种重要形式，既是财富创造的重要载体，也是创造就业机会的重要平台，在维护灾区社会稳定方面发挥了重要作用。2018 年的调查发现，11.5% 的灾区家庭目前正在从事非农家庭经营活动，其中城镇地区为 19.9% ，远高于农村地区的 8.8% 。比较 2008 年、2009 年、2011 年和 2018 年的数据发现，家庭经营的比例在经历灾害冲击后，出现了明显的下降，但随着大规模灾后重建带来的机会的增多，灾区家庭经营迎来了一个蓬勃发展的时期，当灾后重建完成后，它又回落到震前常规状态（见图 3）。

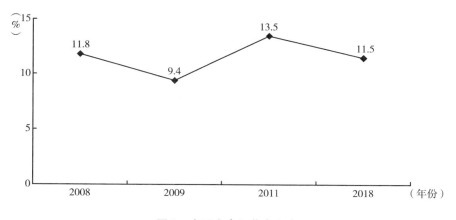

图 3　灾区家庭经营户占比

---

① 本文所指的家庭经营活动仅限于农业生产活动之外的经营活动，包括“个体工商户”和“私营企业”。

家庭经营活动为经营户带来了比较可观的经济收入。2017年，在灾区全部家庭经营户中，年经营收入超过5万元者占17.3%，收入在1万~5万元者占42.6%。总体而言，城镇家庭经营户的收入状况好于农村（见图4）。同时，分析发现目前正在从事家庭经营活动的家庭的年收入将近10万元，地震后从事过家庭经营活动，但目前不再从事的家庭的年收入为6.6万元，均远高于那些从来没有进行过任何家庭经营活动的家庭（4.2万元）。从被访家庭自评经济地位来看，家庭经营户的自评经济地位要高于非经营户，在震前就从事经营活动的家庭中，有63.1%的人认为自家经济水平处于当地"中等"及以上水平，在震后开始经营的经营户中，这一比例为59.2%，二者均高于非经营户的水平（仅45.3%的非经营户认为自家在当地处于中等以上经济地位）。可见家庭经营能显著改善家庭经济状况，长期的家庭经营活动更是有利于家庭财富的积累。

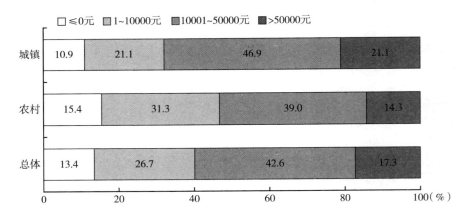

图4　2017年家庭经营收入的分布

家庭经营活动能吸纳社会剩余劳动力，缓解社会就业压力。2018年调查数据显示，灾区家庭经营活动的平均参与人数为2.6人，其中77.6%的家庭经营活动参与人数不超过2人，94.3%的不超过5人，超过10人的不到2%。虽然家庭经营活动的主要劳动力是家庭成员，但也可以雇用其他人。按照初步估算，至少有 9.8% 的经营户雇用了家庭成员之外的人①，为解决灾区就业问题提供了帮助。

（四）灾区重建与脱贫攻坚结合效果明显

国际经验表明，巨灾对于灾区经济增长和居民生活水平都会造成较大冲击，恢复不力的话甚至还会让灾区陷于"灾害—贫困"的恶性循环之中。② 数据显示，自 2013 年贫困户建档立卡以来，四川灾区贫困人口从 2013 年的 102 万人降至 2016 年的 38.9 万人，贫困发生率从 10.3% 降至 4.8%。③ 换句话说，十年来汶川地震灾区重建发展与脱贫攻坚紧密结合取得了显著成效：不但没有因灾害造成贫困人口增加，还借灾后重建之力消减了当地的历史贫困。

社会保障不断完善，助力灾区脱贫工作顺利开展。灾区低保救助力度不断提升，低保户平均每户每年领到的最低生活保障金从 2011 年的 640.2 元提高到 2017 年的 3313.2 元，提高了 4.2 倍。同时，灾区居民的养老保障也在不断改善。2011 年，灾区农村居民中有占比高达 67% 的人没有任何一种养老保险（包括新型农村社会养老保险、城镇社会养老保险、退休金、商业养老保险、企业年金），到 2018 年，这一比例下降到 25.5%，农村养老保险的覆盖率基本与城镇持平。84.4% 的农村居民认为自己今后的养老是有保障的。不断完善社会保障制度为灾区居民织就结实的生活安全网。

灾区居民对贫困问题的看法改变。2011 年，58.8% 的灾区居民认为本村/镇/城市的贫困问题"非常严重"或"比较严重"，41.2% 认为"不太严重"或"不成问题"。2018 年，认为贫困问题严重的居民比例下降为

---

① 调查并没有直接询问非农经营家庭雇用非家庭成员的情况，这一结果是我们用家庭经营活动参与人数减去家庭中 16 岁以上家庭成员人数近似估算出来的，是一个比较粗略的估计。

② UNISDR（United Nations International Strategy for Disaster Reduction Secretariat），2007b. "Appendix 3：thematic analysis—exploring disaster risk and poverty reduction", in Assessing the relationship between natural hazards and poverty：a conceptual and methodological proposal. Paper prepared for the UNISDR – UNDP Disaster Risk – Poverty Regional Workshops in Bangkok, Thailand（22 – 24 April 2008）and Bogotá, Colombia（10 – 11 June 2008）. Geneva.

③ 《"一增一降"折射地震灾区发展新速度》，《四川日报》2017 年 5 月 13 日第 1 版，http：//epaper. scdaily. cn/shtml/scrb/20170513/163187. shtml。

48.9%，认为不严重的则上升至51.1%。越来越多的灾区居民认为贫困问题不成为当地的社会问题。

（五）调查也发现了灾区就业、创业和脱贫过程中存在一些值得关注的问题

1. 农村从事农业生产活动的家庭比例下降

调查数据显示，灾区农村家庭从事农业生产活动的比例呈下降趋势。2011年调查中，有87.1%的农村家庭从事农业生产活动，而2018年这一比例已下降到62.8%。与此同时，地震发生十年来，有18.9%的灾区居民家庭因为灾害、拆迁和征用等而损失过农业用地，其中住房、道路和工业园区建设是土地占用的主要原因，大约一半的土地占用与之有关。

2. 缺资金和缺市场是灾区家庭经营面临的主要障碍

数据显示，大部分灾区家庭经营户在经营过程中都碰到了一些困难，其中以"缺市场/客户"和"缺资金"为最（见图5）。从城乡差异来看，除了"缺资金"、"其他"这两项项外，其他各项困难都是城镇经营者比农村

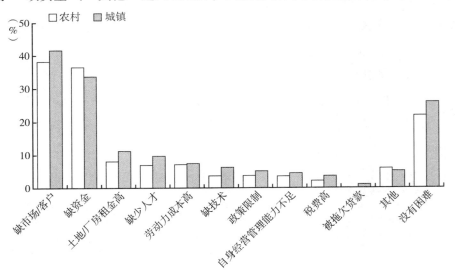

图5　灾区家庭经营户面临的困难

经营者报告得多。这一方面可能是城镇地区家庭经营活动的各种要素成本确实比较高；另一方面也可能是城镇地区的家庭经营更有发展的冲劲，在发展过程中更容易感受到各种困难。

3. 灾区脱贫攻坚仍然面临诸多挑战

首先，2018 年的调查显示，灾区现有贫困人口中有 30.1% 的陷入贫困时间超过 3 年，属于长期贫困。这类贫困人口的普遍特征是：家中缺乏劳动力（50.7%）、医疗负担过重（48.1%）、个人能力差（26.3%）。劳动力素质不高导致这些贫困人口很难依靠自身力量脱贫，且很难"助其自助脱贫"，是脱贫攻坚收尾阶段的"硬骨头"。其次，灾区次生灾害频发，增加了脱贫人口/临界人口的返贫风险。比如，泥石流、洪水等次生灾害经常会造成住房损毁，而这会增加脱贫家庭的返贫风险，甚至让部分家庭陷于长期贫困。再次，贫富差距仍然存在，相对贫困治理困难。与 2009 年相比，越来越多的灾区居民认为地震导致贫富差距扩大了，2011 年（45.4%）和 2018 年（44.1%）均超四成（见图 6）。城市居民对贫富差距扩大的主观感受强于农村居民，超过一半的城市社区居民认为所在地贫富差距在扩大。与此同时，认为贫富差距没有变化的灾区居民从 2009 年的 46% 下降到 2018 年的 26%。

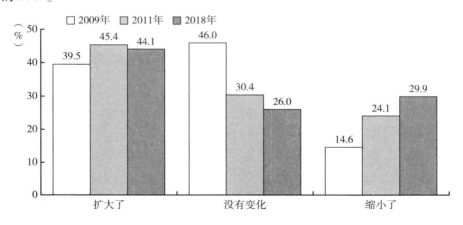

图 6　灾区居民对所在社区贫富差距变化的看法

三 社会参与和社会心态

社会网络、社会信任、社会参与在灾后恢复重建过程中具有重要作用，有利于降低灾区的社会脆弱性（vulnerability）。① 数据显示，地震发生十年来，灾区居民积极自助互助、参与社会公益活动，有力地支撑了灾区灾后重建和发展。

（一）灾区居民在接受外部援助的同时积极自助互助、参与社会公益活动

来自政府和社会的支持对灾区居民的恢复重建至关重要。调查数据显示，有80.7%的灾区家庭在2008年7月～2009年6月期间获得过某种形式的外部支持，近六成的家庭认为政府是他们最重要的外部支持来源。随着灾后重建的推进，在2010年7月～2011年6月期间，获得外部支持的灾区家庭比例下降到21.7%，亲戚朋友等常规的社会支持网络成为灾区家庭最重要的外部支持提供者。

灾区居民在接受外部援助的同时，也积极地自助、互助，参与公共事务。数据显示，在2008年7月～2009年6月期间，有42.4%的灾区居民曾无偿帮助过他人，43.1%的灾区居民曾参加巡逻、打扫卫生、捐款献血、修桥修路等活动。随着灾后重建的推进，这一比例虽然有所下降，但仍然保持在较高水平，在2010年7月～2011年6月期间，上述两个比例分别为30.8%和39.4%。

---

① Hurlbert, J., V. Haines & J. Beggs 2000, "Core Networks and Tie Activation: What Kinds of Routine Networks Allocate Resources in Nonroutine Situations." *American Sociological Review* 65 (4)；赵延东：《社会资本与灾后恢复：一项自然灾害的社会学研究》，《社会学研究》2007年第5期；卢阳旭：《国外灾害社会学中的城市社区应灾能力研究——基于社会脆弱性视角》，《城市发展研究》2013年第9期。

（二）十年来灾区社会信任呈现"U"形变化

数据显示，十年来灾区社会信任经历了"紧急救援阶段上升—灾后重建阶段下降—振兴发展阶段回升"的"U"形变动过程（见图7）。造成这一变化的原因比较复杂，[①] 但跟灾后重建发展各阶段的工作特点有关。汶川地震发生后，中央和地方、政府和社会、灾区和非灾区全面动员。据统计，2008年汶川地震后，各类社会捐赠资金将近700亿元，大量社会组织和志愿者参与灾后紧急救援和灾后恢复重建，汶川地震后深入灾区的国内外志愿者超过300万人，在后方参与抗震救灾的志愿者更是超过1000万人。[②] 一方有难八方支援、众志成城的氛围有助于推高灾区居民的社会信任水平。随着灾后重建工作的推进，在住房重建、资金分配等各个方面难免出现了各种矛盾，导致灾区居民对于家人之外的其他主体的信任度出现了不同程度的下

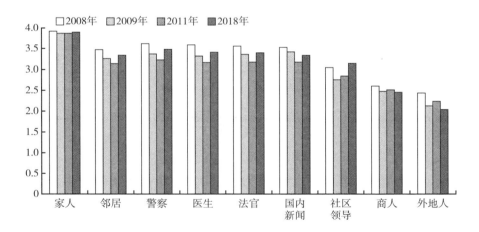

图7　灾区居民的社会信任水平

---

① 游宇、黄一凡、庄玉乙：《自然灾害与政治信任：基于汶川大地震的自然实验设计》，《社会》2018年第5期；罗家德、帅满、杨鲲昊、李光辉：《"央强地弱"政府信任格局的社会学分析——基于汶川地震后三期追踪数据（英文）》，《中国社会科学》2018年第3期。
② 史培军、张欢：《中国应对巨灾的机制——汶川地震的经验》，《清华大学学报》2013年第3期。

降。随着重建工作的结束和时间的推移，2018 年时，灾区居民对于除外地人和商人之外的各类主体的信任度又出现了回升，但总体而言仍然没有达到2008 年 6～7 月 "5·12" 汶川大地震刚发生时的水平。

（三）十年来灾区居民对各级政府灾后重建工作满意度先降后升

灾区居民对政府灾后重建工作的总体满意度较高。2018 年调查数据显示，有 83.2% 的灾区居民对灾后重建工作总体上表示 "非常满意" 或 "比较满意"。值得注意的是，地震十年来，灾区居民对各级政府的满意度也出现了先下降、再上升的 "U" 形变动模式。以灾区居民对 "乡镇/街道" 的满意度为例，2008 年对 "乡镇/街道" 工作表示满意的比例为 72.5%；2009 年由于灾后重建工作进入矛盾多发期，这一比例降至 65.7%；在重建工作基本完成的 2011 年，满意比例回升至 71%。党的十八大以来，随着党风廉政建设和反腐败斗争的深入开展，2018 年的灾区群众对 "乡镇/街道" 的满意度大幅上升至 80.9%。基层干群关系明显改善，认为自己所在村（社区）的干群关系比地震前变好了的灾区居民占比从 2011 年的 72.1% 上升到 2018 年的 82.6%。

（四）十年来灾区居民幸福感持续提升

在党和政府的坚强领导和社会各界的大力支持下，灾区居民自力更生，积极重建。地震发生一年后的 2009 年 7 月，认为自家的生活水平还没有恢复到震前水平的灾区家庭仅占三分之一强（35.2%），而到 2011 年 7 月，这一比例进一步下降到 14.5%，并且有将近一半（47.7%）的家庭认为自家目前的生活水平已经比地震前高，37.8% 的认为与震前差不多。灾区居民生活水平的恢复和持续提高，还表现在其生活满意度的持续提升上，数据显示，2008 年、2009 年、2011 年和 2018 年，灾区居民对当前生活的满意度分别为 81.5%、79.8%、82.1% 和 87.2%。同时，2018 年的调查显示，81.4% 的灾区居民表示与五年前相比，自己目前要 "幸福得多" 或 "幸福一些"，并且有 87.2% 的人认为未来五年，自己会比目前 "幸福得多" 或 "幸福一些"。

四 防灾减灾文化

党和政府历来高度重视防灾、减灾、救灾工作，党的十八大提出关于防灾减灾救灾要"坚持以防为主、防抗救相结合"以及"从注重灾后救助向注重灾前预防转变"等明确要求。汶川地震灾区各级政府认真贯彻落实防震减灾相关法律、法规，全面加强防灾减灾宣传教育工作，夯实基层防灾减灾基础，推进综合减灾示范社区建设，推动地震监测预报、震害防御、应急救援以及科技创新等各项工作的开展，城乡居民防灾减灾意识显著增强，城乡社区防灾减灾能力得到大幅提升。

（一）灾区居民对地震灾害仍有较高风险意识

数据显示，汶川地震灾区居民对地震的实际威胁认知呈逐渐下降趋势，2009年，认为地震仍威胁其生活的居民占总数的62.7%，到2011年，这一比例已下降到45.2%。但灾区居民对地震的风险认知仍居高位，认为"地震危害非常大"的比例达到69.3%；三分之一的居民仍保持谨慎的态度，认为地震未来"非常有可能"和"比较有可能"发生。

（二）灾区居民具备了较高的防灾备灾知识和能力

在知识层面，汶川地震灾区居民备灾防灾的意识较强。在灾难发生时，知晓"关掉煤气、燃气和水电"的比例达到93%；明确"知道逃生紧急出口"的比例达到94.3%；知道"应急避难所"的比例达到44.8%，平时跟亲朋和同事讨论发生地震时如何撤离的比例达到41.4%；在巨灾保险上，汶川地区居民为房屋购买保险的意愿大幅上升，达到60.9%，远高于台湾地区和美国。

在物质层面，汶川地震灾区家庭准备手电筒、食物和水、应急包、收音机、灭火器等物品的比例在不断上升。其中，在2018年，汶川地震灾区家庭准备手电筒的比例达到78.5%，高于全国平均水平，也高于美国的平均

水平。家庭准备"两三天食物和水"的比例达到65.3%，已经接近美国的平均水平。家庭准备"应急包"、"带电池收音机"和"灭火器"的比例分别达到14.4%、10.9%和8.8%。

在组织层面，汶川地震灾区居民参与意愿和能力都显著提高。"参加社区、单位和其他机构应急培训或演练"的比例达到13.9%，同台湾地区的水平持平；注册成为"应急/救灾志愿者"的比例已达到3.3%。

（三）对于巨灾保险有较为强烈的需求

巨灾保险是应对自然灾害冲击的重要手段。在2011年和2018年的调查中，我们测试了一种情况：如果国家实行以政府补贴居民保费的形式（由政府出一部分钱、居民出一部分钱进行投保）为居民的房屋投保，在重大灾害后将由保险公司支付损失补偿，然后询问被访者是否愿意购买。数据显示，经历了重大灾害的灾区居民保险意识较强，2011年和2018年调查中，均有超过六成的被访者表示愿意购买上述保险（2011年和2018年的比例分别为68.3%和61.7%）。

五　汶川地震灾区重建发展的基本经验

值此汶川地震发生十周年之际，本报告基于灾区系列调查研究发现以及其他相关研究，尝试总结我国巨灾治理的基本经验，为进一步提高我国巨灾治理能力提供研究支撑，也为国际社会特别是发展中国家治理灾害提供中国经验，为世界灾害治理做出中国贡献。主要包括以下三点内容。

（一）党和政府坚强领导、社会各界共同参与，建立灾害治理的"举国体制"

2008年汶川地震灾后恢复重建充分体现了"举国体制"的巨大优势。地震发生后，中央和地方、政府和社会、灾区和非灾区全面动员，弘扬"一方有难、八方支援"的中华民族精神，发挥社会主义制度"集中力量办大事"的优势。党和政府在紧急救援、转移安置、灾后重建和发展等各个阶段都发挥了主导性作用，快速建立了力度空前的灾后重建对口援建机制，为灾区紧急救援和灾后恢复重建提供了坚强的领导保障和巨量的资金支持。社会各界也积极参与紧急救援和恢复重建。没有这些投入，灾区快速、高质量的恢复和发展是不可能的。

"举国体制"也存在一些需要完善的地方，如政府的强力介入有可能造成受灾居民对政府救助过度依赖、自主性不足的问题；由于政府往往倾向于加快灾后重建速度，有可能导致重建选址不够科学、论证不够充分、工作不够细致等问题。此外，社会参与的渠道不够通畅、组织化程度较低、参与能力不足等问题也制约了更多行动者参与到灾害治理之中。为此，应着力提高灾害治理的法治化水平；合理把控灾后重建节奏；提升社会组织参与灾害治理的专业化水平；进一步完善鼓励个人、企业、社会组织等主体协力救灾的慈善捐赠、社会诚信、税收等方面的制度。

（二）以需求为导向、发挥市场机制的作用，兼顾灾后资源配置的效率和公平

汶川地震发生后，政府除了继续使用和完善现有的深入村/社区层面的灾情逐级上报系统外，开始尝试委托专业机构运用现代化的科技手段和社会调查方法快速、科学地收集和分析灾损、灾民需求等信息。多方协同、多措并举的做法极大地提高了信息的丰富性和准确性，为形成以需求为导向，既不降低标准也不吊高胃口的精准救灾工作模式提供了科学的依据。

以需求为导向、发挥市场在资源配置中的作用还体现在政府规划与灾区群众自主性和创造性相结合、无偿援助与市场配置相结合等方面。在汶川地震灾后住房重建过程中，政府除对少数受灾极其严重的社区做好精准的"托底"援助外，主要还是通过普惠性的住房重建补贴、政府贴息贷款等增强市场购买力的方式，由住房重建家庭和社区自行决定重建方式。在对口援建过程中，援建方通过与受援方相互对接，在援建项目、项目选址、户型设计等方面都尽量做到以灾区实际需求为出发点。汶川地震的灾后重建有别于

以往灾害救援重建工作的一大特点，就是充分发挥了市场机制在资源配置中的作用。虽然政府投入了大量资源，也通过各种方式调控市场供给和市场价格，但与传统社会中的征调以及计划经济体制下通过行政命令调配资源的方式有根本区别。

以民为本、精准救灾，兼顾灾后资源配置的效率和公平是灾害治理的根本要求。但总体而言，目前我国灾害信息收集仍存在系统化不足、规范化不够的问题。现有灾情上报系统的上报周期过长、信息的全面性和准确性不足，有待进一步完善；而灾区需求调查、灾后恢复重建评估等调查工作的制度化、专业化水平较低，应将其纳入灾害治理体系，委托专业机构执行。未来应进一步加大灾后需求信息共享力度，引导各类救灾资源流向，提高灾后救助的科学性和精准度；推进信息收集和分析过程中的信息化建设，提高灾后决策的智能化支撑水平。

（三）创新驱动、发展导向，增强灾区防灾减灾能力

积极利用各种科技创新成果、高度重视灾区恢复重建后的发展，是汶川地震救援和重建工作的一大亮点，是灾害治理"中国经验"的重要内容。大批高新技术不仅在应急通信保障、灾情评估和监测、重大疫情防治等方面发挥了重要作用，更在推动灾区产业转型升级、促进大众创新创业方面大显身手。

基础设施先行是汶川地震灾后重建的突出特点。适度超前的布局和大量的投入使灾区的道路、学校、医院等基础设施建设获得了飞跃式发展，这些都为满足灾区人民日益增长的美好生活需要奠定了坚实的基础。

乡村振兴和城镇化协同推进是汶川地震灾后重建发展的关键一招。十年来，灾区城镇化率持续提升，幸福美丽乡村建设稳步推进，农村生产生活基础设施建设不断加强，这些都使得灾区的厕所、垃圾处理和安全饮用水等生活条件大幅改善，购物、出行、看病和娱乐等方面的方便程度显著提升，居民总体生活满意度持续上升。

当然，快速的灾后重建也导致灾区在一定程度上存在硬件超前、软件跟

不上的问题，针对灾区的特殊政策也在灾区和非灾区造成了一定的公平性问题。为此，灾后重建过程中要更加注重对灾区人力资源的投资；进一步提高灾区内部以及灾区和非灾区之间的政策公平性；通过立法推动防灾减灾嵌入经济社会发展过程、融入国民教育体系；尽快建立起适合我国国情的、较为完善的巨灾保险体系。

B.12
中国志愿服务参与状况调查报告*

邹宇春　张丹　席玥**

摘　要：　志愿服务的发展是提高社会治理能力和水平的重要内容，了解我国志愿服务参与的现状是推动志愿服务可持续发展的必行之策。因此，本文采用2017年"中国社会状况综合调查"中的志愿服务调查数据，研究了我国志愿服务参与的现状，结果发现：近四成居民曾有过志愿服务的经历，近1/4为活跃志愿者；未婚男性青年更有可能参与志愿服务；受教育程度高的居民更可能参与志愿服务；各类志愿服务的参与率存在高低差异，内部发展不平衡；不同代际、地区的活跃志愿者在各志愿服务领域的参与率差异明显；与非活跃志愿者相比，活跃志愿者的经济状况相对更好，社会心态也更为积极。最后，本报告归纳了我国志愿者参与志愿服务的主要趋势，并提出了相应的对策建议。

关键词：　志愿服务　活跃志愿者　志愿服务参与率

---

* 本文为民政部社会组织管理局"中国志愿者服务参与状况"的研究成果之一。也受到以下项目及机构资金支持：①中国社会科学院—上海市人民政府上海研究院"2017年中国社会状况综合调查及全国社会质量状况研究"；②中国社会科学院社会发展指标综合集成实验室。作者文责自负。
** 邹宇春，中国社会科学院社会学研究所副研究员，社会发展研究室副主任；张丹，中国社会科学院研究生院研究生；席玥，中国人民大学社会与人口学院研究生。

随着我国全面建设小康社会的不断推进，志愿服务已成为补齐公共服务短板、改善社会发展不平衡状况和增进民众福祉的重要助力。《民政事业发展第十三个五年规划》提出志愿服务是"提高社会治理能力和水平"的重要内容，要"健全面向全社会的志愿服务动员系统，弘扬志愿精神，培育一支参与广、功能强、作用好的宏大志愿者队伍，到2020年力争志愿服务参与率达到20%"[1]。2017年，党的十九大报告也再次强调"推进志愿服务制度化"[2]。因此，用较为系统和科学的方法及时了解和评估我国志愿服务现状和发展趋势，是推进我国志愿服务可持续发展和制度化建设的必行之策。

为此，本研究报告采用民政部社会组织管理局委托开展的"中国志愿服务参与状况调查"数据，对我国志愿者的相关现状展开分析。该调查项目被纳入2017年"中国社会状况综合调查"（以下简称CSS）作为单独模块。CSS是由中国社会科学院社会学研究所发起、始于2005年的全国随机抽样入户调查。调查每两年一次，采用多阶段混合概率抽样方式。2017年CSS项目组在7～10月较为系统地收集了18～69岁全国城乡居民的志愿服务参与信息。调查共覆盖了全国596个村/居委会，最后完成有效问卷10091份。此次调查成为我国志愿服务领域首次较大规模的以城乡居民为调查对象的随机入户计算机辅助调查。

第一部分主要分析我国志愿者的基本情况，回答有多少人有过志愿服务的经历，又有多少活跃志愿者，并分析相关基本情况；第二部分分析我国活跃志愿者的基本特征，回答我国城乡居民中哪些人更可能成为志愿者，以及这些人有什么样的客观生活状况和主观社会心态；第三部分通过分析志愿者提供的志愿服务情况，评估我国志愿服务是否存在发展的不平衡、不充分问题；第四部分论述志愿者及志愿服务发展中存在的问题与相应的建议。

---

[1]《民政部　国家发展和改革委员会关于印发〈民政事业发展第十三个五年规划〉的通知》，中华人民共和国中央人民政府门户网站。

[2]《习近平：决胜全面建成小康社会　夺取新时代中国特色社会主义伟大胜利——在中国共产党第十九次全国代表大会上的报告》，中华人民共和国中央人民政府门户网站。

一　我国志愿者的基本情况

志愿者是指以自己的时间、知识、技能、体力等从事志愿服务的自然人。他们不以谋取物质性报酬为服务目的，也不包括为家庭成员提供无偿劳动。志愿服务的对象不限于某一特定群体，即志愿服务的受益对象是多元的，可以是某个人或群体（比如老年群体、陌生人），也可以是更抽象的事物（比如环境）。

参与志愿服务可以是发生在过去的任何时候，也可以是发生在近期的某个时间段内。只要符合以上特征的居民，就可被认为是志愿者，他们是志愿服务的基础人群，即基础志愿者。相较于从未有过志愿服务经历的居民，他们有过志愿服务经历，是整个社会能够提供志愿服务的潜在/基础的人力资源供给，反映了可能被有效动员起来提供志愿服务的志愿者储备情况。其中有一部分人群在近期①参与了志愿服务，可被视为较为活跃的志愿者，本报告称其为活跃志愿者。他们反映了整个社会正在提供志愿服务或已经被动员起来的志愿者资源。一般而言，活跃志愿者是社会发展过程中正在发挥积极作用的志愿服务力量，是推动志愿服务、维护志愿者队伍等的中心目标人群，也是推动我国志愿服务进一步发展的中坚力量。因此，本报告将重点关注和分析活跃志愿者人群。

（一）我国18～69岁居民中，基础志愿者占比约四成，活跃志愿者占比约1/4，具有较好的志愿服务发展动力

调查数据显示，18～69岁调查对象中，曾经参与过至少一项志愿服务的人群比例为38.2%。这说明，在我国18～69岁人群中，约有四成是基础志愿者。同时，2017年CSS以"近一年以来"为时间段标准，测量志愿服务参与情况，数据显示，近一年以来18～69岁的调查对象中有25.5%的比

---

① 此次调查定义的"近期"，是以调查时点为界的"近一年以来"（2016年）。

例参与了志愿服务。换言之，我国 18~69 岁的城乡居民中有约 1/4 是活跃志愿者。这意味着，对于 18~69 岁城乡居民而言，《民政事业发展第十三个五年规划》提出的"到 2020 年力争志愿服务参与率达到 20%"的目标目前已基本实现。

根据第六次人口普查中 18~69 岁人口的占比情况，本报告假设人口结构保持不变，依据基础志愿者人群和活跃志愿者人群的占比情况，对这两类人群的总量情况进行了简单的统计估算。结果显示，我国 18~69 岁人群中有大约 3.96 亿基础志愿者（95% 的置信度下，推论区间为 3.87 亿~4.06 亿人），其中有活跃志愿者大约 2.65 亿人（95% 的置信度下，推论区间为 2.55 亿~2.74 亿人）。

从基础志愿者和活跃志愿者的规模看，我国志愿服务有良好的群众基础。与我国志愿服务刚刚起步时的水平相比，活跃志愿者的规模有扩大趋势，当下继续推进志愿服务制度化建设和进一步发展已具有良好的动力基础。

（二）我国活跃志愿者的年人均参与志愿服务次数约为11次，年人均参与志愿服务的时长超过30小时，产生了巨大的经济社会效益

志愿者的服务参与状况在相当程度上决定了志愿服务的质量。调查结果表明，调查时点前三个月内参加过志愿服务的群体中，人均参与志愿服务次数为 5.27 次，人均参与时间是 17.35 小时。近一年以来参加过志愿服务的群体中，人均参与志愿服务次数较前者翻了一番，达到 10.77 次，人均参与时间增加至 33.81 小时。

依照本报告估算的活跃志愿者群体规模，这意味着我国 18~69 岁活跃志愿者大约志愿服务了 86.2 亿~92.6 亿小时。假设全国每小时最低工资标准为 15 元，志愿服务则产生了 1293 亿~1390 亿元的经济价值。同时，需要指出的是，在活跃志愿者中，有近五成的人在提供志愿服务的同时还承担了活动的部分成本支出。换言之，我国活跃志愿者产生的实际价值可能会远大于估算的数额。

（三）活跃志愿者参与正式志愿服务的比例高于非正式志愿服务，并且正式志愿服务以工作所在的单位/学校/组织/机构发起的活动参与率最高

现代志愿服务的实现途径包括：通过个人自发实现的非正式志愿服务活动和通过非营利组织或其他组织实现的正式志愿服务活动。因此，按照参与途径，现代志愿服务参与率可以从非正式志愿服务参与率和正式志愿服务参与率[①]两个维度进行分析。

统计显示，活跃志愿者的正式志愿服务参与率高于非正式志愿服务参与率。近一年参与过个人发起的非正式志愿服务活动的人数占调查对象的比例达到11.6%，而参与过正式组织发起的志愿服务活动的人数占调查对象的比例达到16.8%，后者比前者高了5.2个百分点。

此外，正式志愿服务活动中以工作的单位/学校/组织/机构发起的活动参与率最高。近一年以来参与的各项组织化的志愿服务活动中，由志愿者工作所在单位/学校/组织/机构发起的活动比例为8.64%，在正式志愿服务中参与率排位最高，其次是居住地所在社区居（村）委会发起的志愿服务，参与率达到7.06%，再次是由志愿服务组织发起的各类志愿服务活动，参与率达到2.34%。政府部门及其相关机构发起的志愿服务参与率为2.2%，群团组织、国际组织及其他组织发起的志愿服务活动参与率均不足1%（见表1）。

表1　近一年活跃志愿者参与志愿服务的发起情况

单位：个，%

类别	个案数	个案百分比（N = 10067）
个人发起	1168	11.60
工作的单位/学校/组织/机构	870	8.64

[①] 正式志愿服务参与率：参加过至少一次由正式组织发起的志愿服务的人数占有效样本人群的比例。非正式志愿服务参与率：参加过至少一次由自己或其他个人发起的志愿服务的人数占有效样本人群的比例。

类别	个案数	个案百分比（N = 10067）
所在社区居（村）委会	710	7.06
志愿服务组织	236	2.34
不知道是否登记	92	0.91
未在民政部门登记	91	0.90
在民政部门登记	85	0.85
政府部门及其相关机构	222	2.20
群团组织（共青团、妇联等组织）	79	0.78
国际组织（和其他部分）	4	0.02
其他组织	64	0.64

二　我国活跃志愿者的总体特征

正如上文所言，活跃志愿者是当前社会发展过程中正在发挥积极作用的志愿服务力量，是我国志愿服务得以高质量发展的中坚力量。了解他们的基本特征、生活状况和社会心态等，有助于更好地推动志愿服务、维护和拓展志愿者队伍等。

（一）我国活跃志愿者的基本特征

1. 初婚中年男性是活跃志愿者的主体，但未婚青年男性参与志愿服务的可能性更高

从年龄差异方面看，在我国18 ~ 69岁城乡居民中，活跃志愿者的平均年龄为43.1岁，而非活跃志愿者①的平均年龄为48.1岁，两者相差5岁。这种相对于非活跃志愿者的年轻化特征是由青年人群内的高参与率引致的。根据出生年份对志愿者数量进行分析，目前我国90后中有39.3%的人在近一年内有过志愿服务的经历，而1990年以前出生的各代居民中，活跃志愿

---

① 非活跃志愿者，指近一年内没有参加过任何志愿服务的人群。

者的比例均低于30% 。

从婚姻状况来看，在18~69岁活跃志愿者群体中，未婚群体占19% ，初婚群体占72.7% ，其他群体占8.3% 。可见，初婚群体是当下我国活跃志愿者群体的主要力量。但是，从不同婚姻状况群体的参与情况看，未婚群体中的活跃志愿者比例最高，为40.8% ，这一比例在初婚群体中骤降为23.9% 。这可能是因为结婚后居民在家庭、工作等方面投入更多的精力和时间，从而在一定程度上减少了志愿服务的参与率。

从性别方面看，男性在志愿服务方面的活跃度比女性高。在我国18~69岁城乡居民中，有28.9% 的男性是活跃志愿者，而这一比例在女性中只有22.2% ，两者相差6.7个百分点。

总的来说，从代际看，90后更有可能成为活跃志愿者；从婚姻状况看，未婚群体的志愿服务参与度更高；从性别看，男性更有可能成为活跃志愿者。

2. 活跃志愿者中的群众占比最高，但非群众身份的居民参与志愿服务的可能性更高

不同政治面貌的居民群体在志愿服务参与率上也有明显差异，非群众身份的受访者参与志愿服务的比例比群众身份的受访者更高。在我国18~69岁的城乡居民中，近一年以来，有64.5% 的中国共产党党员参与了志愿服务，有66.0% 的共青团团员参与了志愿服务，有62.5% 的各民主党派成员参与过志愿服务，而这一比例在群众中仅为32.3% 。虽然群众身份的受访者参与意愿较弱，但我国志愿者群体在政治身份上仍以群众身份为主，占志愿者总人数的66.7% ，这和我国群众身份人口规模庞大是分不开的。

3. 活跃志愿者中大专及以上文化程度占比最高，受教育水平越高的居民越有可能参与志愿服务

受教育水平的高低直接决定了个人人力资本的多寡，进而影响其志愿服务的意愿和质量。分析结果表明，在18~69岁活跃志愿者人群中，大专及以上文化程度占比最高。近一年以来，在拥有大专及以上学历的居民中有50.4% 有过志愿服务的经历。这一比例在拥有高中或高职学历的群体中为33.7% ，在初中学历群体中为22.3% ，在小学及以下学历群体中为13.9% 。

可见，受教育水平越高，参与志愿服务的可能性越大。

4. 活跃志愿者以华东地区的居民占比最高，并且华东地区居民成为活跃志愿者的可能性也最高

将我国各省区市分为六大地区后，各地区活跃志愿者比例差异明显。其中，在我国活跃志愿者群体中，居住在华东地区的人群占总人数的比例是最高的，为 32.7%；其次为中南地区，占比 27.9%；西南地区的比例为 12.8%，华北地区的比例为 12.2%，东北地区的比例为 7.7%；占比最小的是西北地区，为 6.7%。从各地区活跃志愿者人数占该区域总人数的比例看，活跃志愿者比例最高的地区也是华东地区，占比 29.4%；其次是华北地区，占比 25.3%；第三名是西北地区，占比 24.9%。由此可见，华东、华北和西北地区的居民更有可能参与志愿服务。

（二）与非活跃志愿者相比，活跃志愿者的经济条件相对更好

管子曰："仓廪实而知礼节，衣食足而知荣辱。"经济条件对居民的行为选择具有重要影响。数据分析结果显示，活跃志愿者拥有相对更加优越的经济条件，这主要表现在三个方面。

其一，与非活跃志愿者相比，活跃志愿者家庭收入更高。在我国 18 ~ 69 岁城乡居民中，活跃志愿者的平均家庭年收入为 83927 元，而非活跃志愿者的平均家庭年收入为 53683 元，二者相差 3 万余元。其二，与非活跃志愿者相比，活跃志愿者拥有更稳定的就业状况。61.8% 的活跃志愿者有工作，而在非活跃志愿者群体中有工作的人仅占 55.8%，两者相差 6 个百分点。其三，与非活跃志愿者相比，活跃志愿者平均自有住房套数更多。在我国18 ~ 69 岁城乡居民中，活跃志愿者群体平均每位受访者拥有 1.19 套住房，而非活跃志愿者群体中平均每人仅拥有 1.12 套住房，两者相差 0.07 套。

（三）与非活跃志愿者相比，活跃志愿者的社会心态更积极

与非活跃志愿者相比，活跃志愿者群体也拥有相对更加积极的社会心态。这主要表现在以下四个方面：其一，活跃志愿者的生活总体满意度更

高。活跃志愿者群体的平均生活总体满意度为 7.02 分（10 为满分），而非活跃志愿者群体的平均生活总体满意度为 6.51 分，比活跃志愿者群体低 0.51 分。其二，活跃志愿者拥有更高的社会保障评分。活跃志愿者群体评估整个社会保障水平的平均分为 6.34 分，这一得分在非活跃志愿者群体中为 5.87 分，比前者低 0.47 分。其三，活跃志愿者拥有更高的社会信任评分。在对整个社会可信任度的评估中，活跃志愿者群体平均分为 6.17 分，而非活跃志愿者群体的平均分为 5.97 分，相差 0.2 分。其四，与非活跃志愿者相比，活跃志愿者拥有更高的社会宽容评分。活跃志愿者群体评估社会宽容程度的平均分为 6.51 分，而非活跃志愿者群体为 6.27 分，比前者低 0.24 分。

可见，相比于非活跃志愿者群体，活跃志愿者群体在生活总体满意度、社会保障水平、社会信任水平和社会包容程度四个方面都给出了较高的评价。活跃志愿者群体比非活跃志愿者群体有更积极的社会认知，其社会心态更加积极。

三 我国志愿服务参与存在不平衡和不充分现象

（一）志愿服务参与率排前三的是老年关怀、环境保护和儿童关爱，并且志愿者以参加一种类型的志愿服务活动为主，志愿服务内部发展不平衡

调查结果显示，在 17 类志愿服务中，对近一年内参与过的志愿服务依据参与率由高到低排序，前三个依次为老年关怀（10.6%）、环境保护（9.9%）、儿童关爱（8.2%）；参与率最低的三个依次为国际援助（0.1%）、法律援助（1.0%）、妇女维权/保护（1.7%）。可见，志愿服务的具体业务领域之间存在发展不平衡现象（见图 1）。

此外，参与单一类型的志愿服务是目前活跃志愿者活动的主要形式。对受访者参与过的志愿活动种类进行频率分析发现，近一年以来参与过志愿服务的居民中，只参加过一种类型志愿服务活动者占多数，比例达到 9.8%；

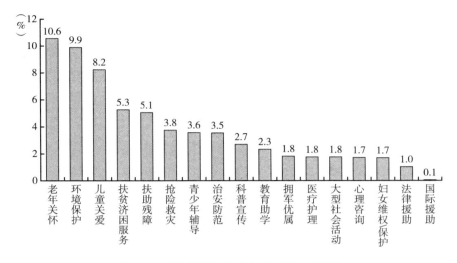

图 1　各类志愿服务的参与率（N = 10078）

其次是参加过两项者，比例达到 6.6%。随着参与志愿服务的种类增多，比例逐渐下降。也就是说，尽管近一年以来志愿服务参与率超过了 25%，但参与志愿服务的种类相对固定，以参加一种类型的志愿服务活动为主。

（二）各类志愿服务的参与率存在代际差异、地区差异和城乡差异

1. 活跃志愿者的代际分布和它在同代际受访者总数中的比例呈反比，且各代际活跃志愿者有各自的参与偏好

最近 70 年间，从新中国成立时的百废待兴到如今世界上最大的发展中国家，我国的经济社会发展取得了令世人瞩目的进步。在飞速发展的同时，社会的快速变迁也使得代际群体的距离在扩大，不同年代出生的居民在价值观念、品味、行为选择等诸多方面存在巨大差异，形成了一道道"鸿沟"。本报告将受访者的出生年份以每 10 年为界分成 5 代，并比较各代际活跃志愿者在志愿服务参与类型上的差异，发现活跃志愿者在参与志愿服务类型方面存在代际差异，如表 2 所示。总体而言，活跃志愿者的代际分布和它在同代际受访者总数中的比例呈反比，即代际越近，活跃志愿者的比例越高。

表 2　不同代际活跃志愿者与各类志愿服务参与率的交叉

单位：人，%

类别	50后及以前	60后	70后	80后	90后
活跃志愿者人数	483	588	572	429	498
①活跃志愿者在本代际人口的占比	17.2	23.6	28.1	28.8	39.3
②青少年辅导	8.3	11.9	11.0	14.9	24.7
③老年关怀	47.9	45.9	44.9	33.3	32.7
④妇女维权/保护	7.5	9.5	7.7	5.8	2.0
⑤扶助残障	25.3	22.6	22.0	17.0	10.8
⑥拥军优属	8.7	10.2	9.5	4.2	1.6
⑦教育助学	6.6	8.2	10.7	12.8	8.2
⑧扶贫济困服务	17.4	25.3	25.3	21.6	11.8
⑨法律援助	3.9	4.9	4.7	4.9	1.6
⑩治安防范	18.9	18.0	16.3	11.2	3.6
⑪抢险救灾	17.8	21.1	15.4	14.4	3.8

注：本表中的各项均经过显著性检验；表格内，①行数据＝本代际的活跃志愿者人数/本代际人口总数×100%，②~⑪行数据＝本代际在该类志愿服务领域近一年内的参与人数/本代际近一年内的活跃志愿者人数×100%。

同时，改革开放前后出生的代际群体在各类志愿服务参与率上有着各自的偏好。与改革开放后出生的80后和90后相比，改革开放前出生的活跃志愿者（70后及以前）更倾向参与老年关怀、妇女维权/保护、扶助残障、拥军优属、治安防范和抢险救灾服务，特别的，90后在这几类志愿服务中的参与率明显偏低。但在青少年辅导上则呈现相反的趋势，改革开放前出生的活跃志愿者参与倾向明显低于改革开放后出生的；且90后在其中的参与率尤其突出，高于其他代际群体约10个百分点。此外，70后（10.7%）和80后（12.8%）更倾向参加教育助学服务，其参与率明显高于其他代际群体。而在法律援助和扶贫济困服务上，60后的参与率（4.9%、25.3%）也有了明显上升，但50后及以前（3.9%、17.4%）和90后（1.6%、11.8%）的参与率仍偏低。

2. 活跃志愿者在各类志愿服务中的参与情况呈现明显的城乡二元性

受历史等因素影响，我国社会具有明显的城乡二元性。整体上看，乡村居民在经济收入、生活方式、社会治理水平等方面与城镇居民有明显的差异。同样的，城镇和乡村居民在参与志愿服务的类型上也有着各自的偏好。如表3所示，近一年以来，乡村活跃志愿者更倾向于参与儿童关爱（36.8%）、老年关怀（47.7%）和抢险救灾（21.3%）类志愿服务。城镇活跃志愿者则在教育助学（9.8%）、扶贫济困服务（23.4%）和大型社会活动（8.7%）类志愿服务上有更高的参与率。这可能是由我国城乡之间资源配置和居民需求的差异导致的。一般而言，大型社会活动都在城镇举办，而非乡村；在教育助学和扶贫济困方面，城镇居民在教育资源和知识技术、经济资源等方面也有更多优势。乡村居民在儿童关爱、老年关怀和抢险救灾等志愿服务上的高参与率更多是需求导向的，这与我国现代化进程中出现的一系列问题密不可分。

表3　活跃志愿者的城乡分布与各类志愿服务参与率的交叉

单位：人，%

类别	城镇	乡村	全国
活跃志愿者人数	852	842	1694
①活跃志愿者占比	28.9	22.4	25.3
②儿童关爱	29.7	36.8	33.2
③老年关怀	37.4	47.7	42.5
④教育助学	9.8	7.1	8.5
⑤扶贫济困服务	23.4	15.0	19.3
⑥抢险救灾	12.7	21.3	17.0
⑦大型社会活动	8.7	3.7	6.2

注：本表中的各项均经过显著性检验；表格内，①行数据＝城镇（或乡村）的活跃志愿者人数/城镇（或乡村）人口总数×100%，②~⑦行数据＝城镇（或乡村）在该类志愿服务领域近一年内的参与人数/城镇（或乡村）近一年内的活跃志愿者人数×100%。

3. 各类志愿服务参与具有地区不平衡性

如前文所述，我国志愿者的地区分布不平衡。而在各类志愿服务参与率分析中，地域差异也明显存在且更复杂。如表4所示，从地区看，在通过显著性检验的几类志愿服务中，华东和西南地区的活跃志愿者参与率大多保持在较高水平；而东北地区和华北地区的活跃志愿者群体，仅在个别志愿服务

中参与率较高（比如，东北地区老年关怀活动参与率为42.3%，华北地区大型社会活动参与率为10.8%）；中南地区各类志愿服务参与率呈现明显的两极分化，其在环境保护和老年关怀上参与率较低，而在儿童关爱和抢险救灾上参与率很高。从各类志愿服务看，与代际差异不同的是，地域差异在各类志愿服务中并不一致，例如，中南和西南地区活跃志愿者更倾向于参与儿童关爱类服务，但西南和西北地区更倾向于参与老年关怀服务，在抢险救灾上则是中南和西北地区参与率较高。这说明，不仅地区内部各类志愿服务参与情况有明显差异，在地区层次上各类志愿服务的发展也不平衡且十分复杂，需要综合考虑各地区的情况。

表4　志愿者的地区分布与各类志愿服务参与率的交叉

单位：人，%

类别	华北地区	东北地区	华东地区	中南地区	西南地区	西北地区	全国
活跃志愿者人数	314	197	842	717	328	173	2571
①活跃志愿者占比	25.3	24.1	29.4	24.7	21.1	24.9	25.5
②儿童关爱	24.4	31.1	33.2	36.2	34.5	23.7	32.3
③老年关怀	34.9	42.3	42.3	39.9	47.6	42.8	41.4
④环境保护	37.5	38.3	40.7	34.9	44.8	37.6	38.8
⑤抢险救灾	7.6	12.7	12.5	20.4	13.8	18.5	14.7
⑥大型社会活动	10.8	4.1	6.5	6.8	7.3	3.5	6.9

注：本表中的各项均经过显著性检验；表格内，①行数据＝本地区的活跃志愿者人数/本地区人口总数×100%，②～⑥行数据＝本地区在该类志愿服务领域近一年内的参与人数/本地区近一年内的活跃志愿者人数×100%。

（三）各类志愿服务的需求度与参与率之间存在差距，志愿服务发展不充分，具有很大的发展空间

测量居民对志愿服务的需求情况，在一定程度上反映了志愿服务的发展方向和空间。调查提供了17类志愿服务类型，供调查对象选择他/她与家人"今后是否需要以及需要哪些别人或组织提供"的志愿服务。数据显示，68.6%的调查对象表示自己和家人对志愿服务存在需要。在17类志愿服务中，

老年关怀的需求度最高，比例达到 55.3%；其次是医疗护理，比例为 40.2%；再次是扶贫济困服务，比例达到 37.5%。排在末三位的需求是大型社会活动、拥军优属、国际援助，比例均未超过 10%。

调查数据还显示，各类志愿服务的需求度远高于实际参与率，具体见图 2。需求度相对较高而参与率相对较低，意味着差距较大。而差距越大，意味着该志愿服务越有发展的必要和空间。从差距大小排序来看，老年关怀、医疗护理、扶贫济困服务是三类具有最大发展空间的志愿服务领域。总体来说，各类志愿服务的供给与需求之间差距明显，志愿服务存在很大的发展空间。

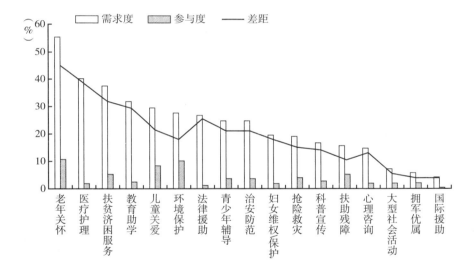

图 2　各类志愿服务的需求度、参与率及两者的差距

四　我国志愿者参与志愿服务的主要趋势与建议

综上可见，在各级党政机关的关心和社会各界的大力支持下，我国志愿服务取得了长足进步，产生了巨大的经济社会效益，推动了整个社会的和谐发展。但由于历史和现实因素的制约，我国志愿服务在结构优化、协同发

展、组织建设、管理机制等方面还存在一些问题与不足，亟待解决和弥补。

首先，我国志愿者已形成一定规模，创造了巨大的经济社会价值，且以参与工作所在单位/学校/组织/机构发起的志愿服务为主，具有较好的内生发展动力，可推动社会和谐发展。就志愿服务的人群规模和参与率而言，我国18～69岁居民中志愿者占比、活跃志愿者占比、志愿服务参与率均超过了20%。按照最低工资每小时15元的标准进行统计估算，可以保守地推断活跃志愿者一年内创造的经济社会价值已经超过了1200亿元。相对而言，我国活跃志愿者具有更高的生活水平和生活满意度，对社会保障水平有较高评价，具有更高的社会信任水平和社会宽容度。从参与途径上看，志愿者更倾向于选择制度化、组织化的方式。可以说，我国的志愿者群体不仅创造了较高的经济社会价值，还具有美好的社会心态，是社会正能量的积极传播者，是和谐社会建设的有生力量。随着社会的发展，志愿者群体的规模和社会影响力还将持续扩大。

其次，志愿服务参与存在不平衡、不充分问题，建议将部分志愿服务领域列为重点发展方向。当下我国经济社会发展进入了新时代，人民需求的快速增长，使其与服务的供应之间存在巨大的裂隙。这一裂隙不仅存在于供需之间，也存在于地区和服务种类等方面。一方面，部分志愿服务参与率低，与居民需求存在差距。数据分析显示，我国居民对老年关怀、医疗护理、扶贫济困服务的需求度排前三位，但志愿服务参与率较高的是老年关怀、环境保护和儿童关爱。可见，志愿服务中供需不一致的问题明显。另一方面，志愿服务参与也存在代际、地区、城乡等不平衡现象。以地区差异为例，在我国活跃志愿者群体中，西北地区占比不足10%，而华东地区占比已超30%。从各类志愿服务的参与率看，华北和东北地区也普遍低于其他各地区。这说明，各地区在志愿者群体规模和活跃度等方面差异明显。这种不平衡、不充分使民众对志愿服务的需求得不到有效的满足，也提高了志愿服务的成本，不利于我国志愿服务质量的总体提升。因此，推动志愿服务的发展，需分步骤、有计划、有针对性地解决志愿服务发展的不平衡问题，在全面发展志愿服务的同时可重点发展老年关怀、医疗护理、扶贫济困等志愿服务领域。

再次，各类志愿服务培训的供给不足，建议重点加强志愿服务的专业化和网络化培训。志愿服务的专业化对于提高志愿服务的质量、有效满足民众需求至关重要，而网络化则在一定程度上解决了志愿服务地区不平衡的问题，从而有助于促进志愿服务总体质量的提升。然而，调查发现，当下我国志愿服务的专业化和网络化程度不高。原因在于我国当前的志愿服务培训机制尚不发达，没有足够的经费和人力来支持志愿服务培训的拓展，并且对志愿服务培训重要性的认识也不够。为此，建议加强志愿服务培训机制建设，多层次、多领域、多时点地提供培训机会，推动志愿服务的专业化和网络化，提升志愿服务的效率和质量。

复次，整合现有不同类型志愿者，规范管理方式，统一管理平台。志愿服务领域存在管理主体多且管理机制不一致的现象，各主体之间的有效沟通和协调还有待加强。特别是多个主体同时开展同一项活动时，管理上的缺位或重叠现象极易产生，从而增加了行动成本。另外，法律法规的不健全，地方性法规不一致，也在很大程度上制约了志愿活动主体的行动。换言之，虽然行政力量主导的志愿者体系把人员划分为不同类型、在管理上分属不同部门，但在志愿服务的实践中，不同类型和部门的志愿者主体实际上有可能是重合或可以重合的，其提供的志愿服务实际上是部分重复的。各主体的独立行动难以通过合作和明确的分工来提供更全面、更有效的志愿服务，极大地影响了志愿服务的充分发展。所以，建议整合现有的各类志愿者管理和服务平台，形成一个全国性的统一管理服务平台，对这些不同类型的志愿者进行统一分类、注册和管理，实现相关部门的快速联动、各类志愿服务的无缝对接，从而实现志愿者资源利用和管理的效用最优化。

最后，加大财政扶持力度。数据分析显示，近五成的志愿者都不同程度地承担了志愿服务的成本。适当的财政补贴，能够降低志愿服务的经济成本，提高志愿组织风险防控能力和专业培训水平等，从而提高志愿服务的吸引力，实现志愿服务质量的提升。志愿服务发达的国家大多通过国家财政、慈善基金会等组织给予志愿服务活动一定的补贴。建议加大政府对志愿服务

的财政扶持力度，甚至设立专项财政资金，以保障政府资金使用的规范性，同时增加志愿服务对民众的吸引力。

参考文献

江汛清：《中外志愿活动比较》，《青年研究》2003 年第 1 期。

谭建光：《中国新时代青年志愿服务的发展分析》，《青年学报》2018 年第 1 期。

邓国胜、辛华、翟雁：《中国青年志愿者的参与动机与动力机制研究》，《青年探索》2015 年第 5 期。

黄永亮、崔岩：《社会歧视对不同收入群体社会公平感评价的影响》，《华中科技大学学报》（社会科学版）2018 年第 6 期。

《中华人民共和国国民经济和社会发展第十三个五年规划纲要》，《人民日报》2016 年 3 月 18 日。

民政部、国家发展和改革委员会：《关于印发〈民政事业发展第十三个五年规划〉的通知》，中华人民共和国中央人民政府门户网站，http：//www. gov. cn/xinwen/2016 - 07/06/content_ 5088745. htm，2016 年 6 月 24 日。

习近平：《决胜全面建成小康社会　夺取新时代中国特色社会主义伟大胜利——在中国共产党第十九次全国代表大会上的报告》，中华人民共和国中央人民政府门户网站，http：//www. gov. cn/zhuanti/2017 - 10/27/content_ 5234876. htm，2017 年 10 月 27 日。

B.13
中国城乡困难家庭状况调查报告

江治强　黄永亮　田丰*

摘　要： 近年来，各级政府坚持以人民为中心的发展思想，从促进社
会公平正义、提高人民生活水平的角度出发，全面推进社会
保障体系建设，社会保障体系日趋完善，保障水平进一步提
升。但在现阶段，城乡困难家庭还存在入不敷出的现象，他
们在医疗、教育和住房这三个方面依旧面临较大的压力。社
会保障、社会救助及福利补贴水平还有待进一步提升，此外
困难家庭中残疾人、老年人和未成年人的心理状况也是未来
社会保障工作需要关注的重点内容。

关键词： 城乡困难群体　社会保障　反贫困　扶贫

党的十九大报告提出要按照兜底线、织密网、建机制的要求，全面建成
覆盖全民、城乡统筹、权责清晰、保障适度、可持续的多层次社会保障体
系。在这一方针的指导下，政府在补短板、兜底线、织密网等方面开展了大
量工作。通过不断完善义务教育、社会保险以及最低生活保障制度等，保障
困难家庭的基本生活，改善其生活质量。习近平总书记指出，要"坚持在
发展中保障和改善民生"。对各级政府而言，增进民生福祉，改善困难群体
的生活状况、提高困难群体的生活水平是一项长期工作。本报告基于抽样调

---

* 江治强，民政部政策研究中心副研究员；黄永亮，中国社会科学院研究生院社会学系博士研
究生；田丰，中国社会科学院社会学研究所研究员。

查和宏观统计数据，重点讨论当前我国城乡困难家庭的基本情况及其面临的主要问题。

一 城乡困难家庭基本情况

（一）城乡困难家庭调查介绍

"中国城乡困难家庭社会政策支持系统建设"项目入户调查（以下简称"困难家庭调查"）是由民政部政策研究中心立项，由北京大学中国社会科学调查中心执行的大型抽样调查项目。该调查采用计算机辅助面访（CAPI）的调查方式，自 2015 年起每年对城乡困难家庭进行追踪调查。2018 年度调查主要聚焦三类人群，即困难家庭中的残疾人、老年人和未成年人。他们从2015 年或 2017 年完成困难家庭调查访问，并且根据已知数据判定符合条件的家户中选取。

本次调查成功访问了 7612 个困难家庭。其中城市困难家庭 4625 个，农村困难家庭 2987 个。在城市困难家庭样本中，低保户占 63.4%，低保边缘户占 36.6%；在农村困难家庭样本中，低保户占 56.2%，低保边缘户占43.8%（见表 1）。这些家庭中共有 8878 人接受调查，其中残疾人 2494 人，老年人 3853 人，未成年人（或其父母）2531 人。

表 1 2018 年度调查城乡困难家庭的类型及比重

单位：户，%

困难家庭类型	农村	城市
低保户	56.2	63.4
低保边缘户	43.8	36.6
合计	100	100
样本量	2987	4625

（二）困难家庭中老年人、未成年人父母及残疾人的人力资本情况

个体的人力资本因素如教育程度、健康状况、精神面貌等都会导致家庭贫困的形成。[①] 因此，我们首先对调查样本中困难家庭的老年人、未成年人父母及残疾人的健康状况进行了分析。在老年人群体中，自评健康状况比较差的占比为 25.6%，自评健康状况非常差的占比为 16.8%，两者合计占比为42.4%。在未成年人父母中，认为自身健康状况比较差的占比为 20.3%，认为自身健康状况非常差的占比为 12.1%，二者合计占比为 32.4%。在残疾人群体中，自评健康状况比较差的占比为 29.6%，自评健康状况非常差的占比为 21.3%，二者合计占比为 50.9%，总体来看，在困难家庭中，有超四成的老年人自评健康状况差，有过半的残疾人自评健康状况差，而未成年人父母的自评健康状况相对较好，自评健康状况在一般及以上的占比为 67.6%（见表2）。

表2　困难家庭中老年人、未成年人父母及残疾人的健康状况

单位：人，%

健康状况	老年人	未成年人父母	残疾人
非常好	3.7	7.7	2.4
比较好	10.6	13.6	6.8
一般	43.3	46.3	39.9
比较差	25.6	20.3	29.6
非常差	16.8	12.1	21.3
合计	100	100	100
样本量	3854	2523	1203

此外，从这三类人员的受教育程度来看，老年人群体的文化程度以私塾或小学为主，占比为 40.9%；其次是未上过学，占比为 24.7%；文化程度为初中的占比是 23.5%；而高中或中专及以上的占比仅为 10.9%。未成年人父母的文化程度占比最高的是初中，占比为 42.3%；其次是私塾或小学，

[①]　胡联、孙永生、王娜、倪国华：《贫困的形成机理：一个分析框架的探讨》，《经济问题探索》2012 年第 2 期。

占比为 32.2%；未上过学的人员占比为 5.4%；高中或中专及以上文化程度的占比为 20.3%。残疾人群体的文化程度以私塾或小学、初中为主，二者的占比均为 30.2%；其次是未上过学，占比为 25%；高中或中专及以上文化程度的占比仅为 14.6%（见表 3）。总体来看，残疾人群体的文盲率相对最高。老年人群体的文化程度在初中及以下的人员占比相对最高，为 89.1%；其次是残疾人群体，占比为 85.4%；最后是未成年人父母，初中及以下文化程度的占比为 79.9%。相对而言，在困难家庭中，未成年人父母的人力资本更高。

表3　困难家庭中老年人、未成年人父母及残疾人的文化程度

单位：人，%

文化程度	老年人	未成年人父母	残疾人
未上过学	24.7	5.4	25.0
私塾或小学	40.9	32.2	30.2
初中	23.5	42.3	30.2
高中或中专	9.1	16.1	12.8
大专及以上	1.8	4.2	1.8
合计	100	100	100
样本量	3854	2531	2493

（三）困难家庭中老年人、未成年人父母及残疾人的就业结构

从困难家庭中这三类人员的就业情况来看，老年人群体的职业为城乡的失业者、半失业者或从未就业的比例为 6.4%，职业为个体工商户或商业服务人员的比例为 5.3%，职业为产业工人的比例为 16.5%，从事农业劳动的人员占比为 52.2%，职业为国家与社会管理者、经理人员、私营企业主和专业技术人员的占比为 7.6%。从未成年人父母的就业情况来看，职业为城乡的失业者、半失业者或从未就业的比例为 34.7%，为个体工商户或商业服务人员的比例为 7.8%，为产业工人的比例为 14.3%，为农业劳动者的比例为 23.8%，为国家与社会管理者、经理人员、私营企业主和专业技术人

员的占比为3.4%。从残疾人群体的就业情况来看，职业为城乡的失业者、半失业者或从未就业的比例为23.5%，为个体工商户或商业服务人员的比例为5.5%，职业为产业工人的比例为18.4%，从事农业劳动的人员比例为26.4%，职业为国家与社会管理者、经理人员、私营企业主和专业技术人员的占比为2.7%（见表4）。整体而言，这三类人员所从事的职业以中低端行业为主。此外，值得关注的是，在困难家庭中，未成年人父母及残疾人群体的失业人员占比相对较高。

表4 困难家庭中老年人、未成年人父母及残疾人的就业情况

单位：人，%

职业类别	老年人	未成年人父母	残疾人
国家与社会管理者	3.5	1.6	0.9
经理人员	0.8	0.4	0.3
私营企业主	0.2	0.2	0.2
专业技术人员	3.1	1.2	1.3
办事人员	2.4	2.0	1.0
个体工商户	2.6	3.1	3.1
商业服务人员	2.7	4.7	2.4
产业工人	16.5	14.3	18.4
农业劳动者	52.2	23.8	26.4
城乡的失业者、半失业者或从未就业	6.4	34.7	23.5
其他	9.5	14.2	22.4
合　计	100	100	100
样本量	3854	2378	1841

二 城乡困难家庭的经济性贫困

（一）2017年城乡困难家庭经济收支状况

从2017年城乡困难家庭的收支状况来看，农村困难家庭年收入为

11356 元，年支出为 24701 元。城市困难家庭年收入为 23649 元，年支出为 35248 元（见图 1）。从收支状况来看，城乡困难家庭均属于入不敷出的情况。相比较而言，农村困难家庭的收支差距要大于城市困难家庭。

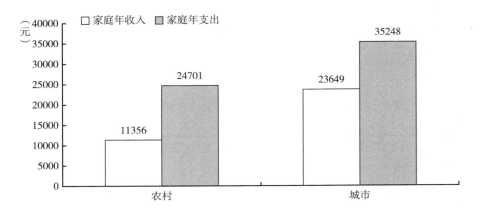

图 1　2017 年城乡困难家庭年收支状况

（二）2017年城乡困难家庭收入、支出结构

家庭的收入结构合理对于改善困难家庭经济状况具有重要的作用。对于困难家庭而言，其家庭收入来源主要可以分为两个方面，一方面是政府转移收入，另一方面是家庭成员正常劳动或其他经营收入。从调查数据来看，在农村困难家庭中，政府转移收入占其家庭总收入的 69%；在城市困难家庭中，转移收入占比为 41%（见表 5）。不可否认，政府转移支付在维持困难家庭正常生活中发挥着重要作用。但同时需要注意的是，从长远角度来看，过度依赖政府的经济支持可能会导致家庭经济状况陷入恶性循环，难以跳出"贫困陷阱"。对比城乡困难家庭的收入结构可以发现，农村困难家庭对政府的依赖性相对更高，城市困难家庭对政府转移支付的依赖程度则相对较低，因此其家庭经济的独立和自主性更强。

表5 2017年城乡困难家庭收入结构

单位：元，%

类别	总收入	收入占比	
		转移收入占比	其他收入占比
农村	11356	69	31
城市	23649	41	59

从2017年城乡困难家庭的支出结构来看，两类家庭的支出结构差异并不明显。在农村困难家庭的消费支出中，日常生活消费支出占比为39%，医疗支出占比为41%，其他消费支出占比20%；在城市困难家庭的消费支出中，日常生活消费支出占比为48%，医疗支出占比为39%，其他消费支出占比为13%（见表6）。

表6 2017年城乡困难家庭支出结构

单位：元，%

类别	总支出	支出占比		
		日常生活消费	医疗	其他
农村	24701	39	41	20
城市	35248	48	39	13

（三）城乡困难家庭经济状况自评

家庭经济状况自评是家庭成员对自身家庭经济水平的自我认知及评价。从调查数据来看，在农村困难家庭中，认为经济状况非常困难和比较困难的比例为73.3%，认为大致够用的比例为25.5%，认为比较宽裕和相当宽裕的比例为1.2%。在城市困难家庭中，认为自身家庭经济状况非常困难和比较困难的比例为70.7%，大致够用的比例为27.6%，比较宽裕和相当宽裕的比例为1.7%（见表7）。可以发现，城乡困难家庭成员认为自身家庭经济困难的比例均已经超过七成。

表7　城乡困难家庭经济状况自评情况

单位：%

经济状况	农村	城市
非常困难	36.3	31.4
比较困难	37.0	39.3
大致够用	25.5	27.6
比较宽裕	1.0	1.5
相当宽裕	0.2	0.2
合计	100	100

三　城乡困难家庭的社会性贫困

社会性贫困是指由物质、文化生活资料的分配问题造成的贫困，也可称作分配性贫困。影响物质、文化生活资料分配的因素都是社会性贫困的成因。① 在各类困难家庭中，教育、医疗和住房等方面的社会性贫困问题依然比较突出。

（一）城乡困难家庭社会性贫困因素分析

家庭负债水平的高低在一定程度上反映了家庭贫困的严重程度。从2017 年城乡困难家庭负债情况来看，城市困难家庭负债较高，平均负债26330 元，农村困难家庭平均负债 25069 元（见图 2）。

从家庭的负债原因来看，在农村困难家庭中，借债原因比例最高的是"看病"，占比为 70.2%；其次是因孩子上学借债，占比为 28%；因"买房、租房或修建房"而借债的占比为 27.2%；因"日常生活需要"借债的比例为 24%；其他负债原因的占比相对较低，比例均在 10% 以下。在城市

---

① 原华容：《生产性贫苦与社会性贫困》，《社会学研究》1990 年第 6 期。

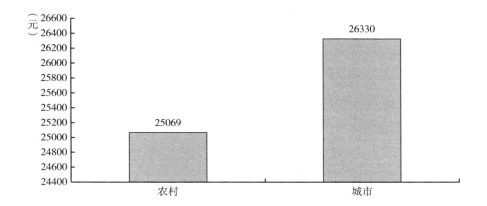

图 2　2017 年城乡困难家庭债务状况

困难家庭中，借债原因排在第一位的是"看病"，占比为 75.3%；第二是"孩子上学"，占比为 31.6%；第三是因日常生活需要而借债，占比为 26.1%；第四是"买房、租房或修建房"，占比为 22.2%（见表 8）。由此可见，当前困难家庭的负债原因主要集中在三个方面：医疗、教育和住房，这三类问题仍是困难家庭面临的主要问题。

表 8　2017 年城乡困难家庭负债原因

单位：%

借债原因	农村	排序	城市	排序
看病	70.2	1	75.3	1
孩子上学	28.0	2	31.6	2
日常生活需要	24.0	4	26.1	3
买房、租房或修建房	27.2	3	22.2	4
婚丧嫁娶	8.1	5	6.4	5
意外事故	5.4	7	5.7	6
经营需要	7.7	6	5.0	7
其他	2.6	9	2.7	8
重大自然灾害	2.6	8	0.7	9

（二）城乡困难家庭因病致贫状况

慢性疾病不仅会损害人们的身心健康和生活质量，同时其治疗周期相对较长，治疗费用较为昂贵，也给很多困难家庭带来巨大的经济负担。从调查数据来看，在农村困难家庭中，慢性病患病比例最高的是骨关节病，占比为58.5%；其次是高血压、胃病和心脑血管疾病，占比分别为43.4%、37.6%和30.7%；此外，慢性肺部疾病、白内障/青光眼和糖尿病的比例也相对较高，占比分别为20%、18.7%和11.6%。在城市困难家庭中，患病比例最高的几类慢性病分别是骨关节病、高血压、心脑血管疾病和胃病，占比分别为58.7%、45.1%、38.2%和37.1%；白内障/青光眼、慢性肺部疾病以及糖尿病的占比也相对较高，占比分别为24.1%、20.5%和15.6%（见表9）。

表9　2017年城乡困难家庭成员慢性病患病情况

单位：%

类别	农村	排序	城市	排序
骨关节病	58.5	1	58.7	1
高血压	43.4	2	45.1	2
心脑血管疾病	30.7	4	38.2	3
胃病	37.6	3	37.1	4
白内障/青光眼	18.7	6	24.1	5
慢性肺部疾病	20.0	5	20.5	6
糖尿病	11.6	8	15.6	7
其他慢性病	11.6	7	13.6	8
生殖系统疾病	7.9	9	8.9	9
癌症/恶性肿瘤	4.0	11	5.6	10
老年痴呆	5.3	10	4.7	11
帕金森病	0.9	12	1.3	12

医疗花费是城乡困难家庭借债的主要原因之一，是导致其家庭陷入贫困的重要因素。在农村困难家庭中，医疗支出占家庭总支出的41%，自付医疗支出占医疗总支出的66%，自付医疗支出占家庭总支出的27%。在城市困难家庭中，医疗支出占家庭总支出的39%，自付医疗支出占医疗总支出的67%，自付医疗支出占家庭总支出的26%（见表10）。可以发现，医疗

支出在当前困难家庭总支出中占据的比例偏高。医保制度减少了困难家庭的自付医疗支出，降低了自付医疗支出在家庭总支出中的比重，在一定程度上减轻了困难家庭的看病压力。但值得注意的是，当前自付医疗支出在医疗总支出中仍占较高比例。

表 10　2017 年城乡困难家庭医疗支出占家庭支出比例

单位：%

类别	医疗支出占家庭总支出	自付医疗支出占医疗总支出	自付医疗支出占家庭总支出
农村	41	66	27
城市	39	67	26

（三）城乡困难家庭住房及家用设备负担状况

住房条件及现代家用设备拥有情况是衡量家庭经济状况和生活水平的重要标准。居住条件相对较差是困难家庭的共性特征。从 2017 年城乡困难家庭的居住结构来看，整体而言，城乡家庭的居住结构差异较大。在农村困难家庭中，有 73.2% 的家庭居住在平房，住楼房的比例为 26.5%，住地下室的比例为 0.3%。在城市困难家庭中，住平房的比例为 31.1%，住楼房的比例为 68.3%，住地下室的比例为 0.6%（见表 11）。从居住结构来看，农村困难家庭更多居住在平房，而城市困难家庭住楼房的比例则相对更高。从危房比例来看，农村困难家庭的危房比例相对较高，占比为 26.7%。城市困难家庭危房占比为 19.5%（见图 3）。

表 11　2017 年城乡困难家庭的居住结构

单位：%

住房类型	农村	城市
平房(包括搭建棚户等与平房类似住房)	73.2	31.1
地下室	0.3	0.6
楼房	26.5	68.3
合　计	100	100

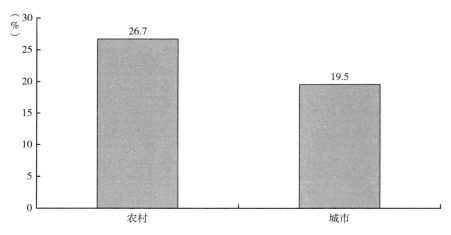

图3　2017年城乡困难家庭危房比例

从家用设备的拥有情况来看，在农村困难家庭中，排名前三的家用设备分别是彩电（占比81.3%）、冰箱（占比64.7%）和洗衣机（占比63.4%）；其次是电动车（占比47.3%）、智能手机（占比45.7%）和空调（占比28.8%）；拥有比例相对较低的分别是摩托车（占比21.5%）、电脑（占比10.7%）和汽车（占比4.5%）。而在城市困难家庭中，拥有比例在七成以上的家用设备分别是彩电（占比85.1%）、洗衣机（占比75.9%）、冰箱（占比75.3%）；其次是智能手机（占比56.9%）、空调（占比51.4%）和电动车（占比39.9%）；电脑、摩托车和汽车在城市困难家庭中的拥有比例也相对较低（见表12）。可以发现，在当前城乡困难家庭中，彩电、洗衣机和冰箱这些基本的家用电器的拥有率相对较高，而电脑、汽车等进阶家庭设备的拥有率则比较低。

表12　2017年城乡困难家庭家用设备拥有情况

单位：%

家用设备	农村	排序	城市	排序
彩色电视机	81.3	1	85.1	1
洗衣机	63.4	3	75.9	2
冰箱	64.7	2	75.3	3

家用设备	农村	排序	城市	排序
智能手机	45.7	5	56.9	4
空调	28.8	6	51.4	5
电动车	47.3	4	39.9	6
电脑	10.7	8	24.5	7
摩托车	21.5	7	9.0	8
汽车	4.5	9	4.4	9

四　三类困难人群心理健康状况

现代社会快节奏的生活和高强度的竞争，导致越来越多的人在一定程度上产生心理健康问题，心理健康问题也越来越被人们所重视。与普通家庭相比较，困难家庭成员由于长期面临较大的经济生活压力，因而更容易产生心理健康问题，甚至出现"心理贫困"。因此，我们对困难家庭中的老年人、未成年人和残疾人这三类人群的心理健康状况分别进行了分析。

（一）困难家庭中老年人群体心理健康状况

在老年人群体中，从负面情绪来看，认为过去一周经常或总是"心情不好"的比例约为38%；有47.4%的人认为经常或总是"做事吃力"；有12.7%的人经常或总是认为"周围人不友善"；有39.3%的人认为经常或总是"睡不好"；有28.8%的人认为经常或总是"很寂寞"；有29.6%的人认为经常或总是"很伤心"；认为经常或总是"做事没劲"的占比达到37.9%；认为经常或总是"被身边人讨厌"的比例为11.5%。从正面情绪来看，认为过去一周经常或总是"很快乐"的比例为49.4%；认为日子过得不错的占比为57.3%（见表13）。

表 13　困难家庭中老年人群体过去一周曾有的心情或感觉情况

单位：%

	没有	很少	经常	总是
心情不好	34.3	27.7	21.9	16.0
做事吃力	32.8	19.8	24.7	22.7
周围人不友善	70.6	16.8	8.4	4.3
日子不错	20.6	22.1	27.1	30.2
睡不好	37.8	23.0	19.8	19.5
很快乐	29.1	21.4	22.3	27.1
很寂寞	56.0	15.2	14.3	14.5
很伤心	52.3	18.2	15.7	13.9
被身边人讨厌	73.6	14.9	7.1	4.4
做事没劲	41.5	20.6	19.6	18.3

从对当前生活状态的看法来看，在老年人群体中，对"我的生活在各方面都很好"表示非常同意或比较同意的占比为46.8%；对"我对自己的生活感到满意"表示非常同意或比较同意的占比为52.1%；对"如果让我再活一次，我仍会选择过同样的生活"表示非常同意或比较同意的占比为45.3%；对"我的生活大部分符合我的愿望"表示非常同意或比较同意的占比为48%；对"到目前为止，我的一生能够得到我认为重要的东西"表示非常同意或比较同意的占比为42.2%；对"不论遇到什么事，我都能想得开"表示非常同意或比较同意的占比为68.6%（见表14）。

表 14　困难家庭中老年人群体对当前生活状态看法

单位：%

	非常同意	比较同意	一般	不太同意	完全不同意
我的生活在各方面都很好	21.3	25.5	37.1	9.4	6.7
我对自己的生活感到满意	23.8	28.3	31.7	10.2	5.9
如果让我再活一次，我仍会选择过同样的生活	23.4	21.9	20.9	15.1	18.7

续表

	非常同意	比较同意	一般	不太同意	完全不同意
我的生活大部分符合我的愿望	22.0	26.0	26.9	14.3	10.8
到目前为止,我的一生能够得到我认为重要的东西	20.4	21.8	26.6	16.4	14.7
不论遇到什么事,我都能想得开	40.4	28.2	22.3	5.4	3.7

（二）困难家庭中未成年人群体的心理健康状况

在未成年人群体中,从对自己的正向评价来看,认为"我感到我是一个有价值的人,至少与其他人在同一水平上"符合或非常符合自己情况的占比为80.1%;认为"我感到我有许多好的品质"符合或非常符合的比例为77.2%;认为"我能像大多数人一样把事情做好"符合或非常符合的比例为88.2%;认为"我对自己持肯定的态度"符合或非常符合的比例为79.9%;认为"总的来说,我对自己是满意的"符合或非常符合的比例为79.3%。而从负面评价来看,认为"归根到底,我倾向于觉得自己是一个失败者"符合或非常符合自己情况的比例为9.0%;认为"我感到自己值得自豪的地方不多"符合或非常符合自己情况的占比高达43.2%。认为"我要是能看得起自己就好了"符合或非常符合的比例为39.6%;认为"我确实时常感到自己毫无用处"符合或非常符合的比例为11.2%;认为"我时常认为自己一无是处"符合或非常符合的比例为13.3%（见表15）。

表15　困难家庭中未成年人群体的自我评价

单位：%

	很不符合	不符合	符合	非常符合
我感到我是一个有价值的人,至少与其他人在同一水平上	4.3	15.5	63.4	16.7
我感到我有许多好的品质	2.9	19.9	65.5	11.7
归根到底,我倾向于觉得自己是一个失败者	41.5	49.5	7.5	1.5
我能像大多数人一样把事情做好	2.2	9.6	68.0	20.2

续表

	很不符合	不符合	符合	非常符合
我感到自己值得自豪的地方不多	12.5	44.2	39.4	3.8
我对自己持肯定的态度	3.6	16.5	61.4	18.5
总的来说，我对自己是满意的	3.0	17.7	59.2	20.1
我要是能看得起自己就好了	22.4	38.0	32.8	6.8
我确实时常感到自己毫无用处	38.9	49.9	8.7	2.5
我时常认为自己一无是处	34.1	52.7	10.8	2.5

（三）困难家庭中残疾人群体的心理健康状况

在残疾人群体中，从负面情绪来看，认为过去一周经常或总是"心情不好"的比例为38.9%；认为经常或总是"做事吃力"的占比为57.5%；有13.5%的人经常或总是认为"周围人不友善"；有41.3%的人认为经常或总是"睡不好"；有33.5%的人认为经常或总是"很寂寞"；有31.9%的人认为经常或总是"很伤心"；认为经常或总是"做事没劲"的占比达到45.1%；认为经常或总是"被身边人讨厌"的比例为15.2%。从正面情绪来看，认为过去一周经常或总是"很快乐"的比例为40.2%；认为日子过得不错的占比为46.1%（见表16）。

表16 困难家庭中残疾人群体过去一周曾有的心情或感觉情况

单位：%

	没有	很少	经常	总是
心情不好	30.1	31.0	24.7	14.2
做事吃力	25.1	17.4	30.4	27.1
周围人不友善	67.1	19.4	8.6	4.9
日子不错	30.1	23.8	26.5	19.6
睡不好	35.5	23.2	23.0	18.3
很快乐	32.3	27.6	21.8	18.4
很寂寞	48.3	18.2	17.9	15.6
很伤心	48.1	20.1	18.2	13.7
被身边人讨厌	66.4	18.3	8.9	6.3
做事没劲	35.4	19.5	23.2	21.9

从对当前生活状态的看法来看，在残疾人群体中，对"我的生活在各方面都很好"表示非常同意或比较同意的占比为30.9%；对"我对自己的生活感到满意"表示非常同意或比较同意的占比为34.8%；对"如果让我再活一次，我仍会选择过同样的生活"表示非常同意或比较同意的占比为26.0%；对"我的生活大部分符合我的愿望"表示非常同意或比较同意的占比为29.6%；对"到目前为止，我的一生能够得到我认为重要的东西"表示非常同意或比较同意的占比为32.2%；对"不论遇到什么事，我都能想得开"表示非常同意或比较同意的占比为63%（见表17）。整体而言，在困难家庭中，多数残疾人对自己目前的生活状态并不满意。

表 17 困难家庭中残疾人群体对当前生活状态的看法

单位：%

	非常同意	比较同意	一般	不太同意	完全不同意
我的生活在各方面都很好	14.2	16.7	41.5	15.8	11.7
我对自己的生活感到满意	14.9	19.9	38.0	16.0	11.2
如果让我再活一次,我仍会选择过同样的生活	13.7	12.3	18.6	16.8	38.6
我的生活大部分符合我的愿望	13.5	16.1	28.1	21.9	20.5
到目前为止,我的一生能够得到我认为重要的东西	15.3	16.9	30.0	20.3	17.5
不论遇到什么事,我都能想得开	34.8	28.2	25.7	7.0	4.3

五　社会保障政策的减贫效果

（一）社会政策总体减贫效果

总体上，目前城乡低保人员及农村特困人员数量呈现逐年下降趋势。根据国家统计局数据，2017年年末全国城市低保人数为1261万人，农村低保

人数为 4045.2 万人，农村特困人员数量为 466.9 万人，三者共计 5773.1 万人，占全国总人口的 4%。从变化趋势来看，2012～2017 年间这三类人群的数量都在逐年减少。从 2012 年的 8033.6 万人，占全国总人口的 6%，降到 2017 年的 6000 万人以下，人口占比也下降至 4%（见表 18）。

表 18 2012～2017 年我国低保和特困人员规模及比重

单位：万人，%

年份	城市低保人数	农村低保人数	农村特困人员人数	城乡低保和农村特困人口总数	城乡低保和农村特困人口占比
2012	2143.5	5344.5	545.6	8033.6	6
2013	2064.2	5388.0	537.2	7989.4	6
2014	1877.0	5207.2	529.1	7613.3	6
2015	1701.0	4903.6	516.7	7121.3	5
2016	1480.2	4586.5	496.9	6563.6	5
2017	1261.0	4045.2	466.9	5773.1	4

资料来源：《2017 年社会服务发展统计公报》。

从下降幅度来看，下降幅度最大的是城市低保人数，从 2012 年至 2017 年，年均下降幅度为 9%；其次是农村低保人数，年均下降幅度为 5%；农村特困人数年均下降幅度为 3%（见图 4）。

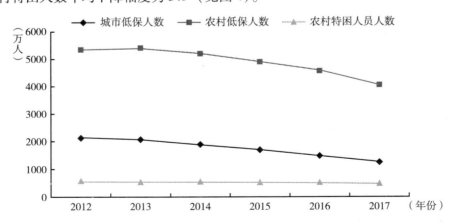

图 4 2012～2017 年城乡困难群体规模变动趋势

资料来源：《2017 年社会服务发展统计公报》。

按照每人每年 2300 元（2010 年不变价）的农村贫困标准计算，2017年，年末农村贫困人口 3046 万人，比上年末减少 1289 万人。从 2012 年到 2017 年，年均脱贫人数为 1532 万人，年均脱贫率为 20%。农村贫困发生率从 2012 年的 10.2% 下降到 2017 年的 3.1%（见表 19）。

表 19　2012～2017 年我国农村贫困人口规模、发生率和增长率

单位：万人，%

年份	农村贫困人口数	脱贫数	农村贫困人口增长率	农村贫困发生率	贫困标准
2012	9899	2339	−19	10.2	
2013	8249	1650	−17	8.5	
2014	7017	1232	−15	7.2	按照每人每年 2300 元（2010 年不变价）
2015	5575	1442	−21	5.7	
2016	4335	1240	−22	4.5	
2017	3046	1289	−30	3.1	

资料来源：历年《国民经济与社会发展统计公报》，以最新统计标准为准。

（二）困难家庭中老年人群体的社会保障情况

从困难家庭中老年人群体参加医疗保障的情况来看，参加"新型农村合作医疗"的占比最高，占比为 52%；其次是参加"城镇居民医疗保险"的占比为 29%；参加"城镇职工医疗保险"的占比为 16%；参加"公费医疗"和"商业医疗保险"的占比相对较低，占比分别为 4% 和 1%（见图5）。前文中曾提到，医疗支出在困难家庭总支出中占较大比重。就困难家庭而言，医疗支出占家庭总支出的 40%，而在医疗保障政策的支持下，自付医疗支出占家庭总支出的比例则从 40% 降到了 27%。可以发现，医疗保障政策对于减轻困难家庭的经济压力具有重要作用。

在老年人群体中，超过七成的人认为对解决家庭实际困难作用最大的方面是"低保金"；"有低保证，获得医疗、教育、住房等专项救助"及"低保配套优惠政策（如可享受水电减免、帮扶等）"的占比分别为 15% 和 10%（见表 20）。

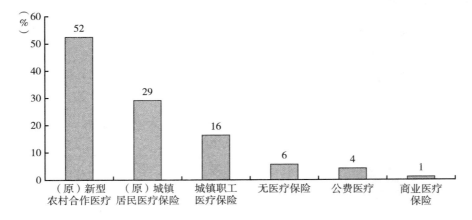

图5　困难家庭中老年人群体参加医疗保障情况

表20　困难家庭中老年人群体认为对解决实际困难作用最大的方面

单位：%

低保金	73
低保配套优惠政策（如可享受水电减免、帮扶等）	10
有低保证，获得医疗、教育、住房等专项救助	15
其他	2

从低保金对解决困难家庭生活困难的作用来看，老年人群体认为作用很大或作用比较大的人数占比为74%；认为作用一般的占19%；认为作用比较小或很小的仅占6%（见图6）。

（三）困难家庭中未成年人群体的社会保障情况

前文提到，在农村和城市困难家庭中，因为孩子上学而借债的比例分别达到28%和31.6%，子女上学给这部分家庭带来较大的经济压力。从教育保障政策对困难家庭未成年人的支持情况来看，免除学费的比例为61%；免除书本费的比例为40%；免除杂费的比例为35%；获得助学金及免除住宿费的比例均为21%；申请助学贷款的比例则相对较低，仅为2%（见图7）。

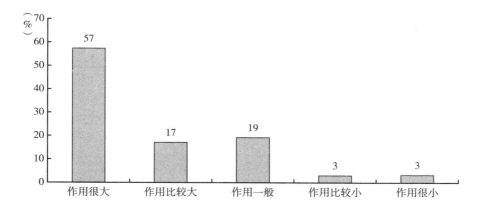

图6　老年人对低保金能够解决家庭生活困难作用的评价

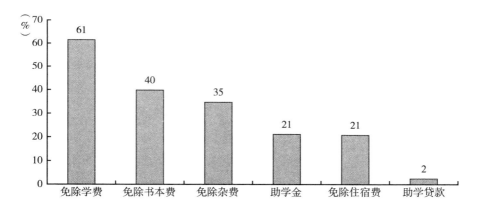

图7　困难家庭中未成年人群体的教育政策支持情况

从上述教育保障政策对困难家庭的帮助情况来看，有77%的人认为非常有帮助或有一定帮助；认为作用不大的比例为10%；认为几乎没有帮助的比例为13%（见图8）。整体来看，多数困难家庭认为当前的教育保障政策对其家庭有帮助作用。

（四）困难家庭中残疾人的社会保障情况

在困难家庭的残疾人群体中，参加医疗保险的比例为51%；参加养老

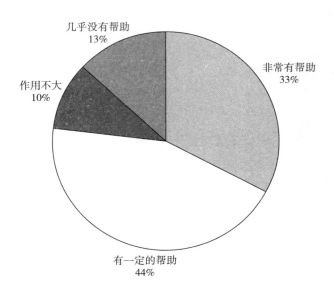

图8 教育保障政策对未成年人的帮助情况

保险的比例为31%；参加其他保险（失业、工伤、生育）的比例相对较低，占比仅为5%（见图9）；没有参加任何社会保险的比例为43%。

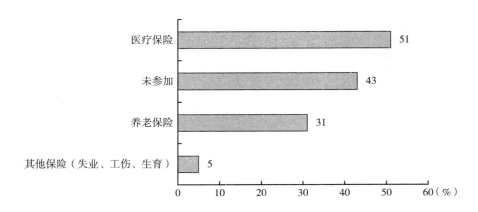

图9 困难家庭中残疾人群体参加社会保险情况

从残疾人群体过去一年所享受到的社会救助和福利补贴来看，享受到"最低生活保障"的比例为65%；享受"困难残疾人生活补贴"的比例为

51%；享受"医疗救助"的比例为23%；享受"城居保/新农合缴费补贴"的比例为21%；其他救助和福利补贴的占比则相对较低；没有享受到任何社会救助和福利补贴的占比为12%（见图10）。整体来看，残疾人群体享受的社会救助和福利补贴的形式比较多元化，但仍存在部分救助和福利补贴覆盖比例较低的情况。

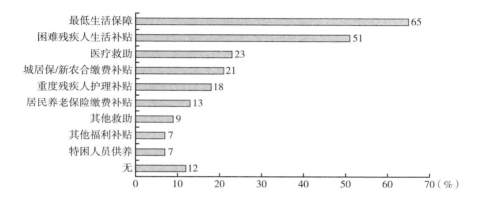

图10　过去一年困难家庭中残疾人群体享受的社会救助和福利补贴情况

从对上述社会救助和福利补贴的满意度来看，调查数据显示，对当前社会救助和福利补贴表示非常满意的比例为21%；表示满意的比例为30%；表示一般的比例为33%；还有16%的残疾人群体表示非常不满意或不满意（见图11）。可以发现，有近半数残疾人对其所享受的社会救助和福利补贴并不是特别满意。

六　未来政策展望

党的十九大报告指出"发展是解决我国一切问题的基础和关键"、"增进民生福祉是发展的根本目的。在幼有所育、学有所教、劳有所得、病有所医、老有所养、住有所居、弱有所扶上不断取得新进展，深入开展脱贫攻坚，保证全体人民在共建共享发展中有更多获得感，不断促进人的全面发展、全体人民共同富裕"。结合此次困难群体的调查情况，我们认为未来几

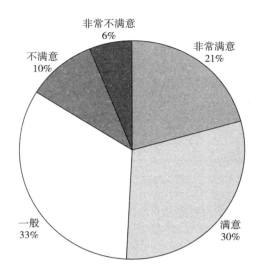

图11 困难家庭中残疾人群体对社会救助和福利补贴的满意度

年我国社会保障政策需要继续从以下几个方面深入展开。

第一，逐步建立并完善可持续、多层次的社会保障体系。在养老保障方面，建立以基本养老保险为主体，以企业年金、个人储蓄性养老保险以及商业保险为补充的多层次养老保障体系；在医疗保障方面，建立以基本医疗保险为主体，以企业补充医疗保险、商业健康保险以及大病保险为补充的医疗保障体系。在教育保障方面，全面普及12年免费义务教育，以政府为主导，以各类社会公益组织及企业为辅助，为困难家庭的适龄儿童免除一切学习费用，并进一步提高奖助学金比例。

第二，进一步扩大社会保障覆盖面，提高社会保障水平。目前我国社会保障尚未实现对全体社会成员的全面覆盖，部分成员的社会保障水平还相对较低。未来，应逐步将一些灵活就业人员、非正规就业人员等未参保人群纳入社会保障范围之内，将社会保障水平与社会经济发展水平相挂钩，逐步提升社会保障水平。

第三，进一步建立健全社会救助体系。未来，需要进一步完善以城乡低保制度为主体，以医疗救助、教育救助、住房救助等为补充，协同发挥社会组织、慈善组织力量参与的社会救助体系，尤其针对因病致贫问题，加快完善与基本医疗保险、大病保险相衔接的医疗救助制度。同时需要加大财政投入力度，提升社会救助水平，切实兜住民生底线。

第四，建立健全老年人、未成年人和残疾人的基本福利制度，完善养老、助残救孤服务体系，提升困难家庭老年人、残疾人和未成年人的福利保障水平，切实做到幼有所育、学有所教、老有所养和弱有所扶。

第五，建立困难人群心理帮扶机制，持续关注困难人群心理健康。在保障困难人群基本生活、提升其生活质量的同时，需要对其心理状况给予更多关注，建立社会弱势群体心理服务体系，鼓励和引导社会组织、志愿者或社会工作者对困难人群进行沟通和心理疏导，帮助其摆脱"心理贫困"，共享美好生活。

专题篇
Reports on Special Subjects

B.14
2018年中国互联网舆论分析报告

祝华新　廖灿亮　潘宇峰*

摘　要： 近年来，"报网端微"成为媒体矩阵的标配。随着短视频和音
频消费的兴起，还有中国媒体和政府机构入驻西方社交网络，
社会舆论的表达覆盖全媒体平台。意见表达类自媒体呈颓势，
机构媒体的影响力上升。2018年中国的国际环境发生变化，国
内经济下行压力增大，有关私营经济的议论一再引发困扰。稳
定社会心理预期，成为经济稳定的重要前提。随着中国与国际
社会的接触和摩擦增加，调节自信从容的大国心态，需要民众
和政府一道努力。当前仍然需要强调十九大报告对基本国情的
判断，即我国仍处于并将长期处于社会主义初级阶段，我国是
世界上最大发展中国家。尤其要协调好老百姓个人感受与国家
宏大叙事的平衡，增强民众的获得感。

* 祝华新，人民网舆论与公共政策研究中心主任；廖灿亮，人民网公共政策研究员；潘宇峰，
腾讯公司政务舆情部高级舆情研究员。

关键词： 报网端微　中央厨房　互联网超级平台

一　2018年舆论压力分析

本报告对2017年11月6日至2018年11月5日，每月热度排名前50的600件热点舆情事件进行统计分析，采用与往年报告相同的热度指标和舆情压力指标模型，综合计算2018年各领域和地域的舆情压力指数，以此评估年度舆论场的态势和变化。[①]

（一）年度20件热点舆情事件[②]

表1　2017年11月6日~2018年11月5日20件热点舆情事件

热度排名	事件	报刊（千篇）	新闻（千篇）	论坛（千篇）	博客（千篇）	微博（千篇）	微信（千篇）	App（千篇）	热度
1	中美经贸摩擦	25.2	578.8	128.1	47.9	45.6	237.1	195.0	99.20
2	2018年全国"两会"	19.2	264.4	21.9	8.4	3.0	127.9	103.6	90.99
3	问题疫苗事件	6.9	110.7	27.0	13.4	52.1	78.5	71.9	89.72
4	《我不是药神》引热议	1.8	93.3	39.3	16.3	56.6	155.5	116.6	88.19
5	范冰冰偷逃税事件	1.5	78.2	19.1	18.7	55.8	181.9	111.8	87.33
6	2018年个税改革	4.6	98.3	12.8	4.8	8.3	85.8	47.9	85.35
7	中非合作论坛北京峰会	9.5	116.3	14.0	4.1	3.9	39.7	35.1	84.94
8	美国制裁中兴事件	1.5	97.5	23.0	13.3	24.1	65.9	53.8	84.38
9	滴滴顺风车乘客遇害系列事件	2.0	56.2	10.6	9.3	15.4	57.0	67.3	83.19
10	幼儿园虐童事件连续曝光	2.8	65.7	10.8	4.3	7.6	54.6	40.0	82.40
11	大兴火灾后北京疏解整治工作	3.0	67.3	9.6	3.4	5.9	57.0	32.9	82.06

[①]　年度舆论压力数据处理，得到人民网主任数据分析师叶德恒协助。

[②]　本报告使用的舆情热度指标包含报刊、网络新闻、论坛、博客、微博、微信、新闻客户端（App）七类媒介形态，权重分别为，报刊：0.2311；网络新闻：0.2348；论坛：0.0442；博客：0.0455；微博：0.1369；微信：0.1716；App：0.1360。本报告通过专家打分法对每一热点事件的舆论倾向性做了量化处理。我们将事件中针对官方的正负面舆论倾向对应到集合 $\{1, 2, 3, 4, 5\}$ 中，具体含义为：1——极端负面，2——较为负面，3——中性，4——较为正面，5——极端正面。综合计算事件的热度和舆论倾向性，得到最终的舆情压力指数。

续表

热度排名	事件	报刊（千篇）	新闻（千篇）	论坛（千篇）	博客（千篇）	微博（千篇）	微信（千篇）	App（千篇）	热度
12	高铁霸座、殴打公交车司机等乘客霸凌行为频发	1.2	37.0	11.0	6.5	47.3	50.3	48.5	81.91
13	鸿茅药酒事件	1.1	33.9	12.0	6.0	89.6	20.9	19.5	80.14
14	2018 上合组织青岛峰会	1.9	54.0	5.7	1.8	1.8	29.3	20.7	77.30
15	房地产税话题引发舆论关注	0.9	42.9	7.3	2.3	5.6	30.3	22.8	76.76
16	P2P"爆雷"潮	0.2	37.7	13.5	7.1	6.7	28.7	31.7	74.82
17	泰国普吉岛游船倾覆事故	2.1	24.9	2.2	0.8	7.0	6.1	14.0	74.49
18	马云将卸任阿里巴巴董事局主席	0.4	23.5	3.6	2.7	1.2	26.5	29.5	71.78
19	山东寿光洪灾	0.5	10.4	1.6	0.3	22.4	10.6	10.3	70.69
20	总书记座谈会回应民营经济退场议论	0.2	21.1	2.2	1.4	0.5	17.3	11.1	67.47

表2　年度20篇热点社会民生网络帖文

热度排名	帖文标题	热度
1	吴小平:私营经济已完成协助公有经济发展的任务,应逐渐离场	93.20
2	卖米	92.99
3	如何解决中国精英的焦虑症?	86.72
4	资本盯上租房,要吸干年轻人的血吧	83.11
5	摩拜创始人套现15亿:你的同龄人,正在抛弃你	82.31
6	凌晨三点不回家	81.30
7	流感下的北京中年	80.92
8	这届年轻人,做好过苦日子的准备吧	80.30
9	善待你所在的单位	80.19
10	作为一个中产阶级,我对国家有哪些不满意	80.00
11	疫苗之王	78.06
12	离职能直接影响中国登月的人才,只配待在国企底层?	77.91
13	震惊!星巴克最大丑闻曝光!我们喝进嘴里的咖啡,竟然都是这种东西……	76.14
14	遛狗要拴绳,异烟肼倒逼中国养狗文明	76.10
15	13 年了!曾经记录青春的人人网,你还记得吗?	76.00
16	第一批 90 后已经出家	72.12
17	王凤雅小朋友之死	72.10
18	北京南站怎么就成了"北京难站"	70.25
19	为什么中介哄抢租赁房源,因为贩毒都没它来钱快	66.61
20	感谢贫穷!707 分考入北大,她的这篇文章看哭所有人…	65.38

注:网络贴文研究对象为自媒体(如微信公众号、微博等)或传统媒体官方账号首发,以及发酵关键节点在自媒体平台的爆款网文;文章内容主要集中于社会生活、阶层固化、城乡差异、房价高企、教育、医疗、贫困等社会民生类话题。

选取统计时段内热度最高的 20 个热点舆情事件进行分析，可以看出，"中美经贸摩擦"成为年度舆论声量最高的热点事件，其在各渠道的传播量都遥遥领先。"2018 年全国两会"热度次之，机构改革、新一届国家机构领导人的选举等也颇受关注。

与前些年舆情聚焦于弱势群体的生存和温饱问题不同，2018 年舆情更多表现为城市居民的关切，担心财产缩水、被"割韭菜"，集中凸显民众焦虑情绪。民生与公共安全领域的问题占据 20 件热点舆情事件的一半，具有明显的中等收入群体舆情特征。由于中等收入群体已成为网络舆论的主力军[①]，其最关注医疗、人身安全、教育公平、收入住房、阶层流动等事关生活质量和发展前景的话题，且掌握网上部分话语权。

由于外部环境变化及个税等政策调整，2018 年涉经济舆情多发。楼市、汇市、民营经济、个税等话题牵动民众切身利益，影响面广，关注度高。P2P "爆雷"潮、房地产税话题、马云将卸任阿里巴巴董事局主席等事件均挑动网民神经，引发广泛关注。

中国已是世界第二大经济体，近年来大踏步走向世界舞台的中央，涉外交与国际政经、国际旅游的话题也有相当高的舆论热度。中国打开国门之初，西方社会对中国的浪漫想象，正在被中国人在海外场合举止、言谈、购物的直观印象所对冲，当前中国人心目中的国际观和自我展示的国际形象正在经历不乏痛苦的磨合。

（二）年度不同舆情领域压力指数[②]

可以看出，公共管理类热点事件的数量和舆情压力指数从 2016 年以来逐年递减，党政机构在政策发布和监管执行中越来越重视倾听社情民意，随

---

① 祝华新、廖灿亮、潘宇峰：《2017 年中国互联网舆论分析报告》，李培林等主编《2017 年中国社会形势分析与预测》，社会科学文献出版社，2017。

② 本报告依照与往年报告相同的方式，将热点事件分为公共管理、社会矛盾、公共安全、企业舆情等八大类别。

着治理能力的现代化和精细化，公共管理领域的负面舆情比例大大减少，出现问题后也能较快地得到纠正。

表3　2016~2018年不同舆情领域压力指数

单位：件，%

分类	事件数量	2018事件占比	2017事件占比	2016事件占比	2018平均热度	2017平均热度	2016平均热度	2018舆情压力	2017舆情压力	2016舆情压力
社会矛盾	190	31.7	21.8	25.5	52.96	47.04	41.30	132.78	110.87	102.41
公共安全	96	16.0	12.5	10.7	58.77	53.49	48.72	77.61	65.46	59.83
企业舆情	88	14.7	8.0	5.2	52.93	55.93	53.74	44.29	34.17	24.94
公共管理	141	23.5	35.2	38.0	57.29	51.58	50.14	39.64	67.86	103.69
体育、娱乐及公众人物	28	4.7	6.2	6.0	58.12	56.01	60.25	27.50	17.10	12.57
涉外涉军	28	4.7	10.2	7.2	62.68	56.51	59.73	19.42	11.66	9.76
吏治反腐	10	1.7	2.7	6.5	51.63	53.05	45.54	5.86	6.91	20.08
其他	19	3.2	3.5	1.3	55.70	50.20	48.97	6.42	2.11	5.27

另外，社会矛盾类事件的数量和舆情压力上升显著，网民批评的矛头有逐渐从"公共政策"向"公序良俗"转移的倾向，性骚扰、高铁霸座、教师霸权、乘客干扰公交车司机等话题极易形成连锁反应而不断曝光。

公共安全类事件的舆情压力持续走高，尤其那些涉及未成年人的安全事件，如"问题疫苗事件""北京红黄蓝幼儿园虐童事件"等极易形成舆论"爆点"。涉企业的热点舆情数量增多，企业尤其是互联网公司、"互联网＋"企业逐渐成为网民关注重点。

从压力指数的地域分布上看，除港澳台外，全国31个省、自治区、直辖市中，20个地区年度舆情压力指数较2017年度升高。其中北京、上海、浙江等经济发达地区的舆情压力增长显著，主要表现在公共安全领域的热点舆情增多，如"北京红黄蓝幼儿园虐童事件""携程亲子园虐童事件""乐清女子乘坐滴滴顺风车遇害事件""上海6·28浦北路持刀杀人案"等等。针对城市中等收入者的恶性事件频发，进一步引发国民的焦虑情绪。

从压力指数部门分布上看，随着公共安全和社会暴力事件增多，涉公安系统的舆情事件数量本年度有所回升，压力指数大幅升高。同样舆情压力增高的还包括教育、食药监、医疗卫生、交通等民生职能部门，这些领域历年来都是公共舆论的重点关注对象。公共安全问题和教育医疗等民生领域公共资源分配不平等问题，是主要的舆情引爆点。旅游、环保和纪检监察部门的舆情压力逐年降低，相关领域负面事件较少，舆论观感较前几年大为改善。

（三）年度社会矛盾焦点压力指数

2018 年度 600 件热点事件中，社会矛盾类舆情事件共计 190 件，较上一年度增多 59 件，舆情压力总量有所上升。主要体现在：社会道德类事件依然是社会矛盾的主要聚焦点；未成年人及弱势群体保护相关的舆情事件增多，学生常常成为受害群体，中小学生课业负担过重以及教师对学生的体罚和性骚扰成为舆论主要的批评点。最后，社会暴力事件增多，提示社会戾气亟待纾解。

表4　2016~2018 年社会矛盾聚焦点压力指数

单位：件，%

矛盾聚焦点	事件数量	2018事件占比	2017事件占比	2016事件占比	2018平均热度	2017平均热度	2016平均热度	2018舆情压力	2017舆情压力	2016舆情压力
社会道德争议	53	8.8	9.3	7.7	52.70	45.46	38.98	34.46	38.38	19.65
未成年人及弱势群体保护	45	7.5	2.5	2.3	50.15	49.00	30.75	32.42	15.16	7.23
社会欺诈	21	3.5	1.2	0.5	53.57	53.98	50.12	18.46	10.25	4.13
社会暴力	17	2.8	1.3	1.7	54.28	43.80	41.43	15.51	8.14	8.57
意识形态	10	1.7	1.0	1.0	60.19	54.29	53.79	7.83	8.49	5.04
医患关系	9	1.5	0.7	1.3	55.51	44.85	38.62	5.74	4.09	5.01
官民关系	7	1.2	1.2	2.8	55.32	43.79	36.43	5.59	7.02	11.48
警民关系	7	1.2	0.5	1.3	48.94	62.99	44.03	3.34	5.70	8.69
征地拆迁与群体维权	3	0.5	0.0	1.0	0.00	0.00	41.84	3.09	0.00	5.56
劳资纠纷	3	0.5	0.2	1.3	46.48	34.11	46.75	2.74	0.62	7.55
贫富及城乡差距	8	1.3	1.8	2.7	61.68	50.97	47.56	1.62	2.23	12.37

二 社会心理的变局

2018 年网络舆论的突出特征是出现了挑战改革开放政策底线的迹象，部分改革开放受益人群被大面积地激活，呼唤坚持市场化、法治化的发展路径，回归改革开放和市场经济的主旋律。

（一）企业家的安全感

2018 年舆论场一些否定民营经济的荒谬言论不时泛起，"国进民退"质疑引起一定共鸣。2018 年 9 月，自称资深金融人士的吴小平在网上发文《中国私营经济已完成协助公有经济发展的任务，应逐渐离场》，加剧了民营企业家群体广泛的心理不安。

国家及地方政府相关政策被过度解读，引发了民营企业家的"不安全感"。2018 年 7 月传出"社会保险费将改由税务部门统一征收"的消息，有专家认为此举将至少增加企业 30% 成本。国务院常务会议迅速回应关切，称抓紧研究适当降低社保费率，确保总体上不增加企业负担。2018 年 10 月青岛市工会选派 92 名干部到非公组织挂职第一主席。《新京报》评论提醒"谨防递混乱信号"。

2018 年，习近平总书记多次就民营经济发展发表重要讲话。11 月 1 日习近平总书记在民营企业座谈会上的讲话，郑重表示否定、怀疑民营经济的言论不符合党的大政方针，重申坚持公有制为主体、多种所有制经济共同发展的基本经济制度，同时要求以发展眼光看待民企历史问题，这是对民间呼声的有力回应，令民营企业倍受鼓舞。

在经济下行压力及中美经贸摩擦中美国持续给予压力的背景下，如何进一步稳定民营业家的社会预期、优化营商环境、解决民企发展中面临的困难，同时对舆论场相关错误观点加以批驳，增强企业家对经济发展必胜的信心，值得进一步思考。

（二）知识分子的理性分析和争论

随着政府依法加强对互联网的治理，前些年在网上搅动风云的少数知识分子网友（有人贬其为"公知"）声音式微，其脱离现实国情的主张可能让国家偏离平稳发展的轨道，但现代社会治理仍然需要知识分子的理性观察。对于当下社会治理的路径和存在的问题，一些关心时事的知识分子以特有的敏感和犀利，坚持表达价值关切。

党的十八大以来，对邓小平1989年提出的"韬光养晦，有所作为"八字方针，转而更加侧重后四字，引领全球治理进程。尽管这一调整是大国崛起的历史趋势使然，"韬光养晦"与"有所作为"可以兼容，并不矛盾，却在知识分子群体中仍然引起争论，特别是在中美经贸摩擦升级的背景下，一些知识分子认为应重拾"韬光养晦"政策。

知识分子敏感、自尊心强，需要做好思想联系和情感交流，尊重和包容其文化个性，赢得知识分子的思想认同、情感认同、价值认同。同时，按照"研究无禁区、宣传有纪律、传播有区隔"的原则，知识分子的研究建议需秉承建设性立场，内外有别，重在凝聚社会共识，而不是扩大舆论撕裂。

（三）老百姓的生活实感

随着改革进入深水区及社会转型加速，牵涉多方切身利益的社会民生热点多发。7月，职场人群租房价格较大幅度上涨引发吐槽。网络动辄出现如《北京，有2000万人假装在生活》《月薪三万，还撑不起孩子的暑假》等微信公号爆款文章。这从侧面反映出网民对个税改革、住房、教育等费用上涨的焦虑情绪。

在物价方面，普通网民对国家统计局物价水平"温和上涨"说法的感知和预期存在差距，米面油等食品价格和公共产品及服务价格上涨，网上甚至出现了储存粮度荒的调侃。

8月，"消费降级"话题频现媒体报道，诸如《这届年轻人，做好过苦

日子的准备吧》《不生孩子、不约会：中国迎来"消费降级"时代?》。国家发改委及相关专家回应称我国居民消费运行总体平稳，消费升级的大势没有改变，但仍有部分网民通过分享自身的经历试图证明"消费降级"已对个人生活产生影响。

郑州空姐和乐清女孩顺风车遇害案、上海小学生在学校附近被砍杀案、北京大红门商场孩子被抢一案等社会治安事件，对公众的社会安全感造成冲击。仅微博话题"20 岁女孩坐滴滴遇害"网民阅读量超 3.6 亿次，讨论 18.9 万条。

新农民工群体用廉价劳动力推动了城市经济繁荣，却经常感受到融入城市的艰难。转型期的各种深层问题盘根错节。通过各项公共政策，多方面改善民生，为弱势群体的生活托底，释放中等收入群体的焦虑，提升社会各阶层"获得感"，有助于驱散舆论场的焦虑和不安全感。如国产电影《我不是药神》热映后，国务院常务会议确定将 187 种中西药调入国家基本药物目录，抗癌药降税、纳入医保目录等政策措施陆续出台，网民欢呼，百姓受益。

（四）民粹心理与线下行动

互联网保障了人民群众的"四权"，即知情权、参与权、表达权和监督权，但现代社会事务常有很高的专业门槛，如司法案件、医疗事故、国际经贸问题，不是普通人根据常识和朴素情感就能做出精准判断的。特别是当中等收入群体增长减缓，贫富差距扩大，底层百姓无力或无望改变某些不合理的社会现实，往往诉诸激进幻想和行动。这就为民粹心理的流行提供了支撑。

2018 年崔永元曝光范冰冰的"阴阳合同"，揭开了演艺界天价出场费和逃税漏税的黑幕。中央宣传部等多部门联合印发通知，要求加强对影视行业天价片酬、"阴阳合同"、偷逃税等问题的治理，控制不合理片酬，推进依法纳税，促进影视业健康发展。但在民间文化传统中，嘲笑演员（旧称"戏子"）容易演变为全民狂欢。有声音认为对偷税漏税进行行政处罚是合理的，但如果继续道德处罚，就会损害经济，也违背了法律规定的初衷。[①]

网传联想在 5G 标准投票中，支持外国企业的 Polar 码，没有给华为有力支持，被网民扣上"卖国"帽子。网民带着对美国打压中兴集团的愤怒，抨击联想用美国人的技术赚了中国人的钱，再深一层次的问题，是质疑联想的"贸工技"路线和国家经济上的对外开放有损民族利益。作为 40 年改革大潮中老一辈企业家代表的柳传志也在舆论场声誉受损，提示民粹舆论的杀伤力。在历史条件的制约下，像联想这样面向国际技术和市场做大自己的企业，逐步提高经济增长的技术含量，是合理的发展路径，至少不该受到道德审判。

民粹的抬头，不仅助推网上的戾气，而且可能导致线下的群体性聚集。从当下网络舆论生态看，民粹的压力比"左"或右的偏差可能更为严重，如何避免网络社区煽动偏执情绪，是一个新的挑战。

（五）中国民众与国际舆论场的互动

随着越来越多的企业和老百姓出国投资经营和旅游，相关的摩擦与纠纷也日益增多。2018 年 9 月中国游客投诉遭瑞典警察粗暴对待，仅微信公众号文章就约 12000 篇。

一部分国民在与世界交往的过程中，心理成熟度仍有待提升。主要表现为：面对冲突敏感脆弱，反应过激，希望借助某些具体事件来展示自己的强大以及发泄过往的屈辱。特别要防止一些普通民间纠纷泛意识形态化，"战狼"心态席卷互联网，上升为国家层面的外交冲突事件。我国社会要试着习惯挑剔目光和不同声音，引导民众以更加平和的心态处理摩擦和纠纷，否则易形成"多面树敌"的不良观感。

对西方某些国家发生的天灾人祸，极少数中国网友发出幸灾乐祸的声音；在对外摩擦问题上要求政府"只进不退"，给外交工作带来巨大压力。

---

① 《处罚范冰冰 但要保护群众演员》，《南方都市报》2018 年 10 月 4 日。

因此，国家的外交战略安排，需要理性的民众心理和舆论环境做支撑。适当的民族主义有利于凝聚民心民意，但要防止发展为极端情绪，给政府施政造成掣肘。如中兴事件揭示了我国核心技术受制于人的残酷现实，也需引导中国企业在走向世界时合规经营。

（六）网络大数据测量的2018年国民心态起伏①

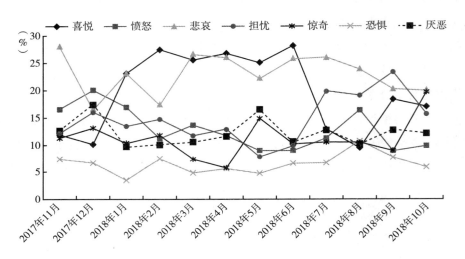

图1 2017～2018年七种网民基本情绪走势

数据统计显示，网民喜悦情绪整体上占比较高。2018年上半年喜悦情绪始终保持在高位，春节的节日氛围带给人们欢乐，"两会"以及后续公布的一系列深化改革措施增强民众信心，而6月世界杯的开幕带动网民喜悦情绪达到全年顶峰。

---

① 本报告首次与"腾讯指数"合作，构建出网民情绪及社会心态评估模型，利用语义分析和情感识别技术，测量2018年国民心态起伏，依旧以2017年11月6日至2018年11月5日每月热度排名前50的600件热点舆情事件作为研究样本，调取与这些事件相关的5182万条精选网民评论；该样本库覆盖新闻跟帖（样本量约507万条）、微信公众号精选评论（2135万条）以及新浪与腾讯微博（2540万条）。每条评论样本经过计算后，可分别得出喜悦、愤怒、悲哀、担忧、惊奇、恐惧、厌恶等七种社会情绪的占比情况，再综合一定时间段内的所有评论样本，得到七类情感占比的年度走势，进而分析各情绪涨落反映出的社会心理变化。

愤怒情绪方面，2017 年 11 月，携程亲子园与北京红黄蓝幼儿园虐童事件接连发生，引发舆论愤怒情绪激增，达到统计周期的峰值。2018 年 3 月底，美国宣布对 600 亿美元中国商品加征关税引发国内网民一片愤慨，愤怒情绪再次达到高潮。7 月，"问题疫苗"事件发生，让愤怒情绪迎来全年第三次爆发。分析发现，愤怒情绪的起伏与恶性公共安全事件及国际外交冲突息息相关，既有针对违法犯罪或监管不当的"社会之怒"，也有针对外交冲突或贸易摩擦的"民族之怒"。

悲哀情绪的起伏与灾害事故的发生息息相关，其占比最高点出现在 2017 年 11 月，北京大兴火灾以及后续发生的清理群租房等争议事件引发网民悲哀情绪上涨。

担忧情绪在 2018 年下半年出现明显升高的趋势。7 月随着中美贸易战正式打响、问题疫苗事件发生，网民的愤怒情绪占比较高，但随后事件逐渐演变为对经济、民生等领域的担忧，又加之房租上涨、"消费降级"、民企困境等话题的推动，9 月网民担忧情绪占比快速上升，超过愤怒情绪，位列七种基本情绪之首。

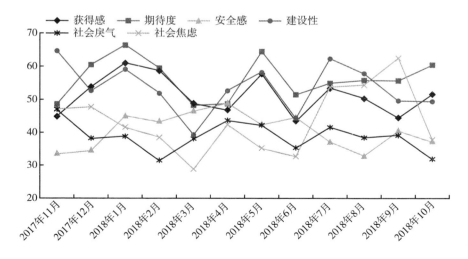

图 2   2017～2018 年六种社会心态变化趋势

在七种网民基本情绪的基础上，结合句法分析等自然语言处理技术，进一步分析由七种基本情绪复合而成的综合情感，评估文本作者在感性情绪背后的认知和价值倾向。首先通过分析文本表达的时态，判断相关情绪源自于已经发生或是未来发生的条件；其次通过分析文本语句的逻辑结构，判断网民评论中是否运用了推理、归因等手段，分析网民在话题讨论中理性思考的能力。基于以上分析维度，我们构建出覆盖获得感、期待度、安全感、建设性、社会戾气以及社会焦虑六种心态的指标模型。

经过对5182万条网民评论样本的计算，得出统计周期内各社会心态指数的变化趋势如图2所示，各指数每月的数值在归一化后保持在0～100之间。可以看出，获得感指数、期待度指数和建设性指数整体数值较高，体现出社会发展仍保持较强活力。2018年3月之后，受中美贸易摩擦影响，获得感指数和期待度指数进入了调整期，出现一定程度的波动，随之而来的是社会焦虑心态开始逐渐蔓延，并于2018年下半年达到峰值。

三 互联网舆论载体的最新发展

（一）短视频、音频增长迅速，带来复杂的信息管理问题

互联网新兴传播平台继续高速增长，截至目前，微信月活跃用户量超10亿，微信公众号超过2100万个[1]。微博月活跃用户规模达4.41亿[2]，网络直播用户规模超过4亿[3]。短视频与网络音频爆炸式增长，观看、拍摄短视频，收听网络音频正成为一种全新热潮，平台呈现用户基数大、使用频率高、黏性强的特点，这是2018年网络传播平台的重大变化。截至目前，国内有100多个短视频独立客户端，月活跃用户达4.61亿，网民渗透率达

---

① 腾讯《2018第一季度财报》，截至2018年3月。
② 微博《2018第一季度财报》，截至2018年3月。
③ 第41次《中国互联网络发展状况统计报告》，截至2018年6月底。

42.1%，网民每天花在观看短视频上的时间超过 1 小时①。随着社会快节奏生活方式与知识付费的普及，网络音频用户规模也迎来了新一轮的增长，喜马拉雅 FM、荔枝和蜻蜓 FM 三家主流在线音频活跃人数分别达到 7893.9 万人、3913.8 万人和 3158.3 万人，84.7% 的中国音频用户收听网络音频时长达 11 ~ 60 分钟②。

从舆情传播看，不少舆情事件均来源于短视频，如"8·27 昆山持刀砍人案""G334 高铁乘客'霸座'""茶卡盐湖'天空之境'变成垃圾场"等。由于短视频发布门槛较低，契合当下网民移动化、碎片化、快节奏的阅读模式，加上短视频比文字、图片更具"真实感"，易增强网民的信任感与参与感，可推动舆情快速发酵及广泛传播。

从社会治理看，随着短视频、网络音频等平台快速发展，产生了一些复杂的信息管理问题。比如短视频中存在虚假信息、违反公序良俗等内容，以及通过智能算法推荐产生"信息茧房"③。

网络生态一个新的变化：时政意见表达类"自媒体"呈现颓势，转向动漫、摄影、搞笑、美食、萌宠、时尚、美妆、舞蹈等垂直内容。"大 V"作为一个群体已经溃散，网络新生代更多地关注娱乐性内容，情感表达类"自媒体"日益火爆。短视频的普及，在客观上用嬉戏的方式消解了社会压力，增强了网民的心理承受力。对于情感表达类"自媒体"，建议采用更为包容的管理标准。比如 20 世纪五六十年代之交三年困难时期，破例允许上演昆曲《李慧娘》，廖沫沙写出《有鬼无害论》，毛主席主张"白天出气，晚上看戏"，有效地释放了社会压力。

（二）传统纸媒平台洗牌加剧，但仍是社会舆论的"压舱石"

纸媒广告收入整体日趋下降，许多都市类媒体收入缩水达 30%。但作

---

① QuestMobile：《2018 中国移动互联网春季报告》，截至 2018 年 3 月。
② 艾瑞咨询：《2018 中国网络音频全场景发展研究报告》。
③ 人们的信息浏览会习惯地被自己的兴趣所引导，从而将自己的视野桎梏于像蚕茧一般的"茧房"中。

为信息时代的"把关人"和社会舆论的"压舱石",纸媒舆论影响力仍然巨大。如2018年《工人日报》曝光的江西一些景区"一票多价"话题,《新京报》首发的黑龙江五大连池"汤兰兰案",《北京青年报》连续发布跟进报道"辽宁凌源第三监狱罪犯脱逃事件",均引发社会关注和网络讨论。

2018年,主流媒体继续突破固有新闻业务边界,打造国内国际全媒体融合矩阵,建设移动客户端,开辟了掌握在主流媒体手中的新媒体阵地。截至2018年10月,《人民日报》、新华社、央视新闻在新浪微博上的粉丝数加起来接近1.97亿,新闻客户端的下载量加起来超过11亿。它们陆续推出许多"亿级影响力"的"现象级"爆款产品。如针对中美经贸摩擦,@人民日报发布"中国不是吓大的"图文微博,赢得3万余次点赞。

在内部建设上,主流媒体通过"中央厨房"建设,重构了新闻生产机制,传统媒体人组成"融媒体工作室",把互联网作为主力传播通道,增强新闻宣传的"供给侧改革"。

在自主平台建设上,主流媒体努力打造自主可控的信息服务平台,一定程度上扭转了受制于商业平台的局面。如《人民日报》的"全国党媒公共信息平台"与移动新媒体聚合平台"人民号",形成了主流媒体与政府部门的"内容池",打造中国移动互联网上最具公信力和影响力的聚合平台。11月1日,人民网联合10家地方重点媒体的互动版块,发起成立"全国网上群众工作联盟",并将打通这些互动版块数据后台,对老百姓的个案诉求进行大数据挖掘,为政府科学决策提供民意支撑。

在国际传播上,主流媒体以及公安部、台办等多个机构纷纷进驻海外社交媒体,构建了国际传播多元方阵,中国声音有了更立体的传播。《人民日报》、新华社、央视的海外社交媒体粉丝总数超过1个亿。《人民日报》海外社交媒体账号的粉丝数在全球报纸类媒体中排名第一①。

目前,"两微一端"成为各级政府部门的"标配",加上短视频,形成了

① 《你没看错!人民日报海外社交平台粉丝数全球纸媒第一》,http://m.haiwainet.cn/middle/3543598/2018/0604/content_ 31328253_ 1. html。

政务新媒体矩阵，在政务公开、宣传引导、社会服务与社会治理中作用不断加强，政务新媒体对舆论引导发挥了领头羊的作用。2018年9月针对"私营经济离场"论，中央政法委旗下微信公众号"长安剑"率先表态，刊文《谁开历史倒车，谁就是与人民和国家为敌!》，阅读量迅速达到"10万＋"，对于稳定社会心理而言十分及时。

（三）超级平台要承担更多责任，推动社会治理精细化

中央网信办成立以来，持续加大对互联网的治理力度，特别强调平台方的责任。强有力的监管破除了平台方的护身符"避风港原则"，即声称网络服务提供商（ISP）只提供空间服务，并不制作网页内容，因而对内容侵权可以不承担赔偿责任。"红旗原则"成为平台和监管方的共识，指如果侵犯版权的事实像红旗飘扬一样是显而易见的，网络服务提供商就不能装作看不见，或以不知道侵权的理由来推脱责任。

对于超级平台的治理，除了依法管控敏感时政内容外，可以考虑淡化媒体属性，挖掘和放大超级平台的其他效应，如短视频平台的文创和旅游传播功能。超级平台海量用户数据的挖掘也可推进社会治理精细化。如果意见表达类平台与生活服务类平台的用户数据打通，可望成为网上大型社会调查中心，通过数据画像技术，精准把握当下经济社会运行状况，为地方营商环境和文化建设提供大数据支撑。

四　2019年舆情展望

（一）教育、住房等民生热点舆情多发，舆情或"西移""下沉"

近年来烈性舆情大幅减少，与城市居民有关的教育、购房、租房等民生问题成为公众关注的焦点。比如家长维权或多发，进入小康社会后家庭最牵挂的就是孩子的教育质量。对于城市民生问题需要慎之又慎，如没有民意听证和民意说服工作，开征房产税会导致社会心理大面积塌方。

在沿海地区和中部地区，舆情热点从城乡结合部向大城市转移；而就全国范围而言，西部不发达地区的舆情热度会增加。2018年西安、兰州等地热点舆情频发，取代多年前的广东，频频被媒体锁定。舆情加速"下沉"到区县级，随着网民对国家叙事的热情下降，舆论更多地聚焦于身边琐细的生活诉求。

（二）传统产业转型舆情未"退场"，涉新经济业态舆情"登台"

从舆情领域看，经济转型、去产能、调结构等改革较易激发民众对切身利益的"痛感"，"地区营商环境""企业税负"等话题网上讨论或有引向深入的趋势，涉传统经济舆情或将持续。

与此同时，网络购物、互联网金融、网络直播、网络短视频等领域等新应用不断涌现，产生了新应用发展边界、规则底线不明、互联网监管滞后于互联网新应用的问题。互联网对传统服务业的进一步渗透或将导致新旧利益群体间的矛盾加剧，"互联网新运用监管""互联网金融诈骗"等涉新经济业态相关舆情恐多发。新经济在追求快速增长和天价估值的时候，不能忽视公共利益；而政府挟强大民意对新业态严加约束的时候，仍需要实行审慎包容的监管。

（三）通过执法行为和疏通民意表达，促进政民良性互动

2018年多项执法行动捍卫了道德底线，让民意大振。如江苏昆山警方认定，"反杀案"当事人于海明的行为属于正当防卫，不负刑事责任。舆论场上一片欢呼，认为"正当防卫"这一僵尸条款激活，有利于彰显正义、遏制暴力。

建议在互联网治理过程中，适当包容网络舆论的活力，拓通民意表达通道。网民民生问题的"吐槽"，有利于发挥舆论的安全阀作用，增强社会的和谐稳定。当前尤需消除部分群众的政治冷感和参与乏力，防止民意表达通道淤塞，体制内外渐行渐远。没有充分意见表达的改革开放，不容易凝聚社会共识，克服前进中的困难。

（四）重视互联网的社群聚合功能，疏解民意，同时警惕集体维权行为失范

互联网社交平台提供了一种跨职业、跨地区的组织串联功能，让过去分散的人群在线聚合，抱团取暖，甚至在线下集体表达诉求。如 2100 万卡车司机，过去是散兵游勇，如今借助货车帮、货拉拉等 App，在线联系互动，集中表达利益诉求。网络社群聚合功能有利于疏导民意，但也要警惕负面情绪交叉感染、集体维权行为失范。

近年来涉退役军人的群体性事件频发，一旦个体遭遇生活坎坷，各地退役军人聚集而来，闹出不小的动静。对烈士、伤残军人及其家属，要给予持续的甚至永久性的抚恤救助；但对于一般退役军人，宜淡化其军旅属性，帮助其回归社会，如确实存在生活困难，就事论事解决问题。

（五）中美经贸摩擦或将持续相当长的时间，涉外舆情或增多，如何调节大国心态，值得进一步思考

中美经贸摩擦可能会是一个较长的历史过程。在这个过程中，如果没有不同社会群体多元的意见表达，不利于培养社会各群体的参与感和责任、风险分担意识。特别是建议适度包容知识分子议论，避免网络管理僵化，增加社会活力。

在今后的内宣和外宣中，需要基于中国国情，避免"赶超"欧美的高调宣传。在主场外交和对外援助中，注意投资收益和国际借款人偿还能力，协调百姓个人感受与国家宏大叙事之间的关系。在国内外新形势下，需要做好政策解读，妥善把握舆论导向。既做强国有企业，又鼓励发展非公经济；既坚持对外开放，又要把核心技术抓在手里、自力更生；既与西方国家发展商务往来，又要在发展中国家中做大我们的"朋友圈"。

B.15
2018年食品药品安全形势分析

元延芳　田　明*

摘　要：　食品药品安全与人民群众身体健康、生命安全、经济发展和社会稳定大局息息相关。2018年国务院机构改革虽然拆分了原国家食品药品监督管理总局的职能，但是重新组建的机构表明国家对于食品药品安全的重视有增无减。本文对过去一年我国的食品药品情况进行了概述，食品药品安全状况总体稳中向好，但仍然存在一些不足之处。本文结合典型的食品药品安全事件剖析当前食品药品中存在的问题，食品方面的问题主要集中在微生物污染、农兽药残留、添加剂等传统的食品安全风险上，药品方面的问题集中在生产工艺的控制、数据的可追溯性等方面。通过剖析食品药品的安全问题，本文提出了加强企业自主责任、加强全过程监管以及检查员队伍建设等一系列提升我国食品药品安全水平的建议，旨在促进我国食品药品事业健康发展。

关键词：　食品安全　药品安全　监管

食品药品安全是社会主义新时代人民群众日益增长的美好生活的基本需要。过去一年里，食品药品监管系统以习近平新时代中国特色社会主义思想为指导，围绕十九大提出的"实施健康中国战略，全面取消以药养医，健

---

* 元延芳，国家食品药品监督管理总局高级研修学院，讲师，博士，研究方向食品安全监管；田明，国家食品药品监督管理总局高级研修学院，博士后，博士，研究方向食品安全监管。

全药品供应保障制度，实施食品安全战略，让人民吃得放心"等重大部署，针对当前食品药品安全面临的风险隐患，按照"四个最严"的要求，大力推进"放管服"改革，持续加大抽检监测力度，以"零容忍"的态度对不合格产品和企业进行查处，努力把好人民群众"舌尖上的安全"这道关口。但是我国目前食品药品方面都存在一定的问题，食品方面微生物污染、农兽药残留、添加剂等传统的食品安全风险仍然是主要的风险类型，随着现代农牧业和食品工业的发展，新材料、新技术、新工艺的应用以及新的消费方式带来了新型食品安全风险。药品方面，随着"长春疫苗"事件的曝光，药品质量控制与质量保证的问题显现，文件管理以及设备部分缺陷的问题在药品 GMP 检查中时有发生，加之监管工作与人民的期待还有一定的差距，总体而言，食品药品安全形势依然复杂严峻。

2018 年 3 月，国务院出台机构改革方案，取消了国家食品药品监督管理总局，将其职责纳入新组建的国家市场监督总局。鉴于药品监管的特殊性，单独组建了国家药品监督管理局，由国家市场监督管理总局管理。食品药品监督工作在新的管理体制下，继续在稳中求进的基础上，严防、严管、严控食品药品安全风险。

一 食品药品安全总体形势

（一）食品安全监督抽检情况①

2017 年，国家食品药品监督管理总局在全国范围内组织抽检了 23.33 万批次食品样品，总体平均抽检合格率为 97.6%，比 2016 年提高 0.8 个百分点。抽检结果显示，我国食品安全状况总体稳中向好。

一是大宗消费食品整体合格率保持高位。居民日常消费的粮、油、菜、肉、蛋、奶、水产品、水果等大宗食品的合格率保持在 97.5% 以上。比如，

---

① 数据引自《国家食药监总局就 2017 年食品安全抽检信息及 2018 年抽检计划发布会》。

蛋制品抽检合格率为99.3%、乳制品为99.2%、粮食制品为98.8%、水产制品为98.1%、蔬菜制品为98.0%、食用油及其制品为97.7%，肉、蛋、菜、果等食用农产品抽样合格率为97.9%。

二是大型生产经营企业合格率持续提升。2017年大型生产企业样品抽检合格率为99.6%，大型经营企业样品抽检合格率为98.7%，均比2016年提高0.6个百分点，比总体平均水平分别高出2个百分点和1.1个百分点。

三是婴幼儿配方食品合格率又有提高。2017年婴幼儿配方乳粉抽检合格率为99.5%，比2016年提高0.7个百分点，不合格项目主要集中在标签标识方面。

四是突出的食品安全问题逐步减少。非法添加非食用物质问题逐步得到遏制。比如，婴幼儿配方乳粉中的"三聚氰胺"，相关部门连续9年"零"检出；蛋制品中的"苏丹红"也连续4年没有检出。

各级食品药品监管部门对于抽检中发现的不合格食品及企业及时进行了核查处置，移送司法机关案件线索278件次，责令下架封存、召回不合格食品1108吨。

总体而言，2014~2017年调味品、饮料、水果制品、蛋制品、水产制品、淀粉及淀粉制品、豆制品、保健食品和食品添加剂等9类产品的抽检合格率逐年升高。其中社会关注度较高的品种和指标四年抽检样品均全部合格，如乳制品和婴幼儿配方食品中的三聚氰胺、小麦粉中的黄曲霉毒素B1、蛋制品中的苏丹红等；同时花生油中的黄曲霉毒素B1、水果干制品中的菌落总数、餐饮自制发酵面制品中的甜蜜素等抽检合格率也逐年提高。

（二）药品安全监督抽检情况①

2017年国家药品抽检品种共计138个，包括化学药品74个、中成药40个、生物制品7个、药包材4个、药用辅料6个、中药饮片7组，其中国家基本药物品种17个。各省（区、市）药品监督管理部门共抽取样品25695批

---

① 数据引自《2017年国家药品抽检年报》。

次。其中，在生产、经营和使用环节各抽取样品2379、20786和2530批次，分别来自885家药品生产企业、3282家药品经营企业和978家药品使用单位。

一是化学药品共抽检13392批次，涉及15个剂型；经检验，符合规定13222批次，不符合规定170批次。不符合规定产品所涉及的检验项目包括检查、含量测定、性状、鉴别四项，不符合规定产品数量依次为110、49、8和9批次，分别占全部不符合规定项目的62.5%、27.8%、4.5%和5.1%。生产、经营、使用环节分别抽取化学药品1052、10952、1388批次，检出不符合规定产品3、156、11批次，各环节不符合规定批次占比分别为0.3%、1.4%、0.8%。抽检数据显示，经营、使用环节的不符合规定情况多于生产环节。抽检数据提示，药品生产企业应切实担负药品安全主体责任，进一步完善药品质量保障体系，加强对生产、流通、使用全过程的质量控制。应重点关注颗粒剂、散剂等剂型品种，对检查项目等检验指标反映的问题予以深入研究，严格出厂检验。统计数据显示，经营环节和使用环节的不符合规定批次占比较高，提示经营、使用单位应严格按照药品储运要求进行运输、贮存，进行必要的温湿度监测，对于需要低温、阴凉等特殊条件保存的药品予以特别关注。

二是中成药共抽检9787批次，涉及8个剂型。经检验，符合规定9629批次，不符合规定158批次。不符合规定项目主要集中在检查、含量测定、鉴别和性状四项。不符合规定产品数量依次为98、57、4和3批次，分别占全部不符合规定项目的60.5%、35.2%、2.5%和1.9%。其中生产、经营、使用环节分别抽取中成药580、8922、285批次，检出不符合规定产品3、152、3批次，不符合规定批次占比分别为0.5%、1.7%、1.1%。抽检数据显示，经营环节的不符合规定情况高于生产和使用环节。抽检数据提示，片剂（77）、合剂（28）、胶囊剂（17）、颗粒剂（13）、贴膏剂（12）及丸剂（11）的不符合规定批次占比较高，分别占全部不符合规定产品的48.7%、17.7%、10.8%、8.2%、7.6%、6.9%。这提示相关企业应关注常用口服药品的质量。

三是生物制品共抽检91批次，涉及预防类4个品种、治疗类2个品种、

诊断类 1 个品种。经检验，符合规定 89 批次，不符合规定 2 批次，均为吸附无细胞百白破联合疫苗。吸附无细胞百白破联合疫苗共抽取两个厂家 4 批次产品，所有批次检品的鉴别试验、安全性检测项目均符合规定，但有 2 批次疫苗效价测定不符合规定，其中 1 批次破伤风效价和百日咳效价不符合规定，1 批次百日咳效价不符合规定。抽检数据显示，生物制品合格率处于较高水平，整体质量状况较好。

四是药包材和药用辅料的抽检情况，共抽检 4 个药包材品种 177 批次，经检验，符合规定 171 批次，不符合规定 6 批次；抽检 6 个药用辅料品种 184 批次，经检验全部符合规定。药包材的不符合规定项目为水蒸气透过量和溶剂残留量。6 批次药包材不符合规定样品均为聚酯/低密度聚乙烯药用复合膜、袋，其中水蒸气透过量不符合规定 4 批次，溶剂残留量总量不符合规定 2 批次。抽检结果提示，药品生产企业不能仅满足于所使用的包材辅料符合相关标准，应更加关注包材辅料对药品质量的影响，加强科学文献和临床使用等调研，加强对生产过程中重要工艺环节的质量控制，尤其是采用精制工艺的药用辅料生产企业，应根据自身生产情况制定相应的企业内控标准，严格保证原辅料质量，提升产品质量控制水平，同时确保样品在运输及储存过程中按照说明书的要求进行储运。在选择药用辅料供应商时，应加强对供应商的审计要求，强化入厂检验能力。

五是中药饮片的抽检情况，2017 年共抽检人参、黄芪等 15 个中药饮片 2064 批次样品。经检验符合规定 1853 批次，不符合规定 211 批次。不符合规定项目主要集中在性状（共 62 批次）、农药残留（人参共 48 批次）、黄曲霉毒素（远志 11 批次）、二氧化硫残留（共 11 批次）、杂质（丁香 25 批次）、水分（知母 16 批次）、显微鉴别（白及 13 批次）、含量测定（共 59 批次）等方面。通过国家药品抽检发现的主要问题有：一是混伪品代用、掺杂问题，如砂仁存在长序砂仁、疣果砂仁、红豆蔻等混伪品，白及存在小白及、水白及等混伪品等；二是有毒有害物质残留问题，如部分批次人参检出五氯硝基苯、远志检出黄曲霉毒素。抽检结果提示，中药饮品生产企业应加强自律，严把原料药材进货渠道，关注购进原料药材的质量状况，尤其应关注染色、增重、掺伪等问题，严格合规生产，建立产品追溯体系。

抽检结果反映，2017 年国家药品抽检各类药品制剂合格率仍维持在较高水平，反映了当前我国药品总体质量稳定，药品安全形势平稳可控。

（三）食品药品投诉举报及案件查处情况[①]

2017 年各级食品药品监管部门共受理食品（含保健食品）投诉举报 88.0 万件，立案 3.1 万件，结案 3.1 万件。受理药品投诉举报 5.8 万件，立案 4825 件，结案 4737 件。食品药品监管部门共查处食品（含保健食品）案件 25.7 万件，货值金额 6.8 亿元，罚款 23.9 亿元，没收违法所得 1.6 亿元。责令停产停业 1852 户次，吊销许可证 186 件，捣毁制假售假窝点 568 个，移送司法机关 2454 件。共查处药品案件 11.2 万件，货值金额 3.3 亿元，罚款 4.0 亿元，没收违法所得金额 1.1 亿元，取缔无证经营 1146 户，捣毁制假售假窝点 238 个，责令停产停业 1569 户，吊销许可证 162 件，移交司法机关 1951 件。同时查处药品包装材料案件 318 件，货值达 362.3 万元。

二　我国食品药品安全存在的主要问题及分析

（一）食品安全存在的问题[②]

我国食品安全风险中新旧风险交替，主要表现为：一方面微生物污染、农兽药残留、添加剂等传统的食品安全风险仍然是主要的风险类型；另一方面随着现代农牧业和食品工业的发展，新材料、新技术、新工艺的应用以及新的消费方式带来了新型食品安全风险。

从抽检发现的问题看，2017 年食品抽检总体不合格率为 2.4%。其中微生物污染超标，占不合格样品的 32.7%；微生物风险主要表现在三个方面，

---

①　数据引自《2017 年度食品药品监管统计年报》。
②　数据引自《国家食药监总局就2017年食品安全抽检信息及2018年抽检计划发布会》。

一是微生物指标不合格，二是微生物引起的食源性疾病占比最大，三是粮食霉菌毒素超标。微生物超标的主要原因归结于生产及销售过程中关键技术控制未达到标准，企业应当加强专业技能的培训，同时增强责任意识，严格控制关键技术的使用。

食品添加剂超范围、超限量使用，占不合格样品的23.9%。特别是粉条粉丝、面制品（餐饮食品）中铝超标问题尤其突出。造成这些问题的主要原因是部分中小食品企业整体素质不高，为了延长食品保存期，强化感官特性，不顾法律法规要求，超限量、超范围地滥用食品添加剂。

农药兽药禁用及残留不符合标准，占不合格样品的9.6%。2017年抽检数据显示，较2016年农兽药残留不合格率略有上升，由5.5%上升为9.6%，禁用农兽药，如毒死蜱、盐酸克伦特罗、孔雀石绿等时有检出。2017年第四季度，食品中农兽药残留指标不合格问题占不合格问题总数的25.1%，占比达四分之一。此外，我国是兽用化学制剂使用量最大的国家之一，每年使用抗菌药物原料约20万吨，50%用于养殖业，其中60%以上用作饲料药物添加剂，平均1kg肉要使用抗菌药物987mg，远远高于欧盟国家平均每生产1kg肉使用100mg抗菌药物的量①。

重金属污染超标，占不合格样品的8.0%。有机物污染超标，占不合格样品的2.0%。我国用全世界7%的耕地养活了22%的人口，却用掉了世界上35%的化肥和20%的农药。在工业污染尚未得到显著治理的情况下，农业非点源污染成为中国水污染的主要根源和空气污染的重要来源。此外调查显示，全国耕地土壤点位超标率高达19.4%，重金属等无机污染物超标点位数达到82.8%。

食品掺加、欺诈、虚假宣传、非法添加等主观故意违法严重，以次酒充当好酒，"劣币驱逐良币"的掺加欺诈现象严重。2017年"3·15"晚会曝光的傍名牌的饮料产品在广大农村地区十分普遍。以保健品为代表的夸大宣

---

① 数据引自《2017年食品安全抽检监测情况分析》及《2017年第四季度食品安全监督抽检情况分析》。

传、非法声称、钓鱼式营销等现象造成极其不良的社会影响。最为恶劣的是在保健品中非法添加药品，如减肥产品中掺加西布曲明、酚酞等成分，保健酒中掺加他达拉非成分。这些危害因素的共同点是经济利益驱动下的主观故意违法，是未来食品安全问题防控的重点。

在传统的杂物污染基础上，一些新的物理因素如辐照、核污染等危害值得引起关注。2016年"3·15"晚会曝光了跨境电商平台出售来自日本福岛核辐射污染区域麦片的问题。随着食品辐照保鲜技术的推广应用，其放射性危险问题成为人们关注的另一焦点。

此外，以转基因技术为代表的新技术、新产品类风险备受关注。2016年农业部调研发现我国部分省份存在转基因作物非法种植现象。2017年欧盟RASFF对华通报中有10例涉及转基因问题，其中9例是未经授权的转基因大米及其加工制品（米粉、粽子、粉条），1例涉及转基因番木瓜。转基因产品的规范化管理与民众的知情权的保护成为亟待解决的问题。

（二）药品安全存在的问题

化学药品生产企业的问题主要集中在以下方面：一是违反注册批准工艺生产，违法外购原料粗品生产本公司原料药。企业不能提供能够追溯原料药生产的起始物料来源记录，不能提供追溯药品生产、质量管理过程的相关记录。原料药无任何物料、生产、检验记录即放行销售，关键人员未履行职责。二是检测原始数据无法溯源，数据可靠性存在严重问题。随意开启、删除审计追踪日志。设备所用电脑系统时间可以修改，且系统日志中出现2016、2017年修改系统时间的记录；更改系统时间后进行有关物质检测。部分超标调查处理不彻底，如超标结果调查描述到检验及取样过程无异常，但仍重新取样复检合格后放行。三是采用不合格原料生产药。使用不符合《中国药典》2015年版标准的原料药生产片剂并上市销售；伪造、更换原料药生产企业标签，伪造原料药生产企业检验报告书；更换检验样品和留样样品，部分原料药进厂检验结果不真实；企业关键管理人员不能依法依规履职尽责，直接参与实施违法行为。

中成药生产企业的问题主要集中在以下方面：一是不按处方标准投料。检查发现该类违法违规的中成药生产企业只要求最终产品能够满足法定的质量控制标准，不考虑药品的安全性、有效性和患者的权益，主观故意不按处方标准投料生产。二是违背法定制法，擅自改变工艺。2017年飞行检查发现的该类问题集中体现在企业为了降低生产成本，使用不合格原药材投料将处方中部分应提取的中药材不按标准提取，而是粉碎后直接投料。三是为应对监督检查，编造相关记录文件。2017年的飞行检查中发现多家企业存在两套甚至三套物料账、物料出入库记录和生产批记录的情况。

生物制品生产企业的问题主要集中在以下方面：一是过程控制数据或产品结果数据不真实。二是实际生产工艺与产品注册工艺不一致。产品实际生产工艺催化剂活化工序存在反复活化操作的行为与注册批准工艺不一致。三是使用不符合质量标准的原材料、中间体及半成品进行投料。采用微生物标准不合格的血浆进行试验批投料生产；采用乙醇残留量、细菌内毒素、凝固活力、微生物限度、纯度、氯化钡残留量不合格的中间体和pH值、蛋白浓度、酶活力不合格的半成品进行投料。四是生产工艺及批量变更却未进行相关研究。

三 政策建议

（一）食品方面政策建议

首先，应当增强企业主体责任。企业是市场主体，也是食品安全的责任主体，必须对自己生产经营的产品质量安全承担法律责任。发生食品安全事件，企业要在第一时间对公众做出解释，说明发生了什么，为什么会发生，准备采取什么措施。一个负责任的企业，不会以产品检验合格、符合国家标准为借口逃避责任。同时还要加大食品安全违法案件处罚力度，所有违法案件一律处罚到人。企业质量控制体系的每一个环节都应有责任人，如果没有明确责任人，就要由企业负责人、董事长、法定代表人承担法律责任。总之，所有不合格产品、所有违法违规行为都有负责人。只有如此，才能真正起到警示作用，督促企业落实主体责任。

其次，加快推动产业升级。一方面支持大型企业做优做强，鼓励企业兼并重组，培育具有国际竞争力的大型食品工业企业集团；引导中小型企业做优做精，鼓励小型企业采用先进技术和设备，提高产品质量，逐步形成大型骨干企业支撑力强、中小型企业特色鲜明的协调发展格局。二是鼓励企业采用 HACCP 体系的风险预防控制体系，建立以记录为核心的运行体系，实现对物料、过程、人员、消费等食品全产业链关键节点食品安全管理体系的优化。三是启动食品安全领域的企业和个人信用信息采集标准、评价分级等基础工作，建立食品企业和从业个人信用信息数据库，加快完成与人民银行征信系统的对接，让食品安全领域信用监管早见实效。

再次，加快建立职业化检查员队伍。食品监管是一项专业性工作，不仅是单纯的行政管理工作，还涉及食品科学技术知识、法律专业知识等，其捍卫公共安全的职责要求其必须有一支专业化的队伍。特别是当前市场综合监管模式下，更应优先保证食品监管职能在市场监管中的核心地位和资源比重。基层政府应该从食品安全地方政府负总责的政治高度看待食品安全监管工作，对市场监管下的食品安全监管工作予以更大的人力、财力和物力上的支持，充分保障食品安全监管相关职能部门的设置和编制配备，确保编制、人、财、设备优先向人民群众关心的食品监管倾斜。同时国家层面应依据人口数量、产业状况、地理区域等指标科学设定食品监管资源的比重，并将相关指标予以刚性化、指标化，便于地方参考组建食品监管综合执法队伍。

同时加强创新智慧监管方式。世界各国都面临着监管资源与监管任务差距太大的难题。只有坚持风险分级监管，利用有限的监管资源实施"精准监管"，才能实现监管效能最大化。互联网时代、大数据时代的到来为监管提供了创新监管的思路，推进"大数据＋监管"，强化对各类数据的分析研判，运用大数据分析增强风险防范的靶向性，提升监管的精准性；运用互联网、物联网、大数据、云计算等新型技术成果，实现"机器换人"、"机器助人"，用机器换人提高监管效率，降低监管成本；运用"互联网＋食品安

全"提高监管的透明度，保障和改善民生，构建"严管"加"巧管"的监管新局面。

最后，应当加强企业从业人员的职业化教育。提升从业人员职业化素质是一项系统工程，国家应给予明确指导，不仅仅是在食品安全法中规定培训时间，还应在职业大典中明确食品行业从业人员职业标准。培训中，首先要对企业负责人进行强制培训，不少食品安全事故往往源于企业负责人对食品安全相关法律、法规、标准等了解甚少，对违法后果的严重性和可能承担的法律责任认识不够，唯利是图，添加非食用物质、滥用添加剂等违法生产食品，造成极大危害；其次要对关键岗位从业人员如质量安全管理员、企业内审员、研发人员、实验室检测人员等提出培训标准和要求，并建立培训记录。同时要加强企业从业人员指导手册的开发和使用，使得监管人员和企业从业人员的信息一致，增强信息的对称性，从而提高监管效率。

（二）药品方面政策建议[①]

首先，应当根据我国药品的安全形势，结合现有的法律法规等完善药品法规标准体系。目前，我国的中药材标准处于世界的主导地位，化学药品的研制近些年取得了一定的成绩，也达到世界先进水平，生物制品标准还有发展和完善的空间，目前已接近国际先进水平。我们应该在确保我国药品整体水平不断提高的前提下，发挥民族药（材）的优势，弥补化学药及生物制品的不足。

其次，加强药品全过程监管。依托现有资源，在研制环节加强临床试验监督检查，建立临床试验数据管理平台，确保临床数据真实可靠，坚决打击临床数据造假行为。在生产环节全面实施药品生产质量管理规范、中药材生产质量管理规范和中药饮片炮制规范，对疫苗、血液制品等生物制品以及血源筛查诊断试剂全面实施批签发管理。同时将监管延伸至药用原辅料和药包材生产企业。对于企业生产工艺发生变更时，应当完善变更报告的制度并依

---

① 引自《"十三五"国家药品安全规划》。

法实行审评审批。严肃查处药品生产偷工减料、掺杂使假、擅自改变工艺、生产劣药等违法违规行为。在流通环节全面实施药品经营质量管理规范，生产经营企业购销业务人员应当网上备案以便于监管核查，同时加强冷链运输贮存质量监管。使用环节应该严把购进、验收、贮存、养护、调配及使用各环节质量关，及时报告药品不良反应。

最后，应当全面加强能力建设。在强化审评科学基础建设的前提下完善审评质量管理制度，同时利用互联网等技术建立药品电子化申报和审评过程管理制度。加强疫苗等生物制品批签发体系和检验检测能力建设，加强顶层设计和统筹规划，通过信息化技术提高监管效能，推进安全监管大数据资源共享和应用。依托现有资源以及借鉴国外先进的管理理念，推进职业化检查员制度的完善，加强检查员专业培训和教材建设，明确检查员的岗位职责、条件、培训管理、绩效考核等要求。通过采取多种激励措施，鼓励人才向监管一线流动。

参考文献

《国家食药监总局就 2017 年食品安全抽检信息及 2018 年抽检计划发布会》，原国家食品药品监督管理总局网站，http：//samr. cfda. gov. cn/WS01/CL1908/223205. html。

《2017 年度药品检查报告》，中央政府网站，http：//www. gov. cn/fuwu/2018 – 06/11/content_ 5297755. htm。

《2017 年国家药品抽检年报》，中国食品药品检定研究院网站，http：//www. nicpbp. org. cn/CL0882/11119. html。

《国家食品药品监督管理总局 2017 年政府信息公开工作年度报告》，原国家食品药品监督管理总局网站，http：//samr. cfda. gov. cn/WS01/CL0633/226592. html。

《2017 年度食品药品监管统计年报》，原国家食品药品监督管理总局网站，http：//samr. cfda. gov. cn/WS01/CL0108/227377. html。

《"十三五"国家药品安全规划》，中央政府网站，http：//www. gov. cn/zhengce/content/2017 – 02/21/content_ 5169755. htm。

《2017 年第四季度食品安全监督抽检情况分析》，原国家食品药品监督管理总局网站，http：//samr. cfda. gov. cn/WS01/CL1688/219980. html。

B.16
生态文明建设进入新时代
——环境保护形势与新议题

贾峰 杨珂 梅斯勒 田烁 黄潇漪 周恋彤*

摘　要：　2018 年是中国生态环境保护史上具有重要意义的一年，全国生态环境保护大会胜利召开。大会确立的习近平生态文明思想，对当前和今后一个时期全面加强生态环境保护、打好污染防治攻坚战做出系统安排和部署。十八大以来，我国坚决向污染宣战，相继实施大气、水、土壤污染防治三大行动计划，解决一批重大环境问题。总体上生态环境质量稳中向好、持续好转，但成效并不稳固。在决胜全面建成小康社会，开启全面建设社会主义现代化国家的新征程中，我们要打好污染防治这场攻坚战，尽快补上生态环境这块最大的短板，强化绿水青山就是金山银山的理念，满足人民群众日益增长的优美生态环境需要。

关键词：　生态环境保护　习近平生态文明思想　污染防治攻坚战　绿水青山　生态环境机构改革

---

* 贾峰，环境保护部宣传教育中心主任，《世界环境》杂志社长兼总编辑，研究员；杨珂，环境保护部宣传教育中心综合室副主任，博士，副研究员，环境公共关系与战略传播研究所副所长；梅斯勒，环境保护部宣传教育中心，硕士，工程师，环境公共关系与战略传播研究所项目主管；田烁，环境保护部宣传教育中心，硕士，工程师，环境公共关系与战略传播研究所主任助理；黄静漪，环境保护部宣传教育中心，硕士，助理工程师，环境公共关系与战略传播研究所项目主管；周恋彤，环境保护部宣传教育中心，硕士，助理工程师，环境公共关系与战略传播研究所项目主管。

一 生态环境保护新局面

十九大开启了国家现代化治理体系与能力建设新时代。十九大报告指出:"经过长期努力,中国特色社会主义进入了新时代,这是我国发展新的历史方位。""我国社会主要矛盾已经转化为人民日益增长的美好生活需要和不平衡不充分的发展之间的矛盾。"这一重大历史判断,指明了当前我国社会基础条件与主要矛盾已发生重大转化。在生态环境方面,人民群众从过去"盼温饱"到现在"盼环保",从过去"求生存"到现在"求生态",正是这一重大历史转变的重要体现。绿色发展理念已深入人心,生态文明建设正扎实推进。因此,十九大报告特别指出,要坚决打好防范化解重大风险、精准脱贫、污染防治的攻坚战,使全面建成小康社会得到人民认可。

2018 年是中国生态环境保护史上具有重要意义的一年。5 月 18 日,全国生态环境保护大会胜利召开,习近平同志出席会议并做了重要讲话。在此次大会上,习近平同志将在十九大报告上提出的"建设生态文明是中华民族永续发展的千年大计"上升为"根本大计",提出生态环境是关系党的使命宗旨的重大政治问题,也是关系民生的重大社会问题。回顾中国 45 年的环保历程,全国性的环保会议一共召开过八次。此次会议是第一次由党中央决定召开的会议,第一次冠以"生态环境保护"的名称,第一次总书记出席并讲话,会议通过的文件第一次由中共中央、国务院印发,即《关于全面加强生态环境保护坚决打好污染防治攻坚战的意见》。

全国生态环境保护大会形成了一个重要标志性成果——正式确立了习近平生态文明思想,对当前和今后一个时期全面加强生态环境保护、打好污染防治攻坚战做出系统安排和部署。在 2018 年确定的国家机构改革中,新组建生态环境部,整合应对气候变化、海洋环境保护等职能,加快推进生态环境治理体系和治理能力现代化。

(一)国际形势

2008 年国际金融危机之后,全球经济进入"新平庸时代",但生态环境

保护的国际合作潮流滚滚向前。2018 年，联合国环境署公布世界环境日主题为"塑战速决"（Beat Plastic Pollution），提醒全世界的人们关注已无处不在的塑料污染，因为我们使用完的塑料包装，绝大多数会一直存在并最终流入海洋。联合国环境署呼吁世界各国齐心协力对抗一次性塑料污染问题。

在气候变化领域，2018 年 4 月 30 日至 5 月 10 日，《联合国气候变化框架公约》秘书处组织缔约国代表在德国波恩召开会议，进一步制定实施具有里程碑意义的 2015 年气候变化《巴黎协定》的准则。各国在《巴黎协定》中承诺要将全球温度升高幅度限制在 2°C 以下，同时努力将其控制在 1.5°C 之内。波恩会议讨论的准则在操作层面将使《巴黎协定》能够得到落实，也有助于评估世界实现《巴黎协定》目标的进展。有关准则的最终决定将在 2018 年底于波兰卡托维兹气候变化大会暨《联合国气候变化框架公约》第 24 届缔约国大会（COP 24）上做出。

在生物多样性领域，联合国《生物多样性公约》（CBD）第十五次缔约方大会（COP 15）定于 2020 年在中国北京召开，届时公约各缔约方将审议通过新的"2020 年后全球生物多样性保护框架"。为做好开启新的联合国生物多样性战略计划或保护框架的准备，2018 年讨论的最主要议题包括：如何设计更加具有可操作性和有效性的方案，如何建立新型全球合作伙伴关系，并且提高各方的参与度，以及怎样相互借鉴世界各国生物多样性与生态保护的最佳实践。

不过，特朗普"美国优先"战略和贸易保护主义大行其道，民族主义、民粹主义抬头，发达国家和发展中国家间跨境资本流动减缓，国际经济从全球化向"逆全球化"转向，加上新技术革命及气候危机等因素的影响，使未来国际经济和全球治理面临很大的不确定性。这些变化在为中国提供新全球化"引领者"和"塑造者"重大历史机遇的同时，也给中国经济社会发展带来一定程度的负面扰动，给中国产业升级、绿色转型带来挑战和压力。

习近平总书记在 2018 年中央外事工作会议上指出，当前，国际形势深刻复杂演变。我们既要把握世界多极化加速推进的大势，又要重视大国关系深入调整的态势；既要把握经济全球化持续发展的大势，又要重视世界经济格局深刻演变的动向；既要把握国际环境总体稳定的大势，又要重视国际安全挑战错综复杂的局面；既要把握各种文明交流互鉴的大势，又要重视不同思想文化相互激荡的现实。妥善应对和化解我国发展历史交汇期和世界发展转型过渡期相互叠加带来的各种风险挑战，是对外工作必须担负起的重要职责。

2018 年 5 月 11 日，联合国大会通过了"迈向《世界环境公约》"（Towards a Global Pact for the Environment）的决议（文号 A/72/L.51），确定将研究建立《世界环境公约》框架，致力于解决可持续发展背景下环境恶化带来的挑战。这项决议为增强中国在全球环境治理体系中的领导力与话语权，以及提高环境治理体系现代化和国际化水平提供了机遇。

（二）国内形势

1. 习近平生态文明思想正式确立

党的十八大以来，习近平总书记发表一系列重要讲话、做出一系列重要论述和批示指示，提出一系列新理念新思想新战略，深刻回答了为什么建设生态文明、建设什么样的生态文明、怎样建设生态文明等重大问题，形成了科学系统的习近平生态文明思想，集中体现了社会主义生态文明观，成为习近平新时代中国特色社会主义思想不可分割的有机组成部分。习近平生态文明思想集中体现在"八个观"。

第一，生态兴则文明兴、生态衰则文明衰的深邃历史观。生态环境是人类生存与发展的根基，生态环境的变化直接影响文明兴衰演替。世界与中国文明变迁的历史经验教训告诉我们，必须坚持节约资源和保护环境的基本国策，为中华民族永续发展留下根基，为子孙后代留下天蓝、地绿、水净的美好家园。

第二，人与自然是生命共同体的科学自然观。人与自然是生命共同体，人类必须尊重自然、顺应自然、保护自然。必须把生态文明建设摆在全局中的更加突出位置，坚持节约优先、保护优先、自然恢复为主的方针，推动形成人与自然和谐发展的现代化建设新格局。

第三，绿水青山就是金山银山的绿色发展观。必须树立和践行绿水青山就是金山银山的理念。树立和贯彻新发展理念，处理好发展与保护的关系，推动形成绿色发展方式和生活方式，努力实现经济社会发展和生态环境保护协同共进。

第四，良好生态环境是最普惠的民生福祉的基本民生观。必须坚持以人民为中心的发展思想，坚决打好污染防治攻坚战，增加优质生态产品供给，以满足人民日益增长的对优美生态环境的新期待，提升人民群众的获得感、幸福感和安全感。

第五，统筹山水林田湖草系统治理的整体系统观。必须按照生态系统的整体性、系统性及内在规律，统筹考虑自然生态各要素、山上山下、地上地下、陆地海洋以及流域上下游，进行整体保护、宏观管控、综合治理，增强生态系统循环能力，维护生态平衡。

第六，实行最严格生态环境保护制度的严密法治观。只有实行最严格的制度、最严明的法治，才能为生态文明建设提供可靠保障。在生态环境保护问题上，就是不能越雷池一步，否则就应该受到惩罚。

第七，全社会共同参与的全民行动观。生态文明建设同每个人息息相关，每个人都应该做践行者、推动者。优美生态环境为全社会共同享有，需要全社会共同建设、共同保护、共同治理。

第八，建设清洁美丽世界的共赢全球观。人类是命运共同体，建设绿色家园是人类的共同梦想。建设生态文明既是我国作为最大发展中国家在可持续发展方面的有效实践，也是为全球环境治理提供的中国理念、中国方案和中国贡献。

2. 生态环境机构改革深化，生态环境治理能力增强

自1984年在城乡建设环境保护部设立环境保护局始，改革开放40年来，我国环境保护行政机构历经几次重大跨越：1988年成立国务院直属的国家环境保护局；1998年升格为国家环境保护总局；2008年成立环境保护部，环境保护职能不断加强。2018年3月，国务院机构改革方案经十三届全国人大一次会议审议通过。根据该方案，组建生态环境部，不再保留环境

保护部。

新的机构改革方案，将环境保护部的职责，国家发展和改革委员会的应对气候变化和减排职责，国土资源部的监督防止地下水污染职责，水利部的编制水功能区划、排污口设置管理、流域水环境保护职责，农业部的监督指导农业面源污染治理职责，国家海洋局的海洋保护职责，国务院南水北调工程建设委员会办公室的南水北调工程项目区环境保护职责整合在一起，组建生态环境部，作为国务院的组成部门。这一职责整合把原来分散在农业、海洋、水利等各个部门的城乡污染监管工作归拢到一起，不仅对不同的空间进行统一管理，而且对碎片化的行政管理进行集中统一。这一改革举措将进一步理顺我国生态环境监管体制，助力"美丽中国建设"。

时任环境保护部部长李干杰表示，此次改革从所有者方面来讲，把山水林田湖草都统一起来了；从监管者的角度看，把原来分散的污染防治和生态保护职责统一起来，实现了"五个打通"：第一是打通了地上和地下，第二是打通了岸上和水里，第三是打通了陆地和海洋，第四是打通了城市和农村，第五是打通了一氧化碳和二氧化碳，即统一了大气污染防治和气候变化应对。

3. 生态环境保护法律法规制度逐渐完善

环境法规体系不断健全，执法力度空前，司法保障得到切实加强。当前，以环境保护法为龙头，覆盖大气、水、土壤、核安全等主要环境要素的法律法规体系已经建立，并不断健全。环境保护法、大气污染防治法、水污染防治法、环境影响评价法、核安全法、环境保护税法等一系列重要法律，在打击环境违法行为及规范环境守法等方面力度空前。最高人民法院、最高人民检察院出台办理环境污染刑事案件的司法解释，北京、陕西、河北等9个省（市）组建环境警察队伍，环境司法保障得到切实加强。

4. 党对生态环境保护的领导全面加强

打好污染防治攻坚战时间紧、任务重、难度大，是一场大仗、硬仗、苦仗，必须加强党的领导。地方党委和政府压实责任，层层负责，这是我国的制度优势，是打好污染防治攻坚战的最大法宝。2018年6月，《中共中央国

务院关于全面加强生态环境保护坚决打好污染防治攻坚战的意见》（以下简称《意见》）提出落实党政主体责任，将"全面加强党对生态环境保护的领导"独立成章，充分反映了党中央对生态文明建设和生态环境保护的坚定态度和坚强决心，为坚决打好污染防治攻坚战提供坚实的政治保障。《意见》要求地方各级党委和政府必须坚决扛起生态文明建设和生态环境保护的政治责任，对本行政区域的生态环境保护工作及生态环境质量负总责。主要负责人是本行政区域生态环境保护第一责任人，至少每季度研究一次生态环境保护工作。针对过去一些地方存在对生态环境保护考核不硬、不实的问题，《意见》还提出强化考核问责，严格责任追究。将生态环境保护的考核结果作为领导班子和领导干部综合考核评价、奖惩任免的重要依据，符合客观规律和基本国情，抓住了解决生态环境保护问题的"牛鼻子"。《意见》提出要抓紧出台中央和国家机关相关部门生态环境保护责任清单，按职责抓好生态环境保护，形成发展部门、生产部门和行业部门守土有责、分工协作、共同发力的管理格局。

5. 污染防治攻坚战目标明确，聚焦重点

《意见》确定了污染防治攻坚战的目标任务，即到 2020 年，生态环境质量总体改善，主要污染物排放总量大幅减少，环境风险得到有效管控，生态环境保护水平同全面建成小康社会目标相适应。具体是要打好几场标志性的重大战役：打赢蓝天保卫战，打好柴油货车污染治理、城市黑臭水体治理、渤海综合治理、长江保护修复、水源地保护、农业农村污染治理攻坚战，确保 3 年时间明显见效。

6. 中央环保督察"回头看"压实责任，倒逼落实

经党中央、国务院批准，第一批中央环境保护督察"回头看"6 个督察组从 2018 年 5 月开始，陆续对河北、内蒙古、黑龙江、江苏、江西、河南、广东、广西、云南、宁夏等 10 个省（区）实施督察进驻。第一批中央环保督察"回头看"共受理举报 3.8 万件，针对督察发现的表面整改、假装整改、敷衍整改等问题，陆续公开 50 余个典型案例，引起社会强烈反响，发挥了督察震慑、警示和教育作用。各被督察地方党委、政府高度重视，对群

众举报问题建立机制、即知即改、立行立改；对督察组通报问题举一反三、深入查处、严肃问责。督察组紧盯地方边督边改情况，确保尚未办结的群众举报能够及时查处到位、公开到位、问责到位，确保群众举报件件有落实、事事有回音。

2018 年 10 月，第二批中央环保督察"回头看"全面启动，对山西、辽宁、吉林、安徽、山东、湖北、湖南、四川、贵州、陕西 10 个省份开展"回头看"督察进驻工作。第二批"回头看"重点督察经党中央、国务院审核的第一轮中央环境保护督察整改方案落实情况；重点盯住督察整改不力，甚至表面整改、假装整改、敷衍整改，以及"一刀切"等生态环境保护领域不作为、滥作为的问题；重点检查列入督察整改方案的重大生态环境问题及其查处、整治情况；重点督办人民群众身边生态环境问题整治情况；重点督察地方落实生态环境保护党政同责、一岗双责、责任追究情况。同时，针对污染防治攻坚战七大标志性战役和其他重点领域，进一步压实责任，倒逼落实，为打好污染防治攻坚战提供强大助力。各督察组进驻期间分别设立联系电话和邮政信箱，受理被督察省份生态环境保护方面的群众来信来电举报。

7. 污染治理攻坚克难，环境质量切实改善

大气、水、土壤污染防治三个"十条"的实施取得扎实成效，生态环境状况逐步好转。在大气环境管理方面，2018 年 7 月，国务院正式印发《打赢蓝天保卫战三年行动计划》，对未来三年国家大气污染防治工作进行部署。按照计划要求，生态环境部在原有 74 个重点城市空气质量排名基础上，将排名城市范围扩大至 169 个地级及以上城市，包括京津冀及周边地区、长三角地区、汾渭平原、成渝地区、长江中游、珠三角等重点区域以及省会城市和计划单列市。从 2018 年 7 月起，每月发布空气质量相对较好的前 20 个城市和空气质量相对较差的后 20 个城市名单，每半年发布空气质量改善情况相对较好和相对较差的 20 个城市名单。各地全力贯彻落实打赢蓝天保卫战三年行动计划，持续推动产业、能源、运输、用地结构调整，抓好重污染天气应对，全面深入开展大气污染防治工作，共同推动环境质量持续改善。

表1　2017年京津冀地区大气污染物浓度变化

地区	指标	平均浓度（CO：mg/m³，其他：μg/m³）	比2016年变化（%）
京津冀	PM$_{2.5}$	64	−9.9
	PM$_{10}$	113	−4.2
	O$_3$	193	12.2
	SO$_2$	25	−19.4
	NO$_2$	47	−4.1
	CO	2.8	−12.5
北京	PM$_{2.5}$	58	−20.5
	PM$_{10}$	84	−5.6
	O$_3$	193	−3.0
	SO$_2$	8	−20.0
	NO$_2$	46	−4.2
	CO	2.1	−34.4

表2　2017年珠三角地区大气污染物浓度变化

地区	指标	平均浓度（CO：mg/m³，其他：μg/m³）	比2016年变化（%）
珠三角	PM$_{2.5}$	34	6.2
	PM$_{10}$	53	8.2
	O$_3$	165	9.3
	SO$_2$	11	0
	NO$_2$	37	5.7
	CO	1.2	−7.7
广州	PM$_{2.5}$	35	−2.8
	PM$_{10}$	56	0
	O$_3$	162	4.5
	SO$_2$	12	0
	NO$_2$	52	13.0
	CO	1.2	−7.7

　　水环境管理方面，把解决突出生态环境问题作为民生优先领域。2018年7月，生态环境部与住建部联合开展城市黑臭水体整治环境保护专项行动。2018年9月，国务院印发《城市黑臭水体治理攻坚战实施方案》，明确提出到2018年底，直辖市、省会城市、计划单列市建成区黑臭水体消除比

例高于90%；到2019年底，其他地级城市建成区黑臭水体消除比例显著提高，到2020年底达到90%以上；鼓励京津冀、长三角、珠三角区域城市建成区尽早全面消除黑臭水体。2018年10月启动城市黑臭水体整治专项巡查，对专项督查期间发现问题较多、黑臭水体治理任务进展滞后的重点城市开展专项巡查，确保2018年底36个重点城市达到"建成区黑臭水体消除比例高于90%"的目标。

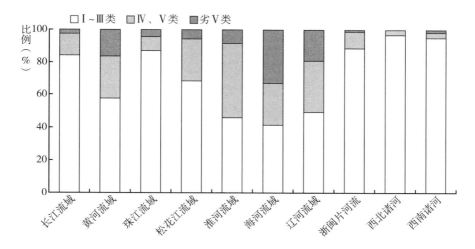

图1　2017年七大流域和浙闽片河流、西北诸河、西南诸河水质状况

土壤环境管理方面，2018年8月，中华人民共和国第十三届全国人民代表大会常务委员会第五次会议通过《中华人民共和国土壤污染防治法》，自2019年1月1日起施行。新法规定，国务院统一领导全国土壤污染状况普查。国务院生态环境主管部门会同国务院农业农村、自然资源、住房城乡建设、林业草原等主管部门，每十年至少组织开展一次全国土壤污染状况普查。同时，国家实行土壤环境监测制度。对于违反《土壤污染防治法》的各类行为，最高将处20万元以上200万元以下的罚款，情节严重的，处5日以上15日以下拘留。构成违反治安管理行为的，由公安机关依法给予治安管理处罚，构成犯罪的，依法追究刑事责任。

十八大以来，单位国内生产总值能耗、水耗均下降20%以上，主要污

染物排放量持续下降，重点城市重污染天数减少一半，森林面积增加 1.63 亿亩，沙化土地面积年均缩减近 2000 平方公里，绿色发展呈现可喜局面。[①] 截至 2017 年底，我国森林覆盖率已由 21 世纪初的 16.6% 提高为 22% 左右。沙化土地年均缩减 1980 平方公里，联合国环境署盛赞中国是全球沙漠治理的典范。[②]

二 当前生态环境保护面临的突出问题和挑战

党的十八大以来，我国坚决向污染宣战，相继实施大气、水、土壤污染防治三大行动计划，解决了一批重大环境问题。总体上，生态环境质量稳中向好，持续好转，但成效并不稳固，稍有松懈就有可能出现反复，犹如逆水行舟，不进则退。

（一）进一步推进环境质量改善工作艰巨复杂

全国生态环境保护大会上，习近平总书记做出了关于生态文明建设处于"三期叠加"的重大战略判断：一是压力叠加、负重前行的关键期，我国城镇化、工业化还未完成，资源能源消耗持续增长，污染物排放仍处于高位；二是提供更多优质生态产品以满足人民日益增长的优美生态环境需要的攻坚期，人民对美好生态环境的需要快速增长，需要通过攻坚解决一批突出环境问题；三是有条件有能力解决生态环境突出问题的窗口期，我国已经具备解决生态环境突出问题的基础条件，人均 GDP 接近 1 万美元，基本达到发达国家 20 世纪 80 年代的水平，同时我们积累了丰富的实践经验，如果不抓住当前的机会解决突出生态环境问题，以后会付出更大更沉重的代价。

当前，我国生态环境状况和形势不容乐观，生态环境质量总体上与全面建成小康社会的要求和人民群众日益增长的优美生态环境需要还存在较大差

---

① 2018 年政府工作报告。
② 环境保护部部长李干杰在 2018 年全国环境保护工作会议上的讲话。

距，进一步推进环境质量改善工作艰巨复杂。正如《意见》所指出的，我国生态文明建设和生态环境保护面临不少困难和挑战，存在许多不足。一些地方和部门对生态环境保护认识不到位、责任落实不到位；经济社会发展同生态环境保护的矛盾仍然突出，资源环境承载能力已经达到或接近上限；城乡区域统筹不够，新老环境问题交织，区域性、布局性、结构性环境风险凸显，重污染天气、黑臭水体、垃圾围城、生态破坏等问题时有发生。这些问题，成为重要的民生之患、民心之痛，成为经济社会可持续发展的瓶颈制约，成为全面建成小康社会的明显短板。生态环境问题的源头是经济发展问题，我国工业化、城镇化、农业现代化的任务尚未完成，产业结构偏重、能源结构偏煤、产业布局偏乱、交通运输结构还不尽合理，经济总量增长和污染物排放总量增加还没有脱钩，污染物排放总量还处于高位。多年积累的环境问题具有综合性、复合性、难度大的特点，解决起来也绝非一朝一夕之功。特别是当前资源环境承载能力已经达到或接近上限，生态系统脆弱，污染重、损失大、风险高的生态环境状况还没有根本扭转。随着环境治理措施深入推进，留下的很多环境问题是难啃的"硬骨头"，难以在短期内得到根治。坚决打好污染防治攻坚战，改善环境质量，仍需要继续付出极其艰苦的努力。

（二）大气、水、土和生态环境形势严峻

在大气环境方面，形势依然严峻。长期以来粗放式发展积累的以重化工业为主的产业结构、以煤为主的能源结构、以公路运输为主的交通运输结构，以及大量裸露地面存在的用地结构，对进一步改善空气质量构成了重大挑战。环境空气质量在重点地区和部分时段超标严重。北方地区大气污染防治攻坚行动效果虽然明显，有人的努力，但天气也帮了很大的忙，存在较大的反弹压力。

在水环境方面，部分区域流域污染仍然较重。2017 年，西北诸河和西南诸河水质为优，浙闽片河流、长江和珠江流域水质良好，黄河、松花江、淮河和辽河流域为轻度污染，海河流域为中度污染。各地黑臭水体整治进展不均衡，30 个省（自治区、直辖市）70 个城市已完成黑臭水体整治共 919

个，完成比例为92.5%，但是督察的同时发现了新增黑臭水体274个。污水收集能力存在明显短板，饮用水水源保护区建设不规范，农业面源污染尚未得到有效控制。

在土壤环境方面，根据2014年的《全国土壤污染状况调查公报》，我国耕地土壤环境质量堪忧，尤其是重金属污染问题凸显，对农产品质量和生态环境构成安全隐患。部分地区污染地块类型复杂，土壤及地下水污染严重，污染地块再利用环境风险较大。

固体废物方面，生活垃圾给生态环境质量改善带来严峻挑战。城市生活垃圾存量大、总量增速快，每年产生量约2亿吨，同时每年产生建筑垃圾20亿吨，堆存量近40亿吨，每年农村生活垃圾产生量1.2亿吨。2017年，全国生活垃圾清运量2.2亿吨，无害化处理率为97.14%，垃圾处置能力和水平还需提高。

在生态方面，生态空间遭受持续挤压，部分地区生态质量和服务功能持续退化的局面仍未扭转。2017年，生态环境质量"优"和"良"的县域面积占国土面积的42.0%，主要分布在秦岭—淮河以南及东北大小兴安岭和长白山地区；生态环境质量"一般"的县域占24.5%，主要分布在华北平原、黄淮海平原、东北平原中西部和内蒙古中部；生态环境质量"较差"和"差"的县域占33.5%，主要分布在内蒙古西部、甘肃中西部、西藏西部和新疆大部。

（三）区域发展不均衡，产业转移带来环境压力加大

我国区域经济社会发展进程不一，梯度差异明显，产业区域性转移特征突出。一是东西部差异明显，东部一些地区总体已进入工业化后期，逐渐向创新和绿色发展阶段迈进，环境与经济的关系逐渐统一，生态环境压力持续缓解，环境质量相对领先。但中西部地区处于工业化中后期，东北地区经济发展滞后，相关产业自东向西转移的趋势已经比较明显，承接大量东部地区相对落后产能后，中西部经济发展与环境关系呈现明显异化趋势，加大了环境压力。

二是城乡差异突出。农村环境基础设施建设严重滞后，污水直排、垃圾乱堆等问题十分普遍，农村人居环境仍然存在脏乱差现象，化肥、农药、农膜等不合理使用造成的农业面源污染严重。城市污染企业出现向农村转移的趋势，过剩产能、有转型可能的城区污染产业大量在农村集聚，进一步加剧了农村环境问题。

（四）环境邻避问题突出，社会风险加大

党的十九大报告指出，要更加自觉地防范各种风险，坚决打好防范化解重大风险、精准脱贫、污染防治的攻坚战。要把生态环境风险纳入常态化管理，系统构建全过程、多层级生态环境风险防范体系。

我国环境风险企业数量庞大，近水靠城，区域性、布局性、结构性环境风险突出，环境污染事件处于高发期。同时我国当前正处于社会发展转型期，利益诉求多元化，深层矛盾累积叠加，催发了社会冲突与风险。其中，尤以抵制具有（或可能引发）负面环境影响的公共基础设施建设以及比较敏感的石化项目建设等为代表的"邻避"冲突为甚，成为环境保护、民生需求和社会治理这三个重点领域矛盾综合交织的具体表象，与新时代三大攻坚战紧密联系，且呈现综合性、多发性、激烈性和恶性复制与蔓延等特征。

特别是垃圾焚烧发电、石化、涉核项目等邻避效应突出，触点多，燃点低，管控难，极易引发群体性事件。一旦处置不当，将影响社会稳定，损害政府公信力。2018年，由环境敏感项目和设施建设邻避问题所引发的群体性事件的数量大幅下降，但其风险仍处于高位。2018年以来，公开报道的垃圾焚烧发电项目引发的群体性事件已达40余起。既有项目污染问题未得到根本解决，环境执法监管偏软，政府和企业环境信息公开不足，科普工作耐心细致不够，与公众之间缺少风险沟通等问题的存在，都会导致公众对政府部门和企业的环境风险管控缺乏信任，进而产生恐慌心理和抵触情绪。此外，环境设施的普惠性与环境风险影响的局域性，带来收益与风险分配的不公平也加剧了群众邻避心理。

防范与化解环境邻避问题引发的社会风险既是风险防范攻坚战的重要内

容，也是打好污染防治攻坚战的重要任务。既要看到邻避问题的产生是公众环境意识觉醒的必然，也要重视环境治理中此类问题的妥善解决，避免政府公信力、企业绿色发展乃至整个社会长远利益均受损害的多输局面。

对此，《意见》要求，建立政府、企业环境社会风险预防与化解机制。完善环境信息公开制度，加强重特大突发环境事件信息公开，对涉及群众切身利益的重大项目及时主动公开。2020年底前，地级及以上城市符合条件的环保设施和城市污水垃圾处理设施向社会开放，接受公众参观。

三　生态环境保护新展望

（一）以习近平生态文明思想为遵循塑未来

习近平生态文明思想是中国生态环境保护实践的优秀成果，具有深厚的基层实践基础和浓厚的中国特色社会主义特征。从梁家河和正定到厦门、从宁德到福建、从浙江到上海，以及后来到北京，习近平同志对生态环保工作高度重视。

"绿水青山就是金山银山"是习近平生态文明思想中最著名的科学论断和最脍炙人口的行动指南，也是习近平同志多年工作实践的总结。福建省长汀县作为习近平生态文明思想的早期实践地，其水土保持和生态环境保护工作多次受到习近平同志的直接关心指导。习近平同志"进则全胜　不进则退"的指示精神，成为长汀水土流失治理攻坚克难的"定海神针"。长汀水土流失治理，不仅让长汀山川再现了"绿水青山"，也实现了"生态美　群众富"，习近平同志在福建工作的17年间，福建地区实现了经济效益、社会效益和生态效益的内在统一，2002年福建省被列入全国第一批生态建设试点省。习近平同志在浙江工作后，也将建设"生态文明省"的理念从福建带到了浙江，并通过在浙江的生态实践进一步丰富和发展了他在生态文明建设方面的思想，创造性地提出了"绿水青山"与"金山银山"辩证关系的"两山论"，通过打造环境优美、和谐宜居的"绿色浙江"实践，使生态文明建设在浙江落地生根。

党的十八大以后，习近平总书记紧紧围绕着"什么是生态文明""怎样建设生态文明""建设什么样的生态文明"在不同场合发表了一系列重要论述。习近平总书记将环保与发展融合起来，深入推进"美丽中国"建设。特别是党的十九大以来，"两山"理念被写入党章，标志着习近平生态文明思想进一步成熟。

习近平生态文明思想贯穿了马克思主义的立场、观点和方法，闪耀着马克思主义真理光芒，概括了党的十八大以来以习近平同志为核心的党中央领导推动生态文明建设取得的历史性成就、发生的历史性变革，总结了我国生态环境保护探索实践的成功经验，汲取了中华优秀传统文化的生态智慧，顺应了世界各国应对环境与发展挑战的时代潮流，展现了习近平总书记作为马克思主义政治家、理论家、战略家的远见卓识、高超智慧、人民情怀和领袖风采，诠释了我党的历史使命、执政理念和责任担当。新时代生态文明建设要求我们深入学习并准确领会习近平生态文明思想，坚定打好污染防治攻坚战的信心和决心。

（二）为实现美丽中国目标攻坚克难

《意见》勾画出从现在到 21 世纪中叶的美丽中国具体图景。总体目标是到 2020 年，生态环境质量总体改善，主要污染物排放总量大幅减少，环境风险得到有效管控，生态环境保护水平同全面建成小康社会目标相适应。

具体指标包括：全国细颗粒物（$PM_{2.5}$）未达标地级及以上城市浓度比 2015 年下降 18% 以上，地级及以上城市空气质量优良天数比例达到 80% 以上；全国地表水 Ⅰ～Ⅲ 类水体比例达到 70% 以上，劣 Ⅴ 类水体比例控制在 5% 以内；近岸海域水质优良（一、二类）比例达到 70% 左右；二氧化硫、氮氧化物排放量比 2015 年减少 15% 以上，化学需氧量、氨氮排放量减少 10% 以上；受污染耕地安全利用率达到 90% 左右，污染地块安全利用率达到 90% 以上；生态保护红线面积占比达到 25% 左右；森林覆盖率达到 23.04% 以上。

通过加快构建生态文明体系，确保到 2035 年节约资源和保护生态环境

的空间格局、产业结构、生产方式、生活方式总体形成，生态环境质量实现根本好转，美丽中国目标基本实现。到 21 世纪中叶，生态文明全面提升，实现生态环境领域国家治理体系和治理能力现代化。

（三）构建全社会共同参与的绿色行动体系

《意见》就推动形成绿色发展方式和生活方式做出重大部署、提出明确要求、指明落实路径。

1. 生产方式绿色化

绿色发展要求正确处理经济发展和生态环境保护的关系，坚决摒弃损害甚至破坏生态环境的发展模式和做法。"三线一单"，即生态保护红线、环境质量底线、资源利用上线、生态环境准入清单，是经济发展的硬约束。

需要引导生产供给侧从源头预防环境污染、生态破坏，倒逼产业结构调整和布局优化，实现经济高质量发展；需要推进能源生产和消费革命，构建清洁低碳、安全高效的能源体系；需要构建市场导向的绿色技术创新体系，壮大节能环保等战略性新兴产业和现代服务业，推动建立健全绿色低碳循环发展的经济体系，实现生产系统和生活系统循环链接。

2. 生活方式绿色化

生活方式和消费行为造成的资源浪费和环境损害越来越严重，大力推动人们消费理念和生活方式绿色化已成为全面建成小康社会过程中一项十分紧迫的重要任务。

生态文明建设同每个人息息相关，每个人都应该做践行者、推动者，自觉改变生活方式和消费理念，在日常衣、食、住、行各方面做出绿色选择；也需要政府引导制定政策、制度，在全社会大力倡导绿色消费模式，反对奢侈浪费和不合理消费，推动全民行动和完善保障措施；更需要市场响应，为公众践行绿色生活方式提供优质产品和服务，以推动绿色消费革命，形成内需扩大和生态环境改善的良性循环。

3. 引导社会各界积极参与环境治理

党的十九大报告指出，要打造共建共治共享的社会治理格局。新时代生态环境保护，不仅需要政府努力、政策支持，企业自律、履行责任，更离不开公众参与和社会响应。社会组织根植于公众，是连接政府、企业与公众的桥梁，是加强社会监督、促进信息公开和公众参与、推动生态环境保护事业发展的重要力量。当前，越来越多的环保社会组织从事专业领域的环境治理工作，除传统的环境宣传教育、支持公众举报等方式外，还探索通过环境信息公开、企业环境信用评价、环境公益诉讼、环境圆桌对话等多种方式，在生态环境保护事务中进一步发挥建设性作用。

（四）中国生态环境治理引领全球环境治理变革

习近平总书记强调，人类是命运共同体，建设绿色家园是人类的共同梦想。国际社会应该携手同行，构筑尊崇自然、绿色发展的生态体系，共谋全球生态文明建设之路，保护好人类赖以生存的地球家园。建设生态文明既是我国作为最大发展中国家在可持续发展方面的有效实践，为全球环境治理提供了"中国模式""中国经验""中国倡议"，也被越来越多的国家认可，在世界上产生了越来越强的示范作用。

中国"洋垃圾"禁令所产生的全球影响成为中国环境治理引领全球环境治理变革的一个典型案例。禁止洋垃圾入境是党中央、国务院在新时期新形势下做出的一项重大决策部署，是中国生态文明建设的标志性举措。2017年7月30日，中国正式通知世界贸易组织，于2018年初停止进口包括废塑料、未分类废纸、废纺织原料和钒渣在内的24种固体废物。2018年1月1日起，中国正式启动新法规，禁止进口"洋垃圾"。2018年开始，生态环境部、商务部、发展改革委、海关总署联合分批调整优化进口名录，大幅压减固体废物进口的数量。新禁令标志着过去40年中国作为全球最主要垃圾接收国的时代已结束。

中国的"洋垃圾"禁令在全球引发了强烈反响，正在重塑全球垃圾回收行业，引发世界多国反思，并做出政策响应。"只要停止一些事情，就可以撬动全球贸易体系——禁止'洋垃圾'就是其中之一"，安大略理工大学能源系统和核科学副教授丹尼尔·霍恩威格在其文章中表示。欧盟委员会提

议全面禁止一次性塑料产品，代之以更为环保的材料，同时要求生产商协助支付废物管理费用及环保宣传工作的费用。在 2025 年之前，欧盟国家要求一次性塑料饮料瓶回收率达到 90%，在 2030 年对全部塑料包装实行回收。咖啡店遍布全球的跨国企业星巴克宣布，要在 2020 年之前停止使用一次性塑胶吸管。东南亚国家也加快立法，避免更多的"洋垃圾"转移入境。

中国对"洋垃圾"说不，受到国内群众的普遍欢迎。中国的做法，不仅促进了国内产业结构升级优化，也为发展中国家提供范例，共建公平高效的国际政治经济新秩序。

2018 年，中国生态环境保护进入新时代，吹响了加快生态文明体制改革、建设美丽中国的号角，进一步昭示了以习近平同志为核心的党中央加强生态文明建设的坚强意志和坚定决心。越来越多的地方在党委政府领导下，以前所未有的决心和力度加强生态环境保护，强化绿水青山就是金山银山的理念。在决胜全面建成小康社会、开启全面建设社会主义现代化国家的新征程中，我们要打好污染防治这场攻坚战，尽快补上生态环境这块最大短板。要提供更多蓝天白云、繁星闪烁，鱼翔浅底、清水绿岸，吃得放心、住得安心、鸟语花香、田园风光的优质生态产品，满足人民群众高质量生活的需要，真正实现人与自然的和谐共生。

2018：中美经贸摩擦背景下的
中国职工状况

乔健　张原*

摘　要： 2018 年在经济基本平稳、下行压力增大的背景下，职工就业稳健增长，失业率仍保持低位，但稳中有变；工资继续稳慎增长，国务院改革国企工资决定机制；社会保险继续扩大覆盖范围，社保费用税务代征引发波动；劳动争议略有回升，群体性事件呈联动趋势。工会十七大坚持习近平总书记关于工人阶级和工会工作的重要论述，高擎维权服务旗帜，将构建和谐劳动关系作为工会工作主线。对中美经贸摩擦对局部地区与产业就业及劳动关系的影响做出初步评估，短期已使企业用工明显萎缩，长期影响更需密切关注。

关键词： 中美经贸摩擦　稳就业　工会十七大　维权服务

一　经济走缓之下的劳工阶层现状

（一）就业稳健增长，失业率仍保持低位，但稳中有变

2018 年前三季度，GDP 为 650899 亿元，同比增长 6.7%，同比减缓

---

* 乔健，副教授，中国劳动关系学院劳动关系系主任，主要从事劳动关系、职工状况和工会研究；张原，副教授，中国劳动关系学院劳动关系系教师，主要从事劳动经济学、宏观经济学研究。

0.2 个百分点，其中第三季度增长 6.5%，经济保持总体平稳、稳中有进。但由于外部挑战变数明显增多，结构调整阵痛继续显现，经济运行稳中有变、稳中有缓，下行压力加大。[1]

2018 年前三季度，职工就业形势仍然保持稳中向好的基本态势，这主要表现在：一是就业的核心指标好于或接近去年。1~9 月，累计实现城镇新增就业 1107 万人，同比增加 10 万人，已完成 1100 万人的全年目标任务；三季度末，全国城镇登记失业率为 3.82%，同比下降 0.13 个百分点，是多年来的低位；9 月全国城镇调查失业率为 4.9%，同比略增 0.07 个百分点。二是从重点群体就业看，1~9 月，对困难群体就业援助力度加大，就业困难人员实现就业 136 万人，同比增加 3 万人；尽管 2018 年有 820 万高校毕业生，但就业总体稳定；农村劳动力转移就业也稳中有进。三是市场供求基本平稳。对 100 个城市公共就业服务机构市场供求数据进行分析发现，三季度人力资源市场的求人倍率是 1.25，环比、同比均有所上升，表明招聘岗位数量大于求职人数，而且增加幅度的趋向一致。[2]

就业持续取得进展，除了国家深入实施就业优先战略和积极就业政策、加强简政放权和行政审批制度改革外，主要得益于新经济、新业态、新就业形态的出现，增强了经济增长对就业的拉动能力。新就业形态主要指依托互联网实现的有别于正式稳定就业和标准劳动关系的灵活化、平台化的组织用工和劳动者从业，有权威论者将其划分为三种类别：电子商务、共享经济及众筹式创业就业[3]。2017 年我国参与数字经济活动的人数超过 7 亿人，参与提供服务者约为 7000 万人，其中通过互联网平台就业的人员约为 716 万人，均比上年大幅度增加[4]。此外，由于老龄化速度加快，2017 年我国 16~59

---

① 《前三季度中国经济同比增长 6.7%》，新华社，2018 年 10 月 19 日。

② 《人社部发布会解读前三季度就业、社会保障等数据》，中国网，2018 年 10 月 31 日。

③ 聂生奎：《新时代构建和谐劳动关系面临的形势与任务》，在中国人力资源开发研究会劳动关系分会师资班上的报告，2018 年 7 月 16 日。

④ 《〈中国共享经济发展年度报告（2018）〉在京发布》，信息化和产业发展部官网，2018 年 3 月 2 日。

岁劳动年龄人口同比净减少 548 万人，缓解了就业压力①。

当前就业结构性矛盾亦十分突出，包括大学生中的困难群体、农村新劳动力及去产能企业老职工及部分区域的就业压力。而中美经济贸易摩擦带来的不确定因素在加剧，会对部分企业生产经营和就业带来影响。三季度以来，我国东南沿海地区用工，特别是大中型企业用工明显萎缩。社会上有关"国进民退"的议论也影响到民营企业的用工动力，据统计局报告，反映雇主意愿的企业用工景气指数三季度下降了 3.6 个百分点，回落到 100% 以内，即微弱不景气②。根据智联招聘和中国就业研究所的一项研究，三季度互联网/电子商务、房地产等行业招聘需求人数大幅下跌③。

总体上看，就业呈现稳中有变的格局。国务院常务会议决定实施更加积极的政策：一是对符合条件的稳定就业参保企业，可通过减费方式，返还企业及其职工缴纳的 50% 失业保险费；二是通过政府性融资担保、鼓励创业担保贷款等促进创业就业；三是支持参加技能培训；四是对失业人员及时发放失业保险金，其个人应缴纳的基本医疗保险等费用从失业保险基金中列支，对生活困难失业人员给予临时生活补助、临时救助或纳入最低生活保障；五是支持企业履行社会责任，努力稳定就业岗位。为减轻企业负担，决定对用人单位和职工失业保险缴费比例总和从 3% 阶段性降至 1% 的现行政策 2019 年 4 月底到期后继续实施。④

（二）职工工资继续稳慎增长，国务院改革国企工资决定机制

1～9 月，全国居民人均可支配收入 21035 元，同比实际增长 6.6%，增速与上半年持平，与经济增长基本同步⑤。在最低工资方面，截至 2018 年 9 月，全国有 13 个省市上调最低工资标准，调整后，上海、北京、广东、深

① 《2017 年国民经济和社会发展统计公报》，国家统计局，2018 年 2 月 28 日。
② 引自李克强总理给工会十七大所作的经济形势报告，2018 年 10 月 24 日。
③ 2018 年第三季度《中国就业市场景气报告》，搜狐网，2018 年 10 月 23 日。
④ 《李克强主持召开国务院常务会议 确定进一步促进就业的针对性措施等》，中国政府网，2018 年 11 月 2 日。
⑤ 国家统计局：《2017 年农民工监测调查报告》，国家统计局官网，2018 年 4 月 27 日。

圳、天津、江苏、浙江等地月最低工资标准超过 2000 元。其中，上海月最低工资标准达到 2420 元，为全国最高；海南月最低工资标准最低，仅 1430元。小时最低工资标准最高的是北京的 24 元。2018 年最低工资标准的调整面有所缩小，调幅依然是审慎放缓，主要是考虑到当前经济稳中有缓、下行压力大的情况。有 13 个地区发布了工资指导线，基准线在 7% 左右，① 与2017 年相比，多地工资指导线的基准线和上线均有所下调。

在工资拖欠方面，国家统计局 2017 年农民工监测调查报告没有公布这方面信息。2018 年上半年，全国各级人社部门公布重大欠薪违法行为 1059件，人社部公布两批在全国有重大影响的欠薪违法行为，向国家发展改革委等部门推送两批拖欠农民工工资"黑名单"。各地人社部门共向公安机关移送涉嫌拒不支付劳动报酬犯罪案件 1800 件，公安机关立案 1289 件。前三季度，各地人社部门为 131.3 万名劳动者（主要是农民工）追偿被拖欠工资等待遇 129.8 亿元，同比分别下降 43% 和 32.5%②。

为达到 2020 年实现农民工工资基本无拖欠的目标，目前人社部正着力推进四方面工作：一是完善和落实工资支付保障制度，推动"两金三制"措施尽快落实到每个企业和在建工程项目；二是加强欠薪源头治理；三是加强日常监察执法和专项检查，畅通劳动者举报投诉渠道；四是加大对欠薪违法行为的惩戒力度，对涉嫌拒不支付劳动报酬罪的，依法移送司法机关追究刑事责任。

2018 年 5 月，国务院印发《关于改革国有企业工资决定机制的意见》。按照权威人士解读，此次改革内容主要包括：一是改革工资总额决定机制，完善工资与效益联动机制；二是改革工资总额管理方式，全面实行工资总额预算管理；三是规范企业工资列支渠道；四是健全工资分配监管体制机制。改革突出了国有企业工资分配的市场化方向，着眼于充分发挥市场的决定性作用与发挥政府作用的均衡，使工资决定机制体现建立中国特色现代国有企

---

① 《2018 涨工资最新消息：13 个省公布企业工资指导线》，至诚财经网，2018 年 9 月 6 日。
② 《人社部发布会解读前三季度就业、社会保障等数据》，中国网，2018 年 10 月 31 日。

业制度的要求。① 该意见有使职工更好地分享企业效益增长、劳动生产率提高成果的意涵。

（三）社会保险继续扩大覆盖范围，社保费用税务代征引发波动

社会保险覆盖范围持续扩展，全民参保计划稳步推进。截至9月底，全国基本养老、失业、工伤参保人数分别为9.3亿人、1.94亿人、2.35亿人。1~6月，全国基本养老、失业、工伤三项基金总收入为2.65万亿元，同比增长19%，总支出为2.15万亿元，同比增长18%。截至9月底，享受代缴保费的贫困人员2053万人，代缴总金额超过21.2亿元。推进以工程建设项目为重点的工伤保险参保扩面工作。退休人员待遇水平有所提高。调整退休人员基本养老金标准，多数地区已经发放到位；提高全国城乡居民基本养老保险基础养老金最低标准，部分省份又进一步提高了基础养老金。

实施企业职工基本养老保险基金中央调剂制度。5月末，国务院印发《关于建立企业职工基本养老保险基金中央调剂制度的通知》。明确从7月1日起建立养老保险基金中央调剂制度，要求在不增加社会整体负担、不提高养老保险缴费比例、不影响个人待遇的基础上，建立中央调剂基金，由各省养老保险基金上解的资金构成，由中央统一调剂使用，按照人均定额拨付的方式全部拨付给各省，实现对地区间养老保险基金的适度调剂，合理均衡地区之间的基金负担，提高养老保险基金整体抗风险能力。9月，人社、财政两部印发企业职工基本养老保险基金中央调剂制度实施办法，目前正在组织各地贯彻落实。国务院正在抓紧制定养老保险全国统筹的时间表和路线图。

为帮助企业降低用工成本，人社部、财政部宣布从2018年5月起继续阶段性降低社会保险费率。7月，中办、国办印发《国税地税征管体制改革方案》，明确从2019年起将各项社会保险费交由税务部门统一征收。在目前民营企业社保缴费存在较大比例不合规的情况下，这引发了企业对生存压力

---

① 《进一步健全与社会主义市场经济相适应的国有企业工资决定机制》，人力资源和社会保障部官网，2018年5月28日。

的担忧，一些地区甚至出现了成批注销企业以消弭社保欠费的现象。9月，李克强总理表示，改革"总体上不增加企业负担，严禁自行对企业社保历史欠费进行集中清缴"①。10月，人社部办公厅发布《社会保险领域严重失信"黑名单"管理暂行办法（征求意见稿)》，明确不给职工缴纳社保的用人单位将面临惩处，最高5年内在交通出行、融资贷款等领域将多方面受限制。11月，国务院常务会议决定，用人单位和职工失业保险缴费比例总和从3%阶段性降至1%的政策，将在2019年4月底到期后继续实施。同时，承诺降费率不会影响职工的社保待遇。

（四）安全生产继续稳中向好，职业病新病例有明显减少

2018年上半年，全国各类生产安全事故起数和死亡人数同比分别下降9.4%和7.9%。其中，较大事故起数和死亡人数分别下降7.3%和4.9%，重特大事故起数和死亡人数分别下降46.7%和56.4%，重大事故起数和死亡人数分别下降53.3%和56.4%。全国安全生产事故死亡人数、较大事故数、重特大事故数连续7年保持下降，重特大事故起数和死亡人数涉及行业领域和地区均为2001年以来最少，安全生产形势呈现持续稳定向好的态势。截止到三季度，全国事故总量、较大事故、重特大事故同比实现"三个下降"。② 其主要原因是政府和企业自觉贯彻习近平总书记关于安全发展理念、红线意识的重要指示，加强风险防控体系建设；经济下行期企业开工不足，也是工伤事故减少的客观因素。

但是，当前安全生产仍处于脆弱期、爬坡期，仍存在一些突出问题，特别是同类事故重复发生，如钢铁厂煤气中毒及灼烫事故、化工行业设备调试和检维修环节事故多发；3~5月，工矿商贸企业较大事故连续三个月环比上升；10~11月连续发生3起重大事故和一起重大化学污染事件。

---

① 《李克强定调! 社保政策不变，严禁自行对企业历史欠费进行集中清缴》，中国政府网，2018年9月18日。
② 《深刻汲取事故教训 举一反三防控风险 毫不松懈抓好安全生产工作》，应急管理部官网，2018年10月31日。

企业主体责任不落实，仍是事故发生的首要原因。其次是安全生产监管执法不严格，监管监察重点行业领域企业覆盖率仅为 70% 左右。经济下行压力增大时期，不敢执法和不愿执法的问题较为普遍。新成立的应急管理部要求，要从防范重特大事故和防控重特大风险入手，突出煤矿和非煤矿山、危化品、交通运输等重点行业领域，着力防范行业系统性风险。通过风险评估，落实整治措施和明察暗访等超常规手段，通过约谈、督办等方法，推动地方党委政府领导责任、部门监管责任和企业主体责任的落实。

（五）劳动争议略有回升，群体性事件呈联动趋势

2017 年，全国各地劳动人事争议调解仲裁机构共处理争议 166.5 万件，同比下降 6.0%；涉及劳动者 199.1 万人，同比下降 12.4%；涉案金额 416.4 亿元，同比下降 11.8%。[①] 但是，到 2018 年三季度，全国劳动人事争议调解仲裁机构共处理争议案件 129.7 万件，涉及劳动者超过 150 万人。总体上看，2018 年无论是个别争议还是集体争议，案件起数还是涉及人数，均有一定增长。

以北京为例，受多种因素影响，劳动争议案件恢复大幅增长。1~6 月，全市仲裁机构共受理劳动人事争议案件 4.5 万件，同比增长 18.1%。在已经审结的 3.8 万件案件中，结案率为 85%，调解率为 56%，终局裁决率为 36%。劳动争议案件主要呈现以下特点：一是案件总量再创历史新高。1~6 月，受理案件总量超越 2017 年同期的最高点。二是非公企业案件尤为突出，95% 的争议案件发生在非公有制企业。其中，股份联营企业占 30% 以上，个体私营企业占 50% 以上。三是争议双方部分胜诉比例同比上升，显示出案件的复杂程度在提高。已审结的案件中，双方部分胜诉案件占近 75%，同比上升 3 个百分点。四是从案由及诉求来看，多数案件均存在诉

---

① 《2017 年度人力资源和社会保障事业发展统计公报》，人力资源和社会保障部官网，2018 年 5 月 21 日。

求类型相对集中且多项诉求相互交织的情况。案件涉及劳动合同、社会保险和福利待遇纠纷等 13 类案由，案件诉求主要集中在确认劳动关系、支付经济补偿金、社会保险赔付、工资差额、加班费给付等方面，多数案件为复合型诉求。①

2018 年的劳动者群体性事件主要发生在建筑业、制造业、交通运输业和服务业等领域。不仅比上年活跃，且具有新的特点，即同行业员工跨地区联合行动有蔓延趋势。突出表现在 4 月下旬，各地塔吊行业劳动者纷纷拉出横幅、贴出倡议书，强烈要求解决他们工资待遇低下、普遍缺乏保障、忙时工作时间过长及拖欠工资等问题。6 月上旬，在多个省份爆发货运卡车司机联合罢工行动，其主要诉求是抗议垄断、滥收罚款和过路费等。

2018 年上半年，北京市法院审结的群体性劳动争议案件的特点为：5 人以上群体性劳动争议案件占案件总数的 30%，50 人以上的群体性劳动争议案件呈增长趋势②。导致群体性案件多发的主要原因，一是用人单位存在内部管理问题，或因经营管理不善陷入困局，导致发生群体性争议；二是由于劳动者处于弱势地位，容易产生抱团诉讼的行为，以对抗用人单位；三是随着司法公开和统一裁判尺度工作的推进，往往一名劳动者在争议案件中获得胜诉，就足以产生示范效应，引发其他劳动者集体诉讼。

二 工会十七大将构建和谐劳动关系作为工会工作主线

中国工会第十七次全国代表大会于 2018 年 10 月 22～26 日召开。工会十七大甫一结束，习近平总书记即在与全国总工会新一届领导班子成员集体

---

① 北京市劳动保障法学会编《北京市（京津冀）第二十届劳动人事争议案例研讨会会议材料》，2018 年 9 月。
② 北京市劳动保障法学会编《北京市（京津冀）第二十届劳动人事争议案例研讨会会议材料》，2018 年 9 月。

谈话时发表重要讲话①，他从五个方面对我国工运事业和工会工作的重大议题进行阐述，强调工运事业是党的事业的重要组成部分，工会工作是党治国理政的一项经常性、基础性工作。指出党对工会的领导是根本原则，要把执行党的意志的坚定性和为职工服务的实效性统一起来；加快建设一支宏大的知识型、技能型、创新型产业工人大军是工会的使命担当，要培养造就更多劳动模范、大国工匠；团结引领职工群众听党话、跟党走，巩固党执政的阶级基础和群众基础，是工会组织的政治责任；工会改革是全面深化改革的重要组成部分，构建联系广泛、服务职工的工作体系是工会工作新的目标和方向。

经济增长新常态以来，我国劳动关系呈现新的特点。固有的劳动关系问题依然突出，诸如企业劳动合同签订率低，劳务派遣用工不规范，非法外包明显上升；拖欠工资，同工不同酬；违法解除劳动合同，不依法给予经济补偿；不缴或欠缴社保费；超时加班，不安排带薪休年假，不依法支付加班工资；违反劳动安全卫生标准，生产设备陈旧，工作环境差，部分行业工伤职业病多发；规章制度不民主，内容违法；日常管理不科学，管理方式粗暴，缺乏人文关怀；工资增长不合理，一线职工收入过低。这些问题突出表现为：劳动争议案件高位运行；劳动保障违法行为比较普遍；群体性事件时有发生。还有些新问题，如推进供给侧结构改革，煤钢等行业面临员工安置分流；发展新业态经济，劳动者无法确认与大数据平台的劳动关系；中美经贸摩擦也使我国东南沿海地区用工，特别是大中型企业用工明显萎缩。

为了给企业减负，近年政府推进劳动力市场规制灵活化，劳动立法颁行殊少，最低工资稳慎控制，社会保险酝酿降低费率，劳动合同法也在考虑依灵活化、降成本和增强企业竞争性等不同目标进行修改，并拟以包容审慎的思路规制平台经济与劳动者的用工关系。

---

① 《习近平在同中华全国总工会新一届领导班子成员集体谈话时强调团结动员亿万职工积极建功新时代 开创我国工运事业和工会工作新局面》，新华社，2018 年 10 月 30 日。

正是在此种背景下，工会十七大报告用八分之一的篇幅强调要坚持高举维护职工合法权益的旗帜。强调保障职工权益是我国社会主义制度的根本要求，是党和国家的神圣职责，也是发挥广大职工群众积极性、主动性、创造性最重要、最基础的工作。工会要坚决维护职工合法权益，把竭诚为职工群众服务作为一切工作的出发点和落脚点。要发挥好协调劳动关系的作用，健全劳动关系协调机制，及时正确处理劳动关系矛盾，这是工会组织的基本职责，并且，在加强基层工会建设中，特别要求提高维权能力。工会要在推动构建中国特色和谐劳动关系中履职尽责，积极发挥作用。随着电商、共享经济、众筹式创业就业等新业态蓬勃兴起，企业组织形式、管理模式、生产经营方式及用工方式等发生深刻变化，劳动关系的确立与运行、职工权益的维护和保障面临新情况新问题，要求工会组织把推动构建中国特色和谐劳动关系作为工作主线，及时研判劳动关系的新动向、新特征和新问题，积极化解劳动关系矛盾，组织动员职工积极参与社会治理，最大限度增加和谐因素、最大限度减少不和谐因素。

报告提出了一个重要观点，即构建企业与职工命运共同体，在完善社会治理体制与提高社会治理水平中发挥工会的优势和作用。这是中国特色的劳资合作理论，它植根于"人民内部矛盾"，强调社会主义制度下的劳动者和企业管理者都是国家主人，其根本利益一致，劳动关系矛盾属于人民内部矛盾，不具有对抗性，应当通过协商、协调、参与、合作等非对抗方式，基本实现各自利益目标，达到劳动力与生产资料的有效结合，在现代生产方式下完成生产过程，突出劳动关系的非对抗性，以劳资合作达到劳动关系和谐。这一观点是对中国特色和谐劳动关系理论的发展。

报告在概括未来五年任务时，明确要求"着力提高维权服务工作质量，切实提升职工群众获得感、幸福感、安全感"。

其一，是维护职工劳动经济权益。这里提到了加强源头参与，代表职工主动参与涉及职工利益的法律法规政策的制定修改。报告有针对性地指出，要围绕参与制定行业劳动定额，推动完善企业工资决定、正常增长和支付保障机制，推动健全工资指导线、企业薪酬调查和信息发布等制度，促进职工工资随经济效益和劳动生产率同步增长提高。此外，还提出推动落实职工带薪年休假等制度，建立健全工时协商机制。报告通过完善工会劳动法律监督的"两书"制度，尝试为集体协商建立一个法制化的压力机制，使集体协商常态化规范化。

其二，关于完善协调劳动关系制度机制，强调做实省、市、县三级地方及产业的协调劳动关系三方机制，已有20个省份成立了协调劳动关系三方委员会，并向乡镇（街道）、经济开发区、高新技术园区延伸。推动企事业单位构建内部利益矛盾自主调处机制，把职代会、集体协商、职工董事监事制度等融入企业法人治理结构。要求督促企业履行社会责任，引导职工增强守法诚信意识，依法理性有序表达诉求，推动国家诚信体系建设。

其三，参与创新社会治理，在政治上引领劳动关系领域社会组织。加强劳动关系矛盾预防和化解机制建设，建立健全工会、法院、人社、司法联动机制。加强劳动关系领域风险排查化解、应急处置，防范敌对势力煽动渗透破坏。新亮点是建立工会劳动关系发展态势监测和分析研判制度，推动建立在线解决机制。这项制度已推行有年，对于完善劳动关系风险防范制度、促进社会稳定发挥了积极作用。

其四，坚持职工需求导向，健全服务职工体系。报告要求推进"会、站、家"一体化建设，进一步做好工会户外劳动者服务站点建设工作，推行工会服务职工工作项目清单制度，推进"互联网＋"工会普惠性服务。深化工会财务改革，构建工会经费普惠职工的保障机制。鼓励支持向社会购买服务，确保规范操作、稳妥推进。为配合突出维权服务，报告在工会改革创新方面，要求注重系统性、整体性和协同性。其中，对产业工会调整，健全地方产业工会，构建工会网上工作平台，加强小三级工会组织体系和城市行业工会体系建设，加强走出去企业、一带一路建设中海外企业工会工作，都提出了新的要求。

三　中美经贸摩擦对局部地区与产业就业及
劳动关系的影响

（一）经贸摩擦对整体就业的短期影响尚未显现，长期作用不可低估

2018年3月，美国总统特朗普签署法案，决定对进口美国的钢铁和铝加征关税，中国采取对等的反制措施，中美经贸摩擦拉开序幕。经贸摩擦影响整体就业的主要渠道是国际贸易和对外投资。从前者来看，2018年3月中国对美出口额为306.9亿美元，同比并无重大下降，之后中国对美出口总额稳步上升，呈现向好态势，3～8月月均增长率为6.0%，2017年同期中国对美国出口额月均增长率为11.5%，表明经贸摩擦可能减缓中国对美出口增速，但并未发生逆转。如果从长期视角观察，中美贸易的发展趋势仍然延续了2008年金融危机之后的向好态势，中国对美国出口、进口、贸易总额和中国顺差额呈现增长趋势（见图1）。

贸易对整体就业的短期影响还未显现，但中长期影响不可忽视。中国社会科学院的一项测算同时设置30%关税和非关税混合贸易战的情形，500亿美元商品加征关税可能导致中国的制造业产值和就业分别下降4.622%和3.093%，制造业减少的就业岗位大约在360万人左右[1]。2018年6月，特朗普进一步提出对中国出口的2000亿美元商品进行关税加征，极端情形下会使中国的就业岗位丧失1160多万个，失业率有可能上升5.0个百分点左右。

从对外投资的角度来看，中美两国跨国资本流动呈现新趋势。美国国内投资和产业结构回归工业部门，倾向于吸纳更多发达国家和新兴经济体资本。中国资本进入美国能源、农产品等初级产品以及房地产等相关领域的比重明显较低，高新技术服务业相关领域的投资壁垒也较高，而进入美国制造

---

[1]　李春顶：《中美贸易战的进展、影响和应对措施》，《中国市场》2018年第24期。

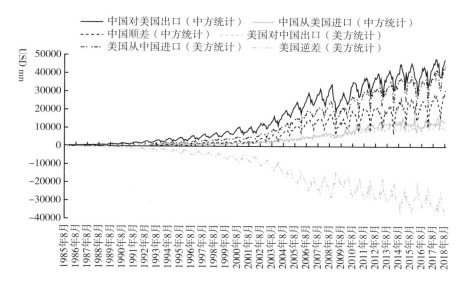

图例：
中国对美国出口（中方统计）　　中国从美国进口（中方统计）
中国顺差（中方统计）　　美国对中国出口（美方统计）
美国从中国进口（美方统计）　　美国逆差（美方统计）

图1　中美进出口额及贸易差额

数据来源：CEIC 数据库。

业领域的数量较高。相对前者而言，制造业资本具有更高的就业弹性，美国对中国 OFDI 的选择性吸收反映出美国希望将国内产业发展战略和倾向性的外资利用政策相结合，推动国内实体经济和就业增长。

2009～2018 年来，中国对美国投资年均增速达 63.9%，制造业 OFDI 年均增长率更高达 101.0%；同期，中国实际利用美国 FDI 则呈现波动下降趋势，年均降幅为 -1.5%，其中制造业 FDI 年均降幅 -0.08%，中国对美投资净流出加快。随着金融危机后产业政策和外资政策的调整，美国国内失业问题大规模减少，整体失业率从 2009 年的 9.3% 下降至 2018 年 9 月的 3.7%，同期制造业失业率从 12.1% 下降至 3.8%。而中国失业率则未见显著变化，整体和制造业劳动力需求规模自 2012 年以来明显缩减，从 2018 年 6 月开始，中国失业率结束 2017 年初以来的下降态势，出现上升迹象，2018 年 7、8 两月调查失业率均在 5.0% 以上（见图2）。如果中美经贸摩擦持续升级，不排除中国外贸和投资领域发展受阻导致的失业率再次高企。

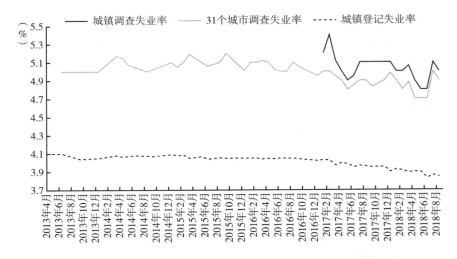

图 2　中国城镇登记失业率和调查失业率

数据来源：CEIC 数据库。

（二）经贸摩擦对不同工业部门的影响有所差别，劳动密集型部门就业压力较大

中美经贸摩擦可能影响的主要行业包括：①美国公开的对中国商品提高关税的出口品类瞄准的《中国制造 2025》中列出的高技术产业。②中国对美国出口具有传统优势的劳动密集型行业。③中美关联度较低、竞争性较强的行业，包括石油、天然气、非金属矿制品等产业①。

中国工业部门就业人数总量从 2014 年 12 月最高峰时期的 9977.2 万下降至 2018 年 8 月的 8058.5 万，技术类产业、传统优势产业和其他制造业部门的就业量也呈现不同程度的下降，尤其是劳动密集型传统优势产业的降幅最大（见图 3）。这一过程实际上出现在此次中美经贸摩擦产生之前，甚至在特朗普执政开始前，因此中国工业部门就业下降源自多方面因素叠加。但

---

① 张明、薛威、陈骁、魏伟：《中美贸易战情景分析：美国会拿哪些行业开刀？中国如何反制防范并举？》，http：//www.sohu.com/a/225444870_ 313170。

从走势来看，2018 年较之 2015～2017 年下降有加速趋势，这与中美经贸摩擦的负面影响有关。

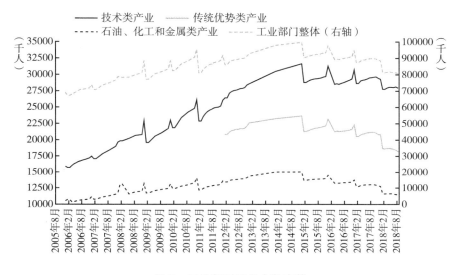

图3　工业部门就业人数走势

数据来源：CEIC 数据库。

从劳动密集型部门来看，由于中国对美商品出口三成以上集中在玩具、家具、纺织服装、皮革制品和电器设备制造等传统的劳动密集型产业上，并且这些行业的毛利率较低，依赖出口退税生存的劳动密集型企业对贸易政策波动几乎没有抗风险能力。因此，如果美国征收较高关税，这些行业对美国的出口可能会停止。并且，由于土地、劳动和其他要素成本的上升，以代工制为主要方式的加工贸易在国际产业链中处于"上挤下压"状态，面临较严峻的冲击，由此而来的产业外移可能导致中国劳动密集型产业就业岗位流失严重。

从技术密集型部门来看，由于中国对美国在技术进口以及融资上有一定的依赖性，一旦美国停止此类核心技术的对华出口，会对中国的产业供应链产生冲击，并且寻找此类技术的替代需要一定时间，因此中国高新技术行业发展也会受到一定影响。近年来中国在高压输电、高铁、可替代能源汽车和

超级计算机等领域都处于优势地位，还需要广阔的海外市场消化产能，美国
公布的对中国关税的征收对象包括了航空、现代铁路、新能源汽车以及高科
技产品等，可能对我国的高新技术行业发展和行业就业产生影响。

（三）经贸摩擦对珠三角和长三角地区就业的影响较其他地区更明显

中美经贸摩擦对中国不同地区的就业影响也不尽相同，出口依存度较高
的地区受到的就业冲击明显高于其他地区。出口依存度较高的城市基本都集
中在珠三角和长三角地区，位居前四的依次为东莞、深圳、珠海、苏州，
2017年该四市出口额占GDP的比重均超过70%，并且对美出口大约占总出
口额的20%，深圳、东莞和苏州三市是中国最大的机电产品出口基地，也
可能是未来受中美经贸摩擦影响较大的领域，这可能导致这三个城市就业面
临重大挑战。以深圳为例，深圳出口重点是机电产品，占全市出口总值的
74.4%，且高端技术企业中机电产品、无人机、新材料、生物医药等产品，
均在不同程度销往美国，中美经贸摩擦会对深圳机电产品产生很大影响，长
时期大规模的贸易战可能导致较大规模的工厂停产，影响投资信心和就业。

广东省用工数量受中美经贸摩擦影响较大。2018年2～6月与2017年
同期相比，珠三角九市乃至整个广东省的企业平均用工人数都出现较大幅度
减少的情况。大中型企业每月平均用工人数与2017年同期相比，均为负
增长。①

（四）经贸摩擦对劳动关系的影响仍处于传导期，但负面效应已初露

1. 工资水平

从短期来看，由于外贸企业和出口加工类企业订单减少，及外企资本
回流导致的投资收缩，外向型经济部门员工收入水平可能受影响，劳动密

---

① 谌新民：《中美贸易摩擦对珠三角地区员工就业的影响》，首届工会与劳动关系山东论坛，
2018年10月28日。

集型企业低技能劳动力受影响程度更明显。但这需要一定的传导期，从上海、江苏、浙江、福建、广东和深圳2018年一、二季度法定最低工资调整情况和低技能劳动力（以农民工为代表）工资增长状况来看，两者增幅均较平稳，经贸摩擦影响短期似未显现。但是，广东九市第一季度规模以上工业企业从业人员工资总额及在岗职工工资总额与2017年同期相比，均为负增长①。

2. 社会保障

中美经贸摩擦对社会保障的影响有一个较长的渐进传导过程：首先是对进出口贸易产生影响，其次传导至就业和经济发展，最终通过收入降低和消费支出增加影响到劳动者基本生活。社保标准都在一定程度上与工资、收入和CPI水平挂钩，原有缴费和支出标准需要在上述指标发生波动时才会进行调整。2018年第一、二季度社会保险收入、支出和收支平衡状况基本延续了前些年的发展趋势，社保总体结余呈现与收支同步提升状况，中美经贸摩擦短期内尚未传导至社会保障领域。

但目前社保整体运行平稳的状态也不意味着没有潜在风险，从企业层面来看，订单减少、汇率波动、利润空间压缩等问题将导致这类企业经营风险加大，社会保障支出可能成为其重要负担，从而增加社保领域的劳资纠纷。2018年7月开始部署的社保费税务代征政策已经使企业经营产生波动。从中长期考虑，需要积极研究更具前瞻性的经贸摩擦—社会保障联动机制。

3. 劳资纠纷

中美经贸摩擦较为直接地影响出口企业，暂时性经营困难可以自我消化，但长期、持续和升级形态的贸易战可能迫使企业通过经济性裁员、减资降薪、社保支出缩水等手段渡过难关。2018年以来劳动人事争议受理案件数量、涉及劳动者人数已转为上升，其中，工程建设领域的劳动报酬欠薪案件仍为重点，由外向型经济部门经济性裁员等问题导致的劳资纠纷未见显著

---

① 谌新民：《中美贸易摩擦对珠三角地区员工就业的影响》，首届工会与劳动关系山东论坛，2018年10月28日。

上升。尽管如此，对于中美经贸摩擦发展可能导致的劳资纠纷，尤其是贸易制裁所涉及的重点行业、风险企业可能出现的大规模经济性裁员问题，未来仍需密切关注。

参考文献

《习近平在同中华全国总工会新一届领导班子成员集体谈话时强调团结动员亿万职工积极建功新时代 开创我国工运事业和工会工作新局面》，新华社，2018 年 10 月 30 日。

《李克强在中国工会十七大作经济形势报告》，新华网，2018 年 10 月 24 日。

《王东明在中国工会第十七次全国代表大会上的报告》，《工人日报》2018 年 10 月 27 日。

《人社部 2018 年第三季度新闻发布会》，中国网，2018 年 10 月 31 日。

北京市劳动保障法学会编《北京市（京津冀）第二十届劳动人事争议案例研讨会会议材料》，2018 年 9 月。

李春顶：《中美贸易战的进展、影响和应对措施》，《中国市场》2018 年第 24 期。

B.18
中国农户发展现状及变化分析报告

张效榕　彭　超*

摘　要： 农户作为农业生产的基本单位，在农业经济发展中起着重要的作用。新时代以来我国出台了多项强农惠农政策，并部署了小农户与现代农业有机衔接的乡村振兴战略。全面了解农户发展的现状，有助于更好地评估政策所带来的影响。农业农村部农村经济研究中心农村固定观察点收集了全国大量的农户数据，为农户分析提供了数据支撑。因而，本文基于其2017年数据，从农户整体、纯农户、兼业农户以及家庭农场类型农户四个维度，对农户的家庭特征、劳动力流动、土地流转、家庭收入与支出、农产品生产与销售以及住房等方面进行分析，为政府研判未来农业发展提供决策基础。

关键词： 农户分化　收入与支出　土地流转　农作物产量

一　引言

2018年一号文件强调"统筹兼顾培育新型农业经营主体和扶持小农户，采取有针对性的措施，把小农生产引入现代农业发展轨道。培育各类专业化市场化服务组织，推进农业生产全程社会化服务，帮助小农户节本增效"。

---

* 张效榕，农业经济管理博士，农业部农村经济研究中心，主要研究方向为农户分化、农业政策分析；彭超，博士，副研究员，农业农村部农村经济研究中心农村固定观察点管理处副处长。

中共中央、国务院印发的《乡村振兴战略规划（2018～2022年）》再度强调，坚持家庭经营在农业中的基础性地位，壮大新型农业经营主体，提高小农户自我发展能力，促进小农户生产和现代农业发展有机衔接。随着农业现代化水平的不断提高，以家庭农场、种粮大户、专业合作社等为代表的新型农业经营主体在构建现代农业经营体系中扮演了不同的角色，正是这些差异化的功能定位与分工，激活了农业发展所需的各种资源要素。作为新型农业经营主体的基础单位，农户也出现了分化现象，这意味着现行的相关政策应具有更强的针对性、时效性和前瞻性。因此，有必要调查分析并理清农户分化的现状进而对不同类型的农户的政策适应性做出预期和研判，从而增强政策制定的科学性和有效性。

具体而言，本文通过对三类群体的分析，即农业兼业户（务工、不雇用劳动力）、纯农户（不务工、不雇用劳动力）以及家庭农场（不务工、雇用劳动力），为政策提供翔实的数据参考。本文所用的数据来自2017年全国农村固定观察点数据，调查对象分布在全国除港澳台外的31个省（区、市），覆盖355个县（市、区），360个行政村，共调查农户19930户。

二 农户整体基本状况

调查数据显示，农户户主年龄偏高，平均在56岁。其中，年龄在60～69岁之间的农户最多，占总样本的31%；其次为50～59岁的农户，占总样本的29%；再次是40～49岁的农户，占总样本的19%。

从农户的性别结构来看，男性户主居多。其中，91.76%的户主性别为男性，仅8.24%的户主为女性。从教育程度看，初中及以下文化程度的农户占大多数，占总样本的91.11%。其中，未上过学的农户比例为4.81%，小学教育程度的为39.40%，初中学历的农户占总样本的46.90%。此外，部分农户受教育水平较高，但是占比较低，其中具有大学学历及以上的农户占总样本数的0.82%。

从政治面貌看，党员农户较少。其中，16.04%的农户家庭中有党员，

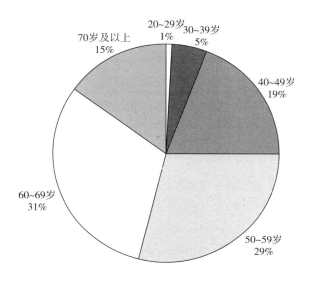

图1 户主年龄分布

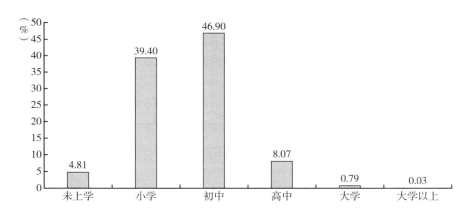

图2 户主教育程度比例

83.96%的农户家庭成员均为群众。从民族角度看，少数民族农户较少。其中，11.79%的农户家庭中有少数民族。此外，家庭中有担任村干部的家庭成员的比例为4.17%。

值得注意的是，平均每户家庭常住人口和住房面积呈减少的趋势。数据显示，2017 年平均每户家庭常住人口①为 3 人，比 2016 年少了 1 人。其中，常住人口在 3 人以下的占总样本的 56.57%，4~6 人的占总样本的 39.78%。此外，2017 年住房面积平均在 147.14 平方米，而 2016 年为 158.59 平方米，2017 年减少约 10 平方米。从农户整体耕地角度看，年末经营耕地（包括农户承包田、承包村组内机动地以及转包田）平均为 7.30 亩，其中经营 5 亩以上耕地的农户占总样本的 49.87%。2017 年，整体农户平均转包入耕地面积 1.11 亩，平均转包出面积为 1.32 亩。耕地土地转包出中，平均转包给企业的为 0.13 亩，转包给农民专业组织的为 0.06 亩，转包给其他农户的平均为 0.92 亩，转包给村外的为 0.08 亩。从农户林地情况看，整体农户年末经营面积平均为 3.70 亩。2017 年，林地土地流转量较小，转包入林地面积平均为 0.11 亩，转包出林地面积平均为 0.005 亩。

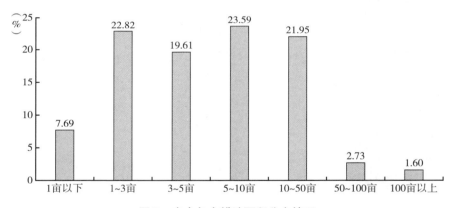

图 3　农户年末耕地面积分布情况

2017 年农户整体出售粮食②数量为每户 2551.23 千克，出售粮食的金额为每户 4391.16 元。其中，出售给国家的粮食为 140.79 千克，出售给国家

① 数据统计家庭常住人口时，按照全年经常在家居住或在家居住六个月以上，而且经济生活和本户连成一体的人口标准计算。其中，在外从业人员在外劳动虽然超过六个月，但其收入主要带回家中，仍要计算在内。在家居住生活和本户连成一体的国家职工、离退休人员，也要计算在内。但参军、在外居住且经济生活独立的职工等，则不应计入。常住人口是计算调查资料的人均水平的基本资料。

② 出售的粮食包括：小麦、玉米、稻谷、大豆以及薯类。

粮食的金额为 210.48 元。分类来看，每户农户整体平均出售小麦数量为231.04 千克，出售小麦的金额为 500.62 元；出售稻谷的数量为 491.20 千克，出售稻谷的金额为 1317.98 元；出售玉米的数量为 1640.07 千克，出售玉米的金额为 2096.74 元。

目前，固定观察点所调查农户的家庭支出主要包括以下几方面：家庭经营支出，购置生产性固定资产支出，家庭经营外投资，向国家交纳税金，上交村/组集体支出，生活消费支出以及其他非借贷性支出。其中，生活消费支出包括食品支出、衣着支出、住房支出、燃料支出、用品支出、保险支出、生活服务支出（包括医疗费）、文化服务支出（包括学杂费）、旅游支出、交通通信支出及其他支出。2017 年，调查农户家庭总支出平均为 55907.79 元，比 2016 年（50061.61 元）上升约 5800 元。其中生活总支出为 39644 元，占家庭总支出的 70.91%；生活服务支出、文化支出、交通通信支出占生活总支出的 19.13%；旅游支出占生活总支出的0.94%。在生活支出中，饮食是农户的主要支出，饮食支出占生活总支出的 25.94%。值得注意的是，与 2016 年相比，2017 年的饮食支出占比下降了约 7 个百分点。

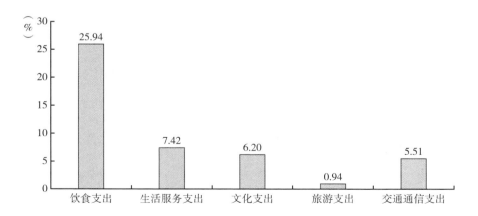

图 4　生活类支出占生活总支出的比例

三 不同生产经营主体状况

农业劳动生产率的提高、农业产业结构与农村就业结构的多元化加快等，从不同角度、不同层面上冲击着传统农户，使其出现了多元分化的格局①。本文基于农户专业分工对其进行分析。根据现有文献，按照农户生产经营过程中的务工时间与雇用他人时间分为三个群体②，即农业兼业户、纯农户以及家庭农场。其中，三类农户的定义与2016年分析报告的分类相同。整体样本中，农业兼业户样本为9744个，纯农户样本数量为9841个，家庭农场的样本数量为345个。

表1 2017年农户分层情况

类别	是否务工	是否雇用劳动力	样本数
农业兼业户	是	否	9744
纯农户	否	否	9841
家庭农场	否	是	345

（一）户主个人特征

不同类型农户的户主年龄均偏高。数据显示，不同类型农户存在一定的年龄差别，但年龄分布大体相似。其中，大部分农业兼业户年龄在50岁及以上，占总样本的74.91%。其中，50～59岁的农业兼业户占31.55%，60～69岁的农业兼业户占32.88%，70岁及以上的农业兼业户占10.48%。纯农户中，年龄在50岁及以上的样本占总样本75.18%。其中，50～59岁的纯农户占24.24%，60～69岁占29.85%，70岁及以上的纯农户占

---

① 陈春生：《中国农户的演化逻辑与分类》，《农业经济问题》2007年第11期。
② Eswaran M., Kotwal A. Access to Capital and Agrarian Production Organisation ［J］. *The Economic Journal*, 1986, 96 (382): 482–498.

21.09%。40 岁以下的纯农户仅占总样本的 6.29%，40 ~ 49 岁的纯农户占 18.52%。家庭农场负责人的年龄大多在 50 岁以上，50 岁及以上的样本占总样本的 72.25%。其中，50 ~ 59 岁的占 21.34%，60 ~ 69 岁占 29.57%，70 岁及以上占 21.34%。40 ~ 49 岁的占 21.65%。

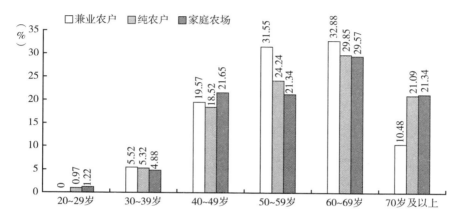

图 5　不同类型农户的年龄结构

从不同类型农户的受教育程度看，大部分农户受过教育，以初中学历的农户居多，其次为小学学历的农户。但不同类型农户的受教育程度存在一定的差异，家庭农场负责人中初中学历的最多，占 45.80%，其次为小学学历的人，占 35.07%；农业兼业户的情况与此类似，但是结构不一样，农业兼业户中初中学历的最多，占 49.51%，其次为小学学历的农户，占 40.05%；而纯农户的受教育程度与家庭农场和农业兼业户比例构成相似，纯农户中初中学历的居多，占 42.77%%，小学学历的占 39.98%。

农户户主打工的情况较为普遍，其中 23.29%（4641/19930）农户的户主在本地务工，31.52%（6282/19930）农户户主外出务工。在本地打工的农户中，打工时间在 1 ~ 3 个月内的农户占其样本的 24.56%，而本地打工时间在 10 ~ 12 个月的共占其样本的 32.11%。外出打工的农户打工时间比本地打工农户打工的时间长，其中，40.70% 的农户外出打工时间在 10 ~ 12 个月。

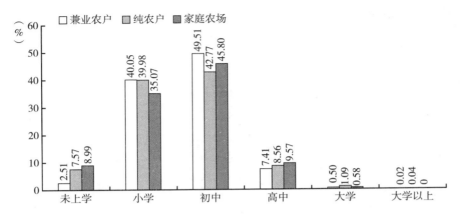

图6　不同类型农户的受教育程度

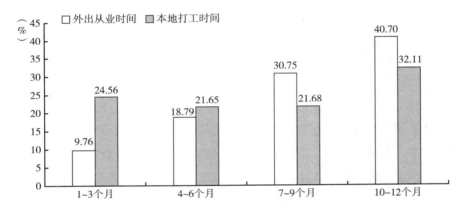

图7　外出与本地务工时间

（二）家庭特征

在农户的政治身份中，党员户比例均超过一成。其中农业兼业户的党员户占比14.47%，纯农户的党员户占比14.83%，家庭农场的党员户占比18.29%，家庭农场的党员户比例略高于农业兼业户和纯农户。不过，2016年的数据显示，这些不同类型的党员户占比分别是兼业农户16.16%、纯农户16.14%、家庭农场17.5%，说明2017年兼业农户、纯农户的党员户的比例均有所下降，家庭农场党员户则有所上升。在国家干部户中，纯农户中国家干部户占比较高，占 3.53%，其次为家庭农场中国家干部户占比达 3.05%。在乡村干部户中，家庭农场中乡村干部户占比较高，有 5.49%，其次为兼业农户中乡村干部户占比为 3.85%。同样，除家庭农场的乡村干部比例外，这些数据都比 2016 年有所下降。此外，军烈属户和五保户的农户有一定的比例，但比例较低，其中军烈属户的比例在 1.5% 左右，五保户比例在 0.69% 左右。

表 2　农户家庭身份特征

单位：%

身份	兼业农户		纯农户		家庭农场	
	2017	2016	2017	2016	2017	2016
国家干部	2.13	2.85	3.53	4.41	3.05	3.75
乡村干部	3.85	4.40	3.51	3.71	5.49	4.17
党员	14.47	16.16	14.83	16.14	18.29	17.50
军烈属	1.52	1.78	1.65	1.68	1.22	1.88
五保户	0.65	0.81	0.82	1.03	0.61	1.25

总体来看，2017 年农户家庭常住人口为 3.5 人，不同类型农户之间差异不是很大，其中，家庭农场的常住人口最多，平均为 3.98 人，农业兼业户和纯农户的家庭常住人口接近，其均值分别为 3.31 人和 3.11 人。而不同类型农户的家庭劳动力数差异较大，家庭农场和兼业农户的家庭劳动力数较多（其家庭劳动力均值分别为 2.39 人和 2.23 人）。此外，农户在家居住时间存在一定的差异，其中，农业兼业户在家居住时间最长，平均全年有332.14 天在家，其次为家庭农场负责人，全年在家时间有 285.76 天，而纯农户在家时间则为 277.67 天。

各类型农户中均有一定比例的信教农户，但总体比例在下降。数据显示，2017 年各类型农户中信教比例均不超过 10%，但 2016 年此比例达到约20%。若按农户类型来看，家庭农场中信教的比例最高，达到 7.93%，纯农户和农业兼业户信教比例均约占其类别样本的 3.2%。

（三）收入状况

与 2016 年相比，三类农户的平均家庭全年收入都有上升。观察点所调

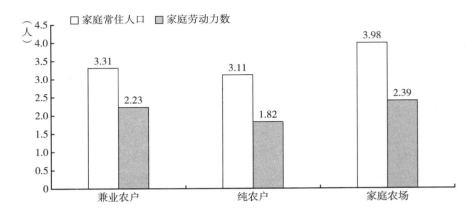

图8 农户家庭常住人口数及家庭劳动力数

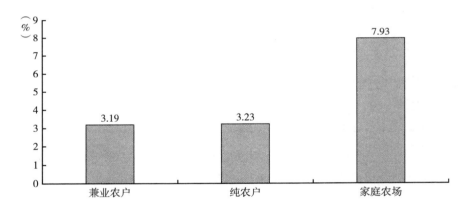

图9 农户宗教信仰占比

研的家庭全年总收入包括，家庭经营收入、工资性收入、租赁收入、利息收入、股息收入、征地补偿款、政府补贴、退休金及养老金等。其中，农业兼业户家庭全年收入平均为61324.27元，纯农户家庭全年收入平均为74750.55元，家庭农场家庭全年收入平均为113001.60元。相比之下，2016年的数据分别是60495.1元，70941.2元，101656.8元，均低于2017年。

总体来看，农户收入在1万~10万元的居多。在农业兼业户中，1万~

5 万元收入的农户最多，占比 40.15%；其次为 5 万～10 万元的农户，占 33.59%。在纯农户中，1 万～5 万元收入的农户最多，占比 31.89%；其次为 5 万～10 万元的农户，占 31.43%。在家庭农场中，情况与小农和纯农户有点差异，5 万～10 万元收入的农户最多，占比 45.51%；其次为 1 万～5 万元的农户，占 26.67%；10 万～50 万收入的比例为 24.35%。虽然总体农户的收入偏低，但是也有少部分农户收入较高。其中，有 0.35% 的农业兼业户和 0.85% 的纯农户收入在 50 万元以上，而家庭农场的该比例更高一些，共 2.03% 的农户收入在 50 万元以上。

家庭全年总收入中，包括政府补贴，如退耕还林还草款、农业补贴（粮食直接补贴、良种补贴）。其中，农业兼业户政府补贴平均为 1777.81 元，纯农户补贴平均为 952.79 元，家庭农场补贴平均为 1130.36 元。

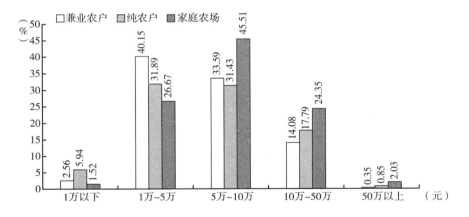

图 10　家庭年收入

在农户农产品的出售收入方面，三类农户也存在较大的差别。出售粮食①数量中，家庭农场数量大于兼业农户，并大于纯农户的数量。2017 年，家庭农场类型的农户平均每户出售 4287.36 千克粮食，兼业农户整体出售粮食数量为每户 3949.27 千克，纯农户每户仅出售 790.72 千克。其中，2017

---

① 出售的粮食包括小麦、稻谷、玉米、大豆以及薯类。

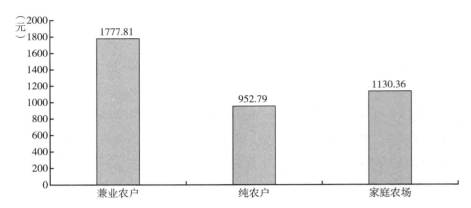

图11　政府补贴金额

年兼业农户每户出售粮食的金额为 6618.16 元，出售给国家的粮食为 254.69 千克，出售给国家的粮食金额为 362.08 元。其中：农户整体平均每户出售小麦数量为 276.15 千克，出售小麦的金额为 617.51 元；出售稻谷的数量为 699.91 千克，出售稻谷的金额为 1886.74 元；出售玉米的数量为 2696.50 千克，出售玉米的金额为 3389.48 元。其中，2017 年纯农户每户出售粮食的金额为 1304.05 元。出售给国家的粮食为 22.02 千克，出售给国家的粮食金额为 45.28 元。其中：农户整体平均每户出售小麦数量为 182.49 千克，出售小麦的金额为 375.12 元；出售稻谷的数量为 48.79 千克，出售稻谷的金额为 130.12 元；出售玉米的数量为 488.52 千克，出售玉米的金额为 660.28 元。此外，家庭农场每户出售粮食的金额为 9287.39 元。其中：农户整体平均每户出售小麦数量为 430.25 千克，出售小麦的金额为 909.36 元；出售稻谷的数量为 2136.5 千克，出售稻谷的金额为 5743.35 元；出售玉米的数量为 1623.53 千克，出售玉米的金额为 2407.18 元。

（四）支出

1. 家庭总支出

家庭总支出方面，家庭农场类型的农户总支出较多。2017 年农业兼业户平均总支出为 45884.81 元，纯农户支出为 58873.56 元，家庭农场类

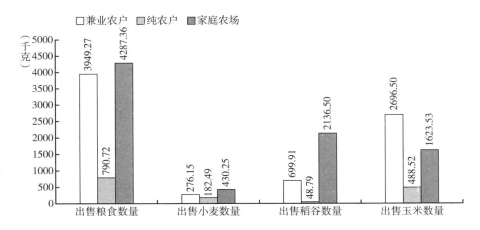

图 12　出售粮食数量情况

型的农户支出为 84459.28 元。2016 年三类家庭总支出分别是 43450.85 元、48826.58 元、76447.98 元，可见 2017 年三类家庭的总支出均有所上升。

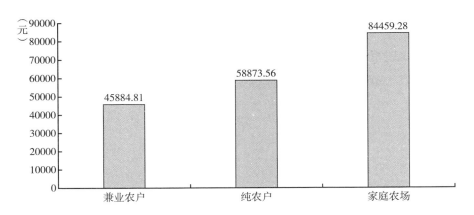

图 13　家庭总支出情况

2. 生活总支出

纯农户生活支出占家庭总支出的比例较高，为 83.42%；其次为农业兼业户，平均值为 65.15%；最后为家庭农场农户，其平均值为 46.18%。

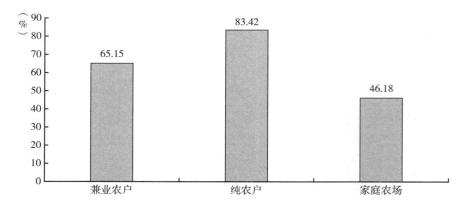

图14 生活支出占家庭总支出的比例

（1）食品支出

农户饮食支出占家庭总支出的比例较小，其中纯农户的该比例为18.78%，农业兼业户为19.95%，家庭农场为14.35%。此外，三类农户饮食占生活支出比例区别较小，其中农业兼业户为30.63%，纯农户为22.52%，家庭农场农户为31.08%。此外，观察点对饮食支出指标进行细化，其中在外饮食支出占饮食支出的比例中，兼业、纯农户以及家庭农场三类农户的比例相近（分别为19.03%、20.21%与20.86%），实际消费的数额中家庭农场家庭消费平均每年在2528.17元，纯农户年消费平均2234.87元，兼业农户数额最低为1741.96元。

（2）生活享受类支出占比

在生活支出中，饮食支出占生活支出的比例较高，其次为生活服务支出、文化支出、衣着支出及交通通信支出。其中，生活服务、文化支出、旅游支出等指标为提高生活质量、适度享受的指标。整体而言，家庭农场农户的享受类支出高于农业兼业户以及纯农户。

三类农户的饮食支出平均占生活支出的30%左右。从数值看，家庭农场支出金额较大。其中，农业兼业户饮食支出平均为9155.80元，纯农户支出平均为11058.75元，家庭农场支出平均为12121.34元。2017年，三类农户生活服务支出中，家庭农场类型农户的生活服务支出最高，其生活

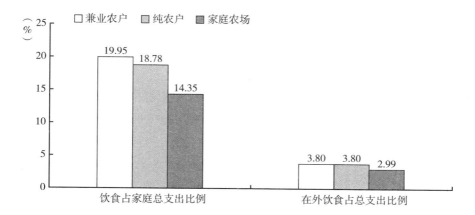

图 15　饮食支出比例

服务支出占生活总支出的 13.23%，年均支出 5159.04 元；农业兼业户生活服务支出平均为 2665.58 元，占其生活总支出的 8.92%；纯农户年均支出为 3083.48 元，占其生活总支出的 6.28%。文化支出中，2017 年三类农户之间的差异显现，其中家庭农场主年均支出为 3556.15 元，纯农户支出 2499.93 元，兼业农户支出为 2255.44 元，分别占其生活总支出的 9.12%、5.09% 与 7.54%。此外，三类农户交通通信支出与旅游支出占生活总支出的差异较小。其中，兼业农户交通通信支出占生活总支出的比例为 6.81%，农业兼业户该类支出年平均为 2036.58 元；纯农户的比例为 4.65%，年均支出为 2282.95 元；家庭农场农户该比例为 5.95%，年均支出 2321.81 元。根据数据统计，三类农户旅游支出均在 1000 元以下，其中家庭农场农户支出平均值为 538.14 元，纯农户为 494.74 元，农业兼业户的平均支出为 252.79 元。

综上，比较 2016 年和 2017 年三类农户的家庭总收入、家庭总支出发现，三类农户到了年末都有收入结余，但 2017 年纯农户和农业兼业户的收入结余低于 2016 年的结余，只有家庭农场的收入结余高于 2016 年。可见，在家庭的经济状况上，三类农户家庭出现了较为明显的差异。

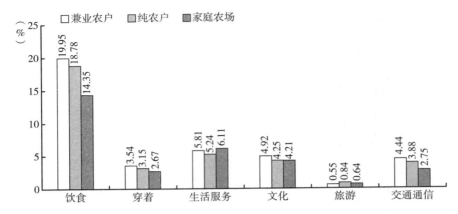

图16　生活类支出占家庭总支出的比例

表3　2016年与2017年农户总收入与支出

类型	2017年总收入	2017年总支出	2017年结余
纯农户	74750.55	58873.56	15876.99
家庭农场	113001.60	84459.28	28542.32
农业兼业户	61324.27	45883.81	15440.46
类型	2016年总收入	2016年总支出	2016年结余
纯农户	70941.20	48826.58	22114.62
家庭农场	101656.80	76447.98	25208.82
农业兼业户	60495.10	43450.85	17044.25

（五）土地状况

从农户年末经营的耕地面积来看，家庭农场平均年末经营的耕地面积最多，达12.69亩；其次为农业兼业户，平均有10.61亩；纯农户年末经营的耕地面积的均值最少，仅2.06亩。从农户年末经营的耕地面积占比来看，家庭农场类型的农户经营5亩以上的占比最高，该比例为52.52%；其次为农业兼业户经营5亩以上耕地的占该样本的50.05%；纯农户经营5亩以上的比例为38.82%。经营1~3亩耕地的农户中，纯农户的比例较高，为27.90%；家庭农场类型的农户经营1~3亩耕地的占其样本的23.27%；农业兼业户的该比例为22.46%。三类农户经营3~5亩耕地的比例约为20%。

此外，从年末实际经营地块数看，农业兼业户地块数平均在 3.37 块，纯农户耕地的地块数为 1.34 块，家庭农场经营地块数为 4.26 块。

2017 年，三类农户耕地的土地流转规模差别较大。其中，家庭农场类型的农户是土地流转的主体，转包出与转包入平均为 3.77 亩；其次为纯农户，转包出与转包入平均 2.26 亩，兼业农户耕地流转量平均为 2.29 亩。兼业农户年均转入 1.59 亩，纯农户年均转入 0.17 亩，家庭农场类型的农户年均转入 3.26 亩。耕地转出中，纯农户年均转出 2.09 亩，兼业农户年均转出 0.70 亩，家庭农场类型的农户年均转出 0.48 亩。兼业农户耕地平均转包出的 0.70 亩中，转包给企业的面积平均为 0.14 亩，转包给农民专业合作组织的为 0.05 亩，转包给其他农户的为 0.37 亩，转包给村外的为 0.04 亩。纯农户耕地平均转包出 2.09 亩中，转包给企业的面积平均为 0.14 亩，转包给农民专业合作组织的为 0.07 亩，转包给其他农户的为 1.57 亩，转包给村外的为 0.13 亩。家庭农场类型的农户平均转包出耕地面积为 0.48 亩，其中主要转包给其他农户，为 0.37 亩。

2017 年，在三类农户的林地①经营面积中，兼业农户年末经营林地的面积最大，平均为 5.26 亩，其次为家庭农场类型的农户为 3.16 亩，最后是纯农户为 1.95 亩。在林地的土地流转中，三类农户流转量均较小，平均在 0.2 亩。

（六）住房

三类农户在住房面积上差别不大。其中，农业兼业户住房面积平均为 142.33 平方米，纯农户住房面积为 149.09 平方米，家庭农场住房面积为 168.08 平方米。而 2016 年的数据显示，三类农户的住房面积分别是 148.13 平方米、166.16 平方米、155.8 平方米，说明 2017 年农业兼业户和纯农户家庭住房面积均有所下降，但家庭农场住房面积增加了约 10 平方米。

---

① 林用地包括有林地、灌木林地（含竹林地）、疏林地、林中空地、迹地、苗圃地和国家、集体规划的宜林地。经营林用地面积是指家庭年末实际经营的全部林用地面积，包括承包国家、集体林用地以及自留山、林地面积，还包括经营他人转包的林用地面积，但不包括长期转包给他人经营的林用地面积。

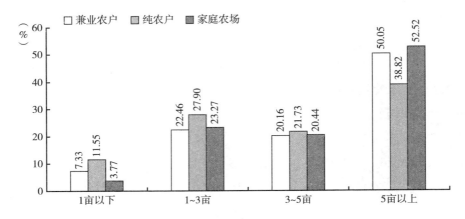

图17　农户经营的耕地分布

此外，农业兼业户大多居住在砖瓦平房中，纯农户居住在楼房的比较多，家庭农场主主要居住在砖瓦平房中。39.50%的农业兼业户居住在楼房中，50.49%的纯农户居住在楼房中，46.09%的家庭农场主居住在楼房中。55.07%的农业兼业户居住在砖瓦平房，40.62%的纯农户居住在砖瓦平房，61.45%的家庭农场主居住在砖瓦平房。①

（七）其他

1. 农作物产量状况

在主粮作物的种植中，家庭农场类型农户的主粮作物种植面积最多，其次为农业兼业户，再次为纯农户。从三大主粮作物的种植比例来看，兼业类型的农户以种植玉米为主，纯农户也以种植玉米为主，家庭农场类型的农户以种植稻谷为主。

其中，农业兼业户种植小麦的面积平均为7.25亩，纯农户小麦种植面积达5.17亩，家庭农场小麦种植面积达7.11亩。农业兼业户种植水稻面积为8.82亩，纯农户为3.10亩，家庭农场类型的农户年均种植16.29亩。玉

① 住房类型包括楼房、砖瓦平房及其他类型房屋。此处，并未分析居住在其他类型房屋的数据。

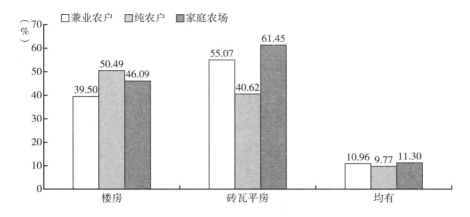

图 18　农户住房类型

米种植方面，农业兼业户平均面积为 12.35 亩，纯农户面积为 10.39 亩，家庭农场类型的面积为 5.85 亩。

从主粮作物的亩均产量来看，家庭农场种植的玉米亩均产量最高，达到亩均 647.40 千克，兼业农户与纯农户的年亩均产量为 529.26 千克与 503.50 千克。各类型农户稻谷的亩均产量中，家庭农场类型农户产量最高为 643.83 千克，兼业农户与纯农户的年亩均产量为 513.48 千克与 532.24 千克。小麦亩均产量中三类农户产量相近，其中纯农户亩均产量为 440.25 千克，家庭农场类型的农户为 438.23 千克，兼业农户亩均产量为 413.37 千克。

2. 农户固定资产

生产性固定资产，包括：役畜、种畜、产品畜；大中型铁木农具；农林牧渔业机械；工业机械；运输机械；生产用房；设施农业固定资产。其中，农业兼业户年末拥有生产性固定资产平均为 14435.76 元，纯农户年末拥有生产性固定资产平均为 9147.94 元，家庭农场农户年末拥有生产性固定资产平均为 27243.37 元。总体来看，固定资产在 1 万元以下的农户居多，其次为 1 万~5 万元的农户。需要注意的是，除农业兼业户有小幅上升外，其他两类农户的生产型固定资产存在下降现象。2016 年，农业兼业户的生产性

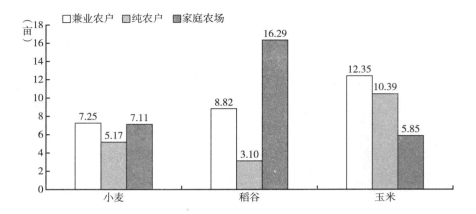

图19　农户种植主粮收获面积

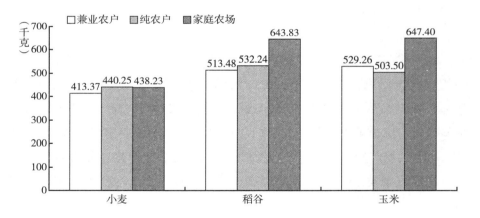

图20　农户主粮作物亩均产量

固定资产是14190.74元，纯农户为11268.17，家庭农场户是44401.46元。

役畜头数方面，兼业农户与纯农户拥有数量平均在0.1头左右，家庭农场平均拥有2.6头。种畜、产品畜家庭农场平均在46.43头（只），远大于兼业农户的4.22头（只）以及纯农户的0.95头（只）。

机械方面，家庭农场类型的农户在工业机械动力方面平均拥有78.81台，而兼业农户与纯农户拥有量平均值仅为0.7台。农林牧渔机械动力方面，兼业农户机械动力平均在 3099.71 千瓦，纯农户动力值仅为 299.17 千瓦，两者之间相差近 10 倍。而在运输用途拖拉机拥有量方面，平均每户纯农户拥有 1.11 辆拖拉机，而兼业农户与家庭农场类型农户拥有这类拖拉机的数量仅为 0.1 辆。在农用机动车方面，兼业农户与纯农户平均拥有 1.68 辆、1.38 辆，而家庭农场类型农户仅拥有 0.23 辆。

生产用房方面，家庭农场类型的农户平均拥有量最大，其次为兼业农户与纯农户，其中家庭农场类型农户的面积均值为 48.08 平方米，兼业农户为 22.02 平方米，纯农户为 11.01 平方米。

3. 年末粮食结存

农户年末粮食主要结存小麦、稻谷、玉米、大豆、薯类，除去来年出售外，结存的粮食中又分为口粮、饲料以及种子三种用途。家庭农场类型的农户与兼业农户的年末粮食结存数量相近，纯农户结存数量最少。就粮食而言，家庭农场类农户结存 1331.48 千克的粮食，兼业农户结存 1352.36 千克，纯农户结存 307.14 千克。其中，兼业农户结存小麦 148.43 千克，稻谷 242.43 千克，玉米 762.74 千克；纯农户结存小麦 65 千克，稻谷 64.49 千克，玉米结存 101.95 千克；家庭农场类型的农户结存小麦 89.33 千克，稻谷 609.99 千克，玉米 593.34 千克。

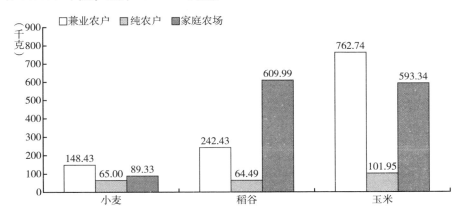

图 21 农户粮食结存

在结存粮食的用途方面，三类农户结存粮食主要用途为口粮。其中，兼业农户结存 299.52 千克用于口粮，家庭农场类型的农户结存 218.78 千克用于口粮，纯农户结存 109.11 千克用于口粮。此外，兼业农户结存 150.23 千克用于饲料，家庭农场类型的农户结存 72.16 千克，纯农户结存 16.03 千克。

四　结语

本文借鉴 Eswaran M.，Kotwal A.（1986）农户分化标准，按照农户是否务工以及是否雇工将农户分为三类，即农业兼业户、纯农户以及家庭农场的农户。

整体来看，三类农户之间存在较大差异。兼业农户、纯农户与家庭农场农户三类农户在家庭劳动力、家庭收入支出、种植面积及效益等方面明显不同。其中，家庭农场与兼业类型的农户经营规模远大于纯农户，亩均产量方面家庭农场类型的农户水稻与玉米的更高，纯农户小麦亩均产量更高。值得注意的是，三类农户饮食支出依旧是其家庭的主要的生活支出，其中农户享受类支出（旅游支出、生活服务支出、文化支出）占生活总支出与 2016 年数据相比提升较小。此外，从三类农户角度分析，不同农户享受类的支出大体接近，均处于较低水平的消费阶段。其中，家庭农场农户的享受类支出高于农业兼业户与纯农户。家庭农场类型农户的家庭常住人口最多，纯农户与农业兼业户的家庭常住人口次之。从农户在家居住时长可以看出，家庭农场的农户外出时间较长、农业兼业户外出时间最短。此外，家庭农场农户的信教人数较多。

农户是农业经济发展的基础，政府在制定政策的过程中应充分考虑不同农户之间的差异，根据农户的发展状况制定相关政策。其中，家庭农场类型的农户在土地规模、农业资产方面均高于纯农户，因而应积极促进家庭农场类型的农户增强市场营销能力，更加有效地利用市场就业创业和增收致富。纯农户在三类农户中发展水平较低，因而应对其保留普惠制的农业补贴和基本社会保障，提高其整体发展水平。此外，兼业农户中存在家庭劳动力较多、土地经营规模适中的现象，因而促进其劳动力合理流动，应当大力促进兼业农户的市民化，抓住适当时机，促进其以适当的方式主动退出土地承包经营。

参考文献

陈晓红、汪朝霞：《苏州农户兼业行为的因素分析》，《中国农村经济》2007 年第 4 期。

杜志雄、肖卫东：《家庭农场发展的实际状态与政策支持：观照国际经验》，《改革》2014 年第 6 期。

杜志雄：《家庭农场：乡村振兴战略中的重要生产经营主体》，《农村经营管理》2018 年第 2 期。

黄宗智：《"家庭农场"是中国农业的发展出路吗?》，《中国乡村研究》2014 年第 1 期。

姜长云：《农户分化对粮食生产和种植行为选择的影响及政策思考》，《理论探讨》2015 年第 1 期。

孔祥智、孙陶生：《不同类型农户投资行为的比较分析》，《经济经纬》1998 年第 3 期。

李宪宝、高强：《行为逻辑，分化结果与发展前景——对 1978 年以来我国农户分化行为的考察》，《农业经济问题》2013 年第 2 期。

杨格、贾根良：《报酬递增与经济进步》，《经济社会体制比较》1996 年第 2 期。

张红宇：《中国现代农业经营体系的制度特征与发展取向》，《中国农村经济》2018 年第 1 期。

张立耀：《农户经济分层及其影响因素研究——基于广州市农村固定观察点调查数据的分析》，《南方农村》2010 年第 2 期。

张永丽：《农户劳动力资源配置及其对农业发展的影响——我国西部地区 8 个样本村的调查与分析》，《农业技术经济》2009 年第 2 期。

朱启臻：《新型职业农民与家庭农场》，《中国农业大学学报》（社会科学版）2013 年第 2 期。

附　　录

Appendix

B.19
中国社会发展统计概览（2018）*

邹宇春　张丽萍**

一　经济发展

2017 年全年国内生产总值为 827121.7 亿元，在世界排名第二，仅次于美国，同比增长 6.9%。人均国内生产总值达到 59660 元，比上年增长 6.3%，在世界排第 95 名（有 217 个国家和地区参与排名）。

对国内生产总值进行产业分解，第一产业增加值 65468 亿元，增长 3.9%，占国内生产总值的比重为 7.9%；第二产业增加值 334623 亿元，增长 6.1%，比重为 40.5%；第三产业增加值 427032 亿元，增长 8.0%，比重

---

* 本文受到以下项目及机构资金支持：①国家社科基金重大项目"中国社会质量基础数据库建设"（16ZDA079）；②中国社会科学院社会发展指标综合集成实验室。作者文责自负。

** 邹宇春，中国社会科学院社会学研究所副研究员，社会发展研究室副主任；张丽萍，中国社会科学院研究所研究员。

为 51.6%。对国内生产总值增长的贡献率，第一产业、第二产业和第三产业分别为 0.3%、2.5% 和 4.0%。

对国内生产总值进行成分分析，全年最终消费支出对国内生产总值增长的贡献率为 58.8%，货物和服务净出口贡献率为 9.1%，资本形成总额贡献率为 32.1%。

2018 年 1~3 季度，国内生产总值为 650899 亿元，按可比价格计算，同比增长 6.7%。

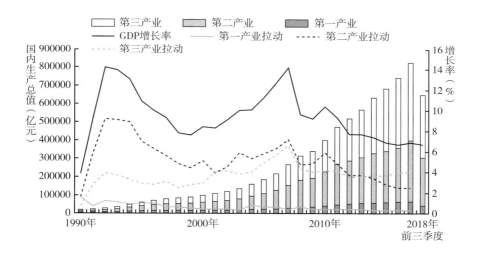

图 1　1990 年以来国内生产总值增长情况

社会消费品零售总额保持增长态势，但增速放缓。2017 年社会消费品零售总额为 366261.6 亿元，较上年增长 10.2%。2018 年 1~3 季度，社会消费品零售总额为 274299 亿元，同比增长 9.3%。

社会消费品零售总额在不同省份表现出较大的差异。2017 年社会消费品零售总额超过 2 万亿元的有广东、山东、江苏、浙江四省；介于 1 万亿元与 2 万亿元之间的有北京、河北、辽宁、上海、安徽、福建、河南、湖北、湖南、四川十省市。

网络经济继续保持高速增长。2017 年全国网上零售额达到 71750.7 亿

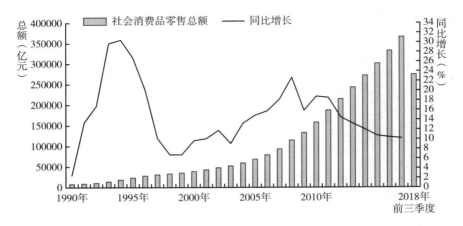

图2　1990年以来社会消费品零售总额情况

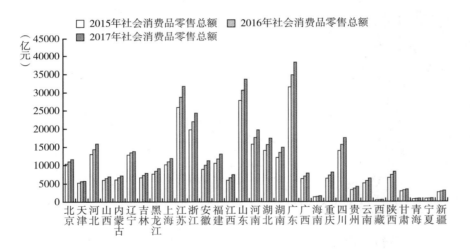

图3　2015～2017年分地区社会消费品总额

元，其中实物商品网上零售额为54805.6亿元，分别比上年增长32.2%和28.0%。分区域看，网上零售五强没有改变，广东、浙江、北京、上海、江苏的网上零售额远高于其他省份。从增长幅度看，西部地区增速巨大，西藏增长393.6%，青海增长212.2%（图中没有显示），宁夏、甘肃、贵州、山西、内蒙古、河南、广西、新疆的网上零售额较上年均增长50%以上。

2017年全社会固定资产投资641238亿元，比上年增长7.0%。其中全

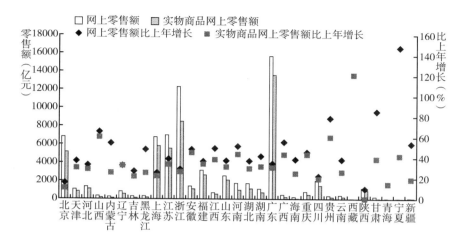

图4　2017年分地区网上零售额

年房地产开发投资109799亿元，比上年增长7.0%，占总投资约17.1%。房地产行业并不是国内最大的固定资产投资行业，制造业以193710.0亿元排名第一，占总投资约30.2%。这既是"中国制造"的惯性，也是"智能制造"政策刺激的反映。创新驱动与转型升级是制造业投资增长的最大动力。其余两个占比比较大的行业是交通运输、仓储和邮政业与水利、环境和公共设施管理业。固定资产投资比上年减少的行业有采矿业（-10.0%），建筑业（-19.0%），批发和零售业（-6.3%），金融业（-13.3%），公共管理、社会保障和社会组织（-2.0%）。

2017年，全年货物进出口总额277923亿元，比2016年增长14.2%。其中，出口153321亿元（增长10.8%），进口124602亿元（增长18.7%）。货物进出口差额（出口减进口）28718亿元，比上年减少4734亿元。

2017年末国家外汇储备31399亿美元，比上年末增加1294亿美元。全年人民币平均汇率为1美元兑6.7518元，比上年贬值1.6%。

2017年末广义货币供应量（M_2）余额达到167.7万亿元，比上年末增长8.2%；狭义货币供应量（M_1）余额为54.4万亿元，增长了11.8%；流通中货币（M_0）余额为7.1万亿元，增长了3.4%。

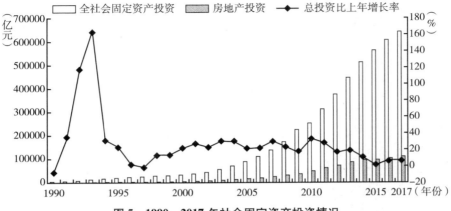

图5 1990～2017年社会固定资产投资情况

注：1997年起，除房地产投资、农村集体投资、农村个人投资外，其他固定资产投资的统计起点由5万元提高到50万元。2011年，除房地产投资、农村个人投资外，固定资产投资统计起点由50万元提高到500万元。因此，对1996年、2010年数据做了相应调整，相关口径变动年份的增速均按可比口径计算。

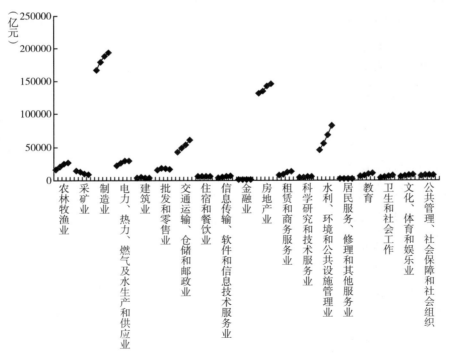

图6 2014～2017年分行业固定资产投资情况

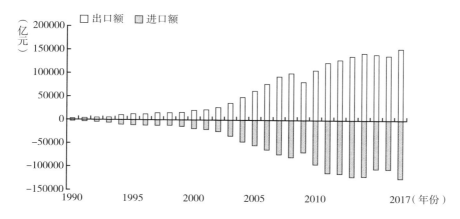

图 7　1990～2017 年对外贸易情况

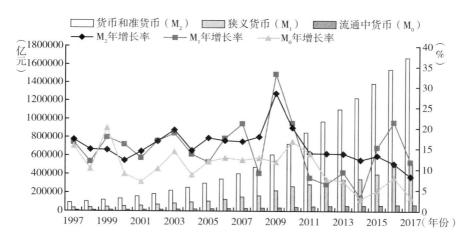

图 8　1997～2017 年货币供给情况

注：1997 年金融统计制度调整，此后数据与历史年份不完全可比。自 2011 年 10 月起，货币供应量已包括住房公积金中心存款和非存款类金融机构在存款类金融机构的存款。

二　人口与就业

2017 年出生人口 1723 万人。自 2015 年生育政策调整以来，2016 年的人口自然增长率（5.86‰）有所提高，但 2017 年人口自然增长率（5.32‰）又

降了下来，稍高于 2015 年数据（4.96‰）。人口的城乡结构变化沿袭过去的态势，2017 年底总人口数量为 139008 万人，其中城镇人口比重上升到 58.52%，乡村人口比重降至 41.48%。

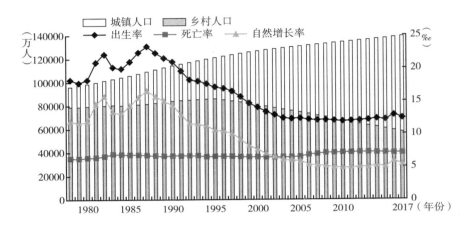

图 9　1978～2017 年总人口与自然增长情况

除人口数量和城乡结构的变化外，人口年龄结构也处于变化之中。2017 年少儿人口数量为 2.33 亿人，较上年增加 345 万人；65 岁及以上老年人口数量为 1.58 亿人，比 2016 年增加 843 万人；15～64 岁劳动年龄人口数量从 2014 年开始减少，2017 年为 9.98 亿人，不足 10 亿人，较上年减少 452 万人；人口抚养比相应地也发生着改变，2017 年总抚养比继续上升，为 39.2%，少儿抚养比提高到 23.4%，老年抚养比提高到 15.9%。

2017 年就业人口数量为 77640 万人，其中城镇就业人口占比 54.7%，乡村就业人口占比 45.3%。从产业结构来看，第一产业就业人口占比为 27.0%，第二、第三产业分别为 28.1% 和 44.9%。当前，我国就业形势保持基本稳定。2017 年城镇登记失业人数 972 万人，城镇登记失业率为 3.90%，这是自 2002 年以来首次低于 4%。

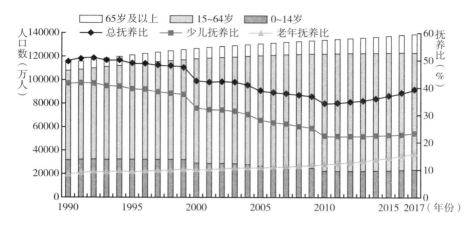

图10　1990～2017年人口年龄结构和抚养比

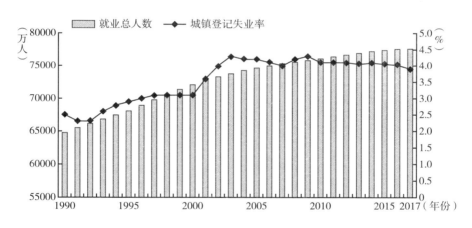

图11　1990～2017年就业人数与失业情况

三　城乡居民生活

城乡居民收入保持增长。从收入水平看，2016年到2017年城镇居民家庭人均可支配收入从33616.2元提高到36396.2元，中位数为33834元，增长7.2%。农村居民家庭人均纯收入从12363.4元提高到13432.4元，中位

数为 11969 元, 增长 7.4% 。从城乡收入对比看, 随着农村居民收入的提高, 城乡居民收入差距开始缩小, 农村居民家庭人均纯收入的增长率要高于城镇居民。

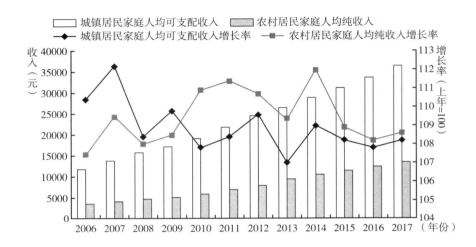

图 12 2006～2017 年城乡居民收支变化情况

在 2017 年居民收入中, 工资性收入、转移净收入、经营净收入、财产净收入四项所占比例分别为 56.3% 、17.3% 、8.1% 、18.3% 。

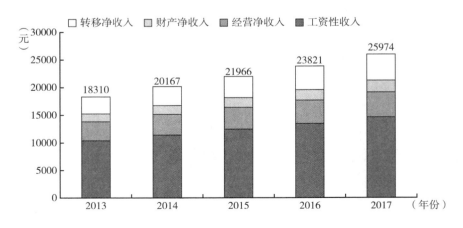

图 13 2013～2017 年居民人均可支配收入情况

居民消费支出也呈增长趋势，2017 年为 18322 元。其中，食品烟酒类支出占比最高，为 29.3%，其次是居住类，占 22.4%，交通通信、教育文化娱乐类支出所占比例分别为 13.6% 和 11.4%。

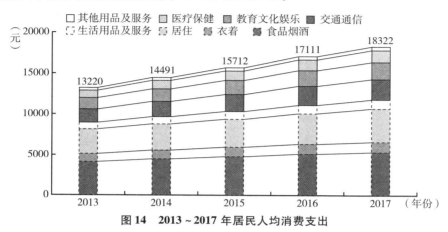

图 14　2013～2017 年居民人均消费支出

反贫困工作成绩卓然。2017 年贫困人口数量继续下降，为 3046 万人，贫困发生率降低到 3.1%。

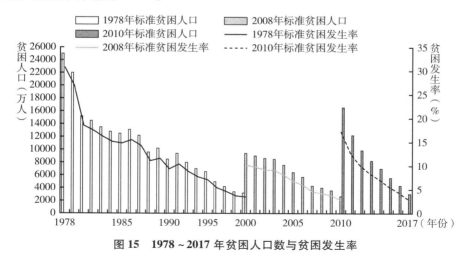

图 15　1978～2017 年贫困人口数与贫困发生率

注：①1978 年标准：1978～1999 年称为农村贫困标准，2000～2007 年称为农村绝对贫困标准。②2008 年标准：2000～2007 年称为农村低收入标准，2008～2010 年称为农村贫困标准。③2010 年标准：现行农村贫困标准。现行农村贫困标准为每人每年 2300 元（2010 年不变价）。

四 科技、教育、卫生、社会保障与社会服务

2017 年，全国研究与试验发展（R&D）经费共投入 17606.1 亿元，比上年增加 1929.4 亿元，增长 12.3%，增速较上年提高 1.7 个百分点；研究与试验发展（R&D）经费投入强度（与国内生产总值之比）为 2.13%，较上年提高了 0.02 个百分点。分活动类型比较来看，全国基础研究经费 975.5 亿元（比重 5.5%），比上年增长 18.5%；应用研究经费 1849.2 亿元（比重 10.5%），增长 14.8%；试验发展经费 14781.4 亿元（比重 84.0%），增长 11.6%。

图 16　2010~2017 年研究与试验发展（R&D）投入情况

教师人数稳步增加。2017 年我国拥有普通高等学校专任教师 163.3 万人，中等职业技术学校专任教师 83.7 万人，普通高中专任教师 177.4 万人，初中专任教师 354.9 万人，普通小学专任教师 594.5 万人，学前教育专任教师 243.2 万人。

卫生总费用稳步增加。2017 年全国卫生总费用达 51998.8 亿元，其中，社会卫生支出 21606.8 亿元（占 41.6%），政府卫生支出 15517.3 亿元（占 29.8%），个人现金卫生支出 14874.8 亿元（占 28.6%）。人均卫生总费用

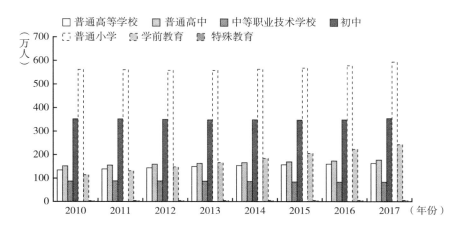

图 17　2010～2017 年全国专任教师人数

为 3712.2 元，卫生总费用占 GDP 的比重为 6.2%。医疗条件逐步改善，2017 年全国有卫生机构（含村卫生室）986649 个，床位 794.0 万张，卫生机构人员达 1173.9 万人。

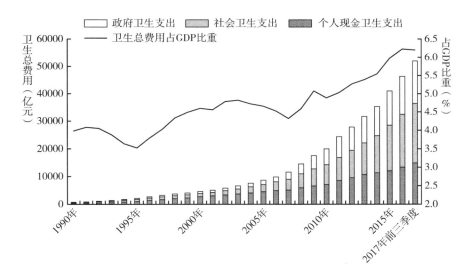

图 18　1990 年以来卫生总费用支出情况

随着社会保障体系建设的推进，劳动者的各项保险制度逐步建立和完善，覆盖人群不断扩大，保障能力不断增强。2017 年，全国参加基本养老保险人数为 91548 万人，参加城镇基本医疗保险人数为 117681 万人，参加失业保险人数为 18784 万人，参加工伤保险人数为 22724 万人，参加生育保险人数为 19300 万人。其中，全国参加基本医疗保险人数比上年末增加4.33 亿人，增长势头最为明显（增长提速也有统计口径上的变化，此前未并入进来的农村合作医疗等也被纳入统计了）。全年五项社会保险基金收入合计 67154 亿元，比上年增加 1.36 万亿元，增长 25.4%。基金支出合计57145 亿元，比上年增加 1.03 亿元，增长 21.9%。

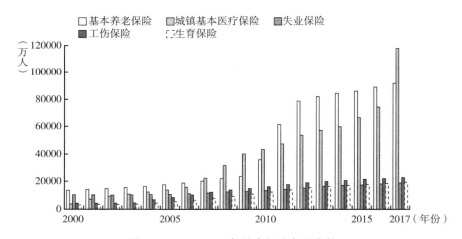

图 19　2000～2017 年社会保险参保人数

在社会救助方面，城市和农村居民最低生活保障人数近年来双双下降，2017 年末全国城市居民最低生活保障人数为 1264 万人，农村居民最低生活保障人数为 4047 万人，农村特困人员救助供养人数为 467 万人。另外，全年资助 5203 万人参加基本医疗保险，医疗救助 3536 万人次，国家抚恤、补助各类优抚对象 859 万人。

社区服务机构和设施继续发展，社会服务中心（站）覆盖率有较大提升。截至 2017 年底，全国共有各类社区服务机构和设施 40.7 万个，其中社区服务指导中心 619 个（其中农村 16 个），社区服务中心 2.5 万个（其中

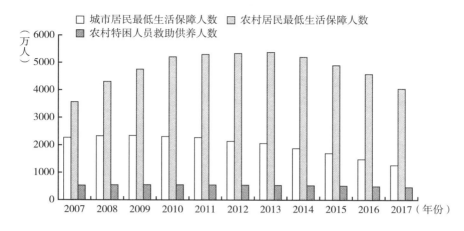

图 20　2007～2017 年社会救助情况

农村 1.0 万个），社区服务站 14.3 万个（其中农村 7.5 万个），其他社区服
务设施 11.3 万个，社区服务中心（站）覆盖率为 25.5%。

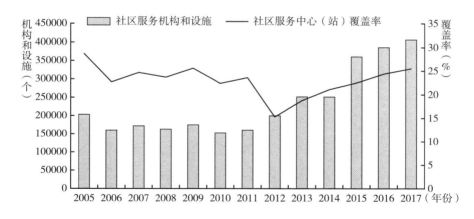

图 21　2005～2017 年社区服务机构情况

参考文献

中华人民共和国国家统计局：《中国统计年鉴 2018》，中国统计出版社，2018。

中华人民共和国国家统计局：《中国统计摘要2018》，中国统计出版社，2018。

中华人民共和国国家统计局：《中华人民共和国2017年国民经济和社会发展统计公报》。

中华人民共和国国家统计局网站，http：//www. stats. gov. cn/tjsj/。

中华人民共和国人力资源和社会保障部网站，http：//www. mohrss. gov. cn/。

Abstract

This is the 2018 Annual Report (Blue Book of China's Society) from the Research Group on "The Analysis and Forecast of China's Social Development", issued by Chinese Academy of Social Sciences (CASS). Researchers and scholars from various research institutions, universities and government departments report on statistical data released by the government or social science surveys. This project is organized by the Institute of Sociology at Chinese Academy of Social Sciences.

Based on the main theme of social development in the new era, this book analyzes the general situation of economic and social development in 2018, and points out that there still exists significant amount of problems and challenges. This is the 40th year since China has implemented the Reform and Opening-up Policy. This report also notes that, this is the starting point since the Nineteenth National Congress of the Communist Party of China. At the same time, it is the first year of the three-year campaign of poverty elimination. In these years, the quality of life has been improved greatly, and China is moving towards a new modernized stage after the completion of the construction of a moderately prosperous society. The higher education is gradually covering more population, and both public health and social development sectors have made significant progress with expanding coverage of social insurance. Meanwhile, since the Reform and Opening-up Policy, China has made significant progress in both social and economic sectors with a new emphasis on high quality development and balanced development. For the year 2018, social and economic development remains at a steady rate with significant breakthrough in many areas. The economy has kept increasing at a stable rate with the largest scale of employment and enhanced employment structure. The rate of domestic expenditure is increasing, and the income of both urban and rural residents keeps rising. The coverage of social security is broadened with significant improvement on basic medical insurance. The level of social assistance remains at

an upward trend. With further education reform, it witnesses great advancement on education priority, coordination and equality. The general social situation is improved with decreasing numbers of criminal cases. And the campaign of improving food and drug safety has made significant progress with upward rates of food and drug quality. At the same time, this report also points out that there still exists unbalanced and inadequate development in both social and economic sectors.

Based on the topics above, this book, on the one hand, builds the foundation of discussion on reliable survey data and statistics; and on the other hand, offers insightful opinions on various topics. There are four parts of this book. The general report and 17 individual reports provide discussion on the comprehensive analysis of China's social and economic development in 2018, coupled with forecast of future development. The general report also discusses the overall situation of social and economic development in 2018, and points out some significant problems and challenges ahead. The second part includes 6 reports on various issues, which examine problems such as the residents' income and consumption, employment situation, education reform, social security and social safety. The third part includes 6 survey reports, which provide data on social and political participation, post – 95s' university students' internet usage and internet safety among youth, the reconstruction of Wenchuan, the volunteers' development, and the living condition of the disadvantaged group. The fourth part of this book has 5 reports on special topics, which include the internet-based public opinion, food and drug safety, and environmental protection. The employment situation under the background of China – US trade conflict and the living condition of peasants also have been covered by this book. In general, each chapter of this book gives both insightful research and detailed policy recommendation.

Contents

I General Report

Abstract: In 2018, China is moving towards a high quality development stage with comprehensive and well balanced development. The economic development is facing downward pressure. The social development has witnessed comprehensive and significant development with higher quality. At the same time, both increase of employment and consumption faces some risks. There is a slowing rate of the narrowing income gap of urban and rural residents. Furthermore, the income gap of different social groups demonstrates a trend of widening. Meanwhile, there is high frequency of social conflict with serious condition of social security. The environment condition also faces serious pressure. For the year 2019, social and economic development remains at a steady rate with significant breakthrough in many areas, such as high quality employment, the reform on income distribution, the narrowing of income gap, the strengthening of internet regulation, the improvement of social mentality and social expectation, and the promotion of the modernization of social governance.

Keywords: High Quality Development; Income Gap; Social Mentality; Internet Regulation

Ⅱ   Reports on Social Development

Abstract: In 2018, the income level for Chinese residents has been increasing steadily with decreasing income gap. At the same time, the consumption level keeps increasing with better living condition. For 2019, the economy will remain stable improvement with the growth rate of 6.4%. To enhance residents' income and consumption, government should promote employment, increase income level, encourage the restructuring of economic structure, and widen source of income for both urban and rural residents. Also, the government should fully implement the rural revitalization strategy to increase peasants' income, and stipulate new domestic consumption with better consumption structure and consumption environment. At the same time, government should encourage the upgrade of consumption structure.

Keywords: Residents' Income; Residents' Consumption; Living Standard

Abstract: In 2018, under the background of international uncertainties, the overall employment situation remains stable, and the economic condition keeps at a steady situation with further improvement. And the increment of economic development keeps within a reasonable level with better economic structure. Under a series of policies to boost employment, the supply and demand of labor market remains a balanced situation. However, challenges regarding the imbalanced structure between weak demand of the labor market and the difficulty of finding qualified workers, pose significant problem for the employment situation. With further analysis of the decreasing rate of economic development, employment situation may face more pressure within certain areas. Government should pay more attention to important employment indexes and avoid unexpected structural problems.

Keywords: Employment Situation; Employment Structure; Supply and Demand of Labor Market

B. 4   2018: The Social Security Reform Moves Forward into a New Stage *Lü Xuejing, Wang Yongmei* / 055

Abstract: China's social security has moved into a stable stage with new characteristics. Since the eighth institutional reform which is launched from the central government, the State Medical Insurance Administration has been established, which integrates different bureaus within the social insurance system. The integration demonstrates an important progress of modernization of social insurance and security system. With the central deployment mechanism of the system of basic old-age insurance for enterprise employees and the implementation of Regulations of Enterprise Annuity, the employment related injury system moves forward. The social insurance system plays an important role in the campaign against poverty, which improves the system of medical expenditure settlement between different locations. Furthermore, the measure of payment has integrated into the taxation system, which causes extensive public attention. The public hold both high expectation and concern towards the newly established State Medical Insurance Administration.

Keywords: Institutional Reform; the Integration of Basic Old-age Insurance System; Regulations of Enterprise Annuity; Employment Related Injury Insurance

社会蓝皮书

B. 5　The Report of the Condition of Social Assistance System

Li Zhengang / 077

Abstract: This paper has analyzed the social assistance system and its implementation since 2006. Under the background of the campaign against poverty, the standard of minimum living security allowance keeps rising, while the number of social allowance recipients keeps decreasing. Meanwhile, the number of peasants under extreme poverty demonstrates a trend of decrease, while the number of urban residents under extreme poverty demonstrates a trend of increase. Furthermore, the number of temporary social allowance recipients and medical assistance recipients keeps rising. From this tendency, it is clear that the number of periodic social allowance recipients is decreasing and the number of temporary emergency allowance recipients keeps rising. At the same time, this report analyzes the important issues and tendency regarding current urban and rural social allowance system, such as the standard of social allowance, the coverage of social allowance and poverty rate, etc. Based on the analysis, this paper proposes that the urban and rural allowance recipients will decrease in the future. And it is important to establish a categorization system to improve the social security system and the standard, which is essential to provide a solid foundation for policy-making.

Keywords: Social Assistance; Urban and Rural Minimum Allowance; Categorization of Social Security; Socialization

B. 6　2018: The Report of China's Education Reform and

Development　　　　　　　　　　*Li Tao, Zhang Wenting* / 101

Abstract: The year of 2018 is a critical year for the construction of Socialism with Chinese characteristics and the completion of moderately prosperous society. Governments of all levels emphasize the importance of keeping education priority strategy and improving education modernization. For 2018, China's education development and reform has reached a new stage, and all levels of education have made great improvement regrading both education quality and equality. When China has stepped into a new era of Socialism with Chinese characteristics, the education system reform will have more influence on the international scale.

Keywords: Education Priority; Comprehensive Development of Education System; Modernization of Education Reform

B. 7   2018 Report on the Situation of Public Order in China

Zhou Yandong, Gong Zhigang / 121

Abstract: In 2018, Chinese terrorist activities were effectively contained, but the international terrorist situation remained severe, and gas bombs and drones have become new tools and new means of terrorist attacks. The number of criminal cases dropped significantly, and criminal cases of encroaching on property were still significant, and the number of criminal cases of smuggling and the number of criminal cases of forgery, alteration of currency and sale, purchase, transportation, possession and use of counterfeit currency have shown an upward trend year by year. The number of cases about offense against public order declined overall, but four types of offense against public order, such as violating hotel-industry management, violating dangerous goods regulations, prostitution and defiance and affray, are on the rise. Moreover, the Mafia-like gangs, cyberspace risks, credit card fraud, automobile insurance fraud, illegal fund-raising, pyramid sale crimes, and people's travel safety and satisfaction have become the "new dilemma" of social security prevention and control in the new era. Therefore, it is crucial to carry out in-depth efforts to take action against the underworld gangs, improve the capacity and level of cyberspace comprehensive management, build a diversified governance system for banks and insurance industry, and collaboratively explore the networks of illegal fund-raising prevention and control. Meanwhile, it is important to build the cooperation mechanism among anti-pyramid-sale-crime

legislation, law enforcement and judicial system, and establish comprehensive supervision system to promote the sound and orderly operation of the social public order.

Keywords: Social Public Security; Prevention and Control System; Social Order

Ⅲ Reports on Social Survey

B. 8 Social and Political Participation of Chinese Urban and

Rural Residents *Li Wei*, *Zou Yuchun* / 140

Abstract: Based on the 2017 Chinese Social Survey, this report examines the social and political participation of Chinese urban and rural residents. The report shows that, most active social organization participants are young urban residents who received high level of education and have white collar occupation. Occupation-oriented and interest-oriented organizations gradually replace geographic and relative based organizations. Meanwhile, civil participation is closely related to traditional neighborhood based mutual help and voluntary work. However, the overall civic voluntary participation is quite low. On the other hand, citizens' political participation needs to be improved, while the public demonstrates high level of willingness of participation. The younger generation with higher education is the main group of political participation. Furthermore, the research shows that the general public demonstrates low external political effectiveness with certain political indifference. In the future, the government needs to improve the general public'S political involvement, which is essential to enhance social empowerment.

Keywords: Social Participation; Political Participation; Political Effectiveness; Social Survey; Generation

B. 9   Report on the Post −95s University Students' Internet Usage

   —Based on the Survey Data of University Students

   from 17 Universities in China   *Liu Baozhong, Guo Yaping* / 162

Abstract: In order to study the ideology and value of post −95s university students, this report has examined the internet usage of this group. This report relies on 2017 and 2018 Survey Data of University Students. In this report, the time spending on internet activities and internet addiction have been fully studied. Furthermore, the internet sub-culture and online activities among the post −95s such as internet broadcasting, internet famous hosts, internet game, and internet reservation, all received full attention of this report. The research shows: (1) although the development of technology provides equal opportunity for different social groups, the internet gap still exists among the post −95s university students; (2) most online activities of the post −95s are focusing on entertainment and internet based social connection; (3) with the convenient service of internet, the post −95s university students also participate actively and shape their own internet culture.

Keywords: Post − 95s University Students; Internet Activities; Online Participation

B. 10   The Report of the Internet Usage and Internet Safety

   Among the Younger Population   *Zhu Di, Guo Ran* / 179

Abstract: Younger generation have more contact with negative internet information, and are more likely to addict to internet games. The misuse of internet among young people may lead to social deviance and problematic activities, all of which have drawn extensive social attention. This report, based on the survey data of 2018 Internet Usage and Internet Safety among Chinese Younger Generation, describes the internet activities of the younger generation, such as

general condition of internet usage and internet safety.

The report demonstrates that young people use internet social network more frequently, which causes higher risk of internet pornography, internet fraud, internet harassment, etc. Meanwhile, some younger people are more likely to ignore all kinds of internet risks, while others are inclined to file internet complaint against those problems. Very few of them are willing to communicate with their families. It is important to understand that, internet risks include individual factor, family factor, and social factor. On the other hand, social risks are not only derived from internet, but also from social environment, which may cause the amplification of all kinds of risks during the young people's whole process of socialization.

Keywords: Younger Generation; Under-age Population; Internet Safety; Internet Risks; Left-behind Children

B. 11   The Report of the Reconstruction and Development of Wenchuan after the 2008 Earthquake (2008 −2018)

Lu Yangxu, Li Ruijie, Yang Xinmeng, Wei Jianwen,

He Guangxi and Zhao Yandong / 203

Abstract: This report uses data from Wenchuan Earthquake Survey carried out in 2008, 2009, 2011 and 2018, and analyzes the comprehensive condition and development of Wenchuan after the earthquake. The result demonstrates that the tendency of local reconstruction, environmental and ecological restoration, and social and economic development is on the right track. Based on the survey data, the paper summarizes the Chinese experience on coping with natural disasters.

Keywords: Wenchuan Earthquake; Household Survey; Reconstruction and Restoration

B. 12   Report on China's Participation in Volunteerism

Abstract: The development of volunteer service is the important dimension of social governance. In order to examine the situation of the volunteer condition, this paper relies on data from 2017 Chinese Social Survey to study the condition of volunteers. The result demonstrates that 40% respondents had experience of working as volunteers. However, there is quite low rate of registered volunteers. Single males and respondents who have higher education are more likely to participate volunteer work. There is also a significant regional difference and generational difference in terms of level of participation and preference of participation. Meanwhile, volunteers usually have higher social and economic status with more optimistic mentality. This paper also examines trend and problems of the volunteer development with policy recommendation.

Keywords: Volunteer Service; Volunteers; Registered Volunteers; Conditions

B. 13   The Report of the Disadvantaged Population and Difficult

Families in Urban and Rural Area

Abstract: In recent years, all levels of governments focus on people's development and promote social justice and equality. Meanwhile, it is important to improve the living standard and social security system. However, it still exists the phenomenon of imbalance between income and expenditure. The disadvantaged and difficult population still face difficulties in the area of medical and healthcare service, education, and housing condition. Especially for the difficult families, it is important to improve the level of social security, social assistance, and social allowance. Future policy-making agenda should pay more attention to the mental

condition of the disabled population, the elderly population and the under age population.

Keywords: Difficult Families in Urban and Rural Area; Social Security; Poverty Elimination Campaign; Poverty Alleviation

Ⅳ   Reports on Special Subjects

B. 14   2018 Report of Internet-based Public Opinion in China

Zhu Huaxin, Liao Canliang and Pan Yufeng / 264

Abstract: In recent years, most media have promoted four dimensions of publication which are newspaper, internet portal website, mobile phone application, and weibo. With the rising of short video and audio consumption, and government's promotion and publication in western social network, the public opinion has expanded its coverage. On the one side, with the downward trend of opinion expression oriented self-media platform, the influence of institutional media demonstrates a trend of uprising. On the other side, with the dramatic change of international environment and the pressure of domestic economy, many media paid great attention to private business sectors. Meanwhile, with the expectation of social stability, it becomes an important condition for economic stability. With the complex international conditions, China needs to adjust towards a confident social mentality. With the report from the 19th National Congress of the Communist Party of China, China will stay a long period of time in the preliminary stage of socialism, and remain the largest developing country. It is important to promote the public's sense of achievement and the balance between macro development and individual's sense of improvement.

Keywords: Newspaper, Internet Website, Mobile Phone Application, Weibo; Central Kitchen; Super Internet Platform

B. 15　　The Analysis and Forecast of Food and Drug Safety in 2018

Yuan Yanfang , Tian Ming / 282

Abstract: Food and drug safety relates to people'S wellbeing, the stability of economic development, and the fundamental interests of the public. It is important to analyze the situation of food and drug safety which will provide crucial information to public policy-making. Also, it is critical to make the public well-informed on the condition of food and drug safety. With the restructure of China Food and Drug Administration in 2018, the new institution puts more emphasis on strict standards and the inspection of food and drug safety. The report introduces the general situation of the food and drug safety with special focus on typical cases, and presents policy recommendation for future work.

Keywords: Food Safety; Drug Safety; Situation Analysis; Supervision

B. 16　　The Construction of Ecological Civilization Enters a New Era

—Report on China's Environmental Protection and New Agenda

Jia Feng, Yang Ke, Mei Sile, Tian Shuo,

Huang Jingyi and Zhou Liantong / 294

Abstract: The year of 2018 is a significant milestone for China's environmental and ecological protection. The National Conference on Ecological and Environment Protection has established Xi Jinping'S ideology on ecological and environment protection. Meanwhile, the conference has promoted campaign to deal with fundamental and long-term challenges regarding the construction of ecological civilization and environmental protection. Since the Eighteenth National Congress of the Communist Party of China, China has launched campaign against air pollution, water pollution, and soil pollution. The historical and comprehensive changes have taken shape, which require all levels of governments to strengthen the environmental management. During the period of comprehensive

社会蓝皮书

construction of modern socialism with Chinese characteristics, new requirement, new ideology, and new deployment are promoted in the process of the construction of ecological civilization and the environmental protection. When the construction of a beautiful China becomes the faith of many Chinese people, China will work towards better ecological civilization and environmental protection.

Keywords: Ecological and Environmental Protection; Xi Jinping's Ideology on Ecological and Environmental Protection; Campaign Against Pollution; Green Hills and Clear Water; Reform on the Administration of Ecological and Environmental Protection

B. 17 2018: The Employment Condition under the Background of China – US Economic and Trade Friction

Qiao Jian, Zhang Yuan / 313

Abstract: In 2018, China remains a condition of economic stability and steady increment of employment situation. However, under the pressure of economic development, the wage increase should remain cautious. The State Council promotes the reform on the wage of state-owned enterprises. The social insurance keeps the trend of expanding its coverage. Furthermore, it raises some concern on the taxation system of social insurance cost, and it witnesses the increase of number of labor disputes with upward trend of mass disturbance. The 17th Congress of All China Federation of Trade Unions emphasizes the importance of Xi Jinping'S statement on the working class and the work of All China Federation of Trade Unions, and reiterates the priority on protecting workers' rights and establishing harmonious working relationship. Regarding the impact of China – US Economic and Trade Friction, the evaluation shows that it causes the decrease of labor demand on the short run and requires close examination for the long run.

Abstract: Household is the basic unit of agricultural production and is important for the agricultural development. In the new era, government has promoted many policies to improve the condition of peasants. Meanwhile, the introduction of Rural Revitalization Strategy has promoted the integration of small scale peasants factories with modern large scale agricultural production. In order to have better understanding of peasants' condition and evaluation of government policy, Research Center for Rural Economy at the Ministry of Agriculture and Rural Affairs has launched national level survey to keep close examination of agricultural development. This report relies on observational data from 2017 National Rural Area Survey to study peasants' household condition. The detailed analysis includes general condition, labor migration, land ownership condition, income and expenditure, agricultural production, and housing condition, all of which will provide a solid foundation for policy evaluation and analysis.

Keywords: Peasants Diversification; Income and Expenditure; Land Ownership Situation; Agricultural Production

V   Appendix

❖ 皮书起源 ❖

"皮书"起源于十七、十八世纪的英国，主要指官方或社会组织正式发表的重要文件或报告，多以"白皮书"命名。在中国，"皮书"这一概念被社会广泛接受，并被成功运作、发展成为一种全新的出版形态，则源于中国社会科学院社会科学文献出版社。

❖ 皮书定义 ❖

皮书是对中国与世界发展状况和热点问题进行年度监测，以专业的角度、专家的视野和实证研究方法，针对某一领域或区域现状与发展态势展开分析和预测，具备原创性、实证性、专业性、连续性、前沿性、时效性等特点的公开出版物，由一系列权威研究报告组成。

❖ 皮书作者 ❖

皮书系列的作者以中国社会科学院、著名高校、地方社会科学院的研究人员为主，多为国内一流研究机构的权威专家学者，他们的看法和观点代表了学界对中国与世界的现实和未来最高水平的解读与分析。

❖ 皮书荣誉 ❖

皮书系列已成为社会科学文献出版社的著名图书品牌和中国社会科学院的知名学术品牌。2016年，皮书系列正式列入"十三五"国家重点出版规划项目；2013~2019年，重点皮书列入中国社会科学院承担的国家哲学社会科学创新工程项目；2019年，64种院外皮书使用"中国社会科学院创新工程学术出版项目"标识。

中国皮书网

（网址：www.pishu.cn）

发布皮书研创资讯，传播皮书精彩内容
引领皮书出版潮流，打造皮书服务平台

栏目设置

关于皮书：何谓皮书、皮书分类、皮书大事记、皮书荣誉、
皮书出版第一人、皮书编辑部

最新资讯：通知公告、新闻动态、媒体聚焦、网站专题、视频直播、下载专区

皮书研创：皮书规范、皮书选题、皮书出版、皮书研究、研创团队

皮书评奖评价：指标体系、皮书评价、皮书评奖

互动专区：皮书说、社科数托邦、皮书微博、留言板

所获荣誉

2008 年、2011 年，中国皮书网均在全国新闻出版业网站荣誉评选中获得"最具商业价值网站"称号；

2012 年，获得"出版业网站百强"称号。

网库合一

2014 年，中国皮书网与皮书数据库端口合一，实现资源共享。

权威报告·一手数据·特色资源

皮书数据库
ANNUAL REPORT(YEARBOOK)
DATABASE

当代中国经济与社会发展高端智库平台

所获荣誉

- 2016年，入选"'十三五'国家重点电子出版物出版规划骨干工程"
- 2015年，荣获"搜索中国正能量 点赞2015""创新中国科技创新奖"
- 2013年，荣获"中国出版政府奖·网络出版物奖"提名奖
- 连续多年荣获中国数字出版博览会"数字出版·优秀品牌"奖

成为会员

  通过网址www.pishu.com.cn访问皮书数据库网站或下载皮书数据库APP，进行手机号码验证或邮箱验证即可成为皮书数据库会员。

会员福利

- 已注册用户购书后可免费获赠100元皮书数据库充值卡。刮开充值卡涂层获取充值密码，登录并进入"会员中心"—"在线充值"—"充值卡充值"，充值成功即可购买和查看数据库内容。
- 会员福利最终解释权归社会科学文献出版社所有。

社会科学文献出版社 皮书系列
SOCIAL SCIENCES ACADEMIC PRESS (CHINA)
卡号：961762357427
密码：

数据库服务热线：400-008-6695
数据库服务QQ：2475522410
数据库服务邮箱：database@ssap.cn
图书销售热线：010-59367070/7028
图书服务QQ：1265056568
图书服务邮箱：duzhe@ssap.cn

基本子库
SUB DATABASE

中国社会发展数据库（下设 12 个子库）

全面整合国内外中国社会发展研究成果，汇聚独家统计数据、深度分析报告，涉及社会、人口、政治、教育、法律等 12 个领域，为了解中国社会发展动态、跟踪社会核心热点、分析社会发展趋势提供一站式资源搜索和数据分析与挖掘服务。

中国经济发展数据库（下设 12 个子库）

基于"皮书系列"中涉及中国经济发展的研究资料构建，内容涵盖宏观经济、农业经济、工业经济、产业经济等 12 个重点经济领域，为实时掌控经济运行态势、把握经济发展规律、洞察经济形势、进行经济决策提供参考和依据。

中国行业发展数据库（下设 17 个子库）

以中国国民经济行业分类为依据，覆盖金融业、旅游、医疗卫生、交通运输、能源矿产等 100 多个行业，跟踪分析国民经济相关行业市场运行状况和政策导向，汇集行业发展前沿资讯，为投资、从业及各种经济决策提供理论基础和实践指导。

中国区域发展数据库（下设 6 个子库）

对中国特定区域内的经济、社会、文化等领域现状与发展情况进行深度分析和预测，研究层级至县及县以下行政区，涉及地区、区域经济体、城市、农村等不同维度。为地方经济社会宏观态势研究、发展经验研究、案例分析提供数据服务。

中国文化传媒数据库（下设 18 个子库）

汇聚文化传媒领域专家观点、热点资讯，梳理国内外中国文化发展相关学术研究成果、一手统计数据，涵盖文化产业、新闻传播、电影娱乐、文学艺术、群众文化等 18 个重点研究领域。为文化传媒研究提供相关数据、研究报告和综合分析服务。

世界经济与国际关系数据库（下设 6 个子库）

立足"皮书系列"世界经济、国际关系相关学术资源，整合世界经济、国际政治、世界文化与科技、全球性问题、国际组织与国际法、区域研究 6 大领域研究成果，为世界经济与国际关系研究提供全方位数据分析，为决策和形势研判提供参考。

法律声明